세계대전과
유럽통합 구상

세계대전과 유럽통합 구상

TWO WORLD WARS AND EUROPEAN INTEGRATION INITIATIVES

통합과 분열의 전간기, 유럽은 어떻게 새로운 평화질서를 모색했는가

서강대학교 유로-메나문명연구소 기획
통합유럽연구회 지음

책과함께

책을 펴내며

서강대학교 국제지역문화원과 함께해온 통합유럽연구회는 2010년 창립하여 오늘에 이르기까지의 짧은 시간 동안 한국연구재단 등재학술지 《통합유럽연구》를 발간하고 있고, 동시에 여러 저술 작업을 통해 유럽이 단일하면서도 다양한 색깔을 가진 단위임을 증명하기 위해 노력해왔습니다. 이러한 노력의 일환으로, 통합유럽연구회는 유럽 통합과 관련된 근대적 인물에 대한 연구 《인물로 보는 유럽통합사》(2010), 유럽의 다양한 도시를 통해 유럽이 하나이면서도 여럿이라는 확신을 갖게 한 《도시로 보는 유럽통합사》(2013), 단순히 제도적으로만이 아니라 이념적으로도 유럽이 통일성과 다양성을 추구해왔다는 점을 보여주는 《유럽을 만든 대학들》(2015), 유럽의 다양한 국가들이 어떻게 전쟁을 매듭짓고 조화롭게 유럽연합을 구성할 수 있었는지 보여주는 《조약으로 보는 유럽통합사》(2016), 유럽의 다양한 역사와 문화 그리고 그 정체성을 잘 보여주는 《박물관 미술관에서 보는 유럽사》(2018)를 기획, 발간해왔습니다.

2018년은 1차 세계대전이 끝난 지 100주년이 되는 해였고, 이에 맞추어 통합유럽연구회는 '세계대전과 유럽통합 구상'이라는 새로운 저술을 기획했습니다. 이 주제에는 그동안 유럽통합에 관심을 가졌던 연구자뿐만 아니라, 양차 세계대전, 전체주의의 평화 사상에 관심을 가졌던 비회원 연구자까지 많은 관심을 보여주었습니다. 그 덕분에 2018년 6월 22~23일 양일간 서강대학교에서 개최된 〈세계대전과 유럽통합: 1918~1945년 시기의 유럽통합 구상〉이라는 주제의 학술대회는 학계의 커다란 관심을 불러일으킬 수 있었습니다.

이 학술대회 발표 원고에 기반하여 이번에 발간되는《세계대전과 유럽통합 구상》은 두 가지 면에서 기존의 저술들과는 차별화됩니다. 하나는 기존의 저술들이 가능한 한 일반 대중과 소통하는 차원에서 기획된 저술이라고 한다면, 이번에 발간되는《세계대전과 유럽통합 구상》은 그보다는 조금 더 학술적인 저술이라고 할 수 있겠습니다. 주제 자체도 그러할뿐더러 서술에서도 일반 대중보다는 연구자 동료들을 의식한 책이라고 하겠습니다.

다른 하나는 이 책의 저술단계에서 통합유럽연구회가 서강대학교의 유로-메나(Euro-MENA)문명연구소와 함께하기 시작했다는 점입니다. 주지하다시피 세계대전은 그 기원부터 식민지 문제에서 완전히 자유로울 수 없습니다. 유럽의 평화를 지키기 위한 유럽통합 구상에서는 유럽 내 문제 해결뿐만 아니라 유라프리카(Eurafrica) 문제도 중요한 요소 가운데 하나였습니다. 즉, 유럽통합에 대한 연구를 위해 메나 지역(Middle East & North Africa) 및 아프리카에 대한 연구도 이제 더 이상 소홀히 할 수 있는 문제가 아닙니다. 특히 오늘날 유럽의 평화는 더 이상 유럽만의 평화로 지켜지지 않습니다. 시리아 난민 문제, 무슬림 테러 문제, 여성 문제, 극우주의 문제 등 유럽 내 문제는 메나 지역 문제와 분리되어 생각될 수 없습니다. 그러한 의미에서 통합유럽연구회는 유럽에 대한 이해를 보다 넓고 깊이 추구한다는 차원에서 유럽과 메나를 함께 보는 서강대학교의 유로-메나문명연구소와 함께하려 합니다.

이 책이 나오기까지 많은 분이 수고해주셨습니다. 통합유럽연구회 회원뿐만 아니라 비회원이면서도 주제의 참신함에 끌려 기꺼이 참여해주신 많은 선생님께 이 자리를 빌려 깊은 감사의 말씀을 드립니다. 또한 이 책의 기획책임자로서 책이 조속히 출간될 수 있도록 수고를 아끼지 않으셨을 뿐 아니라 책의 〈프롤로그〉와 〈에필로그〉를 써주신 경상대학교의 신종훈 교수님께도 깊은 감사의 말씀을 드립니다. 끝으로 책의 완성도를 높이기 위해 수차례 조언과 큰 노력을 아끼지 않은 도서출판 책과함께의 편집진께 감사드립니다.

2020년 1월
서강대학교 유로-메나문명연구소 소장 / 통합유럽연구회 회장
박 단

차례

3부 2차 세계대전 시기 유럽통합 구상

일러두기

- 필자가 강조한 표현은 고딕체로 표시했다.
- 외국 인명·지명 등의 표기는 국립국어원 외래어표기법을 원칙으로 했다.

프롤로그

《세계대전과 유럽통합 구상》이란 제목을 달고 세상의 빛을 보게 된 이 책은 1차 세계대전부터 2차 세계대전까지의 시기에 유럽에서 제안되거나 구상되었던 유럽 질서에 관한 국내 학자들의 연구 논문들을 단행본으로 엮은 것이다. 20세기 초 두 세계대전 사이의 기간을 하나의 시기로 파악하는 시대 구분은 낯설거나 완전히 새로운 시도가 아니다. 1차 세계대전으로 표출되었던 지구적 차원의 갈등과 문제들을 1919년 베르사유조약이 전혀 해결하지 못했다고 생각했던 사람들은 그 당시 20년 혹은 30년 안에 다시 전쟁이 발발할 것이라 예상했고, 그 예상은 적중했다. 그러한 이유로 2차 세계대전이 끝났을 때 동시대의 많은 사람들은 1945년의 평화를 1939년이 아닌 1914년에 시작된 전쟁을 종식시키는 평화라고 생각하기까지 했다. 영국의 외무부 장관 이든(Anthony Eden)이나 프랑스의 철학자 알베르 카뮈 같은 동시대인들이 17세기의 '30년 전쟁'에 빗대어

1914년부터 1945년까지 사이의 양차 세계대전을 또 다른 '30년 전쟁'이라 부르면서 두 개의 전쟁을 하나의 연속된 전쟁으로 생각했던 것도 같은 맥락에서 이해될 수 있다.[1]

한 단위로 묶은 양차 세계대전의 시기는 유럽 현대사가 출발하는 새로운 전환점을 제공했던 상징성으로 충만한 시기다. "1차 세계대전은 낡은 유럽을 파괴했고, 2차 세계대전은 새로운 유럽의 필요조건들을 만들어냈다"[2]라는 역사가 토니 주트(Tony Judt)의 일갈이 그 상징의 성격을 명확히 규명해준다. 이 시기는 동시에 '통합유럽'의 배태기로서 20세기 후반 전쟁의 폐허 위에서 유럽통합의 성공을 가능하게 했던 비옥한 토양이 마련되었던 격동의 시대이기도 했다. 파괴와 절망의 가장자리에서 새로운 희망들이 어설프고 미약하지만 서로 경쟁하며 자라나던 시기였던 것이다. 1차 세계대전은 구유럽의 정치, 경제, 사회, 문화 등 삶의 모든 영역에서 기존의 규범과 가치들을 파괴했다. 전쟁의 파국은 유럽사에 내재했던 통합과 협력이란 기존의 모든 관념들을 무의미하게 만들어버렸다. 뒤로젤(Jean-Baptiste Duroselle)에 따르면 베르사유 체제는 "유럽의 협조"도 "유럽의 공법"도 "유럽의 균형"도 사라진 "무정형의 유럽"을 탄생시켰던 것이다.[3]

화해와 협력의 동기보다는 반목과 갈등의 동력들이 유럽에서 우세했던 베르사유조약 이후부터 1945년까지의 시기는 '통합(Integration)'과 '분열(Disintegration)'이라는 두 개의 모순적인 힘들이 상호 교차하며 역사의 바퀴를 작동시켰던 시기였다. 이 시기는 한편으로 통합된 유럽을 그리면서 새로운 평화질서를 모색하는 시기였으며 1945년 이후 유럽통합이 성장할 수 있는 토양을 준비함으로써 유럽통합의 촉매제 역할을 한 시기였다. 통합 옹호자들이 정부와 민간의 차원에서 분열로 향하는 유럽에 통합된 새로운 질서를 구축하기 위해 궁색하지만 끈질기게 투쟁했던 시기였다. 다른 한편으로 이 시기는 정치와 경제와 사회의 모든 영역에서 "신성한 이기주의"의 원칙이 등장하면서 유럽이 또 다른 파국을 향해 질주했던 시기이기도 했다. 국제연맹이 국제기구로서의 기능을 전혀 담당하지 못했던, 사실상 무정부 상태의 유럽 국가체제는 화해와 협력을 호소하는 목소리에 귀를 닫으면서 전체주의 체제의 등장을 목격해야만 했고, 유럽 국가들은 위기의 시대에 자국의 정치적 · 경제적 이익만을 우선시함으로써 결국에는 유럽을 2차 세계대전이라는 파국의 끝자리로 몰아갔던 극단적 분열의 시기이기도 했다.

파국 후에 새로운 질서가 자리 잡는 구체적인 이야기는 언제나 역사적 교훈으로서 회자되고 있고, 이 책은 새로운 질서를 구상하는 역사적 교훈에 대한 이야기 모음으로서 기획될 수 있었다. 이 책의 목적은 통합과 분열이라는 모순적 가치들의 병행과 양립을 목격할 수 있는 30년 동안의 양차 세계대전 시기를 유럽통합의 관점에서 재조명하는 것이다. 전간기와 2차 세계대전 기간 동안 위기가 감지되던 유럽에 긍정적이건 부정적이건 새로운 질서를 부여하려 했던 다양한 유럽통합 구상 혹은 유럽 질서들을 학문적으로 규명하기 위해 이 책은 크게 세 개의 상이한 주제 영역을 나누고 있다. 1부의 주제는 '전간기 유럽통합 구상'이며, 2부에서는 '전체주의 체제의 유럽 구상'을 다루었다. 마지막으로 3부에서는 '2차 세계대전 시기 유럽통합 구상'이라는 주제를 다루었다.

1차 세계대전의 파국을 경험한 전간기 유럽에서 평화를 보장할 수 있는 새로운 유럽 질서에 대한 열망은 이전과 비교할 수 없을 정도로 강렬했다. '전간기 유럽통합 구상'을 다루는 1부에서는 베르사유 체제의 태생적 한계를 포함해서 전간기 유럽통합 열기의 배경을 설명하고, 유럽에

'연방적' 혹은 '국가연합적' 질서를 부여하려는 정부와 민간 차원의 대표적인 유럽 구상과 유럽운동 및 사상을 설명하게 될 것이다. '베르사유조약과 유럽 평화의 이상'(임상우), '쿠덴호베-칼레르기와 전간기 범유럽운동'(신종훈), '아리스티드 브리앙의 '유럽연방연합' 구상'(박단), '페미니스트 유럽주의자, 루이즈 바이스'(심성은), '야시 오스카르의 '도나우연방'을 통해 본 중부 유럽통합 구상'(김지영) 등의 글을 통해서 전간기 유럽 구상과 운동의 배경, 내용, 의미, 역사적 한계 및 평가 등을 살펴보게 될 것이다.

'전체주의 체제의 유럽 구상'을 다루는 2부에서는 나치주의, 파시스트 체제, 공산주의 체제 등 전체주의 체제에서 구상된 유럽 질서들을 소개한다. 나치주의, 공산주의, 파시즘의 유럽관은 긍정적이고 건설적인 의미의 유럽 질서 구축을 옹호하는 유럽주의의 반대편 극점에 위치하는 국가주의 사고 틀 속에서 유럽이 어떻게 도구화되고 선동적 구호로 전락하게 되었는지를 분명하게 설명해줄 것이다. '아돌프 히틀러의 유럽통합 방안과 전쟁 포스터의 이미지 전략'(최용찬), '이탈리아 파시스트 조합주의와 유라프리카 연합'(김용우), '레온 트로츠키의 유럽합중국론'(윤용선) 등을 통해 우리는 부정적인 의미로 신화화될 수 있는 유럽통합의 구호에 내재한 위험성을 새롭게 인식하게 될 것이다.

마지막 3부의 주제는 '2차 세계대전 시기 유럽통합 구상'이다. 최초의 초국가적 공동체인 유럽석탄철강공동체가 2차 세계대전의 직접적인 산물이라는 점에서 2차 세계대전은 현재의 유럽연합의 탄생을 가능하게 했던 유럽통합을 위한 용광로 역할을 했다고 볼 수 있다. '양차 세계대전 시기 장 모네의 활동과 유럽 평화 구상'(김유정), '윈스턴 처칠과 유럽통합'(윤성원), '연방주의자 알티에로 스피넬리의 정치사상과 공헌'(김종법), '드니 드 루즈몽의 문화적 유럽통합 운동'(윤석준), '빌리 브란트의 망명 시기 유럽연방주의 사상과 구성주의 시각'(노명환) 등의 글은 유사성이 있지만 상이한 성격의 유럽 질서들이 전쟁 기간 동안 정치인, 사상가, 유럽운동가 등 다양한 경로를 통해 그려지고 있었음을 확인시켜줄 것이다. 이들의 유럽 구상을 통해 우리는 전후 질서로서 소망되었던 통합유럽 청사진의 구체적인 모습들을 입체적으로 확인할 수 있을 것이다.

마지막으로 오랜 준비 끝에 이 연구서가 마침내 출판될 수 있게 도와준 모든 분들에게 감사의 마음을 전하고 싶다. 저자로 참여하신 분들과 출간 기획회의를 통해 창의적인 생각들을 보태어준 통합유럽연구회 임원진들의 노력으로 이 책이 세상에 나올 수 있었다. 마지막으로 출판을 기꺼이 맡아주신 도서출판 책과함께에 감사의 뜻을 전한다. 대중적 교양서라기보다는 학문적 연구서로서의 성격이 강해 수익성이 그리 크지 않을 것으로 예상되는데도 선뜻 출판에 동의해준 출판사의 결정은 학문 발전에 기여할 뿐만 아니라 학자들의 동기부여에도 큰 힘이 될 것이라는 감사의 마음을 전하고 싶다.

통합유럽연구회 학술기획 총무

신종훈

주

1. Michael Neiberg, *Potsdam: The End of World War II and the Remaking of Europe* (New York: Basic Books, 2015), p. xiv.
2. 토니 주트, 조행복 옮김,《포스트 워 1945-2005》, 플래닛, 2008, 26쪽.
3. 장-바티스트 뒤로젤, 이균현 · 이용재 옮김,《유럽의 탄생》, 지식의풍경, 2003, 299쪽.

1부

전간기 유럽통합 구상

INTERWAR PERIOD AND EUROPEAN INTEGRATION INITIATIVES

1장

베르사유조약과 유럽 평화의 이상

임상우

1. 머리말

베르사유조약(영어: Treaty of Versailles, 프랑스어: Traité de Versailles, 독일어: Friedensvertrag von Versailles)은 1918년 11월 11일 이래 정전 상태로 있던 1차 세계대전을 종결시키기 위해 독일과 연합국 사이에 맺어진 평화협정이다. 이는 전쟁의 종합적 종결을 위해 1919년 1월 18일부터 개최된 파리강화회의 중에 맺어진 일련의 협정 중 하나로 맺어진 조약이며, 1919년 6월 28일 베르사유궁전 거울의 방에서 서명되어 1920년 1월 10일 발효되었다. 이 조약의 가장 중요한 결과 중 하나는 국제연맹(League of Nations)의 창설이며, 다른 하나는 전쟁의 책임을 독일에게 묻고 그에 대한 제재를 규정한 것이다.

본래 이 조약은 1차 세계대전과 같은 전쟁이 다시는 일어나지 못하도록 항구적인 평화체계를 구축하려는 구체적 목표로 협상을 시작하여 맺어진 세계적 규모의 최초 평화조약이다. 그러나 역사의 아이러니는 이것이 항구적 평화를 이루는 데 실패했을 뿐 아니라 결국은 1차 세계대전을 잉태한 조약이 되고 말았다고 당대 대부분의 관찰자로부터 부정적 평가를 받았다는 것이다.[1] 그 후 100년 가까운 시간이 흐르면서 이 조약의 역사적 의미에 대한 평가는 각 시대의 과제와 맞물려 변화해왔고, 그에 따라 평가의 초점도 달라졌다.

이 조약은 체결 당시부터 조약 당사자인 연합국 측과 독일 측으로부터 극도의 불만이 제기되었고, 20세기 중반에 이르기까지 이 조약의 결과에 대한 역사적 평가도 대체로 부정적이었다. 논란의 초점은 이 조약이 전후 독일에 대한 연합국의 요구와 처결이 너무 가혹했는가(too harsh) 아니면 너무 관대했는가(too lenient)로 모아졌다.

1914년 6월 오스트리아 황태자 부부가 사라예보에서 피살됨으로써 1차 세계대전이 촉발되었지만 그 전후 사정에 대한 평가는 논란의 여지가 있었다. 그러나 전쟁 발발의 책임을 독일에게만 전적으로 묻고 군사적으로나 산업적으로 독일을 재기불능의 상태로 만들었으며 엄청난 규모의 전쟁 배상금을 부과했다. 이 같은 가혹한 처결에 대한 반발로 독일에서 나치가 부상했고 결국 2차 세계대전을 일으켜 항구적 평화 유지라는 조약의 목표가 달성될 수 없었다는 역사적 평가가 제기되었다. 그런가 하면 19세기 전쟁의 결과처럼 독일을 지도상에서 사라지게 하거나 다시는 영원히 도발할 수 없도록 처결했어야 했는데 너무 관대한 처분을 내렸다는 강경파의 주장도 일부에서는 힘을 얻었다. 두 평가의 공통점은, 베르사유조약의 결과는 이리 됐든 저리 됐든 애초부터 실패할 운명을 잉태한 채 체결되었다는 것이다.

이렇게 상충되는 평가는 결국 당대 유럽의 국가 간 경쟁 체제 아래서 강대국 간의 세력 균형(balance of power)의 추구라는 한계 안에서 자연스럽게 제기될 수밖에 없는 것이다. 이 평가의 영역은 대개 두 분야에 집중되었다. 하나는 독일의 국가 위상에 관련된 국제 전략적 분석이며, 또 하나는 전후 독일에서 성립된 바이마르공화국의 피폐한 경제 상황의 함의를 추적하는 경제적 분석이었다. 그러나 베르사유체제의 항구적 평화 유지라는 이상이 2차 세계대전의 발발로 여지없이 무너지자 베르사유조약의 공과에 대한 학술적 분석은 이전처럼 국가 간 경쟁 체제를 전제한 전략적 득실만을 평가하는 좁은 시야를 넘어서기 시작했다. 대신에 2차 세계대전 이후 새롭게 형성된 유럽통합의 논의 과정과 더불어 변화하는 역사적 시각에서 베르사유조약의 함의를 평가하게 된 것이다.[2]

이 글에서는 베르사유조약 체결에 대한 당대의 평가들을 그 시대의 역사적 상황과 관련하여 살펴보고, 이어서 시간이 흐르면서 그 관심의 초점이 변천해가는 양상과 그 변화의 역사적 배경을 고찰할 것이다.

2. 1차 세계대전 종결과 파리강화회의

1차 세계대전은 1914년 7월 28일에 발발하여 1918년 11월 11일까지 지속된, 유럽을 중심으로 한 역사상 최초의 세계적 규모의 전쟁이었다. 이 전쟁은 전 세계의 정치적 판도와 경제권을 두 편으로 나누는 거대한 강대국들의 동맹들 사이의 충돌이었다. 한쪽 편은 대영제국, 프랑스, 러시아제국의 삼국협상을 기반으로 한 연합국(Allied Powers)이었고, 다른 한편은 독일제국과 오스트리아-헝가리제국을 중심으로 한 동맹국

(Alliance Powers)이었다.

이러한 동맹-협상체제는 더 많은 국가가 전쟁에 참전하면서 확장되었다. 이탈리아왕국, 일본제국, 미합중국 등이 연합국 측에 속속 가담했으며, 오스만제국, 불가리아왕국 등이 그들의 전략적 필요에 따라 동맹국 측에 가담했다. 약 6000만 명의 유럽인을 포함한 총 7000여만 명의 군인이 참여한, 역사적으로 가장 큰 전쟁 중 하나로서 최초의 세계대전(Great World War)이라 기록되었다.

전쟁 초기에는 당초의 예상과 달리 쌍방의 전력이 비등했다. 한쪽에서 결정적인 승리를 거두지 못하면서 전쟁은 장기화되고 말았다. 그러나 1917년 미국이 독일에 선전포고를 하고 참전하면서 연합국은 반격에 나섰다. 독일군은 패색이 짙어지자 암암리에 종전을 모색하기 시작했다. 그러던 중 동맹국의 군대가 차례대로 투항하고 말았는데, 불가리아를 필두로 하여 오스만제국과 오스트리아제국이 잇달아 연합국 측에 항복하고 말았다.

오스트리아가 항복한 1918년 11월 3일 바로 그날에 독일제국의 빌헬름스하펜(Wilhelmshaven) 군항에서, 열악한 처우에 불만을 품은 해군 수병들이 폭동을 일으켰는데 그 파급 효과는 엄청났다. 곧바로 독일 각지에서 노동자들이 파업에 돌입하여 전국이 무정부 상태에 빠지자(German Revolution이라고도 불린다) 결국 빌헬름 2세는 제위를 포기하고 네덜란드로 망명해버렸다.

이 와중에 전쟁 전 제국의회에서 유명무실한 다수당이던 사회민주당(SPD)에 정권이 이양되었다. 아무런 준비가 되지 않은 상태에서 정권을 이양받은 사회민주당은 군주제를 포기하고 공화정(후에 바이마르공화국으로 알려짐)으로 전환한다고 즉각 선포했다. 이들의 주도로 1918년 11월

11일에는 연합국 측과 정전협정이 맺어졌고, 쌍방에서 약 900만 명이 전사한 이 전쟁은 끝이 났다. 공식적으로는 어느 편의 승리가 결정되지 않은 정전의 상태였기 때문에 이론적으로는 향후의 평화회담에서 그 향배가 갈릴 여지를 남겨두었고, 많은 독일인이 그렇게 믿고 있던 것도 사실이었다. 그러나 혁명적 혼란의 와중에서 독일은 베르사유에서 준비되고 있던 초기 과정에 그 어떤 목소리도 제기할 기회를 갖지 못했고, 회담은 독일의 패전을 기정사실화한 채 개시되었던 것이다.

파리강화회의(Paris Peace Conference)는 1919년에 1차 세계대전의 승전국들이 연합국과 동맹국 간의 평화조약을 협의하기 위해 개최한 국제회의였다. 1919년 1월 18일에 시작되어 1920년 1월 21일에 종결되었는데, 이 강화회의의 가장 큰 결실이 1919년 6월 체결된 베르사유조약이었다. 이로써 독일을 패전국으로 규정하고 전쟁의 책임을 독일에게 묻는 결과를 초래했다(조약 제231조 전책조항).

연합국 측에 가담한 27개국에서 70명의 대표자들이 평화조약을 위한 이 회담에 초대되었지만, 전쟁이 어느 한쪽의 항복이 아니라 정전 상태로 끝났음에도 불구하고 독일 및 동맹국들은 이미 패전국으로 취급받으면서 초빙조차 되지 않았다.[3] 1917년 볼셰비키 혁명에 성공한 러시아는 1918년 3월 3일 독일과 별도로 브레스트-리토프스크 강화조약(Brest-Litovsk Treaty)을 체결했기에 여기에 참여하지 않았다. 처음에는 일본을 포함한 연합국 5개국이 영향력을 갖고 있었는데, 일본의 역할이 축소되면서 4개 승전국의 지도자들이 회의를 좌지우지하게 되었다. 프랑스의 총리 클레망소(Georges Clemenceau), 영국의 총리 로이드 조지(David Lloyd George), 이탈리아의 총리 오를란도(Vittorio Emanuele Orlando), 미국의 대통령 윌슨(Woodrow Wilson)이 바로 그들이다.

회담 초반부터 연합국 각국의 주장은 다양하게 충돌했다. 윌슨은 자신이 새롭게 구상한 14개조 평화원칙을 국제사회에 공표하기를 원했다. 그는 새로운 외교 관계는 인민들 스스로 주권을 갖고 국가 간의 협력 안에서 이뤄져야 한다고 생각했다. 연합국의 승리에 미국이 큰 역할을 했으므로 그는 커다란 권위가 있었고 협상 과정에서도 상당한 영향력을 행사했다. 그는 영국과 보조를 같이하면서 강대국 사이의 균형을 이뤄야 한다는 이론을 바탕으로 프랑스가 유럽 대륙에서 과도한 주도권을 차지하는 것을 막기 위해 독일이 견고하게 유지되길 바랐다.[4] 그와 반대로 프랑스의 클레망소는 독일의 경제와 정치적 영향력을 최소화하고 프랑스의 조속한 재건을 위해 독일에 대한 강력한 처벌과 보상을 요구했다.

그들 사이의 타협은 어느 누구도 완벽하게 만족시키지 못했고, 조약의 결과는 끊임없는 비판에 직면하게 되었다. 모든 의제들이 너무 서둘러 처리되었고 전쟁의 끔찍한 현실을 경험하지 않은 이론적 협상가들에 의해 처리되었다거나, 강압적으로 맺어진 평화는 새로운 증오를 키울 것이며, 유럽의 경제 재건에 대해서는 아무것도 논의되지 않았다는 비판들이 조약의 조인 직후부터 제기되기 시작했다.

독일은 대표단을 협상 자리에 파견하고 싶어 했으나 연합국 측에 의해 거절당했다. 회담이 시작되기 전부터 독일은 패전국 취급을 받았기 때문이다. 당시 독일은 새로운 공화국 체제를 선포했으나 임시정부 상태였고, 1918년 11월 종전이 선포되자 전선에 있던 군인들이 그 어떤 통제도 받지 못한 채 뿔뿔이 흩어져 귀향한 상태였다. 즉 독일 정부는 연합국의 침공 위협에 속수무책일 수밖에 없었다. 1919년 6월 파리에서의 회담이 끝나갈 즈음 독일은 새로운 헌법(바이마르 헌법)에 기초하여 새로운 정부를 구성하고 있었는데, 당시의 총리 샤이데만(Philipp Scheidemann)은

6월 중순 완성된 조약의 초고에 무조건 서명할 것을 강요받자 사임하고, 그 뒤를 이은 바우어(Gustav Bauer) 총리는 6월 20일 연합국 측으로부터 서명이냐 군사적 침공이냐를 선택하라는 최후통첩을 받자 어쩔 수 없이 이를 수락하고 파리에 대표단을 보냈다. 6월 28일 베르사유궁전에서 진행되는 조인식에 불려갈 때까지 독일 대표단은 호텔도 제공받지 못한 채 성난 군중으로부터 '보호'한다는 명분으로 낡은 열차 차량을 개조한 숙소에 철조망이 둘러쳐진 채로 감금되다시피 했다.

3. 조약의 체결과 주요 내용

조약 서명 장소와 날짜는 주도면밀하게 결정되고 그 상징성을 부각시키려 한 것으로 보인다. 프랑스가 강력히 주장하여 조약 서명 장소를 베르사유궁전의 '거울의 방'으로 선택한 것은, 1870년 프로이센-프랑스 전쟁의 패배에 따른 치욕적 역사에 대한 수치심을 씻고 반세기 가까이 불태워오던 독일에 대한 절치부심의 복수(revenche)를 실현하기 위함이었다. 이 전쟁에서 프랑스 황제 나폴레옹 3세는 프로이센군의 포로가 되었고, 당시의 파리는 사회주의자들이 '코뮌(Paris Commune)'을 선포하고 정부에 반기를 들자, 프로이센 군대가 파리 외곽을 포위해서 지켜보고 있는 가운데 프랑스 군부는 이를 무참한 도륙으로 진압하고 있었다. 이러한 와중에서 1871년 1월 18일, 프랑스의 영광과 자존심을 상징하는 베르사유궁전의 바로 그 거울의 방에서 프로이센은 전쟁의 승리를 선언함과 동시에 독일제국(Deutsches Reich)의 성립을 선포하고 그 초대 황제로서 빌헬름 1세의 대관식까지 거행했다. 프랑스는 이날의 치욕을 갚기 위해 이 장소를 의도적으로 선택한 것이었다. 협약식이 이루어진 직후 프랑스 야전군 총사령관이었던 포흐(Foch) 장군은 의장대를 이끌고 개선문을 통과해 샹젤리제 거리에서 보무당당한 승전 퍼레이드를 벌였고, 파리 시민들은 숙원하던 승리를 마침내 이룬 기쁨에 열광했다.[5]

또한 1914년 6월 28일은 오스트리아의 페르디난트(Grand Duke Franz) 가브릴로 프린치프(Gavrilo Princip) 황태자 부부가 사라예보를 방문하던 중 세르비아의 애국청년 가브리엘 프린시프(Gabriel Prinzip)에게 저격 살해된 날이었다. 이 사건을 빌미로 한 오스트리아의 세르비아에 대한 선전포고를 용인했던 독일제국의 책임을 부각시킨다는 의미에서, 1919년 같은 날짜에 서명이 이루어진 것 역시 결코 우연이라고 할 수 없다. 서명 시각은 11시 11분이었는데 종전협정이 맺어진 1918년 11월 11일과 숫자가 일치하는 것은 아마 우연일 것이다.

결국 독일의 사민당 정부는 선택의 여지 없이 전쟁의 패배와 굴욕적인 강화조약에 서명했고, 실제로 전쟁에 모든 책임이 있던 구독일제국의 지도세력 및 군부로부터 '나라를 팔아먹었다'는 적반하장 격의 누명을 써야 했다. 이는 사민당 정부의 험난한 미래를 예고했다. 전쟁에서 독일 군부는 잘 싸우고 있었는데 비애국적인 사회주의자, 공산주의자들 및 유대인들이 애국적 군대의 "등 뒤에서 비수를 찔렀다"는 근거 없는 논리가 1920년대 내내 사민당 정부를 괴롭혔다. 그것이 결국은 우익정치 세력에 명분을 제공했고, 급기야 베르사유조약의 폐기를 주장하고 나선 히틀러의 나치당에 권력을 넘겨주는 구실을 제공하고 말았다는 역사적 평가를 받게 되었다. 이에 따라 실패한 조약으로서의 베르사유조약에 대한 논란은 전후 독일의 경제 상황 및 정치적 경로와 연계되어 이루어지게 되었다.

베르사유조약의 원본은 프랑스 외무부의 서고에 보관되어 있었으나,

2차 세계대전 중 독일군이 파리를 점령했을 때, 평소 "이 조약을 휴지 조각으로 만들겠다"라고 공언했던 히틀러의 명령으로 빼앗긴 후 그 소재를 모르고 있다.

조약은 총 15개 장에 걸쳐 440개의 조항으로 이루어져 있으며, 첫 번째 부분은 국제연맹의 설립에 관한 것이었다. 이것은 윌슨 미국 대통령이 구상한바, 국제법으로 조절되는 '열린 외교'라는 원칙을 실현한 것이었다. 조약의 나머지 부분은 전적으로 독일에 대한 조치 및 유럽의 평화 유지 및 세력 균형을 위한 방안에 집중되었다. 특히 제231조에서는 독일과 그의 동맹국들이 전적으로 전쟁에 책임(War Guilt)이 있다는 것을 명시했다. 바로 이 논리에 근거하여 승전국들은 잔인할 만큼 엄청난 요구들을 정당화할 수 있었다. 조약의 주요 조항들은 다음과 같다.[6]

영토의 조정

영토의 변경에 관한 원칙적 조항은 제27조부터 제30조까지 해당한다. 독일의 국경이 새로 설정되었지만 여러 지역에서 정확한 세부적 국경은 나중에 정하기로 했다. 이에 따라 폴란드와 체코슬로바키아의 독립이 확정되었고, 오스트리아의 독립도 보장됨과 동시에 독일과의 병합(Anschluss)을 영구히 금지시켰다(제80조). 전체적으로 보아 독일은 프랑스, 벨기에, 덴마크, 특히 재탄생된 폴란드를 위해 약 15퍼센트의 영토와 약 10퍼센트의 국민을 잃었다. 영토 변경에 관한 주요 내용은 다음과 같다(제27~111조).

- 프랑스에 알자스로렌을 반환한다.
- 외펜과 말메디를 벨기에에 양도한다.

- 덴마크 사람들이 거주하는 독일 북부 지역(슐레스비히)을 주민투표로 결정한다.
- 자를란트주는 15년간 국제사회의 감독 아래 두고, 그 후의 지위는 주민투표로 결정한다.
- 독일 동부의 지역들(Upper Schlesien)은 새롭게 만들어진 폴란드에 귀속되며, 이의 최종적 지위는 해당 위원회나 해당 지역의 주민투표로 결정한다.
- 단치히는 폴란드의 해양 접근권과 독일제국과의 분리를 보장하기 위해 자유도시(Free City)로 지정한다.

정치 및 외교 관련 조항

독일 및 유럽에 대한 정치와 관련된 조항은 제31조부터 제117조까지 해당하며, 독일의 내부 정책과 유럽과의 외교정책을 관리하는 조항이다. 단순한 외교 및 정책 문제와 더불어 영토에 대한 권리와 주장을 재조명하는 부분이 포함되어 있기도 하다. 가장 중요한 조항은 라인강 서쪽 지역(루르)을 비무장화하는 것이었다(제42~44조).

군사 관련 규정

많은 규정들이 독일의 군사력을 제한하고 이웃 나라들을 보호하기 위해 만들어졌다. 우선 독일은 전쟁 무기를 포기해야 했다. 대포 5000문과 비행기 2500대, 많은 장갑차와 모든 함선을 연합국에 양도할 것을 명령했다. 군대는 육해군을 합쳐 10만 명으로 제한하고 지원병 제도로만 유지하도록 했다. 항공 전력을 금지하고 새로운 전차의 개발 및 배치를 금지했으며 잠수함의 개발을 금지했다.

전쟁배상(reparation) 관련 규정

독일은 전쟁의 전적인 책임자로 규정되면서, 프랑스 북부와 벨기에 지역의 전쟁 피해에 대해서 엄청난 보상금을 지불해야 했다. 독일은 1921년 4월까지 200억 마르크에 해당하는 금액을 우선 지불하고, 이후 연합국의 청구에 따라 배상액을 확정하기로 했다(제235조). 실제로 지불해야 할 금액은 1921년에 결정되었는데, 1320억 제국마르크였다. 그 밖에도 여러 가지 경제 제재와 현물 배상이 요구되었다. 이에 따라 독일은 바이엘사의 아스피린 등을 포함한 모든 상업 특허권을 잃었다. 또한 라인강, 오데르강, 엘베강은 국제적 감독을 받게 되었으며, 독일은 알자스로렌과 포즈난 지역에서 오는 상인들에게 관세를 요구할 수 없었다. 또한 독일은 연합국에게 일정량의 산업자재와 농산물을 무상으로 공급해야만 했다.

해외 식민지 포기 조항

패전국의 지위로 전락한 독일은 제국의 모든 식민지들을 포기하라고 명령받았다. 독일은 해외 식민지에 관한 모든 권한을 연합국의 주요 국가에게 넘기기로 했고(제119조), 중국에 관한 모든 특권을 일본에 넘겨야 했다(제156조). 연합국(대영제국, 프랑스, 벨기에, 남아프리카연방)은 카메룬 및 독일의 동아프리카 식민지(지금의 탄자니아, 르완다, 부룬디), 남서 아프리카 지역(지금의 나미비아)을 나눠 가졌다. 또한 독일은 식민지에 관한 모든 상업적 이익(은행의 식민지 지점들, 관세협정들)을 포기해야 했다.

다른 동맹국들과의 후속 조약

파리강화회의에서는 독일을 상대로 한 베르사유조약이 주된 조약으로 체결되었지만, 동맹국과의 조약들도 패전국별로 나누어서 별도로 준비되었고 추후 차례로 체결되었다. 1919년 9월 10일에 오스트리아제국을 상대로 생제르맹조약(Treaty of Saint-Germain), 11월 27일에는 불가리아와 뇌이조약(Treaty of Neuilly), 1920년 6월 4일에는 헝가리제국과 트리아농조약(Treaty of Trianon), 8월 10일에는 오스만제국과 세브르조약(Treaty of Sèvres) 등이 체결되어 1차 세계대전은 공식적으로 종결되었다.[7]

4. 누구에게나 불만이었던 조약의 결과

베르사유조약은 체결 직후부터 호된 비판에 직면했다. 조약에 대한 실망과 불공정함은 역설적으로 향후 유럽의 국제정치를 불안정한 상태로 몰고 가고 말았다. 우선 미국 상원은 미국의 국제연맹 가입의 비준을 거부함으로써 평화회의의 주된 추동자였던 윌슨 대통령의 권위와 취지를 잠식했다. 미국이 전통적인 고립주의에서 탈피해 국제기구에 들어감으로써 여러 종류의 국제적 분규에 휩싸이는 것을 원치 않았기 때문이다. 미국의 불참은 바로 이 국제연맹이란 기구가 유명무실해지는 것을 의미했다.

프랑스는 조약 체결로 가장 큰 이익을 본 국가들 중 하나였지만 (알자스로렌의 반환, 독일 서부 지역의 비무장화, 오스트리아-헝가리제국의 분할, 그리고 재건을 위한 막대한 경제적 지원) 이에 만족하지 않았다. 왜냐하면 프랑스는 라인강 좌안 지역에 대한 영구적인 지배권을 욕심내고 있었기 때문이다.[8]

베르사유조약은 1860년 토리노조약에서 규정된 사보이에 대한 이탈리아의 영유권을 인정하지 않았다(제435조). 강한 불만이 표출되었고 이탈리아 사람들은 1차 세계대전이 '단절된 승리'로 끝났다고 말했다. 더군다나 연합국이 이스트라반도, 달마티아, 트렌토 지방의 영토 분할에 관해서 약속 사항을 제대로 이행하지 않았기 때문에 실지회복(irredentia italia)을 꿈꿔왔던 이탈리아 사람들의 불만을 고조시켰고, 결국 새로이 부상하던 파시스트들은 연합국에 대한 이들의 배신감을 파시스트 민족주의의 밑거름으로 삼게 되었다.

그 밖에 연합국 측에서 싸웠던 크고 작은 나라들의 요구도 충분히 실현되지 못했다. 일례로, 포르투갈은 전쟁 발발 전 영국과 독일의 점령으로 위협받았던 아프리카 식민지를 회복하기 위해 1916년 연합군 측에서 참전했다. 이 조약으로 식민지에 대한 포르투갈의 주권을 인정하고 독일의 해외 식민지 일부를 획득했다는 점에서 전쟁 목표에 성공했다고 볼 수 있으나 그 밖에 이 회담에서 새로 얻은 것은 거의 없었다. 약속받았던 독일의 배상금 분배에서 빠지게 되었고, 새로운 국제연맹의 집행위원회에 참여하기로 한 자리는 전쟁에서 중립을 지켰던 에스파냐에게 돌아갔다. 그래도 포르투갈은 이 조약을 비준했으나 8000명 이상의 포르투갈 군대와 10만 명에 이르는 아프리카 식민지 주민들의 목숨을 앗아간 전쟁에서 얻은 것이 거의 없었다. 중국의 경우에도 독일 영토가 일본에 할양되자 배신감을 느낀 중국인들이 대규모 시위를 일으켰고 결국 중국의 새 정부가 무너지고 서구와의 관계가 악화되었다.

조약에 의해 시행된 분쟁 지역에 대한 주민투표 역시 많은 논쟁을 불러일으켰다. 슐레스비히의 이슈는 이 지역의 역사를 너무 단순하게 다루었다는 비판이 비등했다. 스위스연방이 보여주는 예처럼 두 개 언어 또는 세 개 언어를 사용하는 슐레스비히-홀스타인 국가, 또는 덴마크와 독일의 느슨한 동맹에 속한 슐레스비히 국가, 또는 국제연맹의 보호 아래 있는 자치 지역과 같은 다른 선택을 추구할 수 있었다는 주장도 제기되었다. 동프로이센의 주민투표와 관련하여, 소비에트연방의 확장적 태도가 동프로이센의 투표자들에게 영향을 미쳤는데 새로이 성립된 폴란드가 너무 약할 것 같아서 폴란드 유권자들까지도 독일에 투표한 것이라는 비판이 제기되었다.[9]

조약의 군사적 제약에 관한 성안 과정에서, 영국은 독일이 징병제를 폐지하고 모병제를 유지하기를 원했다. 프랑스는 독일이 소비에트 러시아를 견제할 군사력을 유지하는 것을 정당화하기 위해 최대 20만 명의 군대를 유지하기를 원했다. 따라서 최종 조약에 규정된 모병제에 의한 10만 명의 상한은 영국과 프랑스의 절충안이었다. 반면에 독일은 이 조항을 잠재적인 적에 대해 무방비 상태로 노출시키는 것으로 간주했다.[10]

독일에 새로이 성립된 바이마르공화국은 전후 재건을 위해 막대한 비용이 필요한 데다 배상금까지 물어주게 된 상황에서 심각한 경제적 곤란에 직면하게 되었다. 일부 연방주들(작센-바이마르-아이제나흐)은 즉각적으로 전쟁 배상금 지불 불능을 선언했다. 그러자 연합국은 대신에 천연자원을 요구했다. 그러나 독일 측의 재화 배달이 늦어지자, 프랑스와 벨기에는 1923년 루르 지방을 강제 점령하기에 이르렀다. 이것은 또다시 독일의 경제를 더욱 불안정하게 만드는 결과를 초래했다. 연합국의 이러한 가혹한 처사를 바라보던 당시의 경제학자 케인스(John Maynard Keynes)는 이 평화조약을 '카르타고의 평화'라고 빗대어 그 가혹함을 비판하기도 했다.

독일의 배상 능력이 해결되지 않자 미국의 주도 아래 독일 경제를 회생시키는 방안이 제시되었다. 이 도즈(Dawes)안은 독일에게 얼마간의 도움을 줄 수 있었다. 그러나 독일이 부담해야 하는 배상금이 아직도 너무 높게 책정돼 있었기 때문에 새로운 독일 부흥계획이 수립되었다. 1929년에 완성된 '영플랜'이 그것이다. 이로써 독일의 부담금은 감소했고 상환 날짜도 관련국 모두에게 합리적으로 조정되었다. '영플랜'에 따르면 전쟁

보상금은 1988년까지 지급하기로 되어 있었지만, 1929년에 시작된 세계 대공황과 함께 지급이 정지되었다. 결국 1933년에 나치가 권력을 잡으면서 배상에 관한 모든 지불을 거부하면서 전쟁 배상금 지급은 최종적으로 중단되었다.

그렇지만 독일 내부에서는 재건사업과 배상 문제가 계속 정치적 논쟁거리가 되었고, 이를 이용해 독일인들 사이에 강렬한 복수심을 조장했다. 1929년 독일은 전쟁 배상금 지급을 반대하는 법의 제정을 위한 국민투표를 실시했는데, 투표 결과 약 95퍼센트가 찬성했다. 이러한 분위기에 편승하여 당시까지 군소정당에 불과했던 나치당(NSDAP)이 급부상하게 되는데, 당의 선전부장이던 히틀러는 베르사유조약은 독일의 입장에서 '받아쓰기(Diktat)'를 한 것이라고 선동했다. 그의 주장은 대중들로부터 열광적인 지지를 얻었고, 급기야 나치당이 집권에 성공하는 계기가 되었다.

히틀러는 베르사유조약을 정면으로 거부하면서 독일의 재군비를 추진했고, 1939년에 폴란드를 침공함으로써 2차 세계대전을 일으켰다. 이렇게 볼 때 베르사유조약은 유럽에 항구적인 평화체제를 구축하겠다는 본래의 목적과는 정반대로 또다시 세계대전을 촉발했다는 역사의 아이러니를 보여준 대표적인 조약이라는 평가를 받게 되었다.

5. 국가 경쟁 체제하의 전략 목표

영국

영연방의 여러 나라와 영국의 대표들은 조약에 대한 전체적인 평가에서는 엇갈렸으나 프랑스의 태도를 탐욕스럽고 복수심에 넘치는 것으로 보는 데서는 일치했다.[11] 로이드 조지 영국 총리는 조약에 대체로 찬성하면서도 프랑스가 조약을 강화하려 함으로써 유럽을 혼란 상태에 빠뜨릴 것이라고 생각했다. 영국 대표인 해럴드 니컬슨(Harold Nicolson)은 "우리는 평화를 만들어내고 있는가?"라고 물었다. 남아프리카공화국 대표인 얀 스뮈츠(Jan Smuts) 장군은 최종 서명 직전에 로이드 조지에게 이 조약의 불안정성을 지적하는 서한을 보내면서 "우리는 제정신인가, 아니면 아직도 포격의 충격에서 못 벗어나고 있는가? 윌슨의 14개항은 어떻게 되었는가?"라고 묻기도 했다. 그는 독일군이 "총검 앞"에서 강제로 서명하지 않기를 바랐고, 급기야 이 조약을 비난하는 성명서를 발표하면서 "새로운 국제 질서와 더 공정하고 나은 세상에 대한 약속은 이 조약에 쓰여 있지 않다"[12]라고 했다. 그러나 이 조약은 일반 대중으로부터는 광범위한 지지를 받았다. 평균적인 영국인들은 조약의 결과를 독일이 당연히 수용해야 한다고 생각했다.[13]

그러나 독일의 불만이 고조되면서 여론도 점차 바뀌어갔다.[14] 휴전 협정에 뒤이은 독일 대양함대의 항복과 그 함대의 성공적인 억류는 영국의 주요 전쟁 목표가 조약 체결 이전에 이미 달성되었음을 의미했다. 결과적으로 독일에 대한 영국의 정책은, 새로이 등장한 소비에트연방에 의해 제기된 안보 위협에 대비하는 완충 역할로 독일의 실체를 유지하는 데 초점을 맞추기 시작하면서 프랑스의 경직된 대독정책으로부터 벗어나기 시작했다. 1930년대에 이르러서는 조약 서명의 당사자인 로이드 조지마저 그 입장을 바꾸었고, 1938년에 발간된 회고록 《평화조약에 관한 진실》에서 이 조약의 여러 조항들을 비난하기까지 했다. 맥도널드(Ramsay MacDonald) 총리는, 1936년 히틀러가 조약에 금지된 라인란트의 재무장을 강행하는 것을 보면서 이 조약이 사라지는 것이 기쁘다며 이는 프랑스인들에게 뼈아픈 교훈을 줄 것이라는 희망을 표명하기에 이르렀다.

프랑스

조약 서명이 발표되자 베르사유궁전 밖에 운집해 있던 군중들은 노래를 부르고 춤을 추며 기뻐했다. 파리 시내에서는 사람들이 몰려나와 전쟁의 승리가 선언된 것으로 간주하고 자축했다. 무엇보다도 알자스로렌을 되찾았고 독일이 배상금을 지불하기로 동의했다는 데서 승리를 확신할 수 있었지만 그렇다고 아주 만족스러운 것도 아니었다.[15] 클레망소 대통령은 정치적 반발에 직면했다. 프랑스 국민들은 이 조약이 너무 관대하며 프랑스의 모든 요구가 관철되지 못한 것으로 간주했다. 좌우파를 막론하고 정치인들은 조약과 클레망소를 가혹할 정도로 공격했다. 클레망소는 1920년 1월 대통령 선거에서 패배했다. 포흐(Ferdinand Foch) 육군 원수는 1939년 "이 조약은 평화가 아니며 20년 동안의 정전이었다"[16] 라고 밝히면서 라인란트를 합병하지 못했음을 비판하고 미국과 영국의 이익을 위해 프랑스의 안보를 위협했다고 주장했다.

이탈리아

이 조약에 대한 이탈리아의 반응은 극도로 부정적이었다. 이들은 전쟁에서 많은 사상자를 냈음에도 불구하고 주요 전쟁 목표의 대부분을 달성하지 못했다고 생각했다. 특히 달마티아 해안과 피우메를 민병대가 장악했으나 윌슨 대통령은 '민족자결의 원칙'을 내세우며 이탈리아의 주장을 거부한 것에 분노했다. 전쟁 후반기에 이탈리아 전선의 붕괴를 막기 위해 자국 군대를 이탈리아로 돌렸던 영국과 프랑스는 평화회의에서 이탈리아의 입장을 지지하기를 꺼렸다. 또한 오를란도 총리와 손니노(Sidney

Sonnino) 외무장관 사이의 협상 전략의 불일치는 이 회의에서 이탈리아의 위상을 더욱 훼손시켰다. 분노한 오를란도는 신경쇠약 증상을 겪었고 회의 중 퇴장하기까지 했다. 그는 조약 체결 일주일 전에 총리직을 잃었고 그의 정치 경력도 끝나게 되었다. 결국 이 조약에 대한 이탈리아 국민의 분노와 경악은 3년 후 무솔리니 독재정권이 들어서는 데 기여했다고 볼 수 있다.

미국

미국 의회는 전반적으로 이 조약을 거부했다. 특히 전통적인 고립주의 외교노선을 따르는 공화당 의원들은 조약의 비준을 반대했다. 민주당의 윌슨 대통령은 마침내 세계가 미국을 세계의 구세주로 알고 있다고 선언했지만, 1918년 선거에서 공화당이 상원을 장악했다. 상원이 조약에 대해 다른 입장을 내놓더라도 정책연합을 구성하는 것은 가능했지만, 조약 비준에 필요한 3분의 2의 동원은 불가능했다. 공화당뿐만 아니라 아일랜드계와 독일계 민주당 의원들도 불만을 제기하며 이 조약을 강력히 반대했다. 그들은 특히 미국 의회에서 동의를 받지 않고도 전쟁을 일으킬 수 있는 국제연맹의 권한을 명시한 조약 제10조에 관한 유보 조항을 가진 수정 조약을 원했다. 윌슨 대통령은 1919년 여름 동안 전국적인 토론 투어를 진행하면서 그러한 주장을 반박했다. 그러나 윌슨은 중도에서 포기할 수밖에 없었고, 더구나 심각한 뇌졸중으로 인해 정치적 지도력을 상실하고 말았다.[17]

윌슨 대통령의 후임자인 공화당의 하딩(Warren G. Harding) 대통령은 미국의 국제연맹 설립을 반대했다. 1921년 의회는 이어서 녹스-포터(Knox-Porter) 결의안을 통과시켜 미국과 독일 측 동맹국 간의 적대 행위를 공식적으로 종결시켰다.[18] 이에 따라 1921년 8월 25일에 베를린에서 미국과 독일 사이에 별개의 평화조약이 서명되었고, 미국과 오스트리아의 평화조약이 1921년 8월 24일 빈에서, 8월 29일에는 미국과 헝가리의 평화조약이 부다페스트에서 서명되었다.

독일

1919년 4월 29일에야 브로크도르프-란차우(Ulrich Graf von Brockdorff-Rantzau) 외무장관을 필두로 독일 대표단이 베르사유에 도착했다. 5월 7일, 승전국들이 기안한 소위 '전책 조항' 등에 대해 그는 다음과 같이 대답했다. "우리는 여기서 우리가 대면한 혐오감을 잘 알고 있습니다. 당신들은 우리가 유일한 전쟁 책임자임을 고백하라고 요구합니다. 내 입에서의 그러한 고백은 거짓말이 될 것입니다."[19] 그는 독일은 협상에 참여하지 못했기 때문에 독일 정부는 그것이 불공정하며 "명예의 침해"로 여길 것이라고 항의했다.[20]

이념적으로 대립하는 정치적 진영을 막론하고 거의 모든 독일인들은 이 조약을 비난했다. 특히 전쟁을 일으킨 것이 전적으로 독일이라는 조항은 독일의 명예에 대한 모욕이라 여겼으며, 강요된 조약 체결을 '받아쓰기(Diktat)'라고 지칭했다. 그 조건들이 '수락 아니면 강행'이라는 형식으로 독일에 제시되자 바이마르공화국의 초대 총리였던 샤이데만은 조약에 서명하지 않고 사임했다. 그는 1919년 3월 21일 의회 연설에서 이 조약을 "살인 계획"이라고 부르며 성토했다. 학자의 정치 참여를 비판했던 대학교수 막스 베버마저도 라인란트 침공을 위협하는 연합국에 대해 독일 군대가 지리멸렬하다면 시민군(léeve en masse)을 결성해서라도 저항해야 한다고 대중강연을 하고 다녔다.[21]

에베르트(Friedrich Ebert) 대통령은 독일은 어쩌지 못하는 상황에 처해 있음을 알고 있었다. 그는 조약에 대한 혐오감을 대부분의 독일인들과 공유했지만, 정부가 그것을 거부할 수 있는 입장이 아니라는 것도 알고 있었다. 그는 독일이 조약 서명을 거부하면 연합국이 독일을 서쪽에서 침공할 것이라고 믿었으며 그 경우 독일 군대가 방어할 수 있을 것이라는 보장이 없다는 것을 알았다. 바우어를 수반으로 하는 새로운 연립정부는 조약 체결안을 의회에 제출했고, 의회는 이를 237 대 138로 가결했다. 이 결과는 최종 시한 몇 시간을 앞두고 클레망소에게 타전되었다. 뮐러(Hermann Müller) 외무장관이 독일을 대표해 조약에 서명하기 위해 베르사유에 도착했다. 이 조약은 1919년 6월 28일에 체결되었으며, 7월 9일에는 209 대 116으로 독일 의회에서 비준되었다.[22]

즉각적으로 독일의 보수세력과 민족주의자, 그리고 전쟁을 일으키고 수행했던 군사 지도자들은 이 조약을 한목소리로 비난했다. 조약 체결을 지지했던 사회주의자, 공산주의자, 유대인들을 포함한 바이마르공화국의 정치 지도자들은 국가에 대한 충성심을 의심받았다. 애초부터 유대인들은 전쟁을 지지하지 않았고 독일을 팔아먹는 역할을 했다는 소문이 돌았다. 약화된 독일과 새로 수립된 바이마르공화국에서 혜택을 본 사람들이 "뒤에서 비수를 찔렀다"는 이론이 설득력을 얻었다. 독일 민족주의에 비판적이었고 군수산업에 대한 불만과 파업을 주도한 사람들이 독일의 패배를 초래했다고 여긴 것이다. 이 이론은 1918년 11월 정전 당시 독일 군대는 여전히 프랑스와 벨기에 영토에 있었고, 동부전선에서는 이미 러시아와의 전쟁에서 승리하여 브레스트-리토프스크조약을 체결했으며, 서부전선에서는 독일이 1918년 춘계 공세로 승리할 수 있었다는 점을 강변했다. 그러나 공세의 결정적인 순간에 무기산업 노동자들의 파업으로

이것이 실패했고, 파업을 부추긴 배신자들의 배후에는 유대인들이 있었다는 주장이었다.[23]

이와 같이 이 조약은 연합국 측이나 동맹국 측, 그 어느 쪽도 만족시키지 못한 절충안이었으며, 특히 독일에게는 쓰라린 민족적 상처를 남긴 문제적 조약이 되고 말았다.

6. 조약 결과에 대한 역사적 평가의 변천

위에서 살펴본 조약의 결과에 대한 반응과 평가는 기본적으로 체결 당시 유럽의 국가 간 경쟁 체제를 기정사실로 한 것이었다. 그러한 평가들은 대개 두 가지 분석 틀에서 조약의 공과가 논란의 대상이 되었다. 하나는 국제정치 및 지정학적 분석이고, 다른 하나는 독일에 부과된 경제적 부담의 역사적 결과에 대한 논란이었다. 그러나 이러한 국가별 전략 목표를 초월하여 초유럽적 시각에서 비롯한 유럽의 항구적인 평화 추구라는 평가 기준이 20세기 중반 이후 유럽통합의 필요성의 대두와 그에 따른 논의가 본격적으로 시작되면서 제기되었다.

사실 이 조약이 역사적으로 재평가될 것이라는 논란은 조약 체결 직후부터 제기되었다. 회담에 참여한 영국 재무성의 수석 대표였던 케인스는 베르사유조약 체결 즉시 "카르타고의 평화"라고 표현했다. 로마제국이 카르타고를 정벌한 후 그곳을 초토화시킨 예에 견주어 이 조약의 부당성과 프랑스의 과욕을 비판한 것이었다. 케인스는 《평화의 경제적 결과》[24]라는 책에서 베르사유조약이 평화를 위한 공정한 원칙을 따른 것이 아니라 프랑스의 복수(revenchism)를 위해 독일을 파괴하려는 시도인 '카르타고의 평화'였으며, 독일이 정전협정 협상 과정에서 수락했던 윌슨 대통령의 '14개 조항'에서 제시된 지속적 평화를 위한 공정한 원칙이 무시되었다고 주장했다. 또한 그는 독일로부터 전쟁 피해를 배상받기 위한 시도는 당시 정치가들이 책임져야 할 가장 심각한 정치적 실책이었으며, 배상금의 총액이 독일이 지불할 수 없을 정도로 과도했고, 이는 극단적인 국제정세의 불안정을 초래할 것이라고 주장했다.

이에 반해 1940년대에 들어 프랑스의 경제학자 망투(Étienne Mantoux)는 케인스의 이러한 분석을 논박하는 《카르타고의 평화 또는 케인스 씨의 경제적 결과》[25]라는 책에서 반대의 주장을 폈다. 스티븐슨(David Stevenson)에 따르면 최근에 개방된 프랑스 국립문서보관소의 자료를 검토한 많은 논평자들은 회담에서 프랑스가 처한 여러 구속적 조건에도 불구하고 견지하고자 했던 합리성에 주목하고 있다고 평가했다. 그는 "배심 평결은 아직 남아 있으며, 판단의 시계추는 다른 방향으로 되돌아가고 있다"[26]라고까지 주장했다. 더 최근 들어 일단의 경제학자들은 독일 군대의 대폭적인 축소로 인해 배상금을 지불할 수 있도록 많은 돈이 절약되었다는 주장까지도 제기하고 있다.[27]

배상금 문제 이외에 국제적 세력 균형의 시각에서 보더라도, 이 조약은 독일에 유리한 것이었다는 주장도 제기되고 있다. 바인버그(Gerhard Weinberg)는 이 조약 덕분에 비스마르크 제국은 분열되지 않고 정치 단위로 유지되었고, 2차 세계대전 이후의 상황과 달리 독일은 전후 군사 점령을 벗어났으며. 오스트리아-헝가리제국의 소멸과 러시아가 유럽에서 철수한 상황은 현재의 동유럽에서 독일이 지배적인 권력을 확보할 수 있게 한 요인이었다고 지적했다.[28]

같은 맥락에서 영국의 군사사학자인 바넷(Correlli Barnett)은, 이 조약은 독일이 전쟁에서 이기기를 기대하고 있을 때 염두에 두었던 평화 협약과 비교하면 매우 관대한 것이라고 주장했다. 그는 1918년 3월에 독일이 패전한 러시아에 부과했던 브레스트-리토프스크조약의 과도한 조건들에 비하면 이 새로운 조약은 독일의 "손목이나 툭 때려준 수준"[29]에 불과한 약한 조치였다고 주장했다. 러시아와의 조약은 러시아의 산업 생산의 절반과 탄광 생산의 9분의 1, 그리고 60억 마르크의 손해 배상을 부과했기 때문이다. 결국 베르사유조약의 "잔인한" 조건 속에서도 전후 독일 경제는 전쟁 전 상태로 회복되었다는 점을 지적하고 있다.

바넷은 또한 전략적 측면에서 볼 때 독일은 1914년에 비해 조약 체결 이후에 더 유리한 위치를 점하게 되었다고 주장했다. 독일의 동부 국경은 과거 독일과 균형적인 힘을 지닌 러시아와 오스트리아에 직면했으나, 오스트리아제국은 전쟁이 끝난 후 작고 약한 국가들로 분열되었고 러시아는 혁명과 내전으로 분열되었으며 새롭게 복원된 폴란드는 패배한 독일보다 약했기 때문에, 전후 독일의 동부 국경은 전쟁 전보다 더 안전하게 되었다는 것이다. 서쪽에서도 독일은 인구가 적고 경제적으로 덜 활발한 프랑스와 벨기에만 접하게 되어, 결과적으로 조약은 독일을 약화시키기는커녕 오히려 강화했다는 주장이다. 따라서 영국과 프랑스는 비스마르크의 성취를 무산시켜 독일을 더 작고 약한 국가들로 분할함으로써 독일이 "분단되고 영구적으로 약화"되어 다시는 유럽의 평화를 위협할 수 없게 해야 했다는 주장이다. 그러나 그렇게 하지 못함으로써 유럽의 균형을 회복시키지 못했으므로, 영국은 중대한 전쟁에 참여하는 결단을 내렸지만 결국 그 주요 목적을 달성하지 못했다는 결론을 내렸다.[30]

역사학자 에번스(Richard J. Evans)는 전쟁 중 독일의 우익세력이 유럽과 아프리카의 대부분을 편입시키는 것을 목표로 하는 병합주의적 계획에 전념했다는 점을 지적했다. 따라서 이 우익세력은 독일이 정복자가 되지 못하게 하는 평화조약을 받아들일 수 없었다는 것이다. 또한 독일이 브레스트-리토프스크조약에서 확보한 이득을 포기해야 하는 새로운 조약의 조치들을 받아들이라고 독일을 설득시킬 수 없었다고 주장했다. 에번스는 또한 사회민주당(SPD), 독일민주당(DDP), 가톨릭중앙당(KZ) 등 바이마르연정을 이루는 주요 정당들이 모두 조약에 반대했으므로, 일부 역사가들이 주장하는 것처럼 베르사유조약에 대한 거부는 곧 바이마르공화국 자체에 대한 거부와 같았다는 전통적 견해를 반박했다. 결론적으로 에번스는 바이마르공화국의 때 이른 종식을 초래한 것은 베르사유조약이 아니라 1930년대의 대공황이라고 주장했다. 그러므로 베르사유조약은 나치 대두의 주된 원인이 아니며 바이마르 경제는 배상금 지불로 단지 약간의 영향을 받았을 뿐이었다고 주장함으로써 이전의 평가자들과는 달리 베르사유조약의 가혹함이 나치 부상의 원인이 아니었다는 역사적 재평가를 제기했다.[31]

한편 그동안 간과되었던 동유럽의 처지에 대한 해석도 제기되고 있다. 톰슨(Ewa Thompson)은 독일의 입장을 이해하는 데 더 관심이 많은 서방의 역사학자들에 의해 중부유럽과 동유럽의 많은 국가들의 입장이 종종 무시되었다는 점을 지적했다. 조약의 결과 이들은 억압적인 독일 통치로부터 스스로를 자유롭게 할 수 있었다는 것인데, 폴란드와 체코 등은 이 조약이 공격적 이웃에 의한 작은 국가에 대한 잘못을 인정하는 상징으로 간주되었다고 주장했다.[32]

이러한 국제전략적 또는 경제적 분석과는 관계없이, 조약에 의해 야기된 독일인의 분노야말로 나치당의 궁극적인 부상에 대한 심리적 근거를 심어주었다는 집단심리적 차원의 주장도 다시 설득력을 얻고 있다. 독일의 역사가 포이케르트(Detlev Peukert)는 베르사유조약이 완전히 불합리한 조약이었음을 당시 독일인들은 널리 믿었으며, 문제가 된 것은 조약의 "현실"이라기보다 그에 대한 "인식"이었다고 주장했다. 전쟁 중 독일인이 견지하고 있던 "천년왕국적 희망"으로 인해 독일이 패전 조약을 맺을 위기에 처했을 때 연합국이 패배한 독일에 대한 강요는 광범위한 민족주의적 반발을 일으킬 수밖에 없었고, 이를 피하기 위해 연합국이 할 수 있는 일은 아무것도 없었다는 것이다. 그러한 만큼 슈트레제만(Gustav Stresemann)이 1923년과 1929년 사이에 수행한 '이행정책'은 독일이 유럽에서 보다 긍정적인 역할을 할 수 있었던 건설적 정책이었으며, 독일 민주주의는 베르사유조약 때문에 1919년부터 실패할 운명에 처하게 되었다는 기존의 해석을 반박했다. 결론적으로 그는 바이마르공화국을 끝나게 한 것은 베르사유조약이 아니라 대공황과 함께 다가온 민족주의적 정책으로의 전환이었다고 주장했다.[33]

이러한 국제정치적 · 경제적 · 심리적 분석 이외에도 영토귀속을 결정하는 주민투표에 따른 독일의 불이익과 부당함을 실증적으로 지적한 연구도 수행되었다. 프랑스의 역사학자인 카르티에(Raymond Cartier)는 수데텐란트와 포젠-서프로이센에 거주하는 수백만 명의 독일인이 적대적인 외국의 지배를 받게 되면서 권리를 침해당했음을 보여주는 문서들을 확인했다. 1921년 포젠에 거주하는 100만 명의 독일인 중 75만여 명이 폴란드인의 박해로 인해 고향을 떠났다고 밝혔다. 이렇게 첨예화된 민족갈등이야말로 1938년에 체코슬로바키아 및 폴란드 일부 지역을 재합병하려는 히틀러의 구상에 구실이 되었다는 것이다.[34]

이상과 같이 베르사유조약의 결과에 대한 평가에 있어서 전통적인 해석을 넘어서 새로운 해석들이 제기되고 있는 배경에 관심을 가질 필요가 있을 것이다. 한편으로는 전통적으로 유럽 국가 간의 국제정치를 강대국 간의 세력 균형의 추구라는 시각의 한계가 지적되면서, 다른 한편으로는 유럽 역사의 물길이 통합적 유럽을 향해 흐름에 따라 그 분석의 초점과 기준도 달라지고 있는 것이다. 이러한 인식의 변화에 따라 베르사유조약이 단순히 독일에게 가혹했는가 아니면 관대했는가 하는 관심을 넘어서 전 유럽적 시각에서 20세기 역사의 방향을 재조명하는 가운데, 100주년을 맞은 베르사유조약의 결과에 대한 평가가 변화하고 있는 것을 발견할 수 있다.

7. 남은 말

베르사유조약에 대한 역사적 평가가 국가 간 경쟁 체제에 입각한 국제전략적 차원에서 이루어질 수밖에 없었던 것은, 그 분석이 유럽 국가 간 전략적 세력 균형과 그에 따른 국가 간 경제적 득실이라는 기준을 넘어서지 못한 한계 때문이었다. 그러나 이제 조약이 체결된 지 한 세기가 지났고 또한 유럽연합이라는 새로운 역사적 발전이 이루어지고 있는 시점에서 더 넓은 역사적 시각에서 이를 평가할 필요가 있다.

이 조약은 무엇보다도 19세기까지 유럽에 존재했던 왕조국가나 제국주의적 국가 체제를 종식시키고 크고 작은 민족 단위에 입각한 새로운 국가들로 유럽을 재편성하여 현대 유럽 정치지도를 그렸다. 즉 국가주의에 입각한 제국주의 국제질서를 역사의 무대에서 퇴장시키고 불완전한 측면은 있었으나 민족자결주의(self-determination)에 입각한 현대적 국가

시스템의 성립을 인도했다고 평가할 수 있다. 또한 이 조약이 체결되는 과정에서 전혀 새로운 정치적 현상이 유럽 각국의 국내 정치에 등장했다. 19세기 유럽 국제정치가 지배자들만의 무도회(concert of Europe)였다고 한다면, 이제 각국의 의회가 국제정치의 향방에 지대한 영향을 미치기 시작했으며, 신문이라는 미디어가 여론의 형성에 결정적인 역할을 하게 되고, 급기야 대중(mass)이라는 존재가 역사의 무대에 등장하게 되었다. 이러한 대중은 19세기에 역사의 전면에 나타난 혁명적 군중(crowd)이나 이념적으로 제조된 민족(people)과는 다른 새로운 역사적 존재였으며, 20세기 국가정치에서 주인공 역할을 하게 될 터였다.

베르사유조약에 대한 당대의 부정적인 평가는 2차 세계대전 이후 유럽통합이라는 새로운 역사의 방향과 더불어 새로운 조망으로 대체되고 있다. 그 분석의 방향은 기본적으로 국가 간 경쟁 체제 아래의 유럽 국제정치의 한계에 대한 인식의 증대와 관련이 있으며, 강대국 간의 세력 균형만을 추구했던 유럽 각국의 국가 전략 목표가 상충할 수밖에 없었던 사실을 극복하고자 하는 노력과 관련이 있다는 점을 강조하고자 한다. 또한 이러한 국가 경쟁 체제의 한계에 대한 인식과 이를 극복하려는 노력은 미래의 유럽이 하나의 정치공동체를 지향해야 한다는 유럽연합의 궁극적 지향점을 설정하는 데 단초를 제공한다고 보아야 할 것이다. 마지막으로, 이러한 의미에서 베르사유조약에 대한 재평가는 현재 유럽연합의 정치적 미래에 대한 방향 설정과 일정한 관련성을 지닌 채 이루어지고 있다고 볼 수 있다.

주

1 Ivo J. Lederer, *The Versialles Settlement: Was It Foredoomed to Failure?* (D. C. Heath and Company, 1960) 참조.

2 Manfred F. Boemke, Gerald D. Feldman, & Elisabeth Gläser, (eds.), *The Treaty of Versailles: A Reassessment After 75 Year* (German Historical Institute, 1998); Alan Sharp, *Consequences of Peace: The Versailles Settlement: Aftermath and Legacy 1919-2010* (Haus Publishing, 2011) 참조.

3 Antony Lentin, *Guilt at Versailles: Lloyd George and the Pre-history of Appeasement* (Routledge, 1985), p. 84.

4 John Milton Cooper, *Woodrow Wilson: A Biography* (Random House, 2011), pp. 454~505.

5 R. Henig, *Versailles and After: 1919-1933* (Routledge, 1995), p. 52.

6 조약의 주요 내용은 임상우, 〈실패한 세계평화의 이상: 베르사유조약〉, 유럽통합연구회, 《조약으로 보는 유럽통합사》 (높이깊이, 2015)를 참조해 정리했다.

7 Robert T. Davis, (ed.), *U.S. Foreign Policy and National Security: Chronology and Index for the 20th Century. 1.* (Praeger Security International, 2010), p. 49.

8 William R. Keylor, *The Legacy of the Great War: Peacemaking, 1919* (Houghton Mifflin, 1998). p. 34.

9 Charles Ingrao and Franz Szabo, (eds.), *The Germans and the East* (Purdue University Press, 2007), p. 262.

10 Bernadotte Everly Schmitt, *The Coming of the War, 1914* (Oxford University Press, 1930), pp. 104~105.

11 David Stevenson, "France at the Paris Peace Conference: Addressing the Dilemmas of Security", in Robert Boyce, (ed.), *French Foreign and Defence Policy, 1918-1940: The Decline and Fall of a Great Power Boyce* (Routledge, New York, 1998), p. 10.

12 P. M. H. Bell, *The Origins of the Second World War in Europe* (Macmillan, 1986), p. 26.

13 Schmitt, *The Coming of the War, 1914*, p. 104.

14 Bell, *The Origins of the Second World War in Europe*, p. 22.

15 Richard Sontag, *A Broken World, 1919-1939* (Harper and Row. 1971), p. 22.

16 Henig, *Versailles and After: 1919-1933*, p. 52.

17 Cooper, *Woodrow Wilson: A Biography*, Ch. 22~23 참조.

18 Kurt Wimer & Sarah Wimer. "The Harding Administration, the League of Nations, and the Separate Peace Treaty", *The Review of Politics*. 29 (1967), pp. 13~24.

19 http://www.fkoester.de/kursbuch/unterrichtsmaterial/13_2_74.html. (2018. 5. 25. 검색)

20 *Ibid*.

21 Wolfgang Mommsen, *The Political and Social Theory of Max Weber: Collected Essays* (Oxford University Press, 1989), p. 243.

22 Koppel S. Pinson, *Modern Germany: Its History and Civilization* (Macmillan, 1964), p. 397.

23 Wilhelm Diest, "The Military Collapse of the German Empire: the Reality Behind the Stab-in-the-Back Myth", *War in History 3* (1996), pp. 186~207.

24 John Maynard Keynes, *The Economic Consequences of the Peace* (Project Gutenberg, 1919).

25 Étienne Mantoux, *The Carthaginian Peace, The Economic Consequences of Mr Keynes* (Oxford University Press, 1946).

26 David Stevenson, "France at the Paris Peace Conference", in Robert W. D. Boyce, (ed.), *French Foreign and Defence Policy, 1918-1940: The Decline and Fall of a Great Power* (Routledge, 1998), p. 10.

27 Max Hantk and Mark Spoerer, "The imposed gift of Versailles: the fiscal effects of restricting the size of Germany's armed forces, 1924-9", *Economic History Review 63* (2010), pp. 849~864.

28 Gerhard Weinberg, *Germany, Hitler and World War II* (Cambridge University Press, 1995), p. 16.

29 Correlli Barnett, *The Collapse of British Power* (Pan, 2002), p. 392.

30 *Ibid*., pp. 316~319.

31 Richard Evans, *In Hitler's Shadow* (Pantheon, 1989), pp. 106~107.

32 Ewa Thompson, *The Surrogate Hegemony in Polish Postcolonial Discourse* (Rice

University Press, 1991) 참조.

33 Detlev Peukert, *The Weimar Republic* (Hill & Wang, 1992), pp. 275~278.

34 Raymond Cartier, *La Seconde Guerre mondiale* (Larousse Paris Match, 1965), p. 212.

참고문헌

Barnett, Correlli, *The Collapse of British Power*, Pan, 2002.

Bell, P. M. H., *Origins of the Second World War*, Macmillan, 1986.

Boemke, Manfred F., Gerald D. Feldman, & Elisabeth Gläser, (eds.), *The Treaty of Versailles: A Reassessment After 75 Year*, German Historical Institute, 1998.

Boyce, Robert W. D., (ed.), *French Foreign and Defence Policy, 1918-1940: The Decline and Fall of a Great Power*, Routledge, 1998.

Cartier, Raymond, *La Seconde Guerre mondiale*. Larousse Paris Match, 1965.

Cooper, John Milton, *Breaking the Heart of the World: Woodrow Wilson and the Fight for the League of Nations*, Cambridge University Press, 2010.

Cooper, John Milton, *Woodrow Wilson: A Biography*, Random House, 2011.

Davis, Robert T., (ed.), *U.S. Foreign Policy and National Security: Chronology and Index for the 20th Century*, Praeger Security International, 2010.

Evans, Richard, *In Hitler's Shadow*, Pantheon, 1989.

Graebner, Norman A., & Edward M., Bennett, *The Versailles Treaty and Its Legacy: The Failure of the Wilsonian Vision*. Cambridge University Press, 2011.

Henig, R., *Versailles and After: 1919-1933*. Routledge, 1995.

Ingrao, Charles, & Franz Szabo, (eds.), *The Germans and the East*, Purdue University Press, 2007.

Keylor, William R., *The Legacy of the Great War: Peacemaking, 1919*, Houghton Mifflin, 1998.

Lentin, Antony, *Guilt at Versailles: Lloyd George and the Pre-history of Appeasement*. Routledge, 1985.

Keynes, John Maynard, *The Economic Consequences of the Peace*, Harcourt Brace and Howe, 1920.

Lederer, Ivo J., *The Versialles Settlement: Was It Foredoomed to Failure?*, D. C. Heath and Company, 1960.

Mantoux, Étienne, *The Carthaginian Peace, The Economic Consequences of Mr*

Keynes, Oxford University Press, 1946.

Mommsen, Wolfgang, *The Political and Social Theory of Max Weber: Collected Essays*, Oxford University Press, 1989.

Peukert, Detlev, *The Weimar Republic*, Hill & Wang, 1992.

Pinson, Koppel S., *Modern Germany: Its History and Civilization*, Macmillan, 1964.

Schmitt, Bernadotte Everly, *The Coming of the War, 1914*, Oxford University Press, 1930.

Sharp, Alan, *Consequences of Peace: The Versailles Settlement: Aftermath and Legacy 1919-2010*, Haus Publishing, 2011.

Sontag, Richard, *A Broken World, 1919-1939*, Harper and Row, 1971.

Stevenson, David, "France at the Paris Peace Conference: Addressing the Dilemmas of Security", in Robert W. D. Boyce., *French Foreign and Defence Policy, 1918-1940: The Decline and Fall of a Great Power*, Routledge, 1998.

Thompson, Ewa, *The Surrogate Hegemony in Polish Postcolonial Discourse*, Rice University Press, 1991.

Weinberg, Gerhard, *Germany, Hitler and World War II*, Cambridge University Press, 1995.

2장

쿠덴호베-칼레르기와 전간기 범유럽운동

신종훈

1. 서론

1차 세계대전의 종식과 함께 전후질서로 수립된 '베르사유체제'는 민족자결을 내세우며 전통적인 국가주권의 원칙에 기초한 국민국가 체제를 강화했을 뿐 아니라 유럽의 공법 역할을 담당하기 힘들 정도로 많은 갈등요인을 품고 있었다.[1] 독일은 베르사유조약을 승전국에 의해 강요된 '명령'으로 규정함으로써 노골적으로 불만을 표출했고, 베르사유체제를 거부하는 독일의 수정주의 외교노선은 전간기 유럽 정치의 심각한 불안정 요인으로 작용했다. 또한 오스트리아-헝가리제국의 해체를 통해 수립된 중동부 유럽의 신생 독립국들은 자국 중심의 민족주의 에너지를 발산함으로써 전후 유럽에서 국가 간 협력의 정신이 자라날 수 있는 전망은 처음부터 그리 밝지 못했다.[2] 베르사유체제는 뒤로젤(Jean-Baptiste

Duroselle)의 표현처럼 전통적인 '유럽의 협력'도 '유럽의 공법'도 '유럽의 균형'도 사라진 '무정형의 유럽'을 탄생시켰다.[3]

평화를 보장하기 위한 최초의 세계기구로서 1920년에 창설된 국제연맹 역시 평화 중재 기구로서의 실효성을 갖지 못할 것이라는 사실이 이미 시작부터 분명해졌다. 무엇보다도 국제연맹의 창설을 제안한 미국의 불참으로 인해 실질적 중재 기구로서 연맹의 실효성이 의심받았다. 뿐만 아니라 연맹의 중요한 안건들이 만장일치를 통해 결정되어야 했고, 연맹의 결의안들은 단지 권고(recommendation)의 형태로 회원국에 제시되었다. 이러한 구도에서 연맹은 분쟁의 중재를 위한 구속력을 가진 결정을 회원국에게 강제할 수단이 없었다.[4]

베르사유체제와 국제연맹 등 전후 수립된 국제질서는 지속적 평화 보장, 미국의 경제 압박, 공산주의의 위협 등 전후 유럽이 직면했던 정치적·경제적 문제들을 해결할 수 있는 능력을 사실상 가지지 못했다. 전간기 유럽운동의 배경에는 이 같은 전후 유럽 질서에 대한 불만이 자리 잡고 있었다.[5] 1920년대 초 전개되기 시작한 유럽운동은 베르사유체제와 국제연맹의 결함을 보완 혹은 대체할 수 있는 유럽 질서의 대안으로서 유럽의 통합을 내세웠다. 유럽통합을 주제로 하는 전례가 없을 정도의 많은 저서, 논문, 신문 칼럼 등이 전간기 동안 출판되면서 유럽통합에 대한 광범위한 대중적 관심이 일어났다.[6] 그 외에도 유럽통합을 위한 다양한 대안들을 모색하는 10개 이상의 민간 운동단체들이 결성되어 유럽통합에 대한 여론의 호응을 이끌어낼 수 있었다.[7]

이 같은 전간기 유럽통합 운동을 이끌었던 대표적인 인물이 1920년대 초부터 1972년 사망할 때까지 지치지 않고 유럽운동에 헌신했던 리하르트 쿠덴호베-칼레르기(Richard N. Graf Coudenhove-Kalergi) 백작이다.

유럽통합을 위한 그의 헌신은 학자들로 하여금 그를 유럽통합의 가장 중요한 사상가 중 한 사람이자 20세기 후반 유럽통합의 선구자 중 한 사람으로 평가하게 만들었다.[8] 또한 그가 1923년에 창설한 범유럽연합(Paneuropa-Union)은 지속적인 영향력을 행사했던 전간기 유럽운동을 대표하는 가장 중요한 조직으로 평가받고 있다.[9]

유럽통합사에서 차지하는 이 같은 비중에 비해 쿠덴호베-칼레르기와 그의 유럽운동은 한국 학계에는 거의 알려져 있지 않다.[10] 따라서 이 글은 쿠덴호베-칼레르기라는 인물을 소개하고 그가 주도한 전간기 범유럽운동을 분석하는 것을 우선적 목표로 삼는다. 2절에서는 쿠덴호베-칼레르기가 범유럽주의자로 성장하는 과정과 관련된 전기적 내용을 소개함으로써 그의 사상적 배경에 대한 이해를 도모할 것이다. 3절의 주제는 그의 범유럽운동이다. 3절의 첫 번째 부분에서는 그의 저서와 글 등을 통해 범유럽 구상의 개념적 내용을 분석할 것이다. 두 번째 부분에서는 그가 범유럽연합이라는 조직을 통해 전개한 전간기 범유럽운동의 내용과 그 좌절을 설명할 것이다. 마지막으로 결론에서는 유럽통합사의 맥락에서 쿠덴호베-칼레르기와 그의 범유럽운동의 역사적 의미와 한계를 비판적으로 고찰하게 될 것이다.

2. 범유럽주의자가 되기까지 쿠덴호베-칼레르기의 성장 과정

출신배경과 유소년기에 받았던 교육이 쿠덴호베가 초국가적 차원에서 사고하는 '범유럽주의자'로 성장하는 중요한 기반을 제공했다는 인식에 학계는 일반적으로 동의하고 있다.[11] 쿠덴호베-칼레르기라는 독특한

성(姓)은 플랑드르 지방의 귀족 가문의 성 쿠덴호베와 크레타에 뿌리를 둔 그리스 귀족 가문의 성 칼레르기가 결합된 것으로서 19세기 중반 그의 조부 쿠덴호베(Franz Coudenhove)와 조모 칼레르기(Marie Kalergi)의 결혼으로 시작되었다.[12] 쿠덴호베는 가족의 반대를 무릅쓰고 일본 여성 미쓰코(Mitsuko Aoyama)와 결혼했던 오스트리아-헝가리제국의 외교관 하인리히 쿠덴호베-칼레르기(Heinrich Coudenhove-Kalergi) 백작의 둘째 아들로 1894년 11월 7일 도쿄에서 태어났다. 혼혈아로서 그는 유년기에 유럽과 아시아 전통이 교차하는 가족적 배경의 영향을 받았지만 동시에 그를 진정한 유럽인으로 양육하려는 아버지의 의지에 의해 보헤미아에 있는 가문의 영지 론스페르그(Ronsperg) 성에서 귀족적인 가정교육을 받으며 성장했다.[13]

그의 부친은 18개 언어를 구사했으며, 수많은 외국인 손님들의 방문을 받았다. 이 같은 론스페르그에서의 일상은 어린 리하르트가 문자 그대로 국제적인(cosmopolitan) 분위기 속에서 성장할 수 있는 여건을 제공해주었다. 거기에 덧붙여 아르메니아인 집사는 쿠덴호베의 부친과는 터키어로, 그의 어머니와는 일본어로 그리고 아이들과는 서툰 독일어로 대화를 했으며, 그는 어머니와는 영어로, 아버지와는 독일어와 프랑스어로 대화를 했다. 그 외에도 리하르트는 헝가리어, 러시아어, 터키어, 아랍어 등을 배웠다.[14] 그가 습득한 다양한 언어와 그 속에 내재된 상이한 세계관들은 쿠덴호베의 사유가 개별 국가의 협소한 관점을 넘어 대륙적이고 초국가적인 차원으로 자연스럽게 확장되도록 했을 것이다. 그러나 그는 열한 살의 어린 나이에 아버지를 여의었다. 쿠덴호베가 회고록에서 회상했던 가족적 배경과 어린 시절 부모에 관한 기억의 일부는 다음과 같다.

유럽인 아버지와 아시아인 어머니 사이에 태어난 자식들로서 우리는 국가의 틀이 아닌 대륙적인 차원에서 사고했다. (…) 우리에게 어머니는 아시아를 구현했고, 아버지는 유럽을 구현했다. (…) 따라서 우리의 시각에서 유럽은 아버지가 속한 땅으로서 언제나 자명한 하나의 통일체였다.[15]

1908년부터 1913년까지 빈의 테레지아눔에서 받았던 중등교육도 쿠덴호베가 엘리트적이며 국제적 사고를 가지는 데 일조했다. 1746년 여제 마리아 테레지아(Maria Theresia)가 설립한 테레지아눔은 고위관료, 장교, 외교관 등을 양성하기 위한 일종의 귀족적 엘리트 학교로서 일반 김나지움보다는 국가 정책적 성격이 강한 인재 양성학교였다. 20세기 초 평균 300여 명의 재학생을 교육했던 테레지아눔에는 합스부르크 다민족 국가의 여러 지역에서 온 학생들뿐만 아니라 러시아, 우크라이나, 터키, 인도, 이집트, 페르시아 등에서 유학 온 학생들까지 입학했다. 이러한 국제적인 학생 구성은 자연스럽게 쿠덴호베가 세계시민적인 세계관을 형성하는 데 기여했을 것으로 판단된다.[16]

1921년 9월 쿠덴호베가 프리메이슨 가입 신청서에 적은 자기소개서에서도 그의 세계시민적 자의식이 분명하게 드러난다.[17]

본인의 출신배경(부친은 플랑드르, 그리스, 러시아, 폴란드, 독일, 노르웨이 등의 귀족 가문의 피가 섞인 유럽인이며, 모친은 시민계급 출신의 일본인이다)으로 인해 저에게는 어떤 특정한 민족, 인종, 계층 등에 대한 배타적 소속감이 존재하지 않습니다. 저는 유럽에 속하며, 좁은 의미에서는 독일 문화공동체에—물론 민족주의적인 의미가 아닌—속합니다. (…) 이 모든 이유들로 인해 저는 스스로를 세계시민(Kosmopolit)으로 느낍니다. (…) 저는 저처럼 국제적이고 세계시민적

인 단체에 가입하기를 원합니다.[18]

이처럼 가문의 유래 및 가족적 배경 그리고 그가 받은 교육으로 인해 쿠덴호베는 유년시절부터 국가들 위에 자리 잡고 있는 초국가적 차원의 상위공동체로서의 유럽에 대한 사유와 소속감을 가질 수 있었으며, 문화적 단위로서의 유럽에 대한 인식도 겸비하게 되었다. 상위공동체로서 유럽에 대한 그의 사유는 유럽을 유럽 국가들의 "어머니"이자, "국가들 및 언어집단들로 구성되고 공동의 문화와 운명으로 결합된 하나의 거대한 민족(eine große Nation)"으로 언급하는 단계로까지 발전하게 된다.[19]

테레지아눔을 졸업한 쿠덴호베는 1913년 빈대학에 입학해 역사와 철학을 전공했다. 건강상의 이유로 병역을 면제받았기 때문에 그는 1차 세계대전 기간 동안에도 학업을 지속할 수 있었고, 1917년 철학박사 학위를 받았다.[20] 대학에 등록했던 1913년 쿠덴호베는 나중에 유럽운동의 동지가 될 여성을 만나 사랑에 빠지는데, 그는 열세 살 연상의 유대인 여배우 이다 롤란드(Ida Roland)였다. 이듬해 스무 살의 쿠덴호베는 가족의 반대에도 불구하고 결혼한 전력이 있던 이다와 결혼했다. 쿠덴호베의 전기작가 괴링(Göhring)에 따르면, 이다가 없는 쿠덴호베의 범유럽은 생각조차 할 수 없었을 정도로 이다는 전간기 쿠덴호베의 범유럽운동을 위한 헌신적인 동지이자 이념적 동반자가 되었다.[21]

1차 세계대전 이후 합스부르크제국이라는 자신이 성장한 구질서가 무너지고 새로운 질서가 구축되고 있던 격동기에 쿠덴호베는 이후 '범유럽'으로 불리게 될 자신의 유럽 이념을 발견하게 된다. 국제연맹의 조직적 결함이 그 계기를 제공해주었다. 전쟁 직후에 그는 국제연맹이 인류의 평화와 번영을 보장해줄 기구가 되어주기를 강력하게 희망했지만, 미국과 소련이 가입하지 않음으로써 국제연맹은 실질적인 평화 중재 기구가 되지 못했다. 1919년 말 스물다섯 살의 청년 쿠덴호베는 지구본을 돌리며 미국과 소련을 국제연맹에 가입시킬 수 있는 방법을 모색하던 중 유럽을 하나의 단위로 결합시키는 방안을 구상하게 되었다.[22] 이후 그는 철학교수의 길을 포기하고 평생 헌신하게 될 유럽운동가의 길로 나아가게 된다.

쿠덴호베는 처음에는 유력한 정치가의 주도로 유럽통합을 실현하려는 시도를 했다. 전후 체코슬로바키아 국적을 가지게 된 그는 1921년 당시 유럽의 통합에 관심을 가지고 있던 체코슬로바키아 대통령 마사리크(Thomáš Masaryk)[23]에게 도움을 요청했다. 그는 독일과 이탈리아의 통일 과정에서 비스마르크(Otto von Bismarck)나 카부르(Camillo B. Cavour)가 했던 역할을 유럽통합 과정에서 마사리크가 해주기를 기대했지만, 마사리크는 쿠덴호베의 유럽운동을 지원은 하겠지만 그 운동의 주도자가 되는 것은 사양했다.[24] 1922년 쿠덴호베는 심지어 무솔리니(Benito Mossolini)에게 공개서한을 보내어 그가 범유럽회담 개최를 주도해 유럽을 구해주기를 요청했다. 무솔리니는 이 서한에 응답하지 않았다.[25]

유력한 정치가들이 주도하는 유럽통합에 대한 희망이 이루어지지 않자 쿠덴호베는 권력자들을 동원하는 전략을 포기하지 않은 채 우선은 자신이 유럽운동을 주도해나갈 것을 결심했다. 그는 1922년부터 그에게 '범유럽주의자'라는 호칭을 부여해줄 저서 《범유럽(Pan-Europa)》을 집필함과 동시에 자신의 유럽운동을 담당할 조직을 준비하기 시작했다.[26] 1923년 10월 마침내 그의 범유럽 구상 및 범유럽운동의 정치적 프로그램이 상세히 기술된 《범유럽》이 출판되었다. 이 책은 출판되자마자 광범위한 대중적 호응을 이끌어내면서 전간기 유럽운동이 확산되는 데 기폭제

가 되었을 뿐만 아니라 29세 청년 쿠덴호베를 일약 범유럽운동의 창시자로 만들어주었다.[27]

3. 전간기 범유럽운동

1) 범유럽 구상

쿠덴호베의 범유럽 구상은 《범유럽》에서 처음으로 구체적인 모습을 드러냈다. 그 구상은 이후 지속적으로 발표된 그의 수많은 글과 연설들을 통해서 정치적 상황에 상응하면서 강조점이 변하거나 조금씩 수정되기도 했지만, 범유럽의 국가연합으로의 결합이라는 큰 목표는 변하지 않았다. '범유럽'이란 개념을 사용한 사람이 쿠덴호베가 처음은 아니지만 1923년 《범유럽》이 출간됨으로써 이 개념은 전간기 유럽통합 운동을 대표하는 쿠덴호베의 정치적 구호가 되었다. 그는 이미 사용되고 있던 '범아메리카(Pan-Amerika)'라는 개념을 모델로 삼아 기존의 범유럽이라는 이름에 새로운 생명을 불어넣음으로써 범유럽을 자신의 개념으로 만들었다.[28]

쿠덴호베는 전후 세계 정치가 아메리카, 러시아, 대영제국, 동아시아, 유럽 등 지정학적으로 구분되는 다섯 개의 거대한 지역 규모의 세력권(Kraftfeld)을 축으로 전개될 것이라고 예상했다. 그에 따르면 종전 이후 유럽을 제외한 나머지 네 개의 세력권에서는 내부적 통합의 경향이 강하게 나타나고 있는 반면, 유럽에서는 원자화의 경향이 두드러지고 있었다.[29] 그는 전후 분열된 유럽의 암울한 현실을 다음과 같이 묘사했다. "이전과 다를 바 없이 유럽에서는 국가들 사이의 무정부 상태, 약자에 대한 강자의 억압, 잠정적인 전쟁 상태, 경제적 분열, 정치적 음모 등이 지배하고 있다. 오늘날 유럽의 정치는 미래를 지향하기보다 과거의 정치와 유사하다."[30] 그는 이처럼 분열된 유럽 정치가 새로운 전쟁을 향해 나아가고 있다고 진단했다.[31] 또한 그는 "(1차) 세계대전은 유럽을 약화시키기만 했지만—앞으로 일어날 전쟁은 유럽에 치명타를 날리게 될 것"이라고 예언했다.[32]

쿠덴호베에 따르면 1차 세계대전으로 인해 유럽은 세계의 중심에서 변두리로 밀려났고, 유럽의 세계적 패권(Welthegemonie)은 영원히 상실되고 말았다. 세계 정치의 주체에서 목적물로 전락한 유럽이 계속 분열한다면 독립성과 경제적 번영마저 상실하고 세계대국들에게 집어삼켜져 몰락하게 될 것이라고 그는 예견했다.[33] 따라서 유럽 외부의 세계대국들에 맞서 유럽의 평화와 자립을 유지하는 것은 유럽의 생존과도 직결되는 문제였다. 그는 분열된 유럽이 특히 러시아와 미국으로부터 오는 위험에 처해 있다고 보았다. 러시아는 군사적으로 유럽을 정복하기를 원하고, 미국은 돈으로 유럽을 구매하기 원하기 때문이었다.[34]

> 러시아의 군사독재라는 스킬라(Scylla)와 미국의 금융자본 독재라는 카리브디스(Charybdis) 사이에서 오직 하나의 좁은 길만이 유럽을 더 나은 미래로 이끌 수 있다. 이 길의 이름은 범유럽이며, 범유럽은 유럽이 정치적이며 경제적인 목적단체(Zweckverband)로 결합하는 자구책이다.[35]

쿠덴호베에 따르면 범유럽은 유럽의 정치적 위상을 회복시키고 유럽이 당면한 정치적·경제적 문제들을 해결함으로써 전쟁으로 향하는 유럽을 몰락으로부터 구해줄 유일한 해결책이었다.

쿠덴호베가 구분한 다섯 개의 세력권역에서 알 수 있듯이 그의 범유럽 범위에는 각각 독자적 세력권을 가지고 있는 영국과 러시아가 제외되어 있다. 그가 구상했던 범유럽은 포르투갈부터 폴란드에 이르는 유럽 대륙의 26개 국가 및 범유럽이 경제적으로 자립하는 것을 가능하게 해주는 원료와 식량의 공급지로서 유럽 국가들의 아프리카 식민지까지 포함하는 인구 4억 3100만 명을 소유한 국가연합으로 이루어졌다.[36]

문화적으로 유럽에 속하는 영국을 정치적인 범유럽에서 제외한 것은 그 자체로 세계제국을 구성하고 있던 대영제국의 이해관계 때문이었다. 그는 영국과 범유럽의 관계가 19세기 중반 오스트리아제국과 독일연방의 관계와 유사하다고 생각했다.[37] 그는 독일 통일에서 비스마르크의 소독일주의가 관철되었듯이 범유럽을 영국을 제외한 소유럽으로 구성해야 한다고 생각했다. 또한 영국의 범유럽 참여를 영연방 자치국들이 반대하기 때문에 제국의 이해관계를 우선시하는 영국도 범유럽에 속하기를 원하지 않는다고 여겼다. 범유럽의 이해관계에서 볼 때도 전 세계에 걸친 대영제국의 문제와 연루되는 것은 바람직하지 않기 때문에 범유럽에 영국이 포함되는 것은 적절하지 않았다. 그러나 언젠가 대영제국이 해체된다면 범유럽에 영국이 포함될 수 있다고 말함으로써 영국의 범유럽 참여 가능성을 완전히 배제하지는 않았다.[38]

쿠덴호베는 범유럽이 실현된다면 영국과 우호적인 관계를 유지하는 것이 중요하다고 보았다. 영국과 범유럽은 유럽의 평화 유지에 대한 공동의 이해관계를 가지고 있었고, 경제적으로도 영국과 유럽 대륙은 상보적 관계에 있었기 때문이다. 또한 무엇보다도 영국과 범유럽은 안보의 관점에서 러시아의 유럽 진출을 막아야 하는 공동의 이해를 가지고 있었다.[39] 따라서 그는 영국과 범유럽은 안보, 군축, 식민지 문제, 식민지로의 이주

문제, 유럽에 대한 영국의 중재자 역할 문제 등과 관련된 상호협정 체결을 통해 긴밀한 우호관계를 유지해야 한다고 생각했다.[40] 더 나아가 범유럽의 실현이 결국 영국에도 이익이 되기 때문에 쿠덴호베는 대륙 국가들의 범유럽 실현을 영국인들이 도와야 한다고 호소했다.[41]

반공주의자였던 쿠덴호베가 러시아를 범유럽에서 제외한 것은 당연한 결과였다. 그에 따르면 러시아는 민주주의를 거부함으로써 유럽의 국가체제로부터 탈퇴했고, 민주주의 유럽이 볼셰비즘의 러시아와 이념적으로 함께하는 것은 불가능했다. 뿐만 아니라 그는 러시아의 위협 때문에 범유럽연합의 실현이 생존을 다투는 긴급한 사안이 되었다고 생각했다. 제국주의적 팽창주의를 포기하지 않은 러시아의 유럽 침략을 그는 현실적인 위험으로 간주했기 때문에 "유럽 정치의 핵심 목표는 러시아의 침입을 저지하는 것"이며 그 방법은 오직 "유럽의 결합"밖에 없다고 주장했다.[42] 러시아와 관련된 유럽 문제의 핵심을 그는 다음과 같다고 보았다. "유럽의 역사는 유럽에게 두 가지 선택지만을 제시한다. 모든 민족적 적대감을 넘어서서 하나의 국가연합으로 결합하는 선택지와, 러시아에 의한 유럽 정복의 희생제물이 되는 선택지. 유럽에게 세 번째 가능성은 존재하지 않는다."[43] 따라서 그는 범유럽 방어동맹을 결성하여 러시아의 위협에 대응하면서 러시아와 평화로운 관계를 유지하는 것이 당시 유럽이 선택할 수 있는 유일하게 현명한 정치라고 판단했다.[44]

쿠덴호베는 범유럽의 성공을 위해 제거되어야 할 유럽 내부의 가장 큰 장애물을 독일과 프랑스의 숙적관계 및 양 국민들의 상대에 대한 증오감이라고 보았다.[45] 따라서 양국 정부의 태도가 변화되어야만 했다. 그에 따르면 프랑스가 독일에 대한 기존의 파괴정책을 포기하고 유화정책을 통한 독일과의 화해와 협력의 정치를 하는 것이 결과적으로 프랑스의 안보에 이익이 되었다.[46] 독일에서는 프랑스에 대한 보복정치와 프랑스와의 화해정치가 서로 경쟁하는 상황이기 때문에 독일의 선택은 프랑스의 태도에 좌우될 것이라고 보았다.[47] 그는 독일 극우주의 정권의 도래를 우려했고, 다음과 같은 그의 예언은 적중하고 말았다.

> 독일의 결정은 프랑스 정치 지도자들의 손에 놓여 있다. 독일에서 민주적인 정권이 통치하는 동안은 화해하기에 늦지 않다. 그러나 민주적 정권이 민족주의자들에 맞서 얼마나 오래 버틸 수 있을지 그리고 화해하기에는 이미 늦어버릴 순간이 언제 도래할지 아무도 자신 있게 말할 수 없을 것이다.[48]

히틀러의 정권 장악으로 우려했던 일이 발생하자 쿠덴호베는 독일과 프랑스가 범유럽의 양축이 되어야 한다는 구상을 일부 수정하기에 이른다. 1939년 6월 15일 영국의 왕립국제문제연구소(Chatham House)에서 행한 연설에서 그는 범유럽에 영국을 포함시키면서 영국이 프랑스와 함께 리더십을 가지고 범유럽 실현을 이끌어줄 것을 요청했다.[49]

쿠덴호베가 그린 청사진에는 범유럽이 네 가지 과정을 거쳐 단계적으로 실현될 수 있었다. 첫 번째, 범유럽 회담을 개최하는 단계다. 회담을 통해 유럽의 군축 문제, 안전보장 문제, 유럽재판소 설치 문제, 소수민족 문제, 관세 · 교통 · 채무 문제, 문화 등 유럽의 현안들이 논의될 것이다. 그 외에도 회담은 현안을 논의할 범유럽 분과위원회와 상설사무국을 설치하고 정기적 회동에 관한 계획을 수립하게 될 것이다. 두 번째, 범유럽 국가들 사이에 중재 및 보장조약을 체결하여 전쟁 방지 및 러시아의 침략에 대한 방어체제를 구축하는 단계다. 이 단계에서는 중재재판소가 설치되고 불침범 및 상호 국경 보장을 약속하는 평화 동맹체제가 마련될 것이다. 세 번째, 관세동맹의 구축을 통해 유럽을 단일한 경제 공간으로 통합하는 경제통합 단계다. 범유럽의 완성을 위한 마지막 네 번째 단계는 미국을 모델로 하는 '유럽합중국(Vereinigte Staaten von Europa)'을 수립하는 단계다. 모든 국가들이 최대한의 자유를 향유하는 범유럽연방은 회원국을 대표하는 26명의 대의원으로 구성되는 상원(Staatenhaus, 국가원)과 유럽인 100만 명당 한 명으로 선출되는 300명의 의원이 대표하는 하원(Völkerhaus, 국민원)의 양원제 체제를 가지게 될 것이다.[50]

쿠덴호베는 범유럽연맹이 창설되면 국제연맹 규약을 수정해서 국제연맹을 국가들의 연맹이 아니라 세력권들 사이의 연맹이 되도록 해야 한다고 생각했다. 이렇게 변화된 국제연맹 체제에서 동등한 권한을 가진 다섯 개의 지역적 세력권들은 연맹의 틀 안에서 각기 자기 지역의 문제들을 관할하게 될 것이다. 쿠덴호베는 이 경우에만 미국과 소련이 국제연맹에 가입하게 될 것이고, 국제연맹의 약점도 개선될 수 있다고 낙관적으로 예상했다. 따라서 쿠덴호베에게 범유럽은 단지 유럽의 평화뿐만 아니라 종국적으로 세계 평화에도 기여하게 될 유일한 해결책이었다.[51]

2) 전간기 범유럽운동의 전개와 좌절

《범유럽》 출판과 병행하여 쿠덴호베는 1923년 말 범유럽운동을 주도할 초당파적 대중운동 조직인 '범유럽연합(Paneuropa-Union)'이란 단체를 창설함으로써 빈을 중심으로 범유럽의 실현을 위한 운동을 구체적으로 전개하기 시작했다.[52] 쿠덴호베는 1924년 초부터 범유럽운동의 기관지 〈범유럽〉을 매달 출간했고, 그해 5월 범유럽연합을 홍보하기 위해 '범유럽 선언'을 공표하는 등 다양한 출판활동을 통해 유럽 대중들의 호응을 유도하고 범유럽운동을 널리 알리고자 했다.[53] 1925년에는 국제연맹

사무총장에게 각서를 보내 국제연맹이 대륙 단위의 분과(section)를 설치함으로써 범유럽 계획을 지지해줄 것을 호소했다.[54]

연설과 출판 등을 통해 범유럽을 선전하는 다양한 노력과 병행하여 쿠덴호베는 유럽적 차원에서 범유럽연합의 조직망을 구축하기 시작했다. 1924년에는 빈에 오스트리아 범유럽연합 상설사무국이 설치되었다. 쿠덴호베는 오스트리아 총리 자이펠(Ignaz Seipel), 외무부 장관 렌너(Karl Renner), 부총리 딩호퍼(Franz Dinghofer) 등 오스트리아 정계의 유력인사들을 범유럽운동의 오스트리아 지부 지도부로 섭외하는 데 성공했다.[55] 1926년에는 제국의회 의장 뢰베(Paul Löbe), 독일민주당(DDP) 대표 코흐-베저(Erich Koch-Weser), 바이에른국민당(BVP)의 레르헨펠트(Hugo Graf Lerchenfeld) 등을 지도부로 하는 범유럽연합 독일지부가 결성되었으며, 1927년에는 상업부 장관 루쉐(Louis Loucheur), 사회주의자 블룸(Léon Blum), 법률가 바르텔르미(Joseph Barthélemy) 등이 집행부를 구성하는 프랑스의 범유럽위원회가 결성되었다.[56] 이후 범유럽연합은 전간기 동안 유럽의 24개 국가에서 지부를 구축함으로써 명실상부한 초국가적 유럽 조직으로 발전해갈 수 있었다.[57] 범유럽연합의 각국 지도부의 구성은 쿠덴호베가 유력한 정치가의 도움으로 범유럽을 실현하려는 전략을 여전히 중시하고 있음을 단적으로 보여준다.

독일과 프랑스가 화해하는 데 중요한 기반이 되었던 1925년의 로카르노조약은 범유럽운동의 활성화를 위한 추진력을 제공했다.[58] 이러한 우호적인 분위기 속에서 쿠덴호베가 1926년 10월 3일부터 6일까지 빈에서 개최한 '제1차 범유럽회의(Paneuropa-Kongress)'를 통해 범유럽연합은 마침내 초국가적인 조직적 체계를 완성할 수 있게 되었다. 이 회의에는 정치가, 지식인, 기업가, 법률가, 언론인 등을 포함하여 유럽의 24개국에서 2000명 정도의 범유럽운동 옹호자들이 참석했다. 이 회의를 통해 범유럽운동의 프로그램과 범유럽연합의 정관이 추인되었으며, 범유럽연합의 최상위 기관으로 범유럽연합 지부의 총재들로 구성된 중앙위원회가 설립되었다. 또한 쿠덴호베-칼레르기는 만장일치로 범유럽연합의 총재로 추대되었고, 프랑스 외무장관 브리앙(Aristide Briand)은 명예총재로 임명되었다.[59] 회의가 끝나기 직전에 출간된 기관지 〈범유럽〉은 '범유럽연합의 7대 강령'이란 제목으로 이후 범유럽운동이 추구할 기본 노선을 명시함과 동시에 이 회의의 1차 목표가 유럽의 다양한 평화운동들을 초당파적 대중운동인 범유럽운동으로 통합하는 데 있다는 사실을 밝혔다.[60]

쿠덴호베는 제1차 범유럽회의에서 연출가로서의 재능도 십분 발휘했다. 개회식에서 대회장 정면 중앙에 말려 있던 범유럽기를 펼치면서 조명을 비출 때 모든 참석자들을 기립하게 함으로써 극적인 선전 효과를 연출하는 데 성공했다. 황금빛 태양의 배경에 적십자가가 그려진 범유럽기는 아폴로의 태양, 십자군의 십자가, 적십자의 휴머니즘 등의 모티프를 결합한 것으로 범유럽운동이 아폴로의 태양이 상징하는 그리스 문화 및 계몽사상 그리고 적십자가 상징하는 기독교와 휴머니즘의 서양이라는 유럽 문화의 전통을 계승하고 있음을 상징적으로 암시했다.[61] 동시에 대회장 벽면에는 카를 대제, 쉴리 공작, 이마누엘 칸트, 빅토르 위고, 주세페 마치니, 프리드리히 니체 등 유럽통합의 역사적 선구자들의 초상화들을 걸어둠으로써 쿠덴호베는 자신이 유럽통합의 사상적 전통까지 계승하고 있는 인물이라는 사실을 암시했다.[62]

전간기 동안 쿠덴호베는 총 네 차례 범유럽회의를 개최할 수 있었다. 제2차 범유럽회의가 열리게 된 계기는 1929~1930년에 진행되었던 브리앙의 이니셔티브였다. 범유럽연합의 명예총재였던 브리앙은 1929년 국제연맹 회의에서 프랑스 정부의 이름으로 유럽의 국가연합 창설을 위한 회담을 제안했고, 이듬해 5월 국가연합의 구체적인 구상을 담은 각서를 국제연맹 유럽회원국들에게 전달했다.[63] 범유럽운동이 경제계에서는 구체적 반응을 이끌어냈지만 정치의 영역에서는 아무런 호응을 얻지 못하고 있는 상황에서 브리앙이 정부 차원에서 최초로 구체적인 유럽통합을 제안했던 것이다.[64] 쿠덴호베는 브리앙 각서가 자신의 구상과 상이한 내용이 많다는 것을 알았지만, 그것이 범유럽연합을 위한 훌륭한 기회이자 초석이 될 수 있다고 생각했기 때문에 브리앙의 제안을 전폭적으로 지지했다. 그는 심지어 브리앙의 제안이 자신의 권유에 의한 것이라고 주장하기까지 했다.[65] 실제로 쿠덴호베와 브리앙은 지속적으로 접촉했기 때문에, 브리앙의 계획이 어느 정도 쿠덴호베의 영향을 받았을 것이라고 학계는 판단하고 있다.[66]

제2차 범유럽회의는 브리앙이 주도한 프랑스 정부의 제안을 논의하기 위해 1930년 5월 베를린에서 개최되었다. 그러나 베르사유체제의 현상유지에 기초하는 프랑스 정부의 입장에 독일이 반대하면서 제2차 범유럽회의는 브리앙 각서에 대한 독일의 동의를 얻는 데 실패하고 어떤 합의점도 찾지 못했다.[67] 브리앙 각서가 유럽 국가들의 호응을 이끌어내는 데 실패하면서 브리앙 각서와 긴밀하게 연동되었던 범유럽운동도 점점 동력을 상실해갔다. 쿠덴호베는 1932년 바젤에서 제3차 범유럽회의를 개최하여 돌파구를 마련하려고 했다. 그는 이 회의에서 유럽 정부라는 정치권력의 도움으로 범유럽을 실현하려는 기존의 전략을 수정해서 스스로 정당을 창당해 권력을 확보하려는 시도를 했지만, 독일과 스위스의 지부는 회의에 아예 불참했고, 그가 원했던 범유럽정당 역시 결국 창당되지 못했다.[68] 이 대회의 개막 연설에서 쿠덴호베가 스탈린(Iosif Stalin)

과 히틀러(Adolf Hitler)를 거론하면서 환기시켰던 공산주의의 위협과 나치의 전쟁에 대한 유럽의 어두운 미래는 머지않아 현실이 되었다.[69] 전간기에 마지막으로 열린 제4차 범유럽회의는 1935년 빈에서 개최되었다. 히틀러가 정권을 장악한 뒤였고, 11개국에서 350여 명의 범유럽 옹호자들이 참석했지만 아무런 성과 없이 폐회했다.[70] 유럽에 전쟁의 먹구름이 드리워졌던 1938년에 쿠덴호베는 체념하듯 "유럽 국가들의 결합을 가까운 미래에 (히틀러의) 폭력적 지배를 통해 구현하기를 바라기보다는 그것을 미래의 적절한 시기로 연기하는 것"이 더 나을 것이라고 인정할 수밖에 없었다.[71] 결국 쿠덴호베의 전간기 범유럽운동은 언젠가 도래할 더 나은 미래를 기약하면서 막을 내려야 했다.

전간기 쿠덴호베-칼레르기의 범유럽운동이 실패할 수밖에 없었던 이유를 당시 현실정치의 문제와 쿠덴호베 개인의 문제라는 두 가지 상이한 분석틀을 가지고 설명할 수 있다. 먼저 국가주권 원칙을 우선시한 민족주의적 우파세력들이 전간기 정치현실을 지배했고, 그들에 비해 유럽통합을 지지했던 세력들은 현저히 약한 소수에 지나지 않았을 뿐만 아니라 그들끼리 서로 경쟁함으로써 미래를 위한 공동의 대안을 제시하는 데 실패했다는 점을 지적할 수 있다.[72] 그러한 상황에서 1930년대 초 유럽을 강타했던 세계 경제공황의 영향은 범유럽운동의 성공에 필수적이었던 국가 간 협력의 정신을 송두리째 파괴했다. 1930년대가 시작되면서 베르사유체제를 부정했던 독일의 수정주의 노선의 공격성은 증폭되었고, 경제공황의 여파로 국수적 보호주의의 길을 택했던 유럽의 국가들에게 평화적인 유럽통합을 추구할 수 있는 기반이 더 이상 존재하지 않았던 것이다.[73] 그리고 범유럽운동을 적대시하던 히틀러가 1933년 독일에서 정권을 장악한 이후부터 범유럽운동의 실현 가능성은 사실상 존재하지 않왔다.[74] 민족주의가 우세를 점하고 있던 전간기의 정치현실은 쿠덴호베의 이상적인 구상이 구현되기에는 너무나 척박한 환경이었던 것이다.

전간기 범유럽운동이 실패한 원인을 쿠덴호베-칼레르기 개인의 세계관, 정치적 보수주의, 권위적인 리더십 등 개인적 문제의 관점에서도 분석할 수 있다. 출신과 교육의 영향으로 인해 유럽을 하나의 단위로 인식했던 그의 사유는 한편으로는 유럽운동에 장점으로 작용할 수 있었지만, 다른 한편으로는 그의 운동을 근본적으로 제한하는 요인이 되기도 했다. 왜냐하면 이러한 사고는 국가와 민족의 이해를 우선시하던 전간기 유럽 국가체제의 현실을 외면하고 개별 국가의 이해가 대중에게 미치는 중요성을 과소평가하게 했기 때문이다.[75] 국가들이 합리적 사고를 가진다면 거의 자동적으로 유럽연방에 가입할 것이라고 단순하게 믿었던 쿠덴호베를 국제 외교무대에서 '형편없는 몽상가'로 간주했다는 사실은 그의 사고에 내재한 약점을 가감 없이 평가해주고 있다.[76]

쿠덴호베의 엘리트 귀족주의적 세계관도 범유럽운동의 성공에 장애요소로 작용했다. 그는 구세계의 몰락과 더불어 기존의 정치적·도덕적 가치의 붕괴를 목도하면서도 엘리트 귀족주의의 원칙을 평생 포기하지 않았다. 물론 이때 그의 귀족주의는 합스부르크 왕조의 혈통적 봉건귀족의 지배가 아닌 정치·사회적 엘리트로 대변되는 정신적 신귀족의 지배를 의미했다.[77] 권력자들을 통해 범유럽을 구현하려는 그의 전략은 엘리트 귀족주의 원칙의 전형적 표현으로 볼 수 있다. 이 같은 그의 신념의 논리적 결과는 민주주의를 불신하는 정치적 보수주의로 이어졌다. 그는 보통 평등 선거에 기초하는 의회민주주의의 확산을 유럽이 당면한 위기로 파악했으며, 그에게 민주주의는 금권을 통해 지배하는 사이비 귀족정에 지나지 않았다.[78] 물론 범유럽연합의 창설을 통해 범유럽운동이 민주적 대중운동으로 확산되어야 한다고 자주 언급했지만, 그는 범유럽연합이 민주적 대중조직으로 발전하는 것을 결코 원하지 않았다. 그에 따르면 대중은 엘리트 지도부가 이끄는 대로 따라오기만 하면 되는 존재였다.[79] 그러한 이유로 이미 1928년에 독일의 평화주의자 오지츠키(Carl von Ossietzki)는 쿠덴호베의 엘리트주의적 전략이 대중의 시대에 실현될 수 없는 유치하고 시대착오적인 신념이며 실패할 수밖에 없다고 선언했다.[80]

범유럽운동의 성공에 가장 큰 장애가 되었던 개인적 요소로 쿠덴호베의 권위적인 리더십을 언급할 수 있다. 쇤두베(Claus Schöndube)에 따르면 쿠덴호베는 아마도 스스로를 지도자의 소명을 받은 정신적 귀족으로 생각했고 그러한 이유로 범유럽운동을 이끌 지도자로 자신 이외의 다른 어떤 사람도 인정할 수 없었다는 것이다.[81] 그 대표적인 사례로 범유럽연합 독일지부 창설 과정에서 드러난 갈등을 언급할 수 있다. 범유럽연합 독일지부의 사무총장직을 수락했던 독일민주당 정치인 하일레(Wilhelm Heile)가 독일지부의 독립적인 권한을 요구하자 쿠덴호베는 자신의 권력을 나누기를 거부했다. 그 결과 하일레는 쿠덴호베와 결별하고 다른 경쟁단체에서 유럽운동을 하게 되었다. 권력의 분배와 조직의 민주적 운영을 둘러싼 독일지부와 쿠덴호베의 논쟁은 2년 정도 지속되었고, 결국 쿠덴호베의 권위적 리더십은 범유럽연합 독일지부 총재였던 뢰베의 사퇴를 유발했다.[82] 독일의 한 범유럽운동 옹호자는 제1차 범유럽회의에서 "당신의 저술들은 민주적 사상으로 충만한데 실천을 통해 그 사상을 배신하려는가?"라고 물으면서 "당신은 우리의 지도자이지만 주인이 되려고 하지는 말라"라고 쿠덴호베의 독선적 리더십을 비판했다.[83] 이처럼 범유럽운동에 대한 쿠덴호베의 독재적이고 권위적인 리더십은 범유럽연합

내부에서 지속적인 갈등의 원인이 되었을 뿐만 아니라 다른 유럽운동 단체들과의 협력을 사실상 불가능하게 만드는 요인으로 작용했다.

4. 결론

2차 세계대전 이후 쿠덴호베-칼레르기가 미국 망명생활을 마치고 유럽에 돌아왔을 때 그는 전간기에 자신이 주도했던 유럽운동이 새로운 활기를 띠고 다시 전개되는 것을 경험했다. 그러나 귀족적 세계관과 권위주의적인 성향으로 인해 그는 2차 세계대전 이후 전개된 유럽통합 운동에서는 자신의 역할을 찾지 못했다. 그는 전후 유럽운동에서 유럽운동의 원로로 인정받을 수는 있었지만, 전간기 유럽운동에서 그가 누렸던 지도적 위상을 더는 차지할 수 없었던 것이다. 그럼에도 불구하고 그는 1972년 죽기 직전까지 끊임없이 유럽통합이라는 이상을 실현하고자 노력했다. 1950년대 이후 유럽공동체의 창설을 통해 부분적으로는 자신의 이상이 구현되는 것을 주도자가 아닌 관찰자의 위치에서 목도할 수 있었다.

공동시장 형태의 경제공동체에서 시작하여 정치공동체로 나아갔던 1950년대 이후 유럽통합의 과정은 쿠덴호베의 범유럽 구상과 유사한 점이 많았다. 최초의 유럽공동체가 영국이 배제된 대륙 국가들만의 소유럽에서 시작한 점, 독일과 프랑스의 화해가 공동체 성립의 가장 중요한 전제가 되었던 점, 유럽공동체가 경제공동체로부터 출범한 점, 영국이 이 공동체에 가입하려 했던 점 등은 그가 《범유럽》에서 제시한 청사진과 닮았고, 이러한 점은 그의 구상이 단순한 유토피아적 이상에만 머문 것이 아니라는 사실을 보여준다. 사망하기 1년 전인 1971년, 빈에서 언론과 가진 인터뷰에서 쿠덴호베는 전간기 범유럽운동을 통해 실현하려 했던 목표가 유럽연방국가가 아닌 일종의 유럽국가연합이었으며, 그것은 외교정책, 경제정책, 방위정책 등을 공동으로 수행하는 것을 목표로 하고 있었다고 밝혔다.[84] 그가 직접 경험하지는 못했지만 공동의 외교정책, 경제정책, 안보정책 등이 현재 유럽연합의 핵심 정책이라는 사실 역시 전간기 그의 구상의 실현 가능성을 간접적으로 입증해주었다. 쿠덴호베-칼레르기의 전간기 범유럽운동은 긍정적이건 부정적이건 2차 세계대전 이후 유럽통합의 옹호자들에게 중요한 거울이 되었다고 평가해도 무리가 없을 것이다.

사상사적 관점에서 쿠덴호베-칼레르기의 범유럽운동은 특별한 위상을 가지고 있다. 중세 말 이후 유럽의 지식인들에 의해 지속적으로 표출되어왔던 문화적 통일성에 기초한 유럽통합에 대한 구상들은 2차 세계대전 이후 유럽통합의 사상적 토양이 되어주었다.[85] 그러나 1차 세계대전 이전까지 유럽의 정치적 통일을 위한 구상들은 실천적 운동으로 전환되지 못한 채 사유의 영역에만 머무르는 한계를 드러냈다. 유럽통합 운동이 사유의 벽을 넘어 실천의 영역으로 나아갈 수 있는 돌파구를 마련한 사람이 쿠덴호베였다. 그는 범유럽연합을 창설함으로써 유럽운동이 대중화될 수 있는 길을 열었고, 유럽운동을 통해 동시대인들이 명백한 유럽의식을 가지게 하는 데에 일조했다. 그리고 이렇게 대중화된 유럽의식은 전후 파괴된 유럽의 재건을 위한 통합계획을 마련할 때 다시 환기될 수 있었다. 1945년 이후 유럽통합의 시작을 알리는 서곡으로 평가받는 1946년 처칠(Winston Churchill)의 취리히 연설에서 그가 '유럽합중국' 창설을 촉구하면서 전간기 쿠덴호베가 주도한 유럽운동의 공로를 인정한 것도 이런 맥락에서 읽을 수 있을 것이다.[86]

쿠덴호베-칼레르기는《범유럽》서문에서 "모든 위대한 역사적 사건은 유토피아로 시작되어 현실이 되었다"라고 언급하면서 자신의 저술 목적을 다음과 같이 기술했다.[87]

> 이 책은 유럽의 모든 국가들에서 잠자고 있는 하나의 거대한 정치적 운동을 일깨우기 위한 것이다. 많은 사람들이 통합된 하나의 유럽에 대한 꿈을 가졌지만 그것을 실현하려는 의지를 가진 사람은 소수에 지나지 않는다. 동경의 대상으로서의 통합유럽은 열매를 맺지 못하겠지만 의지의 대상으로서의 통합유럽은 열매를 맺게 될 것이다.[88]

비록 시대적 한계와 개인적 한계에 부딪혀 쿠덴호베의 전간기 범유럽 운동은 실패하고 말았지만 당시 그의 몽상가적인 꿈은 지금 현실이 되어 있다. 시대착오적인 엘리트 귀족주의와 권위주의라는 개인적 약점에도 불구하고 그의 통합유럽을 향한 의지와 헌신, 그의 유럽운동에 대한 진정성, 그의 유럽운동이 이후 유럽통합 과정에 미친 영향 등 "유럽의 개척자"[89]로서 쿠덴호베의 선구자적 역할이 유럽통합사에서 지니고 있는 의미는 쉽게 퇴색되지 않을 것이다.

주

1 Walter Lipgens, *Die Anfänge der europäischen Einigungspolitik 1945-1950* (Stuttgart, 1977), p. 37; Walter Lipgens (ed.), *Documents on the History of European Integration vol. 1 Continental Plans for European Union 1939-1945* (Berlin/New York, 1985), p. 5.

2 Gerhard Brunn, *Die Europäische Einigung von 1945 bis heute* (Stuttgart, 2002), p. 22.

3 장-바티스트 뒤로젤, 이규현 · 이용재 옮김,《유럽의 탄생》(지식의풍경, 2003), 299쪽.

4 Walter Lipgens (ed.), *Documents on the History of European Integration*, p. 3; Jürgen Mittag, *Kleine Geschichte der Europäischen Union. Von der Europaidee bis zur Gegenwart* (Münster, 2008), p. 37.

5 Wilfried Loth, *Der Weg nach Europa* (Göttingen, 1990), p. 10.

6 1919년과 1939년 사이 일간지 기사를 제외하고 유럽통합의 이념을 다룬 600권이 넘는 책과 논문이 발표될 정도로 유럽통합 논의가 집중적으로 이루어졌다. 볼프강 슈말레, 김용희 옮김,《유럽의 재발견》(을유문화사, 2006), 159쪽.

7 Brunn, *Die Europäische Einigung von 1945 bis heute*, p. 23.

8 Vanessa Conze, *Richard Coudenhove-Kalergi. Umstrittener Visionär Europas* (Zürich, 2004), p. 7~8.

9 A. Loveday, "The European Movement", *International Organization*, 3 (1949), p. 620; Derek W. Urwin, *Historiacal Dictionary of European Organisations* (Metuchen, N.J./London, 1994), p. 258; Lipgens (ed.), *Documents on the History of European Integration*, p. 6; Loth, *Der Weg nach Europa*, p. 10; Brunn, *Die Europäische Einigung von 1945 bis heute*, p. 23; Peter Krüger, *Das unberechenbare Europa. Epochen des Integrationsprozesses vom späten 18. Jahrhundert bis zur Europäischen Union* (Stuttgart, 2006), pp. 144~145; Mittag, *Kleine Geschichte der Europäischen Union*, p. 37.

10 쿠덴호베-칼레르기와 그의 범유럽운동을 다루는 학술논문은 아직까지 한국의 학계에 발표되지 않았다. 이 주제와 관련하여 한국에서 출판된 글은 김승렬, 〈오스트리아 ·

헝가리제국 해체 이후 오스트리아의 초민족주의론—쿠덴호베-칼레르기의 범유럽운동〉, 강승호 외, 《중유럽 민족문제: 오스트리아 · 헝가리제국을 중심으로》 (동북아역사재단, 2009); 〈범유럽운동의 창시자: 리하르트 쿠덴호베칼레르기〉, 통합유럽연구회, 《인물로 보는 유럽통합사》 (책과함께, 2011) 등 개론적으로 소개된 두 편의 글이 유일하다.

11 Michael Gehler, *Europa. Ideen Institutionen Vereinigung* (München, 2005), p. 99; Conze, *Richard Coudenhove-Kalergi*, p. 10; Kevin Wilson/Jan van der Dussen, *The History of the Idea of Europe* (London/New York, 1995), p. 96.

12 Richard Coudenhove-Kalergi, *Ein Leben für Europa. Lebenserinnerungen* (Köln, 1966), pp. 20~21.

13 Conze, *Richard Coudenhove-Kalergi*, p. 10.

14 Karl Holl, "Richard Nikolaus Graf Coudenhove-Kalergi und seine Vision von Paneropa", Heinz Duchhardt (Hrsg.), *Europäer des 20. Jahrhunderts* (Mainz, 2002), p. 17; Derek Heater, *Europäische Einheit. Biographie einer Idee* (Bochum, 2005), p. 197; Walter Göhring, *Richard Coudenhove-Kalergi. Ein Leben für Paneuropa* (Wien, 2016), pp. 17~18.

15 Conze, *Richard Coudenhove-Kalergi*, p. 11에서 재인용. 강조는 필자.

16 Göhring, *Richard Coudenhove-Kalergi*, pp. 19~24; 김승렬, 〈오스트리아 · 헝가리제국 해체 이후 오스트리아의 초민족주의론—쿠덴호베-칼레르기의 범유럽운동〉, 109쪽 각주 21.

17 쿠덴호베는 노벨평화상 수상자 프리드(Afred H. Fried)의 권유로 1922년 빈의 프리메이슨 회원이 되었다. 그는 빈의 프리메이슨 조직을 범유럽운동에 동원하려는 목적으로 한동안 프리메이슨에서 적극적인 활동을 했다. 그러나 자율적이고 국제적인 프리메이슨 조직의 특성으로 인해 프리메이슨 운동을 범유럽운동에 귀속시키려는 목적을 관철할 수 없게 되자 1926년에 프리메이슨을 탈퇴했다. 쿠덴호베의 프리메이슨 활동과 관련해서는 다음을 참조하라. Göhring, *Richard Coudenhove-Kalergi*, pp. 33~62.

18 *Ibid*., pp. 36~37에서 재인용. 강조는 필자.

19 Richard Coudenhove-Kalergi, *Mutterland Europa* (Zürich, 1953), pp. 8, 15.

20 Claus Schöndube, "Ein Leben für Europa: Richard Graf Coudenhove-Kalergi", Thomas Jansen/Dieter Mahncke (Hrsg.), *Persönlichkeiten der Europäischen Integration. Vierzehn biographische Essays* (Bonn, 1981), pp. 30~31.

21 Göhring, *Richard Coudenhove-Kalergi*, pp. 24~25, 89~93.

22 쿠덴호베는 국제연맹의 틀 속에서 세계를 유럽 대륙을 포함하는 다섯 개의 거대한 지역적 단위로 구분하게 되면 미국과 소련이 지역적 단위로 연맹에 가입할 수 있을 것이라고 생각했다. Coudenhove-Kalergi, *Ein Leben für Europa*, pp. 91, 112. 이러한 생각은 1923년에 출판되어 그를 유명하게 만든 저서《범유럽》에서 좀 더 심층적으로 분석되었다.

23 체코슬로바키아가 합스부르크제국에 속해 있을 당시 마사리크는 자신의 꿈이던 독립된 체코슬로바키아는 중동부 유럽 국가들의 재구성 없이는 실현 불가능하다는 사실을 알고 있었다. 그는 우선적으로 체코슬로바키아의 독립을 원했고 동시에 유럽의 지역적 협력 혹은 전 유럽 국가들의 협력으로 나아가야 한다고 생각했다. 그는 1918년에 출간된《The New Europe》이란 저서를 통해 전후 유럽의 질서를 구상했다. 그에 따르면 오직 자유롭고 독립된 국가들만이 동등한 파트너로서 일종의 초국가적 기구에 가입할 수 있었다. Wilson/van der Dussen, *The History of the Idea of Europe*, pp. 92~95.

24 Heater, *Europäische Einheit*, p. 197; Holl, "Richard Nikolaus Graf Coudenhove-Kalergi und seine Vision von Paneropa", p. 19.

25 Reinhard Frommelt, *Paneuropa oder Mitteleuropa. Einigungsbemühungen im Kalkül deutscher Wirtschaft und Politik 1925-1933* (Stuttgart, 1977), pp. 12~13.

26 Schöndube, "Ein Leben für Europa: Richard Graf Coudenhove-Kalergi", p. 39.

27 1923년 1월 프랑스와 벨기에 군대의 루르 점령 이후 유럽에서 고조되었던 1923년의 국제정세는 출판된 지 몇 달 만에 초판이 매진된《범유럽》의 성공에 중요한 기여를 했다. 1920년대 초반의 위기 상황에서 유럽적 차원의 협력의 필요성이 공감을 얻고 있던 상황에서《범유럽》은 대중적 호소력을 가질 수 있었던 것이다. Conze, *Richard Coudenhove-Kalergi*, pp. 15~16.

28 범유럽은 1차 세계대전 이전부터 사용되어오던 개념이었다. 1909년 슈킹(Walter Schücking)이 '범유럽 사무국'이란 개념을 사용했고, 1915년에 출판된 프리드의 저서《Europäische Wiederherstellung》에서도 '범유럽 사무국'이란 개념이 사용되었다. Schöndube, "Ein Leben für Europa: Richard Graf Coudenhove-Kalergi," pp. 36~37; Frommelt, *Paneuropa oder Mitteleuropa*, p. 11 각주 1.

29 Richard Coudenhove-Kalergi, *Pan-Europa* (Wien, 1923; Neuaufl. 1982), pp. 22~23.

30 *Ibid.*, p. VIII.

31 Richard Coudenhove-Kalergi, "Das Paneuropäische Manifest (1924)", Rolf

Hellmut Foerster (Hrsg.), *Die Idee Europa 1300-1946. Quellen zur Geschichte der politischen Einigung* (München, 1963), p. 226.

32 Coudenhove-Kalergi, *Pan-Europa*, p. 101.

33 *Ibid.*, p. 16~17, 21; Coudenhove-Kalergi, "Das Paneuropäische Manifest (1924)", pp. 231~232.

34 Coudenhove-Kalergi, *Pan-Europa*, pp. IX~XI.

35 *Ibid.*, p. IX. 강조는 필자. 티마이어(Guido Thiemeyer)에 따르면 미국과 러시아의 위협에서 벗어나기 위해 범유럽이 필요하다고 생각한 쿠덴호베는 소련과 미국 사이에서 유럽이 독자적인 세력권을 형성해야 한다는 1945년 이후 '제3세력' 운동의 사상적 선구자로 볼 수 있다. Guido Thiemeyer, *Europäische Integration* (Köln/Weimar/Wien, 2010), pp. 114~115, 118. 스킬라와 카리브디스는 호메로스의《오디세이아》에 나오는 비유다. 스킬라는 그리스 신화에 나오는 머리가 여섯 개인 괴물로 물길이 사나운 카리브디스 해협 맞은편 암초군에 살고 있다. 두 개의 유사한 위험 사이에서 헤쳐 나가야 하는 어려운 상황을 묘사할 때 스킬라와 카리브디스 사이를 항해한다는 표현을 쓴다.

36 Coudenhove-Kalergi, *Pan-Europa*, pp. 36~38; Coudenhove-Kalergi, "Das Paneuropäische Manifest (1924)," p. 228. 범유럽이 쿠덴호베를 대표하는 정치적 슬로건이 되었지만, 전간기 범유럽의 개념을 그와는 다른 개념적 범주로 사용한 예도 있다. 사회주의적 범유럽을 원했던 보이틴스키(Wladimir Woytinsky)는 1926년에 출판된 책에서 범유럽에 영국과 러시아도 포함시켰다. William Harbutt Dawson, "The Pan-European Movement", *The Economic Journal*, 37 (1927), pp. 66~67.

37 오스트리아제국은 오스트리아 및 다양한 비독일계 민족들을 포함하는 다민족 국가였다. 오스트리아의 제국 중 비독일계 영토를 제외한 오스트리아만 독일연방에 속했다. 독일 통일에 오스트리아를 포함시키는 문제를 두고 1848년 프랑크푸르트에서 논의된 소독일주의 통일안과 대독일주의 통일안은 이러한 배경을 가지고 있었다. Coudenhove-Kalergi, *Pan-Europa*, pp. 40~41.

38 *Ibid.*, p. 40~44; Coudenhove-Kalergi, "Das Paneuropäische Manifest (1924)", p. 229.

39 Coudenhove-Kalergi, *Pan-Europa*, p. 46.

40 *Ibid.*, pp. 49~50.

41 Richard Coudenhove-Kalergi, "The Pan-European Outlook", *International Affairs (Royal Institute of International Affairs 1931-1939)*, 10 (1931), pp. 643~644.

42 Coudenhove-Kalergi, *Pan-Europa*, pp. 53~58; Coudenhove-Kalergi, "Das Paneuropäische Manifest (1924)", pp. 227, 229.

43 Coudenhove-Kalergi, *Pan-Europa*, p. 54.

44 *Ibid.*, p. 59. 2차 세계대전 이후 냉전이 심화되는 상황에서도 쿠덴호베는 범유럽으로의 통합을 통한 힘의 균형을 유지한 채 소비에트 러시아와 평화를 유지하는 것(modus vivendi)이 3차 세계대전을 막을 수 있는 유일한 대안이라고 생각했다. Coudenhove-Kalergi, "The Pan-European Outlook", pp. 18~21.

45 Coudenhove-Kalergi, *Pan-Europa*, pp. 119~124.

46 그는 독일에 대한 두려움을 해결하기 위한 프랑스의 독일에 대한 파괴정책은 독일로 하여금 러시아와 손잡게 만듦으로써 결국 프랑스 스스로를 파괴하는 결과를 낳게 될 것이라고 말한다. *Ibid.*, pp. 124~128.

47 *Ibid.*, pp. 128~131.

48 *Ibid.*, p. 131.

49 쿠덴호베의 논리에 따르면 독일 헤게모니의 위협으로 인해 영국의 운명이 대륙의 운명과 직결되기 때문에 이제 영국은 유럽 국가가 되었고 유럽에서 도덕적 리더십을 행사해야만 했다. Richard Coudenhove-Kalergi, "Europe To-Morrow," *International Affairs (Royal Institute of International Affairs 1931-1939)*, 18 (1939), pp. 623~624.

50 Coudenhove-Kalergi, *Pan-Europa*, pp. 151~154. 물론 그의 유럽합중국은 개념적 엄밀성을 가지고 있지 못했다. 콘체에 따르면 그는 연방, 국가연합 등의 개념을 정확한 구분 없이 혼용했고, 그러한 이유로 범유럽이 국가연합적인 구조를 가져야 할지, 아니면 연방국가적인 구조를 가져야 할지에 대한 그의 선택은 오랫동안 오락가락했다. Conze, *Richard Coudenhove-Kalergi*, pp. 17~18.

51 Coudenhove-Kalergi, *Pan-Europa*, pp. 88~94; Coudenhove-Kalergi, "Das Paneuropäische Manifest (1924)", p. 229; Coudenhove-Kalergi, "The Pan-European Outlook", pp. 640~642. 범유럽의 실현 여부에 세계 평화의 미래가 달려 있다는 그의 주장은 동시대인들에게도 설득력을 가질 수 있었다. Arthur Deerin Call, "Reviewed Work(s): Pan-Europe. by Richard N. Coudenhove-Kalergi", *The American Journal of International Law*, 21 (1927), p. 385.

52 Lipgens, *Die Anfänge der europäischen Einigungspolitik*, p. 39; Brunn, *Die Europäische Einigung von 1945 bis heute*, p. 23.

53 Frommelt, *Paneuropa oder Mitteleuropa*, p. 15.

54 Quincy Wright, "Reviewed Work(s): Pan-Europa. by Richard N. Coudenhove-

Kalergi", *Political Science Quarterly*, 42 (1927), p. 634.

55 Conze, *Richard Coudenhove-Kalergi*, p. 24; Schöndube, "Ein Leben für Europa: Richard Graf Coudenhove-Kalergi", p. 51.

56 프랑스의 범유럽위원회는 조직의 운영 및 활동에 대해 쿠덴호베와 견해를 달리했기 때문에 처음부터 자신들의 조직이 범유럽연합의 지부가 아니라고 밝혔고, 조직을 유럽 차원의 경제계 인사들의 대화 창구로 활용하려는 의도를 가졌다. Conze, *Richard Coudenhove-Kalergi*, pp. 26, 31~32; Lipgens (ed.), *Documents on the History of European Integration*, p. 6.

57 Urwin, *Historiacal Dictionary of European Organisations*, p. 258; Lipgens, *Die Anfänge der europäischen Einigungspolitik*, p. 39.

58 Gehler, *Europa*, p. 102.

59 Göhring, *Richard Coudenhove-Kalergi*, p. 69.

60 범유럽연합의 7대 강령은 다음과 같다. "1. 범유럽운동은 유럽의 통합을 위한 초당파적 대중운동이다. 범유럽연합은 범유럽운동을 이끄는 단체다. 2. 범유럽연합은 범아메리카연합의 자매기구의 창설을 목표로 한다. 3. 범유럽운동의 목표는 (…) 모든 유럽 국가들을 동등권과 평화에 기초하는 정치-경제적 국가연합으로 결합하는 것이다. 4. 국제연맹 및 나머지 대륙들과의 우호적 협력이 범유럽운동이 지향하는 세계 정치적 프로그램이다. 5. 범유럽연합은 국가별로 구성되며, 각각의 국가들은 독자적인 위원회를 가지고 자율적인 재정을 가진다. 범유럽연합의 중앙위원회는 (…) 빈에 소재한다. 6. 범유럽연합은 국가 내부의 모든 정치적 문제에 대해 간섭하지 않는다. 7. 황금 태양 바탕에 붉은 십자가 표시가 범유럽연합의 상징이다." *Ibid.*, p. 70.

61 Holl, "Richard Nikolaus Graf Coudenhove-Kalergi und seine Vision von Paneropa", pp. 20, 25; Göhring, *Richard Coudenhove-Kalergi*, p. 56; Wolfgang Schmale, *Geschichte und Zukunft der Europäischen Identität* (Stuttgart, 2008), pp. 72~73.

62 Conze, *Richard Coudenhove-Kalergi*, p. 27; Holl, "Richard Nikolaus Graf Coudenhove-Kalergi und seine Vision von Paneropa", p. 25; Göhring, *Richard Coudenhove-Kalergi*, p. 68.

63 뒤로젤, 앞의 책, 300~311쪽.

64 유럽관세동맹에 대한 독일 경제계의 관심으로 저명한 기업인들로 구성된 범유럽경제위원회가 독일에서 설립되었다. 프랑스에서도 유사한 경제위원회가 설립되는 등 범유럽운동은 경제계 인사들의 호응을 얻어낼 수 있었다. Holl, "Richard Nikolaus Graf Coudenhove-Kalergi und seine Vision von Paneropa", p. 26.

65 Conze, *Richard Coudenhove-Kalergi*, pp. 35~36; Holl, "Richard Nikolaus Graf Coudenhove-Kalergi und seine Vision von Paneropa", p. 27.

66 Josef L. Kunz, "Pan Europe, The Marshall Plan Countries and the Western European Union", *The American Journal of International Law*, 42 (1948), p. 869. 쿠덴호베는 아마도 1926년 초 처음으로 브리앙과 만난 이후 지속적인 접촉을 하고 있었다. Göhring, *Richard Coudenhove-Kalergi*, p. 65; Heater, *Europäische Einheit*, p. 203. 쿠덴호베의 비서였던 데지(Hanne Dézsy)에 따르면 쿠덴호베가 1940년 미국으로 망명할 당시 브리앙이 쿠덴호베에게 배편으로 부쳤던 편지들이 분실됨으로써 브리앙이 쿠덴호베에게 전했던 유럽통합에 관한 그의 구체적인 의견은 영원히 알 수 없게 되었다. Hanne Dézsy, *Gentleman Europas. Erinnerungen an Richard Coudenhove-Kalergi* (Wien, 2001), pp. 40~41.

67 Conze, *Richard Coudenhove-Kalergi*, pp. 36~37.

68 *Ibid*., pp. 42~44; Göhring, *Richard Coudenhove-Kalergi*, p. 84.

69 Richard Coudenhove-Kalergi, "Eröffnungsrede zum 3. Paneuropa-Kongreß in Basel (Oktober 1932)," Rolf Hellmut Foerster (Hrsg.), *Die Idee Europa 1300-1946. Quellen zur Geschichte der politischen Einigung* (München, 1963), pp. 245~246.

70 Conze, *Richard Coudenhove-Kalergi*, p. 50; Göhring, *Richard Coudenhove-Kalergi*, p. 107, 119~122.

71 Lipgens, *Die Anfänge der europäischen Einigungspolitik*, p. 43에서 재인용.

72 Lipgens (ed.), *Documents on the History of European Integration*, pp. 6~7; Lipgens, *Die Anfänge der europäischen Einigungspolitik*, p. 40.

73 Loth, Der Weg nach Europa, p. 13; Brunn, *Die Europäische Einigung von 1945 bis heute*, p. 24; Mittag, *Kleine Geschichte der Europäischen Union*, p. 44.

74 히틀러는 쿠덴호베를 인종적 혼탁과 잡종의 한 예라고 비난했을 뿐만 아니라 범유럽 이념을 혼혈적인 잡놈의 이념이라고 폄하하기까지 했다. Conze, *Richard Coudenhove-Kalergi*, p. 48. 또한 1933년에는 독일에서 범유럽연합을 포함하여 모든 유럽운동 단체들의 활동이 금지되었다. Lipgens, *Die Anfänge der europäischen Einigungspolitik*, p. 41. 1938년 3월 오스트리아 병합 이후 히틀러는 빈에 소재하던 범유럽 출판사에서 쿠덴호베의 모든 출판물들을 불태우면서 범유럽운동에 대한 적대감을 드러냈다. Göhring, *Richard Coudenhove-Kalergi*, p. 123; Dézsy, *Gentleman Europas*, p. 40.

75 Conze, *Richard Coudenhove-Kalergi*, p. 12.

76 Heikki Mikkeli, *Europe as an Idea and an Identity* (London/New York, 1998), p. 98.

77 Göhring, *Richard Coudenhove-Kalergi*, p. 47.

78 Schöndube, "Ein Leben für Europa: Richard Graf Coudenhove-Kalergi", pp. 44~45; Conze, *Richard Coudenhove-Kalergi*, pp. 13~14.

79 Schöndube, "Ein Leben für Europa: Richard Graf Coudenhove-Kalergi," p. 57; Conze, *Richard Coudenhove-Kalergi*, p. 28.

80 Brunn, *Die Europäische Einigung von 1945 bis heute*, p. 24.

81 Schöndube, "Ein Leben für Europa: Richard Graf Coudenhove-Kalergi", p. 48.

82 Conze, *Richard Coudenhove-Kalergi*, pp. 25, 27~30. 쿠덴호베의 권위적 리더십과 엘리트주의로 인한 분쟁은 스위스지부의 결성 때에도 독일지부와 유사한 방식으로 진행되었다. 예산권, 조직의 민주적 구조, 대중운동의 확대 등과 관련된 쿠덴호베와 스위스 범유럽연합 지부 사이의 대립은 다수의 스위스 범유럽운동 옹호자들이 쿠덴호베와 결별하고 범유럽연합과 경쟁했던 스위스 유럽동맹(Europa-Union)을 결성하는 계기를 제공했다. Schöndube, "Ein Leben für Europa: Richard Graf Coudenhove-Kalergi", pp. 62~63.

83 Conze, *Richard Coudenhove-Kalergi*, p. 29에서 재인용.

84 Interview von Richard Coudenhove-Kalergi: die Gründung der Paneuropa-Bewegung (Wien, 19. November 1971), Österreichische Mediathek [Prod.], Interview mit dem Begründer und Präsident der Pan-Europa-Bewegung Richard Coudenhove-Kalergi (Wien, 2016).

85 신종훈, 〈유럽정체성과 동아시아공동체 담론—동아시아공동체의 정체성에 대한 비판적 질문〉, 《역사학보》 221호 (2014), 240~244쪽.

86 Winston Churchill, "Rede an die akademische Jugend", (19 September 1946 in Zürich), Brunn, *Die Europäische Einigung von 1945 bis heute*, p. 315.

87 Coudenhove-Kalergi, *Pan-Europa*, p. VII.

88 *Ibid*.

89 Vittoria Pons, "Der Pionier Europas. Nachwort", Coudenhove-Kalergi, *Pan-Europa*.

참고문헌

1차 문헌

Churchill, Winston, "Rede an die akademische Jugend", 19. September 1946 in Zürich, Gerhard Brunn, *Die Europäische Einigung von 1945 bis heute*, Stuttgart, 2002.

Coudenhove-Kalergi, Richard, *Pan-Europa*, Wien, 1923; Neuaufl, 1982.

Coudenhove-Kalergi, Richard, "Das Paneuropäische Manifest (1924)", Rolf Hellmut Foerster (Hrsg.), *Die Idee Europa 1300-1946. Quellen zur Geschichte der politischen Einigung*, München, 1963.

Coudenhove-Kalergi, Richard, "The Pan-European Outlook", *International Affairs (Royal Institute of International Affairs 1931-1939)*, 10, 1931.

Coudenhove-Kalergi, Richard, "Eröffnungsrede zum 3. Paneuropa-Kongreß in Basel (Oktober 1932)", Rolf Hellmut Foerster (Hrsg.), *Die Idee Europa 1300-1946. Quellen zur Geschichte der politischen Einigung*, München, 1963.

Coudenhove-Kalergi, Richard, "Europe To-Morrow", *International Affairs (Royal Institute of International Affairs 1931-1939)*, 18, 1939.

Coudenhove-Kalergi, Richard, *Mutterland Europa*, Zürich, 1953.

Coudenhove-Kalergi, Richard, *Ein Leben für Europa. Lebenserinnerungen*, Köln, 1966.

Interview von Richard Coudenhove-Kalergi: die Gründung der Paneuropa-Bewegung, Wien, 19. November 1971, Österreichische Mediathek (Prod.), Interview mit dem Begründer und Präsident der Pan-Europa-Bewegung Richard Coudenhove-Kalergi, Wien, 2016.

2차 문헌

김승렬, 〈오스트리아 · 헝가리제국 해체 이후 오스트리아의 초민족주의론—쿠덴호베-칼레르기의 범유럽운동〉, 강승호 외, 《중유럽 민족문제: 오스트리아 · 헝가리제국을 중심으로》, 동북아역사재단, 2009.

김승렬, 〈범유럽운동의 창시자: 리하르트 쿠덴호베칼레르기〉, 통합유럽연구회, 《인물로 보는 유럽통합사》, 책과함께, 2011.

볼프강 슈말레, 김용희 옮김, 《유럽의 재발견》, 을유문화사, 2006.

신종훈, 〈유럽정체성과 동아시아공동체 담론—동아시아공동체의 정체성에 대한 비판적 질문〉, 《역사학보》 221호, 2014.

장-바티스트 뒤로젤, 이규현 · 이용재 옮김, 《유럽의 탄생》, 지식의풍경, 2003.

Brunn, Gerhard, *Die Europäische Einigung von 1945 bis heute*, Stuttgart, 2002.

Call, Arthur Deerin, "Reviewed Work(s): Pan-Europe. by Richard N. Coudenhove-Kalergi", *The American Journal of International Law*, 21, 1927.

Conze, Vanessa, *Richard Coudenhove-Kalergi. Umstrittener Visionär Europas*, Zürich, 2004.

Dawson, William Harbutt, "The Pan-European Movement", *The Economic Journal*, 37, 1927.

Dézsy, Hanne, *Gentleman Europas. Erinnerungen an Richard Coudenhove-Kalergi*, Wien, 2001.

Frommelt, Reinhard, *Paneuropa oder Mitteleuropa. Einigungsbemühungen im Kalkül deutscher Wirtschaft und Politik 1925-1933*, Stuttgart, 1977.

Gehler, Michael, *Europa. Ideen Institutionen Vereinigung*, München, 2005.

Göhring, Walter, *Richard Coudenhove-Kalergi. Ein Leben für Paneuropa*, Wien, 2016.

Heater, Derek, *Europäische Einheit. Biographie einer Idee*, Bochum, 2005.

Holl, Karl, "Richard Nikolaus Graf Coudenhove-Kalergi und seine Vision von Paneropa", Heinz Duchhardt (Hrsg.), *Europäer des 20. Jahrhunderts*, Mainz, 2002.

Krüger, Peter, *Das unberechenbare Europa. Epochen des Integrationsprozesses vom späten 18. Jahrhundert bis zur Europäischen Union*, Stuttgart, 2006.

Kunz, Josef L., "Pan Europe, The Marshall Plan Countries and the Western European

Union", *The American Journal of International Law*, 42, 1948.

Lipgens, Walter, *Die Anfänge der europäischen Einigungspolitik 1945-1950*, Stuttgart, 1977.

Lipgens, Walter (ed.), *Documents on the History of European Integration vol. 1 Continental Plans for European Union 1939-1945*, Berlin/New York, 1985.

Loth, Wilfried, *Der Weg nach Europa*, Göttingen, 1990.

Loveday, A., "The European Movement", *International Organization*, 3, 1949.

Mikkeli, Heikki, *Europe as an Idea and an Identity*, London/New York, 1998.

Mittag, Jürgen, *Kleine Geschichte der Europäischen Union. Von der Europaidee bis zur Gegenwart*, Münster, 2008.

Pons, Vittoria, "Der Pionier Europas. Nachwort", Richard Coudenhove-Kalergi, *Pan-Europa*, Wien, 1923; Neuaufl. 1982.

Schmale, Wolfgang, *Geschichte und Zukunft der Europäischen Identität*, Stuttgart, 2008.

Schöndube, Claus, "Ein Leben für Europa: Richard Graf Coudenhove-Kalergi", Thomas Jansen/Dieter Mahncke (Hrsg.), *Persönlichkeiten der Europäischen Integration. Vierzehn biographische Essays*— Bonn, 1981.

Thiemeyer, Guido, *Europäische Integration*, Köln/Weimar/Wien, 2010.

Urwin, Derek W., *Historiacal Dictionary of European Organisations*, Metuchen, N. J./London, 1994.

Wilson, Kevin/van der Dussen, Jan, *The History of the Idea of Europe*, London/New York, 1995.

Wright, Quincy, "Reviewed Work(s): Pan-Europe. by Richard N. Coudenhove-Kalergi", *Political Science Quarterly*, 42, 1927.

3장

아리스티드 브리앙의 '유럽연방연합' 구상

박단

1. 머리말

아리스티드 브리앙(Aristide Briand)[1]이라는 이름은 1928년 8월 미국 국무장관 켈로그(Frank B. Kellogg)와 프랑스 외무장관 브리앙의 주도로 맺어진 부전조약인 '켈로그-브리앙조약(Kellogg-Briand Pact)'에 나타난 이름이나, 1925년 로카르노조약(Locarno Treaties)[2]으로 독일의 구스타프 슈트레제만(Gustav Stresemann)과 함께 노벨평화상을 받은 사람의 이름으로 주로 기억되고 있다. 브리앙은 프랑스 국내 정치, 나아가 유럽 외교사에서 널리 알려져 있으며, 근대 프랑스공화국 역사의 한 획을 그은 사건으로 알려진 1905년 정교분리법(Loi de séparation des Églises et de l'État)의 초안을 작성한 인물이기도 하다. 한편 그는 1차 세계대전 이전 네 차례를 포함하여 1930년대 초반까지 프랑스 총리만 열한 차례를 역임할 정도로 프랑스의 국내외 현안에 간여하지 않은 일이 거의 없다고 해도 과언이 아니다.

이렇게 화려한 경력을 가진 브리앙이 생애 마지막으로 추구한 일이 '유럽연방연합체(L'Organisation d'un Régime d'Union Fédérale Européenne)'를 조직하는 것이었다. 그는 프랑스 정부의 최고 책임자로 1차 세계대전을 겪었을 뿐만 아니라[3] 전후 독일 배상 문제에 대해 유화정책을 취한 인물로, 유럽의 평화는 독일과 함께할 때 비로소 이루어질 수 있다고 생각한 프랑스 정치인으로서는 몇 안 되는 인물 가운데 한 명이었다.

브리앙의 유럽연합계획안은 1925년 로카르노조약 이래 구체적으로 싹튼 것으로 알려져 있다. 그는 1929년 7월 31일 프랑스 의회 연설에서 "나는 4년 전부터 이 방대한 계획을 고민해왔습니다"라고 발언했다. 바로 로카르노조약이 한창 논의될 때였다. 이후 1929년 프랑스 총리 자격으로 참석한 국제연맹 총회에서 '연대에 기반을 둔 유럽연방연합 사상'을 발표했다. 이 사상은 경제 번영에 우선순위를 두되, 정치적·사회적 협력을 함께 추구하자는 것이었다. 이 계획안은 케인스(John Maynard Keynes) 같은 저명한 학자들로부터 지지를 받았을 정도로 당대 지식인들에게도 상당히 설득력이 있는 것이었다. 국제연맹은 1930년 그에게 '유럽연방연합체 각서'를 제출해달라고 요청했다.

전대미문의 참화를 겪은 유럽의 지식인들은 전쟁 후 너도나도 유럽평화안을 제시했다. 당시 유럽평화안과 관련하여 출간된 팸플릿과 책이 수백 권이 넘으며, 익히 알려진 지식인들의 유럽평화안은 꽤 구체적이었다. 그 가운데 쿠덴호베-칼레르기(Richard von Coudenhove-Kalergi) 백작의 《범유럽(Pan Europe)》은 가장 널리 알려진 것으로 유럽 지식인들 다수가 그 모임에 참여했으며, 1927년에는 브리앙이 이 모임의 명예회장직을 맡기까지 했다. 하지만 이 모임의 한계는 어느 한 국가가 책임을 지고 추진하는 안이 아니라는 데 있었다. 앞에서 언급했듯이, 브리앙은 프랑스의 총리이자 외무장관 자격으로 유럽연방연합 계획안을 국제연맹에 제출했다. 이 안은 독일 외무장관 슈트레제만으로부터 적극적인 지지를 받았고, 마침내 1930년 5월 국제연맹 내 유럽 회원국 26개국에 '유럽연방연합체 각서'가 전달되었다. 하지만 이 당시는 슈트레제만이 사망(1929년 10월)하고, 미국에서 발생한 경제공황이 유럽에 이미 들이닥치고 있던 때였다. 경제공황으로 각국은 자국 우선 경제정책을 펴게 되었다. 이 상황에서 '브리앙 각서'를 받아든 회원국들은 유럽연방연합이 회원국들의 주권에까지 영향을 미칠까 염려했다. 이 각서에 대한 26개 회원국의 미온적인 태도로 브리앙의 유럽통합 구상은 동력을 상실했지만, 그의 노력은 정부 차원에서 유럽연방연합을 표명했다는 점에서 2차 세계대전 이후 유럽통합 발전을 이미 예고하고 있었다고 볼 수 있다.

이러한 점들을 고려할 때, 양차 세계대전 사이에 도출된 유럽평화안들 가운데 브리앙의 유럽연합국가 계획안은 무엇보다 특정 국가 차원, 그것도 베르사유체제에서 상당한 영향력을 갖고 있던 프랑스의 정부 차원에서 발의되었다는 점에서 그 의의가 매우 크다고 하겠다. '브리앙 계획안'의 의의를 조금 더 구체적으로 이해하기 위해 몇 가지 사항을 고찰하려 한다.

첫째, 브리앙의 유럽연방연합 계획안이 나온 구체적인 배경을 살펴볼 것이다. 이 당시 대다수 유럽평화안은 흔히 그 기원을 모두 1차 세계대전의 참혹함으로 돌리는 경향이 있었다. 하지만 이러한 참혹함을 다시 겪지 않기 위한 방책으로 브리앙은 베르사유조약에 근거해 독일을 압박하기보다 독일과의 화해에서 미래의 평화를 보장받고자 했다. 그 연장선상에서 우리는 왜 브리앙이 1929년 국제연맹 의회에서 자신의 계획안을 발표하게 되었는지도 이해할 수 있을 것이다. 두 번째로는 그의 계획안을 구체화한 각서의 특징을 분석할 것이다. 각서의 내용을 구체적으로 분석해야 브리앙의 계획안이 다른 평화안과 비교해 어떤 차별성을 갖는지 이해할 수 있을 것이다. 마지막으로 우리는 브리앙의 유럽연방연합 계획안이 왜 실패했는지를 살펴볼 것이다. 브리앙의 계획안이 경제공황에 어떠한 영향을 받았으며, 26개 회원국은 브리앙 각서에 어떠한 반응을 보였는지 검토함으로써 브리앙 계획안의 한계를 들여다볼 것이다.

1차 세계대전은 나폴레옹전쟁 후 100년 만에 일어난 '진정한 국제전'이자 그동안 유럽인, 나아가 전 세계인이 겪어보지 못한 참상을 불러일으킨 전쟁이었다. 사람들은 인간의 이성을 신뢰할 수 없었다. 어떻게든 평화안을 만들어야 했으나, 베르사유조약은 이미 전쟁을 잉태하고 있었다. 독일과의 화해를 전제하지 않고는 유럽 평화는 존재하지 않을 것이라는 브리앙의 생각은 오늘의 관점에서 볼 때, 분명 시대를 앞섰다고 할 수 있겠다.

2. 아리스티드 브리앙 유럽계획안의 배경

1) 1차 세계대전 이후 독일과의 화해를 통한 유럽 평화

브리앙뿐만 아니라 1차 세계대전 후 유럽 평화안을 제시한 대다수 지식인은 향후 전쟁의 참화를 어떻게 피할까 고민하지 않을 수 없었다.[4] 그만큼 전쟁의 방지는 유럽통합을 추동한 가장 중요한 요인 가운데 하나였다. 브리앙도 예외는 아니었다. 전쟁을 피하려면 어떻게 해야 하는가?

이 문제는 독일과의 관계 설정이 가장 중요했다. 이 당시 많은 사람들이 독일을 유럽 평화를 깨는 제1원인으로 생각했다. 독일이 다시는 일어나지 못하게 무력으로 억누르는 것이 최선일까, 아니면 독일과 화해의 길을 여는 것이 전쟁을 방지하는 최선책일까?

폴 발레리(Paul Valéry)는 그의 저서《현세계의 고찰》에서 "1914년에서 1918년까지는 유럽이 존재하지 않았다"라고 갈파했다. "가련한 유럽인들은 로마인들이 수 세기 동안 떠맡아 유지해왔던 커다란 임무를 수행하기보다는 오히려 아르마냐크파와 부르고뉴파인 양 처신하기를 더 좋아했다."[5] 1차 세계대전으로 독일인 170만 명, 프랑스인 140만 명을 포함하여 총 850만 명이 사망했다. 이러한 참화 앞에서 연합국 다수는 무력을 통해서라도 독일이 베르사유조약을 받아들이게 해야 한다고 생각했다.[6]

하지만 이 방안에 대해 프랑스 내에서도 상당한 이견이 존재했다. 1차 세계대전 당시 대통령(1913~1920)이었던 푸앵카레(Raymond Poincaré)는 베르사유조약의 철저한 이행을 고집했다.[7] 푸앵카레와 함께 1차 세계대전의 마무리를 맡았던 총리(1917~1920) 조르주 클레망소(Georges Clemenceau) 또한 독일은 침략국이었고, 따라서 독일을 처벌해야 마땅하다고 생각했다. 클레망소에게 안전이란 기본적으로 독일의 지속적인 약화일 수밖에 없었다.[8]

물론 이들 프랑스의 대독 강경파 정치인들과 입장을 달리하는 사람들도 있었다. 예를 들어 1차 세계대전 말기 영국의 총리(1916~1922)를 맡아 전후 처리를 지휘했던 로이드 조지(David Lloyd George)가 보는 유럽은 클레망소와 매우 달랐다. 대륙과 떨어져 있던 영국에게는 안전 문제가 상대적으로 덜 중요했다. 그는 모든 협상 대표들 가운데 유럽의 균형과 옛 전통에 가장 집착하는 사람이었다. 클레망소가 말하듯이, 유럽의 균형은 "섬나라 사람들의 승리를 위해 대륙을 분할시키려는 영국의 전통적인 정책이다." 그런데 일단 독일이 패배한 이상 로이드 조지는 프랑스를 견제해야 한다고 생각했다. 그는 프랑스가 조금이라도 강대해지는 것을 싫어했을 뿐만 아니라, 더 나아가 독일의 재건에 호의적이었다. 그는 심지어 '독일의 지불 능력'을 감안해야 한다는 명목으로 배상의 완화를 원했다. 독일이 영국 경제를 위한 중요한 시장으로 다시 등장하기를 바랐던 것이다.[9]

또 다른 입장에서 독일과의 화해를 주장한 사람이 바로 프랑스의 정치인 아리스티드 브리앙이었다.[10] 그는 진정한 유럽의 평화를 위해서는 독일을 너무 자극하지 말아야 한다고 생각했다. 베르사유조약의 유명한 조항인 제231조는 독일과 독일의 동맹국들은 "연합국 및 협력국의 정부와 국민이 독일과 독일 동맹국들의 침략으로 말미암아 당하게 된 모든 인명 피해와 모든 물적 손실에 대한 책임을 져야 한다"라고 선언하고 있다. 스스로 죄가 없다고 느끼는 독일인들의 감정이 이 문서로 인해 격화되었다는 것은 지극히 당연한 일이다. 브리앙은 이런 식으로 증오의 악순환이 계속되어서는 안 된다고 생각했다.[11]

한편 브리앙은 전후 국제연맹을 거점으로 한 국제협조주의와 집단안전보장체제의 노선을 추진했으며, 독일에 대한 배상 문제에 대해 푸앵카레가 강경책을 써서 1923년 루르 점령을 강행한 것과는 대조적으로, 평화적 해결을 주장하여 루르로부터의 철병책을 택한 바 있다. 이처럼 브리앙은 전후 국제분쟁을 평화적으로 해결하기를 원했으며, 그 일환으로 독일과의 우호관계, 더 나아가 유럽의 평화를 추구했다.[12]

2) 로카르노조약으로부터 잉태된 유럽계획안

사실 1차 세계대전 후 유럽의 평화는 전적으로 독일과 프랑스의 관계에 달려 있었다고도 할 수 있다. 스위스 티치노주 마조레 호수 변에 있는 로카르노에서 '어제의 연합국과 적들'이 모였다. 세계대전 7년 후 다시 모일 기회가 열린 것이다. 유럽 외교가의 모든 사람이 로카르노에 모였다. 1925년 10월 5일 첫 회의에서, 독일의 총리 한스 루터(Hans Luther)는 단호한 표정으로 연합국을 비난했다. '베르사유 강제칙령(le Diktat de Versailles)'에 의해 억압된 독일, 전쟁 배상, 루르 점령에 대한 비판이었다. 이러한 발언에 대해 브리앙은 매우 유연하게 대처했다. 이 부분이 슈트레제만을 사로잡았으며, 그는 슈트레제만과 우호적인 관계 속에서 지속적인 대화를 나눌 수 있었다. 그 결과 독일은 국제연맹에 가입하기로 결정할 수 있었다(1926년 9월).[13] 이로써 정치인 브리앙의 유럽 평화에 대한 방법, 즉 독일과의 화해를 통한 유럽 평화안은 확고해졌다.

그의 이러한 생각은 당대 다른 정치인들과의 생각과는 분명 달랐다. 우선 앞서 언급한 대로 전후 평화정책에서 클레망소와 브리앙은 일치하는 게 하나도 없었다. "현 상황은 매우 단순하다. 우리 나라가 불쌍한 나라 그리스처럼 되자는 것이다! 로카르노, 그것은 베르사유조약을 파기하는 것이고, 그것은 굴욕일 뿐이다." 이것은 브리앙을 '프랑스 패배주의의 지휘자'로 바꿀 뿐이었다. 클레망소를 지지하는 사람들에게 브리앙은 '길거리의 불한당'이었다.[14] 프랑스 극우파는 이 문제에 훨씬 더 민감했다. 이미 1925년 9월 9일자《악시옹 프랑세즈(L'Action Française)》에서 샤를 모라스(Charles Maurras)는 브리앙을 이렇게 비판한 적이 있다. "프랑스와 독일 사이의 평화를 원한다고? 누가 그렇게 말하는가? 하느님? 교황? 아니, 그것은 브리앙이다."[15] 게다가 민족주의자들은 브리앙이 라인란트로부터 프랑스 군대를 신속하게 철수시키겠다고 슈트레제만에게 약속해 주었다고 비난했다.[16] 하지만 이러한 비판자는 생각보다 소수였다. 여론은 유럽인들이 '평화의 순례자(le Pèlerin de la paix)'로 부르기로 한 브리앙 편이었다. 의회가 브리앙의 입장을 인준했다.[17]

1926년은 그야말로 로카르노조약을 축성하는 해였다. 같은 해 12월 브리앙과 슈트레제만은 노벨평화상을 공동 수상했다. 사실 그 3개월 전, 독일이 국제연맹에 가입(1926년 9월 8일)할 당시 브리앙이 국제연맹에서 한 연설은 유럽의 평화와 관련한 불후의 명연설이었다. "역사의 모든 페이지가 얼룩졌던 독일과 프랑스 사이의 힘들고 유혈이 낭자했던 만남은 이제 끝났습니다. (…) 우리 두 나라 사이의 분쟁에 더 이상 전쟁도 없고, 잔인한 해결책도 없습니다. (…) 총과 기관총, 대포는 물러가게 하고, 화해와 중재 그리고 평화를 놓읍시다!" 모든 위원이 일어나 환호했다.[18]

한편 브리앙은 1929년 7월 31일 프랑스 의원들 앞에서 처음으로 유럽 계획안을 발표했다. "저는 이 커다란 문제에 대해 4년 전 (처음) 생각했었습니다." 브리앙은 1926년 2월 23일 하원 외교위원회에서 "유럽이 더는 현재처럼 쪼개진 상태로 있지 않은 그런 순간이 올 것입니다. 아메리카처럼 유럽은 연방국가(un état fédéral)[19]가 될 것입니다. 그것은 무질서한 상태를 해결하기 위해서일진대, 그렇지 않다면 유럽은 사회적으로 재난 상태를 맞을 것입니다. 어느 순간에 일종의 이익 결사체가 필요할 것이고, 그것은 미국에서처럼 유럽연방연합의 형식이 될 것입니다. 프랑스는 그런 미래로 향해야 합니다."[20] 이처럼 브리앙은 이미 유럽연방연합에 대한 확고한 신념을 갖고 있었던 것으로 보인다.

이어서 브리앙은 1929년 9월 5일 제네바에서 개최된 국제연맹 총회에서 프랑스 총리의 자격[21]으로 유럽의 정치적 상호접근에 대한 구상을 피력했다. 이는 1차 세계대전 후 유럽에서 가장 책임감 있는 나라의 책임감 있는 사람의 생각이었기에 그의 발언은 유럽 평화와 관련해서 매우 중요했다. 이에 대해 독일 외무장관 슈트레제만이 9월 9일 화답함으로써 프랑스와 독일 간의 화해가 일시적 조처가 아닌 견고한 장치로 발전해나갈 수 있을 것으로 보였다.[22] 슈트레제만은 브리앙의 유럽평화안에 우호적임을 보여주었고, 브리앙을 일종의 동반자로 생각하고 있었다. 그렇다고 하더라도 이들이 "민족적 이익의 우선"이란 도식적 사고를 진정으로 벗어난 사람들이라고는 볼 수 없다. 브리앙은 이러한 사상에 격렬하게 반대하는 프랑스 국내의 민족주의자들과 싸워야 했고, 이는 슈트레제만도 마찬가지였다.[23]

3. 아리스티드 브리앙의 유럽계획안

1) 국제연맹 제10차 총회(1929년 9월 5일) 연설

"내가 생각하기에 유럽인들처럼 지리적으로 (가깝게) 연결된 국민 사이에는 일종의 연방 관계(le lien fédéral)가 존재해야 합니다. 이러한 국민은 끊임없이 접촉하고 자신들 공동의 이익을 논의하고 공동의 결의안을 취할 가능성이 있음이 분명합니다. 한마디로 그들은 자신들이 원할 때 언제든지 심각한 상황에 대처하는 것이 가능하도록 자신들끼리 연대를 구축해야 합니다."

"이러한 관계가, 제가 창설하려고 노력하는 바로 그것입니다. 특히 경제 영역에서 이러한 결합(association)이 시행되어야 하는 것은 분명합니다. 가장 긴급하게 필요한 부분이기 때문입니다. 이 분야에서 우리는 성공적인 결과를 얻을 수 있다고 생각합니다. 나는 연방 관계가 이 결합에 속할 수 있는 국가들 가운데 어떠한 국가의 주권도 건드리지 않은 채 정치적 또는 사회적 관점에서 유익할 수 있다고 확신합니다."[24]

로카르노에서 유럽연방연합에 대한 자신의 구상을 확신한 브리앙은 헤이그 회의(la Conférence de La Haye)[25] 이후, 이에 대해 본격적으로 언급하기 시작했다. 그의 눈에는 이 조직만이 유럽 평화를 유지할 수 있을 것으로 보였기 때문이다. 그 후 제네바에서 열린 국제연맹 제10차 총회에서 프랑스 총리 자격으로 유럽연방연합이라는 아이디어를 좀 더 구체적으로 제시했다. 이 계획은 국제연맹의 밖에서가 아니라 국제연맹의 틀 안에서 유럽연방연합을 창설하려는 의도였으며, 이 연합은 경제 번영, 정치·사회적 협력 등에 기반을 두는 것이었다.

이 연설에서 특히 주목할 것은 "연방 관계"다. 이 조직에 속하는 "어떠한 국가의 주권도 건드리지 않은" 채 하나의 연합체를 만든다는 것은 쉽지 않아 보였다. 일부 사람은 유럽에서 서로 다른 민족들이 역사적·전통적 그리고 서로 다른 종교적 전통 아래에 모여 살고 있었는데, 이러한 근본적인 차이를 간직한 채 통일된(unité) 조직을 형성하는 것은 쉽지 않을 것으로 보고 있었기 때문이다. 그렇기에 브리앙과 같이 유럽연방(La Fédération Européenne)을 지지하는 사람들은 '연방'이 그 다양성을 없애지 않고 유럽 각국의 다양한 생활을 조화시킬 수 있다고 생각했다. 즉 각 민족은 연방체제에서 각각의 개성과 특징을 보유할 수 있고, 능력과 에너지를 발휘할 수 있다는 것이다. 그러면서도 각 민족은 경제적·정치적 조직의 공동 기반 위에서 유럽 내 다른 민족들과 협력할 수 있을 것이라고 보았다.[26] 미국과 스위스가 바로 그러한 사례였다. 서로 다른 인종과 서로 다른 종교를 가진 사람들로 구성된 미국은 충분히 동질적인 정치·경제적 단일체를 구성하는 데 성공했다. 자유 선택으로 받아들인 헌법으로 연결된 세 민족이 자신의 언어, 풍속, 종교를 향유하는 스위스 또한 살아 있는 예가 아니겠는가? 자신과 같은 언어를 사용하는 이웃 국가에 속하고 싶은 마음 때문에 이들의 단합이 깨지지 않았고, 전쟁이라는 참혹한 시련 때문에 이 나라의 단결이 위협받거나 깨지지 않았다는 것[27]을 우리 모두 잘 알고 있다.

브리앙은 유럽연방이 통일된 하나의 국가(un Etat unique)가 되어서는 안 되고, 조화롭게 모여 사는 집단 형태로서의 국가연합(une Union d'Etats)이 되어야 한다고 힘주어 말했다. 이렇게 형성된 유럽은 우선 경제 및 재정적 토대에 대한 합의가 이루어져야 하고, 그 후 정치적 기반 위의 연맹(la Fédération sur le terrain politique)이 창설되어야 하는데, 그러기 위해서는 관세동맹(Union douanière), 재정동맹(Union financière), 중재재판(Arbitrage), 비무장(Désarmement) 등의 단계를 거쳐야 할 것으로 보았다.[28]

브리앙은 국제연맹 총회 며칠 후인 9월 9일 제네바 베르그호텔에서 국제연맹 유럽 회원국 27개국의 대표단을 만났으며, 이들로부터 우호적인 반응을 얻어냈다. 이들은 브리앙에게 더 구체적이고 더 자세한 계획안을 만들어 다른 유럽 정부에도 제안해달라고 부탁했다.[29] 이러한 브리앙의 아이디어가 크게 환영받은 것은 그의 화려한 외교경력과 그 덕분에 맺어진 외국 수뇌부들과의 친분 덕분이기도 했다. 영국의 로이드 조지, 오스틴 체임벌린, 이탈리아의 보노미와 스포르차, 체코슬로바키아의 베네스, 벨기에의 이망스(Hymans), 그리스의 폴리티스와 베니젤로스 등이 그들이다.[30]

물론 브리앙의 아이디어는 독일 정부로부터도 크게 환영받았다. 특히 로카르노조약 당시 브리앙과 손발을 맞추었던 독일 외무장관 슈트레제만은 브리앙의 이러한 계획안을 열렬히 환영했다.[31] 독일 경제부처에서는 관세동맹을 미국에 맞서 경제를 부흥시킬 수 있는 기회로 보았고, 이 점이 슈트레제만을 움직인 것으로 보인다. 슈트레제만은 유럽의 경제구조에 대해 주로 언급했다. "베르사유조약에 의해 새로 세워진 국가들은 유럽 경제의 틀에 포함되지 않는다. 국경선의 수가 늘어났을 뿐만 아니라, 경제 장벽이 높아지고, 교역의 어려움이 증대되고 있다. 유럽은 거대한 소매점과 같다. 이런 상태는 해소되어야 한다. 새 연결고리를 만들어야 한다. 단일한 화폐, 단일한 우표, (…) 오늘날 존재하는 다양성은 유럽 상거래에 방해가 될 뿐이다. 이런 점은 때때로 우리 자신뿐 아니라 다른 대륙의 국민도 이해할 수 없을 것이다."[32] 따라서 그는 특히 경제 교류를 단순화하는 문제를 제기했다.[33]

브리앙의 연설이 국내외적으로 호응을 받은 이유는 다양하겠지만 브리앙의 화려하면서도 오래된 정치적 경력 또한 무시하지 못할 것이다. 앞서 말한 대로 그는 열한 번째 맡은 현직 총리로서 1925년 이래 외무장관직을 겸하고 있었다. 힘 있는 직위에 있던 브리앙은 당시 국제무대에서뿐만 아니라 프랑스 안에서도 인기 절정에 있었다.[34]

2) 각서의 구체적 제안들

국제연맹은 브리앙에게 구체적인 프로젝트와 함께 각서 제출을 요청했다. 브리앙은 프랑스 외무부 관료들에게 유럽연합 계획의 요점이 담긴 문서를 만들도록 지시했다. 외무부 내 브리앙의 최측근인 알렉시스 레제(Alexis Léger)는 1930년 봄에 그 일을 끝냈다.[35] 1930년 5월 마침내 '유럽연방연합체 각서'라는 이름의 계획안이 제출되었다. 하지만 그것은 시기상 너무 늦었다. 1929년 10월 미국에서 시작된 경제공황으로 인해 국제적 연대와 협력의 이상이 사라지기 시작했기 때문이다.

'브리앙 각서'는 서문에서 우선 세 가지 점을 지적하고 있다. 첫 번째는 브리앙의 아이디어에 따라 세워질 '새로운 기구가 국제연맹에 손해를 끼칠 수 있다는 주장'에 대한 반박이다. 각서는 "국제연맹 바깥에 유럽 국가들의 모임을 구성하는 것은 말도 안 된다. 오히려 국제연맹의 정신 안에서, 그 통제 아래에서 유럽적 이해를 조화시키는 것이 중요하다." 왜 유럽인가? "범세계적인 틀을 가진 만큼 책임이 더 무거운 국제연맹의 활동 자체가 유럽에서는 심각한 제약을 당하고 있는 것으로 보였기" 때문이다. 그러나 "국제연맹을 완전히 벗어나서 어떤 유럽 단체를 구성하자는 것은 아니다." 각서는 "유럽 국가들 사이의 연맹 관계 구축이 어떤 경우에도 (…) 회원국들의 주권에 전혀 영향을 끼치지 않을 것"이라는 사실을 강조했다.[36]

두 번째는 '유럽 외 국가들에 대해 이 계획안이 엄청난 적대감을 보여줄 것이라는 주장'에 대한 반박이다. 유럽 국가들 사이의 관세 폐지가 곧 타국가 공동체에 제한을 가하는 것으로 생각하지 않았다. 자유무역주의적 관세 정책은 "유럽공동체 전역에서 인간의 복지 수준을 최대로 향상하기 위한 공동시장의 확립"이다. 하지만 이러한 정책을 통한 "유럽 경제 체제들의 상호 접근"을 발전시키는 것은 지금이 아니라 오직 나중에야 가능한 일이다.[37]

세 번째는 '새로운 조직에 가입한 국가들이 주권을 포기하는 것은 아니다'라는 주장이다. "유럽 국가들 사이의 타협은 절대적 주권 수호라는 계획 위에서 그리고 완전한 정치적 독립이라는 차원에서 실현되어야 한다."

몇몇 국가만이 주권을 양도할 의지를 갖고 있었다. 브리앙은 연맹 성격의 유럽을 건설하더라도 각국에 주권을 허용하는 것을 고려하고 있었다. 그러나 다수의 정부는 그런 생각조차 너무 지나친 것으로 받아들였다.

한편 각서에 나타난 구체적인 제안 가운데 몇 가지는 브리앙이 추구하는 유럽연방연합의 특징을 선명하게 보여준다. 우선, 각서는 유럽연방연합에 고유한 메커니즘, 즉 이 기구의 임무를 완수할 수 있는 주요 기구의 설치를 보장하고자 했다. 예를 들어 유럽회의(Conférence Européenne), 정치위원회(Comité poltique), 사무국(Secrétariat) 등이 그것인데, 이는 국제연맹과는 다른 점이었다.

다음으로는, 경제 문제보다 정치 문제를 앞세우고자 했다. 사실 브리앙은 1929년에 경제 문제에 우선권이 주어질 것이라는 점을 시사했다. 하지만 각서에서는 "경제통합의 길에서 이룰 수 있는 모든 진보의 가능성이 전적으로 안전보장 문제에 의해 결정되며, (…) 유럽의 유기적 구조를 확정하려는 건설적 노력이 무엇보다도 정치적 측면에서 경주되어야 할 것이다." "이것의 역순은 헛될 뿐만 아니라, 가장 약한 나라들의 입장에서는 보장도 보상도 없이 정치적 지배의 위협에 노출되게 할 수 있는 것으로 비칠 것이다." 각서 작성자들은 아마 국가들이 경제위기를 이유로 이 영역에서의 연대 확대를 꺼리지 않을까 염려했을 것으로 보인다.[38]

한편 각서는 유럽연방연합이 "통일체(unité)가 아닌 연합(union)이라는 아이디어에 기반을 둔 연방(fédération)"이어야 한다고 보았다.[39] 개별 국가의 독립성과 민족적 주권을 유지하기 위해 연맹은 충분히 탄력적이어야 했다. 그러나 그것은 유럽공동체 혹은 개별 가입국의 운명에 관련된 정치적 문제를 조정하는 데 있어 집단적 결속이란 장점을 모두에게 보장하는 것이어야 했다.[40] 연맹 관계를 정립하면서 동시에 어떤 국가의 주권도 건드리지 않는다면 "연방 관계(le lien fédéral)"란 무엇인가? 그것은 연방(fédération)을 의미하는가, 동맹(confédération)을 뜻하는가?[41] 아니면 결합(association)인가, 협력(coopération) 체제인가? 물론 쿠덴호베-칼레르기와 에두아르 에리오(Edouard Herriot)는 이보다 더 멀리 나아갔다. 전자는 《범유럽》에 대해 말하고, 후자는 《유럽합중국》[42]에 대해 말했다. 그러나 브리앙은 신중했다. 그가 애매한 표현을 쓴 것은 그의 엄밀성 결여 때문[43]이 아니라, 뛰어난 정치적 수완의 결과로 보인다.[44] 이 같은 브리앙 각서의 구체적인 제안들은 2차 세계대전 후 유럽통합이 실현되는 데 많은 아이디어를 제공한 것으로 보인다.

4. 아리스티드 브리앙 유럽계획안의 실패

브리앙의 유럽연방연합 계획은 왜 성공하지 못했는가? 한마디로 브리앙은 운이 나빴다고도 할 수 있겠다. 브리앙이 유럽계획안을 제안했던 1929년 9월과 1930년 5월 각서가 제출된 시기 사이에 국제 정세가 급격하게 변화했다. 우선 가장 큰 충격은 독일 외무장관 슈트레제만이 1929년 10월에 사망한 것이었다. 슈트레제만의 후임들은 프랑스에 대한 정책에서 강경한 태도를 보였다. 독일 외교정책은 철저히 독일 민족 우선주의로 돌아섰다. 독일 측은 베르사유조약, 독일인들로서는 '강제칙령'의 개정에만 몰두했다. 그러나 각서는 사실상 베르사유조약을 충실히 보장할 것처럼 보였다.[45]

게다가 불과 몇 주 후 주가 급락 사태가 미국의 월가를 덮쳤고 이는 세계 경제 상황을 크게 변화시켰으며, 자연적으로 국내 경제정책을 전반적으로 재검토하게 했다. 세계 경제위기에 직면하자 대부분의 나라가 '민족적 자주경제'라는 대안을 심각하게 고려하기 시작했으며, 이로써 수많은 나라가 제각기 다른 생각을 하게 되었다. 그런 만큼 브리앙과 프랑스 외무부 관리들은 5월 1일의 각서에서 이미 대비책을 되풀이했다. 이들은 "경제적이고 사회적인 만큼 정치적인 관점에서, 유럽의 평화를 위협하는 위험에 대응할 매우 뚜렷한 집단적 책임감"을 거론했다. 그들은 "유럽의 물질적 · 정신적 힘의 결집에서의 응집력 부족"을 인정했다.[46]

1930년 7월 15일과 16일 프랑스 외무부에 도착한 브리앙 각서에 대한 유럽 회원국 26개 정부의 답신은 실망스러운 것이었다. 브리앙 각서가 아무리 매력적일지라도 이들 국가들은 그 계획안을 받아들이는 데 주저하고 있음을 보여주었다.[47] 모두 유럽연합의 원칙을 인정한다고 할지라도 많은 국가가 외교동맹 혹은 경제협력 정도를 넘고 싶어 하지 않았다. 더 구체적으로는 국제연맹에 손해를 끼칠 위험, 경제가 정치에 종속될 위험 등이 예상되는 제도상의 기구와 관련해서는 반대 견해를 분명히 밝힌 국가가 많았다.[48]

독일은 이 브리앙 각서를 프랑스가 영토상으로 현상을 유지하면서 유럽에서 패권을 차지하려는 수단으로 간주했다. 즉 이 각서를 베르사유조약의 개정판으로 받아들였다.[49] 그러한 이유로 슈트레제만이 없는 독일은 이때부터 "브리앙의 행동을 완전히 폐기"할 것을 고려했다.[50] 영국은 영국제국에 우선권을 두었기에, 자신들이 주도권을 쥐고 있는 국제연맹에서 프랑스의 계획안이 무게를 가질 위험성을 걱정했다. 그리하여 영국은 이 계획안이 시기상조이며 적어도 10년 후에나 실현 가능하다고 조언했다.[51]

우리는 각국의 응답을 여기에 간단하게나마 소개함으로써 브리앙 계획이 실패하게 된 이유를 어느 정도 보여줄 수 있을 것이다.[52] 우선, 국가의 절대적 주권을 강조한 나라들은 에스파냐, 이탈리아, 폴란드, 노르웨이, 포르투갈, 체코슬로바키아, 룩셈부르크, 아일랜드 등으로, 네덜란드만이 주권을 넘어 나아갈 필요가 있음을 강조했다. "국가들이 특히 국제연맹 협정을 체결하면서 그랬듯이 주권의 행사를 어느 정도 제한할 태세를 갖추고 있을 때만 이러한 연합 작업이 성공할 수 있을 것이다."

두 번째로는, 유럽 기구가 국제연맹에 해를 끼칠 것이라는 입장과 국제연맹의 세계적인 틀이 유럽적인 틀보다 더 바람직하다는 생각을 보인 국가들도 있었다. 즉 대다수 국가가 국제연맹에 호의적임을 천명했고, 몇몇 국가들은 국제연맹 때문에 브리앙의 계획을 실질적으로 거부했다. 예를 들어 네덜란드의 경우 "국제연맹으로 인해 (…) 새로운 대립이 초래되더라도, 유럽의 이익을 위한 결집만으로는 결코 앞으로 나아갈 수 없을 것이며, 국제연맹 협약에서 벗어나지 않은 채 이해관계를 세계적 차원에서 조화시키는 것이 더 나을 것이다." 한편 이탈리아는 "이 계획은 대륙 국가들의 연합안이다. 이러한 결집은 성사될 경우 보편 원칙을 약화할 뿐만 아니라, 점차 대륙 국가들의 다른 연합 형태들을 촉발하는 경향을 띨 것이다"라고 평가했다.

세 번째로는 각서가 제안한 기구 설치에 대한 반응이다. 거의 모든 국가가 정치위원회와 사무국의 창설을 쓸데없는 낭비라고 평가하며, 기껏해야 "유럽회의"의 설치만을 수락했다. 심지어 브리앙 계획에 전적으로 적대적인 일부 국가는 국제연맹의 여러 회합만으로 충분하다고 판단했다. 이는 스웨덴, 스위스, 아일랜드, 그리고 특히 영국의 입장이었다.

네 번째로는 경제에 대한 정치 우선을 비판한 것이다. 이 비판은 먼저 네덜란드에서 제기되었다. "관세 장벽을 낮추는 것이 정치적 화합과 동시에 추구될 수 있지 않을까?" 게다가 오스트리아, 루마니아, 독일 또한 이 대열에 서는데, 특히 독일은 1926년에 창설된 석탄 신디케이트를 의식하고 다음과 같이 선언했다. "사기업에 기초한 몇몇 경제 부문들 사이의 화합은 여전히 유럽 경제의 새로운 조직에서 마땅히 중요한 위치를 차지해야 하는 활동 영역이다." 한편 노르웨이는 "무엇보다도 유럽 협력의 바탕을 경제 문제의 해결에 두는 것이 더 자연스러울 것이다. 왜냐하면 이 영역에서 너무나 분명히 드러나는 현 체제의 결함들을 해결해나갈 때만 성과를 올리기가 더 용이할" 것으로 보이기 때문이다.

다섯 번째로는 비회원 유럽 국가들(소련과 터키)의 국제연맹 가입 허용을 주장한 것이다. 이탈리아는 "소비에트사회주의공화국연방 정부와 터키공화국 정부가 유럽연방안의 구상 과정에 참여하도록 유도하라고 다른 정부들에 제안할 필요성을 피력한다." 독일은 "러시아와 터키처럼 국제연맹에 가입하지 못한 유럽 국가들을 배제하는 것은 지금까지 이성적으로 실행되어온 관습에 어긋날 것이다"라고 주장했다.

여섯 번째로 유럽 밖의 영토에 대한 책임을 주장한다. 이는 "라틴아메리카 국가들과의 특별한 관계"와 동시에 아프리카에서의 입장을 생각하는 에스파냐, 네덜란드의 경우다. "네덜란드왕국의 영토는 유럽에만 있는 것이 아니다." 독일은 "어떤 유럽 국가들이 유럽 밖의 영토와 맺는 정치 및 관세동맹에서 유래하는 난점들을 고려하고" 싶어 했다. 가장 분명하게 거리를 두는 나라는 또다시 영국이었다. "정부는 (…) 영연방의 모든 정부와 협의하여 이 문제를 검토하는 것이 마땅하다고 생각한다."

브리앙의 각서에 대한 26개국의 답변 덕분에 1930년경에 유럽인들이 유럽연합에 대해 품고 있던 생각을 유추해볼 수 있다. 대다수 유럽 국가들은 브리앙의 유럽계획안에 적극적으로 의견을 개진했다. 그 가운데 가장 논점이 된 것은 2차 세계대전 이후 유럽연합에 이르게 되는 과정에서 상당히 논란이 되었던 각국의 주권 문제 및 경제 문제에 우선하는 정치 문제였다. 우리는 마스트리히트조약이 각국에서 얼마나 어렵게 비준되었는지 잘 알고 있고, 따라서 아리스티드 브리앙의 계획안이 시대적 한계를 갖고 있었음을 충분히 이해할 수 있을 것이다.

5. 맺음말: 2차 세계대전 이후 유럽통합에 대한 브리앙의 영향

브리앙의 유럽연방연합 계획안은 지극히 소박한 것이었다. 모델은 국제연맹의 조직이었고, 어떤 혁명적인 요소도 찾아볼 수 없었다. 의회에서 선출되거나 지명된 인사들의 모임도 없었고, 이익 대표단도 없었으며, 초국가적 고위당국도 없었다. 그럼에도 불구하고 유럽통합의 역사에서 브리앙의 계획은 의미가 있는 사건이었다. 최초로 "일종의 연합(Union)"에 대한 관념이 정부 차원에서 공식적으로 제기된 것이다. 유럽의 모든 정부가 자국의 견해를 표출했다. 베르사유조약이 내포하고 있는 약점으로 유럽의 평화가 다시 흔들릴 것이 명약관화하므로, 새로운 유럽을 창출해야 한다는 것이었다. 1차 세계대전으로 미국이 세계 강국으로 부상하면서 유럽연방연합의 필요성은 한층 부각되었다. 이 모든 점이 2차 세계대전 이후 유럽석탄철강공동체 필요성의 대두와 크게 다르지 않았다.[53]

오늘날 유럽통합을 이야기할 때 우리는 장 모네(Jean Monnet)와 로베르 슈만(Robert Schuman)을 거론하며, 그들이 유럽석탄철강공동체의 창시자였고,[54] 로마조약(1957) 입안에 참여한 사람으로 기억하지만, 브리앙은 흔히 잊고 있다. 2차 세계대전 이후 독일과 화해 정책을 제안한 첫 번째 인물은 장 모네였다. 하지만 모네도 슈만도 브리앙의 계획안에 대해서는 제대로 언급도 평가도 하지 않았다.[55] 아마도 2차 세계대전 때문에 그의 이름이 잊혔을지도 모른다. 2차 세계대전은 유럽통합의 계승자들에게 양차 세계대전 사이 프랑스와 독일의 화해 노력이 헛되었음을 증명하는 것과 같았기 때문이다. 그럼에도 불구하고 모네와 슈만에게 브리앙의 계획안은 정말 아무것도 아니었을까?

사실 모든 사람이 브리앙의 '유럽연방연합체 각서'를 말하고 있지만, 브리앙이 작성한 '경제위기를 극복할 수 있는 수단에 대한 각서'는 언급되지 않고 있다. 1931년 5월 15일에 국제연맹 사무총장 에릭 드러먼드(Sir Eric Drummond)에게 보낸 '경제 각서'는 수기 형태로서 정식으로 출간된 것이 아니었다. 이미 많은 나이와 질병을 피해 가지 못한 저자는 그 계획을 펼치기에는 너무 시간이 없었다. 그 대강의 내용은 농산물 문제, 산업 문제, 금융 문제 등으로 그 계획은 26년 후에 로마조약(Traité de Rome)의 작성자들에게 영감을 주었음이 틀림없다.[56]

그뿐만 아니라 1940년대 말 모네의 유럽통합 출발점과 1920년대 브리앙의 유럽통합 출발점 사이에는 유사점이 꽤 있다. 모네는 2차 세계대전 말 이래로 프랑스가 장악하고 있던 라인란트를 독일에 돌려주어야 했을 것으로 생각했기 때문에, 초국가 조직이 경영하는 석탄·철강의 공동생산을 독일인들에게 제안하지 않는 것을 이상하게 생각했다. 게다가 독일이 급속하게 경제 재건을 하고 있고, 냉전이 시작되는 바로 그 시기였기에 서방세계로서는 서독을 안고 가야 할 필요성이 생겼다. 한편 브리앙으로서는 1923년 이래 프랑스가 독일의 라인란트를 점령한 것이 두 나라 사이의 화해 협상에서 독일 정부에 대한 압력수단이 될 것으로 판단했다. 1929년 8월에 서명된 영플랜(le plan Young)에 따라 프랑스 군대는 1930년 6월 30일 이전에 라인란트를 떠나야만 했다. 브리앙으로서는 마지막으로 이점을 취하기 위해 프랑스 군대가 떠나기 전에 그의 유럽계획안을 제시하는 것이 틀림없이 매우 중요했을 것이다. 장 모네처럼 구체적인 제안은 없었지만, 그는 자신의 계획안에서 경제협력과 관세협력을 제안한 바 있다.[57]

이러한 유사점들, 그리고 그의 '경제 각서' 등을 고려할 때, 유럽연방연합에 대한 브리앙의 원대한 계획 그 자체는 실패했다고 하더라도, 2차 세계대전 이후 유럽통합을 구상한 '선구자들'에게 유럽통합 구상과 관련하여 적지 않은 영감을 주었다는 데는 의문을 달 사람이 많지 않으리라 생각한다.

주

1 유럽통합에 대한 연구가 일천한 국내에서는 아리스티드 브리앙의 유럽 평화안에 대한 본격적인 연구가 거의 이루어지지 않았다. 이 글은 브리앙의 유럽연합 계획안을 본격적으로 분석하기보다는 브리앙의 계획안과 그 한계를 조금 더 체계적으로 소개한다는 데 의의를 두고 있다. 프랑스에서도 브리앙은 그의 화려한 정치경력에 비해 크게 주목받는 인물은 아니었다. 2차 세계대전 이후의 연구로 특기할 만한 성과는 브리앙에 대해 박사학위 논문을 쓴 Achille Elisha의 《아리스티드 브리앙, 세계평화와 유럽연합》(*Aristide Briand, La Paix Mondiale et L'Union Européenne*, Paris: Editions Ivoire-Clair, 2000)이 있으며, 그 후 Bernard Oudin의 《아리스티드 브리앙 전기, 평화—유럽의 새로운 사상》(*Aristide Briand Biographie la Paix : une idée neuve en Europe*, Paris: Robert Laffont, 1987), Serge Malfois의 《아리스티드 브리앙의 미완성된 유럽》(*L'Europe inachevée d'Aristide Briand*, Paris: Jean-Pierre Huguet Editeur, 1997), 그리고 가장 최근에 출판된 Christophe Bellon의 《아리스티드 브리앙》(*Aristide Briand*, Paris: CNRS Editions, 2016)을 들 수 있다. 이들 연구서는 대체로 브리앙의 전기 형태를 띠고 있지만, 그의 이력 가운데 유럽 평화안 구상을 가장 큰 업적 가운데 하나로 자리매김하고 있다는 특징이 있다. 브리앙 연구 동향의 특이점은 영미권에서는 브리앙의 유럽연방연합 계획안에 초점을 맞춘 연구가 그렇게 활발하지 않다는 점이다.

2 로카르노조약은 1925년 10월 5일부터 16일까지 영국, 프랑스, 이탈리아, 독일, 벨기에, 체코슬로바키아, 폴란드의 대표가 스위스 로카르노에서 만나 협상하고, 같은 해 12월 1일 런던에서 공식적으로 서명한 일련의 국지적 안전보장조약이다. 다섯 개의 조약과 두 개의 협정으로 구성되었으며, 그중에서도 영국, 프랑스, 독일, 이탈리아, 벨기에 5개국 간의 집단안전보장조약은 가장 중요한 것으로 독일과 벨기에 및 독일과 프랑스의 국경안전보장 및 라인란트의 영구 비무장화를 규정하고 있다.

3 1차 세계대전이 한창때인 1915년 10월부터 1917년 3월까지 프랑스의 총리이자 외무장관을 맡았다.

4 지식인들뿐만 아니라 대중 여론 또한 유럽의 평화와 집단 번영을 위한 합리적 연대조직(l'organisation de la solidarité rationnelle)에 초점이 맞추어져 있었다. Achille

Elisha, *Aristide Briand: La Paix Mondiale et l'Union Européenne* (Paris: Editions Ivoire-Clair, 2000), p. 29.

5 Paul Valéry, *Regards sur le monde actuel* (Paris: Librairie Stcock, Delamain et Boutelleau, 1931), p. 15.

6 장 바티스트 뒤로젤, 이규현 · 이용재 옮김,《유럽의 탄생》(지식의풍경, 2003), 286쪽.

7 위의 책, 299쪽.

8 위의 책, 294~295쪽.

9 위의 책, 295쪽.

10 독일과 프랑스의 화해 시도가 브리앙의 업적 가운데 가장 용기 있는 부분이었다. Elisha, *Aristide Briand: La Paix Mondiale et l'Union Européenne*, p. 27.

11 뒤로젤, 앞의 책, 288쪽.

12 볼프강 슈말레, 박용희 옮김,《유럽의 재발견》(을유문화사, 2006), 160쪽.

13 Christophe Bellon, *Aristide Briand* (Paris: CNRS Editions, 2016), pp. 288~289.

14 *Ibid*., p. 290.

15 *Ibid*.

16 Lise Bjerke, *Aristide Briand : Le Premier Européen* (Våren: Universitetet i Oslo, 2005), p. 33.

17 로카르노조약에 대한 하원의 표결은 413 대 71로 인준 찬성이 압도적으로 많았다. 상원에서는 272 대 6으로 더 압도적으로 인준되었다. Christophe Bellon, *Aristide Briand*, pp. 290~291.

18 *Ibid*. p. 291.

19 이러한 유럽연방국가에 대한 아이디어는 새로운 것이 아니었다. 1843년에 빅토르 위고는 그의 역사극《성주들(Les Burgraves)》에서 유럽연방공화국(une République européenne fédérale)을 상기시킨 바 있다. "아이스킬로스, 소포클레스 그리고 에우리피데스의 시기에 그리스 민족이 존재했던 것처럼, 오늘날에는 유럽민족(la nationalité européenne)이 있습니다."(Bellon, *Aristide Briand*, p. 308) 한편 위고는 1849년 8월 파리에서 열린 국제평화회의 개막 연설에서 유럽합중국(Etats-Unis d'Europe)이란 용어를 처음 사용하기도 했다(전수연, 〈프랑스의 죽음과 변용: 빅토르 위고〉, 통합유럽연구회,《인물로 보는 유럽통합사》, 책과함께, 2010, 32쪽). 뿐만 아니라 프랑스의 역사가이자 수필가인 아나톨 르루아-볼리외(Anatole Leroy-Beaulieu) 또한 20세기 초 유럽합중국의 형식을 상기했다. Bellon, *Aristide Briand*, p. 308.

20 http://jmguieu.free.fr/Enseignements/Emergence%20idee%20europeenne/MAGIST_07.htm. (2018. 4. 28. 검색)

21 두메르그(Gaston Doumergue) 대통령은 1929년 7월 29일 푸앵카레가 사퇴하자 곧 브리앙에게 열한 번째 내각을 구성하도록 위임했다. 하지만 약 3개월 후인 10월 22일에 브리앙은 외무장관직은 그대로 둔 채 총리직에서 사임했다. Lise Bjerke, *Aristide Briand : Le Premier Européen*, p. 37.

22 슈말레, 앞의 책, 158~159쪽.

23 위의 책, 157~158쪽.

24 Elisha, *Aristide Briand: La Paix Mondiale et l'Union Européenne*, p. 32.

25 이 회의에서 영플랜(le plan Young, 1929년 8월)이 입안되었다.

26 Elisha, *Aristide Briand: La Paix Mondiale et l'Union Européenne*, p. 32.

27 *Ibid*.

28 *Ibid*.

29 *Ibid*.

30 *Ibid*.

31 뒤로젤, 앞의 책, 303쪽.

32 슈말레, 앞의 책, 163~164쪽.

33 위의 책, 165~166쪽.

34 http://jmguieu.free.fr/Enseignements/Emergence%20idee%20europeenne/MAGIST_07.htm. (2018. 4. 28. 검색)

35 알렉시스 레제는 생-존-페르스(Saint-John-Perse)라는 이름으로 더 잘 알려져 있다. http://jmguieu.free.fr/Enseignements/Emergence%20idee%20europeenne/MAGIST_07.htm. (2018. 4. 28. 검색)

36 Charles Zorgbibe, *Histoire de la construction européenne* (PUF, 1993), pp. 8~14.

37 뒤로젤, 앞의 책, 305쪽.

38 위의 책.

39 Unité와 Union의 차이점은 그 단위가 셀 수 없는 하나(oneness) 그 자체(Unité)인지 아니면 셀 수 있는 연합(Union)인지에 있다.

40 슈말레, 앞의 책, 164쪽.

41 통상 confédération과 fédération의 차이는 명확하지 않으나, confédération의 경우 그 멤버십이 자발적이고 그 가입자를 셀 수 있는 반면, fédération의 경우 멤버십이 자발적이지 않다(https://www.diffen.com/difference/Confederation_vs_Federation. 2018. 8. 1. 검색). 번역의 경우, 흔히 일본어 번역을 따서 fédération은 연맹, confédéraion은 동맹으로 표현하지만, 이 또한 혼용되기도 한다. 이 글에서는

fédération은 연방, confédération은 동맹으로 번역했다. 뚜렷한 근거에 의해서라기 보다 union을 연합으로 번역하면서 상호 혼돈을 피하려는 것이다.

42 1931년에 프랑스 정치인 에두아르 에리오는 《유럽합중국(The United States of Europe)》이라는 책을 출간했다.

43 사실 뒤로젤의 분석처럼 브리앙이 엄밀성을 결여했다는 점에 동의하지 않는 사람이 많다. 브리앙에 관해 박사 논문을 쓴 아실 엘리샤(Achille Elisha)는 그의 저서에서 브리앙의 주요 스타일이 단순함과 명확성 그리고 표현의 풍부함이라고 적은 바 있다. Elisha, *Aristide Briand: La Paix Mondiale et l'Union Européenne*, p. 25.

44 뒤로젤, 앞의 책, 304쪽.

45 슈말레, 앞의 책, 165~166쪽.

46 뒤로젤, 앞의 책, 304~305쪽.

47 Bjerke, *Aristide Briand : Le Premier Européen*, p. 61.

48 Elisha, *Aristide Briand: La Paix Mondiale et l'Union Européenne*, p. 29.

49 *Ibid*. p. 25.

50 http://jmguieu.free.fr/Enseignements/L2_Europe_occidentale/seance08.htm. (2018. 4. 15. 검색)

51 Elisha, *Aristide Briand: La Paix Mondiale et l'Union Européenne*, p. 30.

52 각국의 응답에 대해서는 특별한 언급이 없는 한 주로 뒤로젤, 앞의 책, 306~311쪽을 참조한 것이다.

53 뒤로젤, 앞의 책, 306쪽.

54 김승렬, 〈초국가유럽의 산파: 장 모네〉, 통합유럽연구회, 앞의 책, 172~176쪽.

55 국내에서 장 모네에 대한 연구는 주로 김유정에 의해 수행되었다. 하지만 김유정도 유럽통합과 관련하여 브리앙이 장 모네에 미친 역할에 대해서는 거의 언급하지 않았다.

56 Elisha, *Aristide Briand: La Paix Mondiale et l'Union Européenne*, pp. 30~31.

57 Bjerke, *Aristide Briand : Le Premier Européen*, pp. 77~78.

참고문헌

1차 문헌

Memorandum on the Organization of a System of Federal European Union. (https://www.wdl.org/en/item/11583. (2018. 4. 15. 검색)

2차 문헌

김승렬, 〈초국가유럽의 산파: 장 모네〉, 통합유럽연구회, 《인물로 보는 유럽통합사》, 책과함께, 2010.

장 바티스트 뒤로젤, 이규현 · 이용재 옮김, 《유럽의 탄생》, 지식의풍경, 2003.

볼프강 슈말레, 박용희 옮김, 《유럽의 재발견》, 을유문화사, 2006.

Barléty, Jacques, & Aristide Briand, *la Société des Nations et l'Europe: 1919-1932*, Strasbourg: Presses universitaires de Strasbourg, 2007.

Bellon, Christophe, *Aristide Briand*, Paris: CNRS Editions, 2016.

Chabannes, Jacques, *Aristide Briand le pere de l'europe*, Paris: LIBRAIRIE ACADEMIQUE PERRIN, 1973.

Elisha, Achille, *Aristide Briand: La Paix Mondiale et l'Union Européenne*, Paris: Editions Ivoire-Clair, 2000.

Lise, Bjerke, *Aristide Briand: Le Premier Européen*, Våren: Universitetet i Oslo, 2005.

Malfois, Serge, *L'Europe inachevée d'Aristide Briand*, Paris: Jean-Pierre Huguet Editeur, 1997.

Oudin, Bernard, *Aristide Briand Biographie la Paix: une idée neuve en Europe*, Paris: Robert Laffont, 1987.

Valéry, Paul, *Regards sur le monde actuel*, Paris: Librairie Stcock, Delamain et

Boutelleau, 1931.
Vercors, *L'apogee de la republique ou moi, aristide briand(1862-1932), essai d'autoportrait*, Paris: Omnibus, 1982.
Zorgbibe, Charles, *Histoire de la construction européenne*, Paris: PUF, 1993.

http://jmguieu.free.fr/Enseignements/L2_Europe_occidentale/seance08.htm. (2018. 4. 15. 검색)
http://jmguieu.free.fr/Enseignements/Emergence%20idee%20europeenne/MAGIST_07.htm. (2018. 4. 28. 검색)
https://www.diffen.com/difference/Confederation_vs_Federation. (2018. 8. 1. 검색)

4장

페미니스트 유럽주의자, 루이즈 바이스

심성은

1. 서론[1]

그동안 유럽통합은 전간기부터 유럽통합 사상이 유럽경제공동체와 유럽원자력에너지공동체로 구체화되던 1950년대까지, 주로 남성 지식인이나 정치인의 기여 덕분에 맹아를 싹 틔울 수 있었다고 설명되었다. 여성 지식인의 역할은 평가절하되어, 기여도가 거의 전무하거나 아예 존재하지 않았던 것 같은 착각을 야기할 정도다.

하지만 편견과 달리 여성 지식인들은 유럽통합의 역사에 중요한 기여를 해왔다. 그중 루이즈 바이스(Louise Weiss)는 남성 주도의 유럽통합 역사에 적극 참여한 대표적인 여성으로, 전간기 때부터 유럽통합과 유럽공동체를 통한 전쟁 방지와 평화 구축을 주장해왔다. 프랑스 역사가인 이브 쉬롱(Yves Chiron)이 장 모네, 에티엔 이르슈와 함께 20세기를 움직인 일

곱 명 중 한 명으로 거론했을 정도로 바이스는 유럽통합에 관해 혁혁한 업적을 남겼다.[2]

바이스의 활동은 크게 유럽, 저널리즘, 페미니즘으로 요약될 수 있다. 첫째, 그는 유럽통합주의자였다. 1차 세계대전 이후 또 다른 전쟁이 발발하는 것을 피하기 위해 프랑스와 독일의 화해가 우선되어야 하며, 이는 유럽 국가들의 통합체 내에서 가능할 것이라 주장했다. 1920년에 창설된 국제연맹(League of Nations)과 같은 국제기구하에 유럽 국가들이 통합될 경우, 특정 국가의 이해관계만 반영될 위험이 제한되며, 결국 유럽 전체의 이익이 제고될 것이라고 예상했다.

둘째, 바이스는 국제관계 전문 잡지의 편집장으로서 평화와 유럽통합을 위해 행동하는 언론인이자, 다른 지식인들이 자유롭게 의견을 발표할 수 있도록 다양한 환경을 제공하는 지원자였다.

셋째, 그는 1944년에야 여성에게 참정권을 부여했던 프랑스에 여성 투표권을 도입하기 위해 시위를 조직한 페미니스트였다.

바이스는 유럽통합을 언급할 때 빠질 수 없는 인물이지만, 유럽통합에 대한 기여 방법은 아리스티드 브리앙이나 쿠덴호베-칼레르기 등 당시 주요 유럽통합 사상가와는 차이가 있었다. 그는 전쟁 재발과 평화 고착을 위한 수단으로 유럽 국가의 협력과 단결을 주장하는 한편, 지식인들 간의 네트워크 구축을 통해 유럽통합이 발전할 수 있는 환경 혹은 장(場)을 조성하는 데 중요한 역할을 했다.[3] 즉 바이스는 유럽주의자이자 페미니스트 행동가인 동시에 조력자였다. 바이스의 이중적인 행보는 시대적 상황과 연관이 있었다. 당시 프랑스는 여권이 아직 낮은 상태였기 때문에, 바이스가 직접 자신의 주장을 적극적으로 펼치기에는 제약이 있었던 것이다.

후일 유럽통합에 대한 기여를 인정받아 첫 유럽의회 직선이 실행되던 1979년, 바이스가 유럽의회 의원으로 선출되었음을 감안하면 전후 프랑스 여권이 괄목할 만한 성장을 거두었음을 알 수 있다. 전간기의 유럽통합 사상의 초기 맹아 단계부터 유럽의회 직선으로 유럽공동체의 민주주의가 개화하는 시기까지, 바이스는 유럽공동체와 여성 인권의 발전과 역사를 직접 주도한 인물로 자리매김했다. 헬무트 슈미트(Helmut Schmidt)가 바이스에 대해 "유럽의 대모(大母, grand-mère de l'Europe)"라고 칭한 것은 바이스의 유럽통합에 대한 기여를 적절하게 표현해준다.[4]

그러나 현재까지도 바이스의 업적은 프랑스 국내외에서 남성 주도의 유럽통합 역사에 밀려 제대로 평가받지 못하고 있다. 1990년 이전 연구 중에서는 유럽의회 의원이나 페미니스트로서의 활동,[5] 바이스의 신간에 대한 서평[6] 등에 관한 몇몇 논문 등이 바이스의 공로를 부분적으로 증명해주는 정도였다. 1990년대 들어 그의 업적에 관한 박사 논문[7]과 서적 등이 출간되면서 바이스를 새롭게 조명하고자 하는 작업이 시작되었다.

그러나 최근 연구 역시, 바이스의 업적을 일부만 조명하는 데 머물렀다는 한계가 있다.

이 글은 바이스의 유럽통합과 페미니즘에 대한 기여를 종합적으로 살펴보고, 이를 통해 전간기부터 양차 세계대전 이후 유럽공동체의 발전에 기여한 바이스의 공로를 찾는 데 목적을 둔다. 이 글은 다음과 같이 진행된다. 2절에서는 바이스의 1차 세계대전 당시 경험과 평화에 대한 인식 형성 과정에 대해 살펴본다. 3절에서는 언론인, 교육가, 살롱 운영자 등 다양한 경험을 통해 다른 지식인들과 네트워크를 형성한 과정을 조명한다. 4절과 5절에서는 페미니스트로서의 역할과 문화 활동에 대해, 그리고

6절에서는 유럽의회 의원으로 선출되어 유럽공동체에 직접 기여하기까지의 과정에 대해 살펴본다.

2. 1차 세계대전의 경험과 평화주의자의 탄생

바이스는 1893년, 파-드-칼레 지방의 아라스라고 하는 작은 도시에서 태어나 유복한 유년 시절을 보냈다. 아버지 폴 루이 바이스(Paul Louis Weiss, 1867~1945)는 개신교 신자로, 여러 광업 회사를 운영하는 사업가이자 엔지니어였으며 광업연합(Union des mines) 회장을 역임했다. 어머니 잔 자발(Jeanne Javal)은 유대인 의사 아버지를 둔 유복한 집안의 딸로, 사회활동에 많은 관심을 보였다. 바이스는 여섯 남매 중 맏이로, 바이스를 비롯한 형제자매들은 고등교육을 받고 의사, 변호사, 회계감독관 등 전문직에 종사하거나 전문직 배우자와 결혼했다.

바이스 역시 문학 교사 학위를 취득한 뒤 옥스퍼드대학으로 유학을 떠나는 등, 당시 여성들에 비해 많은 교육을 받았다. 문학 교사 자격증으로 교사가 될 수도 있었지만, 바이스는 기자 활동에 더 관심이 있었다. 아버지는 딸에게 조언자로서의 역할을 했을 뿐 아니라,[8] 바이스가 주도하는 국제 문제 주간지《새로운 유럽(L'Europe nouvelle)》의 행정이사회 이사로 참여할 정도로 딸의 활동을 적극 지지했다.

1914년 7월에 발발한 1차 세계대전은 바이스가 유럽통합에 대한 사상을 구체화하는 계기가 되었다. 바이스는 브르타뉴 지방의 생-케-포르트외에 프랑스 북부에서 온 피난민들을 수용하는 보호시설을 개소했는데, 이 보호시설은 후일 상이군인병원이 되었다.[9] 전쟁 기간 동안 상이군인병원에서 간호사로 일하며 전쟁의 참혹함을 목격한 바이스는 전쟁을 반대하는 평화주의자가 되었다.

바이스가 펜을 잡기 시작한 것은 이때부터였다. 초반에는 가명을 사용했다. 처음에는 아버지 이름으로 글을 냈으며, 아버지 친구인 쥐스탱 페르쇼(Justin Perchot)가 편집장으로 있던 《급진(Le Radical)》[10]이라는 잡지에 1914년부터 글을 기고하면서 루이 르프랑(Louis Lefranc)이라는 가명을 썼다. 바이스가 아버지 이름이나 루이 르프랑이라는 남자 이름을 차용한 것은 당시 프랑스 사회 분위기와 연관이 있었던 것으로 보인다.

당시 프랑스 여성은 영국 여성보다 더 낮은 대우를 받았다. 일례로 프랑스는 여성 투표권을 1944년에 도입했는데, 이는 다른 서유럽 국가에 비해 상당히 늦은 편에 속했다. 그래서 바이스는 자신의 이름으로 글을 출판할 경우 가치를 제대로 인정받지 못할 수 있다고 생각했다. 바이스는 후일 자서전에서 가명으로 출판한 글들이 좋은 반응을 얻자 글쓰기에 대한 자신감을 갖게 되었다고 회고했다.[11]

바이스가 언론인으로서 성공적인 첫발을 내디딘 배경에는 연인이었던 밀란 스테파니크(Milan Stéfanik)가 있었다. 스테파니크의 조국인 슬로바키아는 1차 세계대전의 패전국이던 헝가리로부터 독립하는 등 격변기를 지나고 있었다. 바이스는 스테파니크로부터 체코슬로바키아에 대한 이야기를 들으며 동유럽 국가에 관심을 가지게 되었으며, 그를 통해 동유럽 신생국의 주요 인물들과 친분을 쌓게 되었다.

체코슬로바키아 대통령을 역임한 토마스 마사리크(재임 1918~1935)도 그중 한 명이었다. 바이스가 1919년 체코슬로바키아에 여행을 갔을 때 그의 집에서 머물 정도로 두 사람의 교분은 두터웠다. 마사리크의 후임 대통령 에두바르드 베네시(Édouard Beneš, 재임 1935~1938, 1945~1948)와도 가깝게 지내며[12] 1937년 프라하 방문 당시 베네시를 방문하는 등, 바이스는 체코슬로바키아의 고위관료들과 좋은 관계를 유지했다. 1919년에는 《체코공화국(La République tchécoslovqaue)》[13]을 집필해 동유럽 신생국을 지원하고자 했다.

바이스에게 1차 세계대전은 전쟁의 참혹함을 일깨워준 계기였을 뿐 아니라, 새로운 질서가 시작되는 것을 목도할 수 있는 기회였다. 1910년대 말, 잠시 《르프티 파리지앵(Le Petit Parisien)》과 《랭포르마시옹(L'Information)》 기자로 일하며 전쟁 직후의 변해가는 세계를 살펴보았다. 특히 1919년 6월 28일, 베르사유에서 개최된 평화조약을 취재하면서 국제법의 평화 유지에 대한 영향을 몸소 체험할 수 있었다.[14]

1919년 8월 중순에는 체코슬로바키아, 헝가리, 폴란드가 있는 중동부 유럽으로 떠나 여러 편의 기사를 써서 기자로서 명망을 얻었다. 1차 세계대전 직후 동유럽 등 공산국가들이 영향력을 강화해가는 상황을 지켜본 경험은 언론인으로 성장하던 그에게 좋은 자극이 되었다.

1921년 여름, 바이스는 《르프티 파리지앵》 특파원과 적십자의 감독관(observateur) 신분으로 러시아를 방문했다. 러시아를 방문한 주된 목적은 러시아에 머물던 프랑스 교사들을 본국으로 송환하는 것이었지만, 바이스는 러시아에서 체류했던 몇 안 되는 서방 기자 중 한 명으로 활약할 수 있었다. 바이스는 체류 기간 동안 소련 혁명가들을 만나 깊이 감명을 받았으며,[15] 당시 거의 알려지지 않았던 소련과 공산주의 혁명에 대한 기사들을 작성해 프랑스에서 이름을 알렸다.

바이스의 기사는 열정적이었으나, 그 이상의 성과를 얻기는 어려웠다. 당시 소련은 혁명이 진행 중이었는데, 그 과정에서 교조주의 경향과 폐쇄성이 강해져 서방 기자들에게 비우호적인 태도를 보였기 때문이다. 바이스는 소련 민중이 새로운 사회에 대해 뜨거운 열망을 보였지만, 러시아 정치인은 이들을 정치적으로 이용할 뿐이라고 비판했다. 결국 소련은 기근, 매춘, 아동 유기 등 심각한 사회 문제가 산적한 국가이며 '빛나는 세계'가 되기까지는 아직 갈 길이 멀다고 썼다.[16]

당시 러시아 역사가였던 엘렌 카레르 당코스(Hélène Carrère d'Encausse)가 "바이스는 (소련이) 그가 묘사했던 끔찍한 상황으로까지 악화되지 않기를 바랐다. (…) 하지만 현실적으로 그것이 가능할 것이라고 믿지는 않았다"라고 기술한 것처럼,[17] 바이스는 당시 소련의 미래를 비관적으로 바라보았다. 하지만 세계대전 이후 언론인으로서의 경험과 소련 체류는 바이스의 평화와 유럽통합에 대한 신념을 구체화하는 데 기여했다.

3. 언론과 교육을 통한 유럽통합주의자의 활동

1) 《새로운 유럽》의 여성 발행인

1차 세계대전 직후 프랑스 사회는 여성 지식인에게 비우호적이었다. 바이스가 첫 번째는 아버지의 이름으로, 그 뒤에는 글을 루이라는 가상의 남성 이름으로 발표했던 것도 이러한 분위기와 무관하지 않다. 전간기 동안 바이스가 자신의 의견을 글로 발표하는 한편, 다른 지식인들이 자유롭게 의견을 교환할 수 있도록 잡지를 창간하고, 학교를 창설하고, 살롱을 운영하는 등 지식인들의 네트워크를 형성하고 발전시키는 데 몰두했던 것은 당시 프랑스 상황에 영향받은 바 크다. 여성 지식인이 독자적으로 유럽 국가들의 화해나 평화 구축에 나서는 데는 한계가 있었기에 다른 지식인들과 협력하고자 했던 것이다.

바이스의 최대 역작은 국제 문제 전문 주간지 《새로운 유럽(L'Europe nouvelle)》이었다. 바이스는 1차 세계대전 종전을 10개월 앞둔 1918년 1월 12일, 《새로운 유럽》을 창간해 평화 유지와 유럽 국가들의 통합, 국제기구의 활동 등 다양한 내용을 전파하는 데 몰두했다. 1918년 1월 12일부터 1934년 2월 3일까지, 바이스는 16년이 넘는 기간 동안 《새로운 유럽》을 통해 자신의 정치적 신념을 확산시키기 위해 노력했다.[18]

《새로운 유럽》은 "바이스의 잡지"라고 부를 수 있을 만큼,[19] 그의 모든 것이 담겨 있다. 1928년, 10주년 창간호에 실린 서문은 이 주간지에 대한 바이스의 목적을 보여준다.

> 이 잡지가 평화를 위해 힘썼던 모든 국가의 사람들에게 도움이 될 만한 수단이 되기를 바란다. 사건을 정확히 파악하고, 사람들의 상호 이해를 바탕으로 한 정치학, 즉 '평화라는 학문'과 같은 역할을 할 수 있을 것이다. (…) 정치적으로는 국제연맹을 통해 평화의 강화, 조약과 합의의 발전, 소련과의 관계 개선, 독일에 대한 이해, 중부 유럽의 민주주의 강화 등을, 경제적으로는 국제 교류 발전, 생산과 노동의 합리적 조직, 농업 개혁의 완성 등을 기대할 수 있을 것이다. 또 재정적인 면에서는 전쟁을 겪었던 모든 국가들이 재정적으로 안정되고, 화폐 발행기관과 시장이 협력관계를 공고히 하는 데 기여할 수 있다. 인도적인 면에서는 기아에 시달리는 러시아인, 난민, 전 세계의 자연재해 피해자를 지원할 수 있으며, 문맹자를 위한 교육, 노동자의 자유 등을 위해 힘쓸 수 있을 것이다.[20]

요컨대 바이스가 《새로운 유럽》에 대해 기대했던 것은 "법에 근간을 둔 평화에 대해 동의하는 사람들을 단순히 규합하는 것이 아니라, 당면

문제를 해결하기 위한 전문가들의 회합"이었다.[21] 이 주간지는 엘리트 지식인들에게 큰 파급력을 발휘했다. "대사관, 도서관, 대학, 자료실들이 전후 세계 역사에 대한 이슈를 알기 위해서는 (반드시 읽어야 하는) 필수불가결한" 것이 되었던 것이다.[22]

《새로운 유럽》은 언론인 야생트 필루즈(Hyacinthe Philouze)의 지원으로 발간되었다. 필루즈는 창간 초기에 바이스와 공동 창간자로 일했으나, 1920년 그가 《새로운 유럽》을 떠난 후 바이스가 단독 발행인이 되었다. 이 잡지는 여러 국가의 정치, 경제 엘리트를 주요 독자로 겨냥해 유럽의 정치, 경제, 사회에 관한 이슈를 주로 다루었지만, 페미니즘과 유럽통합, 기타 정치적 이슈 등 광범위한 주제도 포괄했다.

특기할 만한 것은 《새로운 유럽》이 제네바 회의 내용 등 국제연맹의 활동을 자세히 소개해 '국제연맹의 대변인'이라 평가받기도 했다는 점이다.[23] 유럽의 평화 정착에는 초국가적인 조직, 즉 국제기구의 역할이 필요한데, 바이스는 그 임무를 국제연맹이 담당할 수 있을 것이라 믿었던 것이다.

잡지의 발행 부수는 많다고 보기는 어려운 수준이었다. 1921년부터 1927년까지, 적게는 8000부, 많게는 1만 부가 발행되었고, 1928년부터 1933년까지는 조금 늘어서 약 2만 부가 발행되었다. 하지만 대중 판매를 목표로 대량 발간된 것이 아니었던 만큼 정치 및 재계 인사들에게 영향을 미치기에는 충분한 부수였다.[24] 《새로운 유럽》의 편집은 영국 잡지 판형과 같은 2단 형식이었는데, 프랑스에서는 보기 드문 방식이었다. 또 이슈가 적을 때는 24쪽, 중요한 사안이 많을 때는 60쪽으로 늘리는 등 비교적 자유로운 형식을 취했다.

바이스에게 잡지 발간 경험은 자신의 신념을 실천하는 계기가 되었다.

바이스는 잡지 발행을 계기로 1924년 제네바의정서, 1925년 로카르노조약, 1928년 브리앙-켈로그조약 등 전간기 당시 가장 중요한 국제 행사에 참여해 조약 등 국제법의 중요성과 그 영향력을 체험했다.[25] 이러한 경험을 통해 전쟁을 국가 간의 합의로 저지할 수 있다는 생각은 더욱 굳어졌다.

더불어《새로운 유럽》을 통해 주로 유럽 내 평화 정착에 앞장섰던 인물들과 교분을 쌓았다. 아리스티드 브리앙, 레옹 블룸(Léon Blum), 시인 폴 발레리(Paul Valéry) 등 당시 프랑스에서 가장 저명한 이들이 포함되었다. 지식인들을 적극적으로 동참시키기 위해 1928년부터 1933년까지, 잡지의 정치적 노선과 편집 방향에 맞는 인물을 선정해 수상하고 1만 프랑의 상금을 수여했다. 수상자에는 외교관으로 활동하던 요제프 아브놀(Joseph Avenol)과 필리프 베르텔로(Philippe Berthelot), 총리와 임시정부 대통령을 역임했던 레옹 블룸, 외교부 장관을 역임한 조르주 보네(Georges Bonnet), 정치사상가 앙리 드 페예림호프(Henri de Peyerimhoff), 선거사회학자 앙드레 지그프리드(André Sigfried) 등 주요 지식인들이 대거 포함되었다.

2) 아리스티드 브리앙과 루이즈 바이스

아리스티드 브리앙은 바이스가 가까이 지낸 정치가와 사상가 중 그에게 가장 중요한 인물이다. 브리앙은 명망 있는 정치가로서, 그보다 서른한 살 아래인 바이스에게 길잡이 역할을 했다. 브리앙은 제3공화국에서 총리직을 5회, 장관직을 25회 역임했으며 국제연맹을 주도한 인물이다. 1925년 조인한 로카르노조약을 통해 프랑스와 독일의 화해를 이끌어냈다는 공로를 인정받아 노벨평화상까지 수상할 정도로 전 세계적으로도 명망이 높았다.

그는 1929년 9월 5일, 국제연맹에서 유럽연합 창설을 제의하는 연설을 한 뒤, 1930년에는 프랑스 정부에 '유럽연합체제 조직 관련 메모랜덤'을 제출했다. 1931년에는 유럽연합조사위원회 의장으로 국제연맹 산하에 유럽연합을 창설할 수 있을지 타당성을 검토하는 등 프랑스 내에서 유럽연합 구상을 구체적으로 발전시킨 선구적인 정치인이었다.

바이스는 브리앙의 유럽연합 구상에 대해 전적으로 동의하며, 그가 지지하는 국제연맹의 역할이 더욱 강화되어야 한다고 생각했다. 브리앙의 사상에 동조하기 시작한 것은 바이스가 국제연맹 본부가 위치했던 제네바에서 활동할 당시, 브리앙의 친구와 직장 동료가 참석하는 식사 등 여러 회합에 동석하며 국제 동향에 대해 경청하는 기회를 가지면서부터였다. 바이스는 1970년 11월 6일, 시베르 드 마얀스(Sieber de Mayence) 교수에게 보내는 편지에서 "나는 그가 동료들과 사적으로 만날 때 함께했다"[26] 라고 밝힐 정도로 브리앙과 당대 유력 인사들을 가까이에서 지켜보았다.

바이스는 브리앙의 정치적 사상과 믿음을 신뢰하고 이로부터 많은 영향을 받았으나, 반대로 브리앙의 유럽연합에 대한 구상이나 국제연맹 내 활동에는 거의 영향을 미치지 못했다. 이는 두 사람이 연령과 사회적 경험 및 명망 등에서 큰 차이가 있었기 때문으로 보인다. 바이스는 "그는 나를 매우 신뢰하고 있지만, 처음 만났을 때를 제외한다면 내가 그의 사상에 영향을 주었다"고 보기는 어렵다. 하지만 "내가 그곳에 없었다면 브리앙은 그 같은 변화를 이루지 못했을 것이라 생각한다"라며 브리앙과의 결속에 대해 증언했다.[27]

바이스는 브리앙의 유럽연합에 대한 사상들, 특히 공동 시장과 단일 화폐, 유럽 공동 문화 등과 관련된 아이디어에 심취했다. 브리앙 사망 후 바이스가 주장한 내용에 브리앙과 유사한 면이 많았던 것도 이러한 이유에서다. 일례로 《새로운 유럽》 편집장 시절, 바이스는 국제연맹 총회 참석차 제네바를 방문할 때마다 프랑스와 독일의 화해가 차기 전쟁을 억지하기 위한 선제조건임을 피력했는데, 이는 자신과 생각을 같이하는 브리앙을 지원하기 위한 것이었다.[28]

바이스는 브리앙의 생각에 동조해, 국제연맹이 중요한 역할을 할 것이라 믿었다. 1930년, 국제연맹의 프랑스 대표였던 브리앙과 함께 국제연맹 회의에 참석했을 때에는 프랑스와 독일의 관계 개선을 도모할 수 있기를 희망했다. 그러나 그가 국제연맹에 대해 간과했던 점이 있었다. 국제연맹은 군사력을 갖추지 못했으며, 당시 최대 경제 강국이던 미국의 지원도 받지 못했기 때문에 실질적인 영향력이 거의 전무했다. 즉 바이스와 브리앙이 바라던 유럽연합의 안정적인 기반이 되기에는 역부족이었다.

바이스도 이러한 한계를 인식하고 있었던 것으로 보인다. 프랑스와 국제기구의 정부 조직과 기구들을 개혁해야 하며 그중 국제연맹의 영향력이 조속히 강화되어야 한다고 주장했다. 그러나 당시만 해도 그의 생각에 동조하는 이는 많지 않았다. 많은 이들이 제네바의 국제연맹은 상징적인 기관에 불과하므로 실질적인 권한을 부여할 필요는 없다고 여겼던 것이다.

3) 지식인들의 네트워크 형성: 학교와 살롱 운영

바이스는 국제연맹을 본격적으로 지원하기 위해 새로운 교육 기관을 설립했다. 국제연맹에 즉각적으로 기여할 수 있는 부문이 교육이라 판단했기 때문이다.[29] 1930년 11월 3일, 《새로운 유럽》이 위치했던 파리의 케도르세 13-1번지에 '신(新)평화학교(La nouvelle école de la paix)'가 브리앙의 후원하에 창설되었는데, 목적은 국제 평화 유지 및 국제연맹 활동 지원이었다.[30]

1936년 초까지 운영되었던 신평화학교는 일반 학교와 다른 점이 있었다. 입학이나 수강 신청에 자격 제한이 없었으며, 경제적 여력이 없는 사람들도 교육을 받을 수 있도록 한 강좌에 3프랑, 모든 강좌를 들을 경우 40프랑 등 등록비를 저렴하게 책정했다. 1930년대 공장 노동자의 시간당 임금이 3.3프랑이었음을 감안하면 등록비가 그리 비싸지 않은 수준이었음을 알 수 있다.

신평화학교는 2년 과정으로, 1년차에는 기본적인 내용을 습득하고 2년차에는 특화된 내용을 학습하도록 했다. 신평화학교는 일반 대학처럼 학위를 수여하는 교육기관은 아니었으며, 주로 '대화의 장'으로서의 기능을 수행했다. 각 강의는 전문가를 초청한 컨퍼런스 형태로 진행되었고, 각 컨퍼런스는《새로운 유럽》에 요약되어 기사 형태로 출간되었다.[31]

신평화학교의 강의는 지식인과 시민들이 참여하는 대화의 장이 되었다. 각 컨퍼런스의 참석자는 약 300~420명 정도로, 대다수가 대학생으로 채워지는 등 당시 지식인들과의 소통을 기대했던 이들에게 호응을 얻었다. 파리의 신평화학교에서 성공을 거둔 바이스는 마르세유와 툴루즈, 그리고 브뤼셀 등지에 제2, 제3의 신평화학교를 세웠다.[32] 바이스의 학교는 파리 학제에 편입되어 정식 고등교육기관으로 인정받았으며, 프랑스 사범학교인 에콜 노르말(Ecoles normales) 소속 학생들에게 자료조사 여행비 등 장학금도 지급하는 등 교육기관으로 자리 잡았다.

1931년 11월 26일과 27일, 프랑스와 영국에서 공동 개최한 신평화학교의 군비 축소 관련 컨퍼런스가 열렸다. 바이스는 이 컨퍼런스를 통해

1932년으로 예정되었던 정부들 간의 공식 컨퍼런스에 긍정적인 영향을 미칠 수 있기를 기대했다. 이 컨퍼런스는 총 395명의 정치, 사회, 종교, 학계 인사들이 발표를 하고 30개국에서 총 1098명의 대표단이 참석할 정도로 규모가 컸으나, 결과적으로 실패로 돌아갔다. 민족주의 연맹 회원들이 회의장에 대거 난입하면서 컨퍼런스의 목적이 흐려졌던 것이다.[33] 이 사건은 1930년대 초부터 민족주의 성향의 단체가 각국에 형성되어 세력을 키우는 등, 당시 분위기가 국제연맹을 통한 유럽통합과 평화 구축에 점점 불리하게 변해가고 있었음을 반영한다.

바이스는 《새로운 유럽》과 신평화학교 외에도 작은 살롱(salon)을 운영했다. 살롱의 목적은 파리 지성인들이 자유롭게 의견을 교환할 수 있는 장소를 마련하기 위한 것이었다. 역사가이자 언론인이었던 주느비에브 타부이(Geneviève Tabouis)는 바이스의 살롱에 대해 다음과 같이 설명했다.

> 당시 두 명의 저명한 인사가 각각 살롱을 운영했다. 노부인인 메나르 도리앙(Ménard Dorian)[34](…)과 《새로운 유럽》 창설자이자 편집자인 루이즈 바이스. 도리앙의 살롱에 드나들던 사람들은 점차 바이스의 살롱이 위치한 곳, 즉 공동 세탁장과 자동차 정비 공장 사이에 위치한 비뉴가(街)로 자리를 옮겼다. 그곳에는 별로 준비된 것도, 초대장도 없었지만 프랑스의 새로운 엘리트와 문학인, 정치인, 외교관 및 외국 장관들이 모여들었다. 바이스의 아틀리에에는 대기실도 없어서 방문객들은 코트와 망토 등을 계단 난간에 던져두었다. (…) 그곳에는 급진좌파 정치인이었던 젊은 달라디에(Daladier)도 있었는데 당시에는 별 관심을 받지 못했다.[35] 아나톨 드 몽지(Anatole de Monzie)[36]도 그곳에 자주 들던 인물로, 이미 그때부터 백과사전 편찬 계획에 대해 외교관, 독일

대사였던 폰 회슈(Von Hœsch), 소련 파견단이었던 라코프스키(Rakovski), 《새로운 유럽》 창립자 등 많은 이들에게 자신의 백과사전 계획에 대해 설명하고 다녔다. 드 노아유(de Noailles)[37]는 자신의 친구인 유명한 문학비평가 앙리 보니(Henry Bony)와 함께 방문하기를 좋아했다. 사회주의 지도자였던 마르셀 상바(Marcel Sembat)와 유명 화가였던 그의 배우자도 바이스 살롱을 자주 방문했다. (…) 바이스의 오찬과 만찬이 매우 즐겁고 재미있어서 사람들은 초대받고 싶어 했다.[38]

바이스는 프랑스 등 유럽의 지식인뿐 아니라 소련과 미국 등 각국의 유명한 정치가, 예술가들과 친분을 쌓는 등, 잡지와 학교 운영을 통해 쌓은 네트워크를 소박한 살롱 운영을 통해 더욱 확장했다. 살롱은 몇 년이 지난 뒤 문을 닫아야 했지만 바이스는 살롱 운영을 통해 다음과 같은 기대를 품었다.

나는 세속적인 의미의 여자로서가 아니라 (…) 직업상 필요하기 때문에 (살롱 운영을) 했다. 내가 준비한 모임들이 유용한 것이 되기를 바랐다. 재능 있는 화가, (…) 음악가, 젊은 시인 등등, 특히 모든 국가들의 미래를 위한 당면과제에 대해 언급할 수 있는 손님들을 초대했다.[39]

살롱 운영은 바이스에게 《새로운 유럽》이나 신평화학교와 비슷한 의미를 지닌다. 자신의 주장을 펼치는 장소이자, 자신과 뜻을 같이하는 지식인들이 다른 사람들에게 자신의 생각을 소개하고 평을 들을 수 있도록 하는 교차로 역할이었다.

잡지와 학교, 살롱 운영이 바이스 자신의 주장을 내세우기보다, 남들과의 교류에 더 집중되어 있다는 점에서 너무 소극적이었다고 폄하할 수도 있다. 하지만 당시 프랑스 여성은 투표권도 없어 정치적 활동이 크게 제한되던 상황이었음을 감안해야 한다. 심지어 1928년부터 1930년까지는 여성이 외교관 자격시험에 응시조차 할 수 없을 정도로 여성의 사회적·정치적 활동이 공식적으로 제한되었다. 일례로 여성 외교관의 활동 영역은 파리 등 국내로만 국한되었으며, 해외 대사관 등으로는 파견되지 못했다.

그래서 바이스는 남성 위주의 프랑스 사회에서 자신의 생각을 발전시키기 위해서는 자신의 주장을 개진하는 동시에, 잡지, 학교, 살롱 운영 등을 통해 생각을 같이하는 지식인들을 규합하는 것이 더 적절하다고 판단했던 것이다. 바이스 등 당시 여성 지식인들이 소극적으로 보일 수도 있는 '개미 같은 작업'에 몰두한 것은 이러한 이유에서였으며, 그의 작업은 2차 세계대전 이후 여성들이 완전한 시민권을 인정받는 데 큰 공헌을 했다고 평가받고 있다.[40]

4. 프랑스 여성 투표권의 법제화 주장

바이스의 언론, 교육, 사교계에 대한 헌신은 1934년을 전후로 막을 내렸다. 그가 십수 년간의 여러 활동을 중단한 데에는 다음과 같은 이유가 있다. 첫째, 국제연맹에 대해 과도한 기대를 했다가 실망한 것으로 보인다. 바이스는 국제연맹을 통해 1차 세계대전 같은 전쟁을 막고 유럽 국가 간 관계를 개선해 평화를 정착시키고자 노력했으나 국제연맹의 활동과 영향력은 지속적으로 쇠퇴해 상징적인 기구로 전락하게 되었다.

둘째, 국제연맹의 쇠퇴와 대조적으로 독일의 민족주의, 반유대주의 정책은 점점 더 강해졌다. 바이스는 히틀러가 1933년 1월 정권을 잡은 뒤 내놓은 아리안족 우선주의, 반유대주의 정책에 대해 우려를 표했다.《새로운 유럽》사설에 "우리는 히틀러와 타협하지 않는다"라는 단호한 제목을 붙인 것도 이러한 이유에서였다.[41] 하지만 당시 히틀러가 불러올 비극에 대해 예측한 이는 많지 않았다. 히틀러의 등장은 1930년부터 브리앙이 주도한 유럽 평화 프로젝트와 독일과 프랑스 간 화해 계획이 사실상 실패로 끝났음을 의미했다.

셋째, 브리앙이 1932년에 작고한 것도 바이스에게 큰 영향을 미쳤던 것으로 보인다. 브리앙은 바이스의 정치적 동료로서《새로운 유럽》과 신평화학교 등과 관련해 가깝게 지냈다. 특히 바이스의 평화 및 유럽통합에 대한 구상이 그로부터 많은 영향을 받았기 때문에 브리앙의 부재는 충격적인 일이었을 것이다.

바이스는 1934년 건축가 조세 앵베르(José Imbert)와 결혼한 후 새로운 활동으로 눈을 돌렸다. 당시 프랑스 여성에게 가장 시급한 문제는 투표권 획득이었다. 인근 국가 독일은 1918년에, 영국은 1928년, 에스파냐는 1931년, 노르웨이는 1913년에 여성에게 투표권을 부여하기 시작했으나, 여성권 강화에 적대적이었던 프랑스 사회는 아직 여성의 투표권을 인정하지 않고 있었다. 1922년, 의회에서 여성 투표권 도입에 관한 논의가 진행되었으나 여성에 적대적이며 보수적인 경향이 강했던 상원은 이를 부결시켰다.

바이스는 남성의 투표권이 허용된 후 150년 가까이 지났음에도 불구하고 여전히 여성에게는 투표권을 부여하지 않고 있는 것에 대해 불만을 표했다. 바이스는 여성도 남성과 동등한 정치적 권리를 인정받아야 하며,

여성이 남성보다 전쟁 억제 및 평화 유지 정책을 더 바라기 때문에 새로운 전쟁 발발을 막기 위해서는 부드러운 여성 유권자들의 목소리가 반영되어야 한다고 역설했다.

1934년, 바이스는 여성 투표권의 법제화를 위해 적극적으로 활동했다. '여성 투표권을 위한 프랑스연합'의 부사무총장이자 변호사였던 마르셀 크래머-바흐(Marchelle Kraemer-Bach) 등 여성 투표권론자들과 접촉해 공동 프로그램을 조직했다. 바이스와 여성 투표권론자들은 '신여성(La Femme nouvelle)'이라는 새로운 정치운동 조직을 창설했다. 신여성은 여성 투표권 획득을 위해 시위를 조직하고, 국민들에게 여성 투표권 허용에 대한 당위성을 설명했다.[42]

더 나아가 바이스는 직접 후보로 출마하기도 했다. 당시 여성들은 투표권도, 피선거권도 없었기 때문에 그는 출마할 자격이 없었다. 하지만 여성 투표권을 사회적 이슈로 부각시키기 위해 1935년 시의회 선거에 비공식 후보로 출마했는데, 예상 외로 많은 유권자들의 호응을 얻었다. 이듬해인 1936년 총선 때에도 비공식 후보로 나서서 여성 투표권 법제화를 주장했다. 흥미로운 점은 바이스가 공식 후보가 아니었음에도 불구하고 1만 6852표나 획득했으며, 당시 언론들이 바이스의 결과를 공식 후보들과 함께 소개하는 등 사실상 정식 후보로 인정했다는 것이다. 바이스는 상징적인 출마를 통해 자신을 지지한 유권자가 많으며, 언론 등 사회적 분위기 역시 여성 투표권에 호의적임을 확인했다.

그러나 1930년대 바이스와 여성 투표권론자들의 주장과 노력은 바로 법제화로 이어지지 않았다. 여성의 정치적 영향력 확대에 대해 적개심을 품었던 상원의 반대로 또다시 무산되었던 것이다.[43] 여성 투표권 획득을 위한 바이스의 노력은 10년쯤 뒤인 1944년 4월 21일, 드골 장군이 공포한 행정명령에 의해 여성 투표권이 현실화되었다. 즉각적인 결과를 얻지는 못했으나 바이스의 활동으로 인한 여성 투표권이라는 이슈의 부각은 거쳐야 할 단계였다. 만일 바이스와 같은 페미니스트의 행동이 없었다면 프랑스의 여성 투표권 도입은 더욱 늦어졌을 것이고, 최악의 경우 스위스와 같이 1971년에나 도입되었을 가능성도 배제하기 어려웠을 것이다.

5. 시대를 증언하는 문필가

1차 세계대전과 마찬가지로, 2차 세계대전 역시 바이스의 활동을 크게 변화시켰다. 전쟁이 발발하자 바이스는 언론과 교육, 페미니스트로서의 활동 대신 나치에 대한 저항을 선택했다. 바이스는 외무장관 조르주 보네의 요청을 받고 '독일과 중부 유럽 출신 난민 수용 위원회(Comité chargé d'accueillir les réfugiés d'Allemagne et d'Europe Centrale)' 사무총장으로 일했다. 전쟁이 격화되었던 1940년에는 발랑틴(Valentine)이라는 가명으로 레지스탕스 운동에 참여했으며, 《새로운 공화국(Nouvelle République)》이라는 잡지를 비밀리에 간행해 나치의 만행을 비판하고 프랑스의 해방을 위해 힘썼다. 같은 해 미국을 방문해 프랑스인들을 위해 약품과 기부금을 모으는 일을 담당하기도 했다. 전쟁 말기인 1942년부터 1944년까지는 파트리암 레쿠페라레(Patriam Recuperare)라는 무장 저항 단체에 협력하는 등 프랑스의 독립운동에 적극적이었다.[44]

2차 세계대전 후 바이스의 삶은 큰 변화를 보였다. 세계대전을 겪으며 기자, 잡지 발행인, 학교 운영가, 페미니스트 활동가, 레지스탕트, 정부

위원회 사무총장 등 적극적인 사회 활동을 했던 그는 종전 이후에는 문화 분야에 전념했다. 전쟁 이전에는 평화와 유럽통합이라는 화두에 몰두했다면, 그 후에는 문필가와 사진가, 다큐멘터리 작가 등으로 활동하며 프랑스와 세계를 관찰자의 시점에서 바라보았다.

바이스는 세계 곳곳을 여행하면서 전후 냉전과 국가 간 갈등에 관심을 가졌다. 1949년, 드골주의자들의 국민인민연합정당(Rassemblement du peuple français) 외무위원회 회원으로 추천되어 잠시 활동했던 것을 제외하면, 종전 이후 대부분의 시간을 여행과 집필 작업에 몰두했다. 바이스는 과거 프랑스 식민지였던 아프리카 및 아시아 국가들이나, 미국 등 냉전과 관련된 곳을 둘러보면서 느낀 것들을 작품으로 발표했다.

가장 공들인 작품으로는 자신의 언론인과 교육자, 페미니스트로서의 활동을 소개하고자 집필한 자서전을 들 수 있다. 1937년, 바이스는 자서전 《어린 공화주의자의 추억(Souvenirs d'une enfance républicaine)》을 썼는데, 유럽통합을 지향하는 언론인으로서의 경험을 소개하는 데 목적을 두었다. 《새로운 유럽》의 발행인으로 일했던 16년을 소개하면서 국제연맹을 통한 유럽 국가들의 통합에 대한 기대에 관해 설명했으며, 2차 세계대전 당시 나치에 저항하기 위해 비밀리에 출간했던 《새로운 공화국》에 관해서도 서술하여 언론의 역할에 대해 강조했다.

1946년에 출판한 자서전 《여성이 원하는 것(Ce que femme veut)》에는 '제3공화국의 추억'이라는 부제가 붙어 있다. 책 앞쪽에는 "게슈타포를 피해 숨어 있던 농장에서 집필한 책"으로 "책장마다 완전한 시민으로서 조국을 재건하고자 했던 젊은 여성들에게 내 세대의 프랑스 여성들이 정치적 해방을 위한 투쟁에서 당면해야 했던 어려운 난관을 알리고자 했다"라고 쓰여 있다. 《여성이 원하는 것》은 바이스가 1930년대 여성 투표권을 획득하기 위해 겪었던 일들을 담고 있어, 당시 페미니즘 운동에 관한 자료로서의 가치가 높다는 평가를 받고 있다.

1968년부터 1976년까지 출간된 《어느 유럽 여성의 기억(Mémoires d'une Européenne)》은 《어린 공화주의자의 추억》과 《여성이 원하는 것》을 집대성한 것이다. 세 권으로 구성된 이 자서전은 바이스가 유럽의 평화와 유럽통합, 여성의 권리 획득을 위해 벌였던 여러 활동을 자세하게 보여준다.[45] "평화의 투쟁가이자 통합된 유럽과 평화의 챔피언"이라는 평을 받은 그는 자신이 페미니즘 운동에 몰두하던 1930년대에 정권을 잡았지만 여성의 투표권 부여에는 관심이 없던 좌파 연합 정당 인민전선정당(Front populaire)과 당시 여성 장관 세 명의 행태를 '배반'이라고 비판하면서, 여성 투표권 도입은 드골 장군의 업적이라고 칭찬했다.[46]

바이스는 이외에 《해방(Délivrance)》(1936), 세 권짜리 장편인 《라마르세예즈(La Marseillaise)》(1945, 1947), 《최후의 쾌락(Dernière Voluptés)》(1979) 등의 소설과 《아서 혹은 자살의 기쁨(Arthur ou les joies du suicide)》 등의 희곡 작품도 집필했다. 또 수필 《태아에게 보내는 편지(Lettre à un embryon)》(1973), 민속학 작품인 《동화와 위대한 자의 전설—북쪽(Contes et légendes du Grands-Nord)》(1957), 그리고 여행기인 《금, 트럭 그리고 십자가(L'or, le camion et la croix)》(1949), 《매혹적인 여행(Le voyage enchanté)》(1960) 등을 펴내, 1970년대 후반까지 자신이 겪은 양차 세계대전과 이후 냉전과 유럽통합이 실현되던 시대를 증언하는 문필가로 활약했다.[47]

6. 유럽통합 사상가에서 유럽의회 의원으로

문필가로 집필에 전념하던 바이스는 노년기에도 평화를 위해 일했다. 1965년에는 사회학자 가스통 부툴(Gaston Bouthoul)이 창간한 잡지 《전쟁학(Polémologie)》에 약 5년간 참여했으며, 1971년에는 스트라스부르로 이사해 평화학연구소(Institut des Sciences de la Paix) 개관 작업을 지원했다.

1971년, 78세를 맞은 바이스는 개인 재산을 기증해 루이즈 바이스 재단을 창설하고, 평화 발전, 인류 관계 개선, 그리고 유럽통합을 위해 노력한 사람들에게 '루이즈 바이스 상'을 수여했다. 그때부터 재단학술이사회는 매년 세계 평화 정착에 기여한 인물을 선정해 시상식을 거행하고 있다. 수상자로는 1977년 유럽의회에서 상을 받았던 헬무트 슈미트 전 총리, 1980년 아누아르 엘 사타트(Anouar El Sadate), 1981년 시몬 베유(Simone Veil), 1983년 알랭 포에르(Alain Poher) 등이 있다.

바이스는 언론, 학술 분야에서의 공로를 인정받아 프랑스 정부로부터 훈장을 수여받았다. 유럽공동체와 여성 인권의 발전에 대한 공로로 1961년과 1976년에 레지옹 도뇌르 훈장을 두 차례 받았다. 유럽집행위원회도 《어느 유럽 여성의 기억》 출판 등, 유럽통합을 위한 그의 공로를 높이 평가해 1978년 바이스에게 로베르 슈만 상을 수여했다.[48]

전간기에 평화와 유럽통합을 꿈꾸던 바이스는 전후 유럽공동체가 기적같이 창설되고, 서서히 발전과 쇠퇴를 거듭해가는 것을 목격했다. 나아가 86세가 되던 1979년, 바이스는 유럽의회 첫 직접선거에서 의원으로 선출되어 유럽의회 의원으로 활동했다. 평생을 유럽과 세계 평화를 위해 살았던 그가 유럽의회 의원이 되면서 느꼈을 감동을 충분히 짐작할 수 있다. 유럽의회 선거 당시 바이스는 선거명부 중 다섯 번째 후보로 올라가 당선되었는데, 자크 시라크(Jacques Chirac) 등 몇몇 정치인은 바이스를 유럽의회 선거명부에 첫 번째 후보로 올려야 한다고 주장할 정도로 그의 유럽공동체 창설과 발전에 대한 기여를 인정했다.[49]

1979년 7월 17일, 유럽의회 의원 중 최고령자였던 바이스는 유럽공동체의 당면과제와 그 해결책에 대해 연설했다. 특히 정체성, 출산율, 그리고 적법성 문제를 해결해야 한다고 주장했다. 그는 "유럽은 양심, 생명, 법이라는 등대를 밝혀야만 빛을 되찾을 수 있을 것"이라 단언하며 다음과 같이 말했다.[50]

> (유럽 시민들의) 유럽의회 선거에서의 참여 부족은 (유럽의) 문제들을 얼마나 시급하게 해결해야 하는지를 보여줍니다. 유럽 시민 없는 유럽은 상상할 수 없습니다. (…) (유럽) 공동체 기관들은 순무, 버터, 치즈, 포도주, 쇠고기, 심지어 유럽산 돼지도 만들어냅니다. (하지만) 유럽인들은 만들어내지 못했습니다.[51]

바이스는 유럽의회의 문화 · 청소년 · 스포츠위원회에 소속되어 유럽공동체를 강화하기 위한 아이디어를 제의했다. 유럽대학 창설, 각 회원국의 대학교수 교환제도 활성화, 스트라스부르에 유럽통합박물관을 건립할 것 등이 바이스가 주장한 것들로, 후일 유럽연합의 주요 정책이 되었다. 그 외에도 바이스는 유럽의회 의장을 역임했던 시몬 베유와 친밀한 관계를 유지하며 유럽공동체 내에서 여성의 권리를 증진시키는 데 관심을 가졌다.

유럽의회 의원 임기를 1년 남긴 1983년, 바이스는 90세를 일기로 세상을 떠났다. 1993년, 프랑스에서는 루이즈 바이스 탄생 100주년 기념식이 열렸는데 자크 시라크 대통령이 직접 축사를 했다. 유럽의회에서는 '유럽의 대모'로 불리는 바이스를 기념하기 위해 1999년, 스트라스부르에 소재한 유럽의회의 홀 중 하나에 그의 이름을 붙였다. 이처럼 바이스는 프랑스뿐 아니라 유럽에서도 그 뜻을 높이 기리는 인물이 되었다.

바이스의 유럽통합에 대한 직간접적 기여는 루이즈 바이스 박물관에서 직접 확인할 수 있다. 바이스는 알자스 지방에 거주했던 가족들을 기념하기 위해 1981년과 1983년에 소유하고 있던 것들을 로안 드 사베른성의 박물관(Musée du Château des Rohan de Saverne)에 기증했다. 사베른성의 박물관은 1995년과 1996년에 리노베이션되었으며, 이후 루이즈 바이스 박물관으로 개칭되었다. 바이스 박물관에는 그의 원고와 유품 600여점이 소장되어 있다. 박물관에서는 《새로운 유럽》 전권을 마이크로필름으로 보관하고 있으며, 1926년부터 1939년까지 발행된 잡지는 종이 잡지 형태로 전시되고 있다.

7. 결론

바이스는 유럽에서는 보기 드문 전간기의 여성 유럽통합 및 페미니스트 사상가이자 활동가였다. 전쟁을 방지하고, 평화를 고착시키기 위해 국제연맹 등 국제기구의 틀 안에서 유럽 국가들이 통합되어야 한다는 주장을 제기했다. 또 브리앙 등 프랑스의 유럽통합주의자들을 지지하면서 이들이 자유롭게 의견을 펼칠 수 있도록 주간지 《새로운 유럽》과 신평화학교를 운영했다.

언론인이자 교육자로 활동하면서 생각이 같은 남성 지식인들의 활동을 지원하고자 했던 바이스의 노력이 소극적이었다고 비판할 수도 있다. 하지만 프랑스에서 여성 투표권이 도입된 것은 1944년이었고, 그만큼 여성 지식인의 정치활동은 많은 제약을 받았음을 감안해야 한다. 바이스가 1934년 《새로운 유럽》을 떠난 이후 여성 투표권 법제화를 위해 시위를 조직하고 선거에 비공식 출마를 하는 등, 작지만 의미 있는 '개미 같은 작업'을 한 덕분에 오늘날의 유럽공동체와 여성의 권리 증진이 이루어진 것이다.

2차 세계대전 이후 바이스는 자서전과 소설, 희곡 등을 집필하면서 유럽통합과 여성의 정치적 권리에 대한 자신의 주장을 강조하고, 언론과 교육에 대한 자신의 경험에 대해 증언했다. 평화를 위한 유럽통합을 주장하던 그는 1979년, 유럽의회 의원으로 선출되어 유럽공동체에 직접 참여하는 등, 유럽통합의 맹아 시기부터 유럽공동체 민주주의가 만개하는 시기를 모두 겪은 입지전적인 인물이 되었다. 유럽통합과 여성에 대한 바이스의 기여를 기념하기 위해 프랑스 정부는 레지옹 도뇌르 훈장을 수여하고, 유럽공동체는 로베르 슈만 상을 수여하는 등 바이스의 업적은 프랑스 국내외에서 인정받았다.

상기한 바와 같이 유럽통합은 아리스티드 브리앙이나 로베르 슈만 등 남성 엘리트의 기여에 힘입은 바 크다. 그러나 바이스가 유럽통합을 위해 기울인 노력을 살펴본 결과, 작지만 의미 있는 여성 지식인의 활약도 중요했음을 알 수 있다. 바이스에 대한 연구는 프랑스를 중심으로 1990년대부터 조금씩 진행되고 있지만, 아직은 불충분한 상태다. 유럽통합에 기여한 여성 지식인들에 대한 연구가 보다 진척되어 유럽통합이 단지 남성 주도적인 역사가 아니었으며, 남성과 여성의 공동 작업으로 이루어진 결과임을 재인식할 필요가 있다.

주

1 이 글의 초고는 심성은, 〈여성 지식인의 유럽통합 기여에 대한 고찰: 루이즈 바이스〉, 《통합유럽연구》, 제10권 제1호, (2019) 23~50쪽에 게재된 바 있다.

2 Yves Chiron, *Homme d'influence du XXe siècle: Albert Kahn, René Cassin, Jean Monnet, Louise Weiss, Etienne Hirsch, Paul Delouvrier, Pierre Bergé* (Editions Tradifussion, 1996).

3 Michel Marbeau, "Une timide irruption: les femmes dans la politique étrangère de la France dans l'entre-deux-guerres", in Yves Denéchère (dir.), *Femmes et diplomatie, France-XXe* siècle (P. I. E.-Peter Lang, 2004).

4 *Ibid*., p. 67.

5 Yves Denéchère, "Louise Weiss et *quelques autres*: candidates et élues gaullistes au Parlement européen(1979-1989)", *Histoire politique*, no. 17 (February 2012), pp. 51~68; Yaël Hirsch, "Louise Weiss, l'«aristo-prolo». Un féminisme libéral en dialogue avec le communisme", *ADEN*, no. 6 (January 2007), pp. 32~48.

6 Pierre Genevey, "Louise Weiss. Mémoires d'une européenne, t. 1: 1893-1919", *Politique étrangère*, vol. 33, no. 6 (1968).

7 M. Franza, *L'Europe nouvelle(1920-1934), Etudes des réactions d'une revue politique face aux mouvement de rénovation internationale et sa double approche de la construction de la paix par la presse et la Société des Nations* (Thèse pour le doctorat d'histoire, Université de Paris I, 1993).

8 Marbeau, "Une timide irruption: les femmes dans la politique étrangère de la France dans l'entre-deux-guerres", p. 68.

9 *Ibid*., p. 68.

10 1881년, 앙리 마레(Henry Maret)에 의해 창간되어 1931년에 폐간되었다. 초대 편집장이었던 앙리 마레는 당시 파리 시의회 의원을 역임했다.

11 Louise Weiss, *Mémoire d'une Européenne* (tome 1, 1979).

12 Marbeau, "Une timide irruption: les femmes dans la politique étrangère de la France dans l'entre-deux-guerres", p. 69.

13 Louise Weiss, *La République tchécoslovqaue* (Payot, 1919), p. 233.

14 ENA, *Louise Weiss(1893-1983) Journaliste, féministe et femme politique française* (Centre de documentation de l'ENA, May 2016).

15 http://www.louise-weiss.org/louise_weiss_journaliste.html. (2019. 2. 11. 검색)

16 Marbeau, "Une timide irruption: les femmes dans la politique étrangère de la France dans l'entre-deux-guerres", p. 69.

17 Hélène Carrère d'Encausse, O. Habsbourg, P. Pflimlin and J. Delore, *Louise Weisse* (Fondation Jean Monnet pour l'Europe, 1989), pp. 13~21.

18 Franza, *L'Europe nouvelle(1920-1934)*. 《새로운 유럽》은 바이스가 운영을 그만둔 지 6년 뒤인 1940년 6월에 폐간되었다.

19 Genevey, "Louise Weiss. Mémoires d'une européenne, t. 1: 1893-1919", p. 642.

20 루이즈 바이스 홈페이지, http://www.louise-weiss.org/europe_nouvelle_bilan.html. (2019. 2. 14. 검색)

21 Louise Weiss, *Mémoire d'une Européenne*. ENA, *Louise Weiss*, p. 4에서 재인용.

22 Marbeau, "Une timide irruption: les femmes dans la politique étrangère de la France dans l'entre-deux-guerres", p. 71. 괄호 안 내용은 이해를 위해 필자가 부가했다.

23 ENA, *Louise Weiss*, p. 5.

24 Marbeau, "Une timide irruption: les femmes dans la politique étrangère de la France dans l'entre-deux-guerres", p. 71.

25 ENA, *Louise Weiss*, p. 5.

26 Marbeau, "Une timide irruption: les femmes dans la politique étrangère de la France dans l'entre-deux-guerres", p. 70.

27 *Ibid*.

28 Louise Weiss, *L'Europe nouvelle* (numéro spécial sur l'Allemagne, 14 March 1925).

29 Marbeau, "Une timide irruption: les femmes dans la politique étrangère de la France dans l'entre-deux-guerres", p. 72.

30 http://www.strasbourg-europe.eu/louise-weiss,35628,fr.html. (2019. 2. 14. 검색)

31 Marbeau, "Une timide irruption: les femmes dans la politique étrangère de la France dans l'entre-deux-guerres", p. 72.

32 *Ibid*., p. 73.

33 *Ibid*.

34 폴린 메나르-도리앙(Pauline Ménard-Dorian, 1870~1941)은 프랑스의 문학가로 파리에서 문학 살롱을 운영했다.

35 에두아르 달라디에(Edouard Daladier, 1884~1970)는 급진좌파 정치인으로 총리(1933, 1934, 1938~1940)와 국방부 장관(1932~1934, 1936~1940)을 역임했다.

36 아나톨 드 몽지(Anatole de Monzie, 1876~1947)는 프랑스 행정가이자 백과사전 편찬가, 학자다.

37 안나 드 노아유(Anna de Noailles)는 프랑스의 소설가이자 문필가다.

38 Geneviève Tabouis, *Ils l'ont appelée Cassandre* (New York: Editions de la Maison Française, collection Voix de la France, 1942), pp. 73~74.

39 Louise Weiss, *Minerva* (14 January 1934).

40 Marbeau, "Une timide irruption: les femmes dans la politique étrangère de la France dans l'entre-deux-guerres", p. 74.

41 ENA, *Louise Weiss*, p. 6.

42 *Ibid*., p. 7.

43 http://www.strasbourg-europe.eu/louise-weiss,35628,fr.html.

44 *Ibid*.

45 Genevey, "Louise Weiss. Mémoires d'une européenne, t. 1: 1893-1919".

46 "Mémoires d'une Européenne", *Le Monde Diplomatique* (June 1971), p. 19.

47 http://www.louise-weiss.org/louise_weiss_ecrivain.html. (2019. 2. 11. 검색)

48 ENA, *Louise Weiss*, p. 2.

49 Denéchère, "Louise Weiss et quelques qutres: candidates et élues gaullistes au Parlement européen(1979-1989)".

50 http://www.strasbourg-europe.eu/louise-weiss,35628,fr.html.

51 *Ibid*.

참고문헌

"Mémoires d'une Européenne", *Le Monde Diplomatique*, June 1971, p. 19.

Les archives, http://www.louise-weiss.org.

Bard, Christine, "III. Le combat pour les droits des femmes en France de 1914 à 1945—Leçon d'histoire et enjeu de mémoire", Colloque "Femmes et pouvoirs" Sénat (8 March 2004).

Bertin, C., *Louise Weiss*, Albin Michel, 1999.

Briand, Aristide, *Mémorandum sur l'organisation d'un régime d'union fédérale européenne*, 1931, https://dl.wdl.org/11583/service/11583.pdf. (2019. 3. 3. 검색)

Carrère d'Encausse, Hélène, O, Habsbourg, P. Pflimlin and J. Delore, *Louise Weisse*, Fondation Jean Monnet pour l'Europe, 1989.

Chiron, Yves, *Homme d'influence du XXe siècle: Albert Kahn, René Cassin, Jean Monnet, Louise Weiss, Etienne Hirsch, Paul Delouvrier, Pierre Bergé*, Editions Tradifussion, 1996.

Denéchère, Yves, "Louise Weiss et quelques autres: candidates et élues gaullistes au Parlement européen(1979-1989)", *Histoire politique*, no. 17, February 2012, pp. 51-68.

ENA, *Louise Weiss(1893-1983) Journaliste, féministe et femme politique française*, Centre de documentation de l'ENA, May 2016.

Fondation Jean Monnet pour l'Europe, *Louise Weiss L'Européenne*, Lausanne, 1994.

Franza, M., *L'Europe nouvelle(1920-1934), Etudes des réactions d'une revue politique face aux mouvement de rénovation internationale et sa double approche de la construction de la paix par la presse et la Société des Nations*, Thèse pour le doctorat d'histoire, Université de Paris I, sous la direction d'Adeline Daumard, 1993.

Genevey, Pierre, "Louise Weiss. Mémoires d'une européenne, t. 1: 1893-1919", *Politique étrangère*, vol. 33, no. 6, 1968.

Hirsch, Yaël, "Louise Weiss, l'«aristo-prolo». Un féminisme libéral en dialogue avec le communisme", *ADEN*, no. 6, January 2007, pp. 32-48.

Marbeau, Michel, "Une timide irruption: les femmes dans la politique étrangère de la France dans l'entre-deux-guerres", in Yves Denéchère (dir.), *Femmes et diplomatie, France-XXe siècle*, P. I. E.-Peter Lang, 2004.

Mourareau, F., *L'Euopre nouvelle et l'idée européenne 1924-1926*, DEA sous la direction de René Girault, Université de Paris I, June 1993.

Tabouis, Geneviève, *Ils l'ont appelée Cassandre*, New York: Editions de la Maison Française, collection Voix de la France, 1942.

Walle, M., "Nationalisme et internationalisme entre les deux guerres, L'itinéraire d'une européenne, Louise Weiss", *Femmes, Nations, Europe*, Paris: CERIC, Publications de l'Université Paris 7—Denis Didero, 1995, pp. 267-275.

Weiss, Louise, *L'Europe nouvelle*, numéro spécial sur l'Allemagne, 14 March 1925.

Weiss, Louise, *Minerva*, 14 January 1934.

Weiss, Louise, *Mémoire d'une Européenne*, tome 1, 1979.

5장

야시 오스카르의 '도나우연방'을 통해 본 중부 유럽통합 구상

김지영

1. 서론: 중부 유럽에 대한 이해와 인식, '통합'적 사고의 기원

유럽을 지역적으로 구분하는 것은 역사적이며 관습적이다. 실제로 유럽 지도를 보면 동부, 서부, 남부, 북부, 중부라는 지리적 구분은 별로 의미가 없다. 바라보는 방향과 위치에 따라 유럽의 '위치'가 달라지기 때문이다. 따라서 유럽이라는 명사 앞에 지리적 위치를 나타내는 수식어를 붙이면 정치적 개념이 된다. 중(앙)부 유럽이라는 용어는 역사적으로 복잡한 배경을 갖고 있는데, 그 이유는 이곳이 지리적으로 게르만인과 슬라브인, 발칸의 슬라브인과 헝가리인이 공존하던 생활공간이기 때문이다. 일반적으로 중부 유럽은 알프스산맥의 이남, 알프스산맥이 동쪽으로 확장한 카르파티아산맥의 내륙분지, 도나우강을 외부 경계로 삼아 아드리아해의 동쪽, 흑해의 서쪽을 포함하는 광범위한 지역을 의미한다.

더 구체적으로는 과거 동유럽이라 불리던 지역에 독일과 오스트리아를 포함하여 부르기도 한다. 물론 독일과 오스트리아에서는 중부 유럽(Mittel Europa)이라는 용어에 담긴 역사적·정치적 함의 때문에 다소 거리감이 있는 용어다. 따라서 최근에는 중부 유럽을 소위 비세그라드 4국이라고 칭하는 체코, 슬로바키아, 헝가리, 폴란드의 네 나라로 한정하여 부르는 경향이 강하다. 즉 1989년의 체제전환기 이전에는 사회주의 체제를 유지했으면서도, 1989년부터 사회주의에서 시장자본주의로의 체제전환을 통해 서유럽에 가장 근접해 있는 네 나라를 지칭한다.[1]

네 나라의 사람들은 자신들이 살고 있는 지역을 '중부 유럽'으로 부르는 것을 선호한다. 또한 중부 유럽이라 불리는 비세그라드 4국의 특징은 종교적으로 구교(폴란드, 헝가리)와 신교(체코, 슬로바키아) 문화가 지배적인 곳이기도 한다. 과거에는 정교와 이슬람을 신봉하는 루마니아, 불가리아, 유고슬라비아, 알바니아 등을 포함해 동유럽으로 불렸으나, 이 국가들을 포함하는 '동유럽'은 '사회주의' 유럽을 의미하는 것이었다. 따라서 중부 유럽, 동유럽이라는 명칭이 갖는 의미는 정치적이며 역사적이다. 헝가리, 폴란드, 체코, 슬로바키아인은 자신을 스스로 중부 유럽인이라고 부르며, 그렇게 불리기를 원한다. 이들은 자신들이 유럽의 중앙에 존재하며 유럽의 문화인 기독교로부터 이탈한 적이 없다고 생각한다. 유럽 정체성의 본바탕인 기독교는 중동에서 기원하여 소아시아와 발칸과 남부, 동부와 중부 유럽을 거쳐 서유럽에 정착·발전했다는 것이 이들의 인식이다. 현재의 지리적 기준으로 보면 기독교는 자신들의 생존공간인 발칸반도를 포함하는 중부 유럽에서 성장하고 발전했기 때문이다. 따라서 중부 유럽인들은 기독교 문화에서 벗어난 적이 없고, 오히려 기독교가 동방의 침략을 받아 위기에 놓여 있을 때 기독교 세계를 구원한 수호자라는 자기 이해를 갖고 있다. 이들은 애당초 유럽을 지역적으로 구분하는 분할적 사고는 존재하지도 않았다고 주장한다. 이들의 주장에 따르면 유럽의 지리적 구분은 제국주의의 산물이며, 강대국이 힘의 논리를 적용해 강제적으로 구획한 것에 지나지 않는다. 따라서 유럽의 평화를 유지하고 갈등과 문제들을 해결하기 위해서는 '끊임없이 분열하고자 하는 유럽적 자기 속성'을 '끊임없이 통합하고자 하는 노력'으로 탈바꿈(metamorphosis)해야 한다는 것이며, 바로 '중부 유럽인' 자신들이 그 적임자라고 생각한다.[2] 이들이 언급하는 중부 유럽은 기독교를 받아들인 유럽 기독교 문화의 중심지로서 독일, 오스트리아, 폴란드, 체코, 슬로바키아, 헝가리를 지칭한다. 따라서 이 지역을 통합하여 하나의 '이해공간'으로 만들자는 사고는 역사적 근거가 있다고 할 수 있다. 이러한 사고는 히틀러에서도 보이고, 헝가리가 독일 편에 서서 2차 세계대전에 참가하는 이유가 되었다는 사실도 간과해서는 안 된다. 단정적으로 말하기는 어렵지만 1989년의 체제전환을 통해 자본주의 세계로 편입된 중부 유럽 국가들이 '유럽연합'에 열광하며 적극적인 지지를 표명했던 것도 이 같은 사고에 기인한다고 할 수 있다. 이러한 중부 유럽인의 인식 혹은 통합적 유럽을 지향하는 사고는 1차 세계대전이라는 미증유의 사건을 겪으면서 다양한 유형으로 나타난다. 특히 1차 세계대전에서 패배해 유럽의 군소국으로 전락한 헝가리에서 이러한 사고가 두드러졌다. 헝가리는 중부 유럽의 중앙에 자리하고 있으며, 유럽 최대 하천 중의 하나인 도나우강이 국토를 동에서 서로, 북에서 남으로 관통하고 있다. 따라서 헝가리인은 전통적으로 도나우강 유역을 포함하는 중부 유럽이 자신들의 생존을 보장하는 공간이며, 이 공간을 평화롭고 안정적으로 유지하는 것이 헝가리의 존립을 결정짓는 중요한 조건 중의 하나라고 생각한다.

헝가리인은 이러한 관점에서 역사적으로 자신들만 홀로 존재하는 특수한 길 혹은 방법이란 존재하지 않으며, 역사가 그런 방향으로 전개되는 것을 경계해야 한다고 주장한다. 애당초 비유럽 지역에서 유럽으로 이주해온 자신들의 역사가 그것을 허용하지 않는다는 것이다. 따라서 헝가리인의 의식 속에는 끊임없이 주변 국가들과 연합하며 '공존의 시스템'을 만들어야 한다는 당위적 사고가 존재한다. 이러한 '공존의 시스템'에 대한 다양한 사고의 결과 중 하나가 '도나우연방'이다. 도나우연방은 대부분의 중부 유럽 국가들이 도나우강 연안에 있다는 점에서(폴란드 제외) 이 지역의 통합론으로 적실성을 인정받았다. '도나우연방안'은 이후 좀 더 확대된 '중부 유럽 통합국'이라는 개념으로 발전하지만, 거의 이상에 가까운 것이 사실이기 때문에 중부 유럽의 지식인 사회에서는 그리 진지하게 받아들여지지 않았다. 이런 이유로 도나우강 연안의 국가들이 연합하여 하나의 공동체를 형성하는 것이 더 현실적이라고 간주되기도 했다.

'도나우연방안'을 포함하는 '중부 유럽 연방'에 대한 사고는 체코의 마사리크(Tomáš Garrigue Masaryk)나 루마니아의 포포비치(A. Popovici), 헝가리의 야시 오스카르(Jászi Oszkár)에게서 발견된다. 체코의 마사리크는 독립된 소규모 슬라브 국가들로 구성되는 '신유럽'을 건설할 것을 제안했는데, 그의 제안은 1차 세계대전이 끝나고 체코슬로바키아, 유고슬라비아, 루마니아로 구성되는 '소협상국' 동맹으로 실현되었다. 루마니아의 포포비치는 오스트리아-헝가리제국을 민족에 따라 16개의 정치문화적 자치지역으로 나누고, 이를 통합한 '대오스트리아합중국'을 제안했다. 그러나 이 획기적인 제안은 헝가리의 반대와 페르디난트의 죽음으로 실현되지 못했다.[3] 헝가리의 야시 오스카르는 전간기, 특히 1929년부터 1933년 사이에 '도나우연방'을 주창했다. 그는 쿠덴호베-칼레르기[4]와 같은 '유럽연합'의 사상가 및 중부 유럽의 사상가들과 교류하며 '도나우연방'에 대한 사고를 발전시켰다. 뿐만 아니라 중부 유럽의 여러 지역을 답사하며 유럽의 미래에 대한 생각들을 담아 책으로 발간했다.

이 글에서는 야시 오스카르의 '도나우연방'에 대해 소개하고자 한다. 도나우연방에 관한 사고가 나오게 된 시대적 배경, 이에 대한 구체적인 방안들을 그의 저작을 통해 추적해보고자 한다. 야시 오스카르가 제시한 '도나우연방'의 현실성 여부를 평가하기보다는 그러한 이론이 나오게 된 내부 논리를 검토해보고, 도나우연방에 관한 사고의 변화와 발전 과정을 추적해보고자 한다.[5]

2. 오스트리아-헝가리제국의 해체와 '도나우연방'에 대한 야시 오스카르의 사상

1) 1차 세계대전 전후 시기 및 전간기의 '도나우연방안'

야시 오스카르는 1875년 오스트리아-헝가리제국의 헝가리 지역에 있는 너지까로이라는 소도시에서 태어났다. 부다페스트대학교에서 철학과 정치학으로 박사학위를 취득하고 1912년부터 콜로쥐바르대학교에서 역사학 교수로 재직했다. 야시는 오스트리아-헝가리제국의 일원으로서 존재하는 헝가리 사회의 현실을 날카롭게 비판하던 학자였다. 특히 헝가리 정부의 소수민족 정책을 비판하며, 오스트리아-헝가리제국을 구성하는 제민족에게 동등한 정치적 권리를 부여하고 소작농에 대한 기초교육을 확대할 것 등을 주장했다.[6] 그의 기본적 사상은 자유주의적, 민주주의적인 것이었으며, 이로 인해 당시 보수 성향이 강했던 엘리트 그룹 중 소수파에 속해 있었다. 물론 야시 오스카르가 속해 있는 자유주의적 소수 그룹도 공통의 사상이나 강령에 따라 움직이는 가시화된 그룹은 아니었고, 이질적이고 다양한 생각을 가진 지식인 집단이었다. 따라서 이 그룹 내에서도 야시 오스카르의 자유주의적이고 민주주의적인 사상에 동의하는 지식인은 많지 않았다. 오히려 야시 오스카르의 생각이 너무 급진적이어서 헝가리의 현실에는 맞지 않다고 보는 사람이 더 많았다. 어쨌든 야시 오스카르는 자유주의적 지식인 그룹 중에서도 아주 혁신적인 그룹에 속했으며, 특히 소수민족 문제에 대해 깊은 안목과 식견을 가지고 있었다는 점은 특기할 만한 사실이다. 이러한 사상적 배경 속에서 야시 오스카르의 소수민족에 대한 입장은 오스트리아-헝가리제국이 민족 문제로 인해 점점 위기가 고조되던 1904~1905년경 헝가리의 문제들을 해결하기 위해서는 필연적으로 '사회적인 문제'와 더불어 '(소수)민족 문제'를 연결시켜 해결해야 한다는 사상으로 이어졌다.

야시 오스카르는 헝가리 내에서의 개혁운동은 '민족 문제와 민족주의'적 정서에 유의해 전개해야 하며, 특히 이러한 개혁의 방향이 헝가리인뿐만이 아니라 헝가리를 구성하는 소수민족 인민의 감정까지 사로잡을 수 있도록 해야 한다고 주장했다. 그는 사회주의자들이 대중을 선동하는 데 민족주의를 이용하는 것을 보고, 이 같은 사회주의자들의 활동에 대항하기 위해 자신만의 '민주주의적 민족의식' 혹은 '민주주의적 민족주의'의 개념을 제창했다. 물론 야시는 여러 민족들이 혼종적으로 구성된 오스트리아-헝가리제국에서 헝가리 민족이 지배적인 역할을 계속해야 한다고 믿었다. 그렇지만 그것이 곧 당시 헝가리 사회의 지배적인 경향이었던 '헝가리 민족주의'적 사고, 혹은 '헝가리 민족의식'을 의미하지는 않았고, 그러한 사상을 주장하던 극우 민족주의들과 거리를 두었다. 특히 극우 민족주의의 폭력성과 과격성을 비판하며, 이러한 '광적인 헝가리 민족주의'가 헝가리를 곤경에 빠지게 할 협애한 사상이라고 보았다. 야시 오스카르는 헝가리의 독특성, 특수성을 강조하는 민족주의적 사고는 오스트리아-헝가리제국의 최대 딜레마가 될 것이라고 보았으며, 헝가리의 '보수화'가 오스트리아-헝가리제국을 해체하게 된 원인이라고 생각했다. 따라서 제국의 해체로 인해 헝가리가 필연적으로 당면하게 된 문제들을 해결하기 위해서는 헝가리 민족 이외의 타민족들의 정서를 자극할 수밖에 없는 '헝가리 중심주의' 혹은 '헝가리화'보다는 헝가리와 주변국, 즉 도나우 연안의 민족들이 연합하여 '연합 혹은 연방' 성격의 공동체가 타당하다고 보았다.[7]

야시 오스카르는 이러한 사상을 본격적인 사회활동을 하면서 여러 방법으로 표명했다. 그는 학술적으로나 실제적으로나 오스트리아-헝가리제국을 구성하고 있는 소수민족들과 헝가리가 화해하고 공존하는 방법을 찾아야 한다고 주장했으며, 이에 대한 세밀한 연구에 집중했다. 야시는 실제로 다양한 정책들을 제시했는데, 1912년에 저술한 《민족국가의 재수립과 민족 문제》에서 자신의 기본적인 입장을 밝히고 있다. 이 논문에서 야시 오스카르는 오스트리아-헝가리제국 내에서 분출되고 있는 소수민족들의 분리주의, 특히 자신들의 민족국가를 수립하겠다는 욕구가 제어할 수 없는 에너지를 가지고 분출되고 있으며, 이 문제에 대해 헝가리 정부, 정당, 정치가들은 사실 그대로 편견 없이 직시하고 이해해야 하며 그들의 이해와 요구에 합당하도록 취급해야 한다고 보았다. 야시는 이 책에서 분리독립운동의 요구와 열기는 일시적인 것이 아니며, 그 원인의 제공자가 헝가리이기 때문에 헝가리 정치세력의 전향적인 태도만이 소수민족들이 추진하고 있는 분리독립운동의 혁명적인 열기를 진정시킬 수 있다고 주장했다. 이렇게 해야만 오스트리아-헝가리제국의 해체와 분열이 가져올 파국을 막을 수 있다고 생각했던 것이다. 그의 인식은 매우 타당하고 현실적인 것으로서 당시 비판적 지식인들에게는 의미 있게 받아들여졌지만, 헝가리 정부나 여타 정치인들에게는 답 없는 메아리일 뿐이었다.

이 저술의 가장 특징적이면서도 논란의 여지가 많은 부분은 바로 헝가리의 장래에 대한 그의 관점이다. 야시는 궁극적으로 헝가리는 소수민족의 통합을 통한 연(방)합국 형태가 되어야 한다고 생각했고, 소수민족의 연방이 효과적으로 이루어지기 위해서는 미래의 연(방)합국을 구성하는 각 소수민족의 민족문화를 발전시킨다는 비전이 있어야 그들의 동의를 얻을 수 있다고 주장했다. 이러한 과정을 거쳐 평화적이고 합리적인 방법으로 연방을 구성하게 되면, 이러한 연방이 미래의 '유럽연합국(European United States)'으로 발전할 수 있다는 주장이었다.

야시 오스카르의 이러한 사상을 잘 보여주는 논문《민족국가의 재수립과 민족 문제》는 원래 이중의 목적을 가지고 저술되었다. 먼저 헝가리 소수민족 문제에 대해 야시가 원하는 방향으로 유럽의 여론을 유도하려는 목적이 있었고, 다른 한편으로는 헝가리의 정치 엘리트들에게 오스트리아-헝가리제국의 미래에 대한 대안을 제공하고자 했다. 그러나 이 책은 유럽의 여론에 그리 큰 영향을 미치지 못한 반면에, 국내 엘리트와 소수민족을 동시에 분노하게 만들었다. 헝가리의 유명한 작가인 어디 언드레는 그의 책이 대단한 저술이라고 칭찬했지만, 헝가리의 유력 정치인이자 훗날 대통령이 되는 카로이 미하일(Károlyi Mihály)는 야시 오스카르의 인식, 특히 역사 인식이 시대에 뒤떨어진 낡은 것이라고 비판했다. 동시에 '현재의 심각한 문제에 대한 너무나 학술적인 책'이라는 비판도 지속적으로 받았다. 야시는 기본적으로 영국식 자유주의에 충실하면서 개인의 권리를 중시하고, 집단 권리에 대해서는 무관심한 태도를 보였다. 따라서 야시의 사상이 통합과 포용을 통한 연방의 수립이라는 획기적이고 진보적인 것임에는 틀림없었지만, 그의 사상을 뒷받침한 이론이 너무 구식이었기 때문에 헝가리 대중에게는 물론 소수민족의 지도자들에게도 지지를 얻는 데 실패했다. 야시는 인민 대중의 '시민화', 낙후한 경제의 발전, 산업화와 개인 권리의 확산을 통해 소수민족의 문제가 자연스럽게 해결될 것이라고 믿었는데, 이러한 사상은 헝가리 내 소수민족 지식인들에게는 곧 '헝가리화'를 의미하는 것이었기에 받아들여지지 않았다. 또한 소수민족의 지도자들은 '민주주의'라는 명분 아래 각 소수민족 고유의 '민족 정체성'을 '민주주의'에 종속시켰다고 비난했다.[8]

야시 오스카르의 《민족국가의 재수립과 민족 문제》가 헝가리 대중과 소수민족 양측 모두에게 영향을 미치지 못한 이유는 사실 상호 불신 때문이었다. 헝가리 여론은 '민주주의적 권리'가 확산되면 그것이 곧 헝가리의 '영토 보존'을 위협할 것이라고 판단했고, 헝가리의 진보 그룹은 야시 오스카르의 소수민족 문제의 해결책이 '작위적'이라고 비판했으며, 소수민족 지도자들은 헝가리 정치세력을 전혀 신뢰하지 않았다. 전간기에도 야시 오스카르의 이 저술은 헝가리 지식인들 사이에서 부정적인 평가를 받았다. 그 이유는 이 책의 주장이 당시 정치세력과 사회적인 상황을 무시했고, 소수민족 문제를 해결하기보다는 오히려 민족 문제를 악화시켰을 것이고, '연합국 계획'이 실현되었다면 그것은 궁극적으로 헝가리제국의 붕괴로 이루어질 수밖에 없기 때문이었다.[9]

이러한 반대와 비난에도 불구하고 야시 오스카르는 자신의 사상을 더욱더 정치하게 발전시켜 1918년 10월에 발표한 저서 《제국의 미래—

이중제국의 붕괴와 도나우연합국》에서 더 구체적으로 설명하고 있다. 이 책에서 제시된 '도나우연방-유럽연합국'안은 이후 1920년 체결되는 트리아농조약에 따른 오스트리아-헝가리제국의 분리와 이에 대응해 새롭게 구성될 국가 혹은 연합의 청사진으로서, '베르사유체제'에 대한 이론적 대안으로도 볼 수 있다. 그러나 이 책은 나오자마자 좋은 의도로 쓰이긴 했으나, 맹목적 이상주의의 표현이라는 혹평을 받았다. 야시 오스카르 자신도 그러한 점이 있음을 솔직히 시인했다. 그렇지만 야시 오스카르는 자신이 주장하는 도나우연합국이 이상적이고 현실감이 결여된 것이지만, 그것을 추구해야 하는 당위적 목표가 유럽의 미래에 대한 청사진이었음을 이 책의 서문에서 밝히고 있다.[10]

야시 오스카르는 이 책이 출판되기 전인 1916년까지만 해도 프리드리히 나우만이 주창한 '중부 유럽' 기획을 지지했었다. 야시 오스카르는 당시 유럽의 위협으로 간주되었던 러시아 차리즘의 확산을 막으려면, 독일을 중심으로 하는 연합 혹은 공동 운명체가 필요하다고 보고, 그것이 '중부 유럽'을 통해 실현 가능하다고 보았던 것이다. 그러나 그는 이 책에서 이제 전쟁이 끝나고 국제 상황이 바뀌면서, 오히려 '도나우연합국'의 실현 가능성이 높아졌다고 주장하면서, '유럽통합'이 더는 유토피아가 아니라고 주장했다. 이러한 생각은 오늘날에도 과도하지만, 그 당시에는 특히 현실감이 없는 것이라고 평가받았다.

야시 오스카르가 제시한 '연방안'은 유럽의 역사적 경험으로 볼 때 매우 비현실적인 계획안이지만, 야시 오스카르의 사상에서 중요한 위치를 차지하고 있다. 야시 오스카르는 도나우강 연안에 존재하는 민족들로부터 제기되는 '민족 문제'는 민주주의 형태의 연합국가만으로 해결할 수 있다고 생각하게 되는데, 헝가리가 소수민족들에게 소수민족 자신들의 권리와 지위를 보장하고, 이들과 유기적으로 협력하면 향후 이 지역에서 발생하게 될 충돌과 갈등을 피할 수 있다고 주장했다. 뿐만 아니라 이러한 연합국은 단위 국가 하나하나가 소유할 수 없는 국제적 중요성도 얻게 될 거라고 믿었다. 그러나 그는 이 단계에서 아직 헝가리의 영토를 보존하려는 사고에서 벗어나지 못한다. 이러한 헝가리의 미래에 대한 사고는 기존의 오스트리아-헝가리제국을 구성하는 제국의 소수민족에 대해 비논리적인 대안을 제시한다. 예를 들면 제국의 민족들 중에서 다섯 개 민족만 국가를 세울 힘이 있다고 주장하거나, 세르비아와 크로아티아를 하나의 민족처럼 다루는 식이다. 그는 오스트리아-헝가리제국의 붕괴를 이미 예측하고 있지만, 헝가리의 붕괴까지는 받아들이지 못하고 있다. 이 논문에서 나타나는 개념상의 모순은 이러한 오해 혹은 잘못된 믿음에서 유래한다고 볼 수 있다.

전쟁에서 패한 뒤 새로 정권을 장악한 카로이 미하일 정부는 1918년 10월 31일 야시 오스카르를 외무인민위원장과 민족 문제를 담당하는 무임소 장관으로 임명했다. 야시 오스카르는 얼마 동안은 헝가리 내 소수민족들과 화해가 가능하다고 믿고 화해를 위한 제반 정책을 수립하기 위해 노력했지만 사실상 큰 의미가 없는 정책들이었다. 야시 오스카르의 사상과 정책이 실현되려면 그 대상이 되는 소수민족의 호의적인 반응이 선행되어야 했지만, 당시 오스트리아와 헝가리를 제외한 제국의 구성 민족들이 이미 자신들의 민족국가를 세우기 위해 노력하고 있던 상황에서 야시 오스카르의 사상은 수용할 수 없는 것이었다. 결국 야시 오스카르는 자신의 연방안이 받아들여질 가능성이 희박하다는 것을 깨닫고, 즉시 장관직을 사임하고 얼마 후 헝가리를 떠나게 된다. 야시 오스카르는 헝가리를 떠난 후에도 헝가리 문제에 대한 입장을 밝혔다. 그는 많은 글을 통해 자신의 의견을 발표했는데, 대부분 헝가리 국내의 지식인들과는 다른 의견이었다. 야시 오스카르가 1919년 헝가리를 떠나 이주한 오스트리아 빈에서 1920년에 저술한《헝가리의 고통—헝가리의 부활, 두 혁명의 의미, 중요성과 교훈》[11]이란 책에서 당시 패전 헝가리에서 '실지 회복주의자'들이 주창하던 지배적인 패전책임론[12]에 대해 강력하게 논박했다. 야시 오스카르는 '실지 회복주의자'들의 주장과 선전을 무모하고 위험한 것으로 보았다. '실지 회복주의'는 이루어질 수도 없는 공허한 환상이며 신기루에 불과하다고 생각했다. 이 점이 야시 오스카르와 당대 헝가리 지식인을 구분 짓게 하는 중요한 차이다.

야시 오스카르는 앞의 책에서 궁극적으로는 오스트리아-헝가리제국의 붕괴, 헝가리의 몰락이 앙탕트 세력의 제국주의적 정책 때문이라고 주장했다. 더불어 호르티(Miklós Nagybányai Horthy)의 통치체제에 대해서도 강력하게 비판하는데, 특히 호르티 정부의 '실지 회복주의(Revizio 수정론자)' 정책에 대해 비판의 화살을 집중한다. 야시 오스카르는 '실지 회복'은 거짓말이며, 실현 불가능하다고 여겼다. 헝가리를 전쟁 전으로 돌려놓으려는 시도는 앙탕트 세력뿐만이 아니라 헝가리 내 모든 소수민족들도 반대하고 있고, 피압박민족들이 '민족국가'를 수립하고자 하는 세계사적 흐름에도 역행한다는 것이었다. 따라서 야시 오스카르는 1차 세계대전 이전의 완벽한 국토 보존 대신에 헝가리 내 소수민족들이 거주하는 경계선을 바탕으로 영토를 재편해야 한다고 주장했다. 또한 이 과정에서 소외되기 쉬운 헝가리 국경 너머의 슬로바키아, 루마니아, 세르비아 등지에 사는 '헝가리 소수민족'의 권리를 보호해야 한다고 주장했다. 그는 이 같은 일은 헝가리 혼자서 수행하거나 해결할 수 없으며, 범유럽적인 협력 아래 가능하다고 보았다.

야시 오스카르는 1차 세계대전이라는 미증유의 사건을 경험한 유럽의 국가들이 자신이 제시한 평화적 '해결책'에 호응하고, 이러한 자신의 생각이 실현되면 전 유럽 국가들의 민주주의적 협력이 반드시 이루어질 거라고 낙관했다. 그의 사상은 이상적이기는 하지만 논리적이고 합리적인 면면을 보인다. 또한 유럽의 평화적 공존과 그를 위한 구체적인 협력 방안을 제시하고 있다는 점에서 통합 유럽적 사고의 한 유형을 보여준다고 할 수 있다. 이러한 야시 오스카르의 의견은 당시 헝가리에서 지배적이던 민족주의적, 냉소주의적, 열광주의적 의견과 다른 특이한 입장이었다고 할 수 있는 것이다.

그러나 그의 희망과 다르게 유럽의 지도자들은 야시 오스카르가 꿈꾸었던 경로로 나서지 않았으며, 카로이 대통령은 오히려 야시 오스카르와의 공동협력을 파기하고 독자적인 길로 나가게 되었다. 그러자 야시 오스카르는 유럽에서 더 이상 자신의 희망과 이상을 관철시킬 수 없음을 깨닫고 1925년 미국으로 이주한다.

야시 오스카르는 시카고대학의 교수로 취임하면서 오스트리아-헝가리제국의 역사에 대한 책을 써달라는 요청을 받았다. 그래서 저술한 책이 그의 명저로 꼽히는《합스부르크제국의 붕괴》다. 이 책에서 그는 오스트리아-헝가리제국이 1차 세계대전 때문에 붕괴한 것이 아니라, '오래 전부터 지속되어온 오스트리아-헝가리제국의 붕괴 과정의 정점'이었다고 보았다. 즉 오스트리아-헝가리제국이 무너진 이유는 단순히 1차 세계대전에서 패배했기 때문이 아니고, 오스트리아-헝가리제국의 모순성에서 비롯되었다는 것이다. 즉 제국의 성립 자체가 모순적이었기 때문에, 이후 연속되는 갈등은 필연적이라고 했다. 이런 견해는 애당초 오스트리아-헝가리제국이 '이중 군주국' 형태로 성립되면 안 되는 것이었는데,

헝가리와 오스트리아 양국이 시대착오적인 선택을 했다는 전제에 기반하고 있다. 그가 보기에 1867년의 '대타협'은 오스트리아와 헝가리 두 국가만을 위한 것이 아니라, 제국 내 모든 민족들을 아우르는 '연방국' 형태로 만들자는 의견에 대한 '대타협'이 되었어야 했다는 것이다. 이러한 견해는 헝가리 보수주의자들에게는 절대로 수용될 수 없는 위험한 사상이었다.

만약 야시 오스카르가 계속해서 헝가리에 살았더라면 책이 출판되기 어려웠을 것이다. 야시 오스카르는 이 책에서 합스부르크제국의 800년 역사를 일별하며 합스부르크제국의 구성 민족들을 협력하게 하는 구심력의 요소, 그리고 그들을 탈퇴하게 하는 원심력의 요소를 살펴보면서, 모든 구심력의 요소가 나중에 원심력의 요소가 되었다고 강조한다. 특히 모든 원심력의 요소는 민족적인 문제와 연결되어 있다고 주장한다. 책의 후반부는 이러한 민족운동들을 세부적으로 검토한다. 야시 오스카르는 이 책을 쓰기 전에는 소수민족들의 '민족운동'을 합리적이고 필연적인 것으로 이해했지만, 이 책에서는 입장을 수정하여 민족주의 운동의 비합리성을 인정하게 된다. 그렇지만 그는 이 책에서도 이탈리아를 제외하고 다른 민족의 경우 이러한 분리주의 시도들은 '도나우연방 혹은 연합국'의 형성으로 피할 수 있었을 거라고 말했다. 그리고 이러한 연방 혹은 연합의 사상을 대중에게 전파하기 위해 '시민 교육의 중요성'을 강조했다. 그의 사상은 현대 '유럽연합'의 주요 정책과 거의 다르지 않다. 아쉬운 점은 그의 사상이 너무나 시대를 앞서갔다는 것이다.

야시 오스카르는 이 책의 마지막 장에서 트리아농조약 후의 국제적 상황과 향후 미래의 과제에 대해 설명하고 있다. 우선 그는 책의 첫머리에서 전후 영토 조정과 관련한 전승국의 태도, 즉 소수민족들의 권리를 무시하고, 그들의 입장을 반영하지 않은 것은 전승국들이 합스부르크제국과 비슷한 경로를 따라가는 것이라고 비판했다. 따라서 전승국들이 이러한 자세를 지속하는 한 새로운 '세계전쟁'이 불가피하다고 예측했다. 불행하게도 그의 예측은 정확히 들어맞고 말았지만, 당시 그의 주장에 주목하는 사람은 아무도 없었다.

야시 오스카르는 새로운 '전쟁'을 막기 위해 다음과 같은 대책이 필요하다고 보았다. 먼저 국경을 민족의 경계선으로 수정하는 것, 소수민족의 권리 보호, 자치정부의 형성, 국제 경제와 문화관계의 향상, 그리고 시민 교육이 그것이다. 이러한 주장은 현대에 와서 국경 문제를 제외하고는 대부분 현실화되었다. 그의 중부 유럽에 대한 사고는 이후 다소 변화하는 경향을 보인다.

그는 1934년 중부 유럽을 여행하면서 이 지역의 민족 문제가 해결되고 있지 않으며, 해결 자체도 무망하다는 것을 직접 목격했다. 그는 미국으로 돌아와 중부 유럽에서의 자신의 경험을 〈다뉴브에서의 전쟁 균〉이라는 제목의 연재 기사로 썼다. 이 글에서 그는 오스트리아-헝가리제국의 해체 이후 새로 성립된 신생국가들 중 체코슬로바키아는 다른 국가들에 비해 훨씬 발전했으나, 민족 문제를 해결하지 못했다고 지적했다. 루마니아와 유고슬라비아에 대해서도 매우 부정적인 의견을 피력했는데, 특히 유고슬라비아와 루마니아의 새 지도자들이 세계정세에 대해 '지적인 한계'를 드러내고 있다고 말했다. 또한 헝가리 정부에 대해서도 비판적인 입장을 드러내는데, 헝가리 정부가 주변 국가들과 협상을 하거나 협력할 준비가 되어 있지 않고, 의사결정 과정이나 여론 수렴 등에서 민주적이지 못하다고 비판했다. 그는 이 책에서 헝가리의 경제적·사회적 문제들은 단지 국경을 수정해 옛 영토를 회복하는 것만으로는 해결될 수 없다고 분명히 주장하고 있으며, 이 문제들이 해결되지 않으면 무서운 기세로 급부상하고 있는 소비에트 세력이 그 문제를 해결할 거라고 예견했다.

야시 오스카르는 2년 후 〈평화로운 수정주의〉라는 글에서 헝가리 정부의 정책을 한층 더 날카롭게 비판했다. '평화로운 수정주의'의 모토가 매우 위험하며, 대중을 호도하고 있다는 것이었다. 이에 대한 대안으로 '민족들의 연합적인 자치권'이 필요하다고 그는 다시 한 번 강조했다. 그가 보기에 호르티 체제는 자신의 권력을 공고히 하는 관점에서만 민족 문제와 국제 문제에 대응하고 있으며, 이러한 정치적 목적으로 '평화로운 수정주의'를 선전하고 있다는 것이다. 이러한 비현실적이고 자기도취적인 '평화로운 수정주의'는 신기루에 불과하고, 헝가리 혹은 실지 회복주의자들이 원하는 '국토의 수정'은 새로운 '세계전쟁'을 거쳐서만 가능하다고 경고했다. 현재 유럽 혹은 중부 유럽에서 나타나는 문제들은 단순히 국경의 수정으로만 해결될 수 없으며, 도나우 민족들의 경제, 사회구조의 기본적인 변화가 이루어져야 한다고 예견한 것이다.

2) 2차 세계대전 전후 시기의 '도나우연방안'

도나우 연안 국가들의 연합(방)국의 사상은 야시 오스카르의 이후 글에서도 지속적으로 나타난다. 예를 들어 그는 1939년 한 강의에서 중부 유럽의 현재 문제들은 '불운하고 인위적인' 평화조약에서 유래했으며, 이 지역의 지도자들은 이 너그럽지 못한 구조를 유지하려고 한다고 말했다. 나치 독일이 주창한 독일과 도나우 연안 국가들의 '대경제권(Grossraumwirtschaft)' 개념도 협력이 아닌 강압을 기본으로 하고 있다고 비판했다. 1941년에 들어서자 야시 오스카르는 도나우강 연안 국가들의 미래에 대한 훨씬 세련된 의견을 표명한다. 먼저 '도나우연합국'의 의미를 더 확장해 발칸반도의 국가들도 '도나우연합국'의 영역에 포함시키고, 더 민주적이고 자유로운 '민주주의 연합국'이 필요하다고 주장했다. 왜냐하면 현재의 세계정세로는 2차 세계대전에서 전체주의 국가들이 승리하면 독일과 러시아가 '도나우연합국'를 분할 점령할 것이고, 연합국 세력이 승리하면 전쟁 전의 국경을 회복시키거나, 합스부르크가 지배하는 연합국을 만들려고 할 것이기 때문이라고 했다. 야시 오스카르는 어느 경우든 권위주의적 국가가 성립될 것이므로 이러한 권위주의적 구조 대신 '민주주의적 연합국'이 필요하며, 이 '민주주의 유럽연합국'의 형성은 미국의 도움과 민주적으로 변모한 독일의 협력이 필요하다고 제안했다.

이러한 의견은 역시 헝가리 대중의 생각과 정반대였다. 야시 오스카르는 전쟁 중에도 여러 편의 언론 기고를 통해 자신의 의견을 밝혔으나, 시종일관 자신의 입장을 유지했고, '도나우연합국'에 대한 새로운 의견을 제시하지는 않았다. 야시는 그의 주장을 관철시키기 위해 미국에 거주하는 헝가리 교포들의 지지를 받고자 노력했으며, 다른 나라에서 온 이민자들과 협조하기도 했다.

야시 오스카르의 사상적 배경은 자유주의적이지만, 기본적으로 헝가리의 민족이 유럽에서 생존해야 한다는 당위성 아래 그의 사고를 발전시켰다. 야시 오스카르는 '도나우 연안' 지역이 장차 유럽의 화약고가 되거나 또는 유럽의 평화를 견인하는 전초기지가 되거나, 둘 중 하나의 역할을 하게 될 것이라고 보았다. 따라서 '평화로운 통합이 아니면 3차 세계대전'이 유럽의 미래라고 보았으며, '유럽통합'이 이루어진다면 실지 회복주의 운동은 그 중요성을 상실하고 소멸할 것이라고 주장했다. 야시 오스카르는 이 같은 평화로운 통합이 이루어진다면 소비에트 세력도 이에 반대할 이유가 없다고 보았다.

야시 오스카르는 시종일관 선의에 입각한 '도나우연방'을 통한 통합 유럽의 탄생에 대한 희망을 버리지 않았다. 다만 소련에 대한 생각은 1947년 중부 유럽 지역을 여행한 후 상당히 바뀌었다. 특히 체코슬로바키아에서의 헝가리 소수민족의 추방과 점점 강해지는 공산주의자들의 전체주의적 통치는 그의 희망을 앗아가는 결정적인 계기였다. 물론 야시 오스카르는 비록 소련의 영향력이 강하기는 하지만 동유럽 공산권 국가들 내에서도 헝가리는 어느 정도의 정치적·문화적 독립성을 확보할 거라고 믿었다. 왜냐하면 장기적으로 중부 유럽에서의 '소비에트화'가 실패할 것이고, 궁극적으로는 이 지역에 미국식 민주주의가 도입될 것이라는 희망을 가지고 있었기 때문이다.

그러나 이러한 희망은 냉전이 격화되면서 허망한 것으로 판명이 났고, 그도 더 이상 '도나우연방안', 통합 유럽이라는 언급을 하지 않았다. 야시 오스카르는 1953년 한 신문에 기고한 글에서 '도나우연합국'은 실패했으며, 그 생각이 이상적이었음을 토로했다. 그는 이 기고문에서 '도나우연합국'이 가능했던 시기는 역설적으로 1차 세계대전이 끝나고 이 지역이 혼란스러웠던 1918~1919년이 적기였다고 언급했다. 그리고 마지막으로 다시 한 번 미국의 적극적인 관여를 주장했지만, 냉전의 격화와 더불어 그의 주장은 공허한 것이 되고 말았다.

3. 결론

야시 오스카르의 사상은 시기에 따라 변화를 겪었지만, 일관성을 보여주고 있다. 물론 오스트리아-헝가리제국의 붕괴 원인에 대해 일반과 다른 평가를 하는 부분도 있다. 예를 들면 1918년까지 제국 내 소수민족들의 분리주의 경향의 강도를 이해하지 못했고, 제국의 붕괴와 직접적으로 관련 있는 계승국의 책임이나 카로이 정부의 실정에 대해서는 침묵하고 오히려 이중제국 시대의 미비한 정책을 분리의 원인으로 보았다. 이러한 관점은 타당한 면도 있기는 하지만 헝가리에서 보편적으로 지지를 받는 의견은 아니다. 따라서 그가 현실적이지 못하고 이상적이었으며 자주 바뀌었다는 평가를 받는 것은 이상한 일이 아니다.

사실 그의 장기적 목표는 초국가적인 통합이었지만, 단기적인 목표는 시기에 따라 상이하다. 1918년 이전에는 헝가리의 민주화, 그리고 소수민족과 대중의 사회적 요구를 충족시키려고 했지만 소수민족 자치권에는 동의하지 않았다. 그는 장관 직책에서 실패를 경험하고 나서야 소수민족의 자치권에 대한 생각을 받아들이게 되었다. 1920년대 초반부터 민족 국경의 수정보다는 중부 유럽 국가들의 민주화를 더 중요한 주제로 삼기 시작했으며 민주화를 통해서 소수민족의 권리 향상을 희망했다. 뿐만 아니라 합스부르크제국이 붕괴되자 '연합국'의 경계도 훨씬 자유롭게 정의하기 시작했다. 그리고 오판이기는 했지만 이러한 '도나우연방'의 필요성과 중요성을 강대국들이 이해할 것이라고 믿었다. 또한 이 지역의 가장 큰 비극으로 제국의 붕괴를 상정하지 않고, 이 지역에서 민주주의가 성장, 발전하지 못한 것으로 생각했다. 이러한 사상은 대부분 그 시대에는 받아들여지지 못한 것으로서 너무나 선구적이었다는 평가를 내릴 수밖에 없다.

그러나 비록 그가 생존했던 당대에는 실패했지만 그가 생각했던 '도나우연방안'은 후일 유럽연합을 구상하는 데 하나의 아이디어로 수용되기도 했고, 현재에는 '비세그라드(Visegrad) 4'라는 중부 유럽 경제공동체로 현실화되었으니, 실패했다고만 볼 일도 아니다. 시대를 너무 앞서간 야시 오스카르의 사상은 당대에는 높은 평가를 받지 못했지만, 현존하는 체제로 존재하고 있으며, 향후 유럽의 미래를 논의하는 데에도 끊임없이 인용될 가치가 있는 사상이라고 할 수 있다.

주

1 김용덕, 〈중부유럽: 그 지리적, 역사적 범위〉, 《동유럽발칸학》 제10권 1호 (동유럽발칸연구소, 2001), 167~180쪽.

2 오르반 빅토르(Orban Viktor), 현 헝가리 총리, 2016년 5월 17일 MTV 인터뷰.

3 강성호 외, 《중유럽 민족문제: 오스트리아-헝가리제국을 중심으로》 (동북아역사재단, 2009), 104쪽.

4 쿠덴호베-칼레르기는 1차 세계대전 이후 유럽 질서에 대한 대안으로 유럽통합을 제시한 전간기 유럽운동을 대표하는 인물이다. 신종훈, 〈쿠덴호베-칼레르기와 간전기 범유럽운동〉, 《통합유럽연구》 제9권 2호 (서강대학교 국제지역문화원, 2018), 57쪽.

5 Richly Gabor, Ablonczy Balazs, Jászi Oszkár, *Trianon es a amgyar politikai gondolkodas 1920-1953* (Osiris, Budapest, 1998). pp. 134~136.

6 J. Wilson Samuel, Oszkár Jászi and the Hungarian Democratic Emigration, *Studies*, Vil. 7 no. 1-2 (1991), pp. 71~72; 최지윤, 〈헝가리의 다뉴브연방안 역사와 의미〉 (한국외대 석사학위 논문, 2015), 34쪽.

7 Jászi Oszkár, *A monarcia jövője, a dualizmus bukása és a dunai egysült államok* (Budapest: Új magyarország részvénytársaság, 1918), p. 99.

8 Hóry András, *Bukaresttől Varsóig* (Szerk. Pritz Pál. Bp., 1987), pp. 312~315.

9 Ottlik Laszló는 '헝가리의 관점(Magyar Szemle)'에서 야시의 '연합국 계획'을 비판했다.

10 Jászi Oszkár, *A monarcia jövője, a dualizmus bukása és a dunai egysült államok*.

11 Jászi Oszkár, *Magyar kálvária—Magyar foltámadás, a Két forradalom értelme, jelentősége és tanulságai* (1921).

12 헝가리에서는 1차 세계대전 패전 직후 '카로이 혁명정부'의 무능함과 무책임을 성토하고, 트리아농조약 체결로 인한 헝가리 '파탄'의 책임을 카로이 정부에 돌리는 것이 지배적인 경향이었다. 카로이 정부에 대한 비판은 주로 보수적이고 민족주의적인 '실지회복주의자(수정주의자)'들에 의해 선전되었다. 패전 후 헝가리 군대의 해체, 소수민족 지도자들과의 대화와 협상 시도, 이후 헝가리 정부의 권력을 공산주의자들에게 넘겼다는 점이 주된 비판의 내용이었다.

참고문헌

강성호 외, 《중유럽 민족문제: 오스트리아-헝가리제국을 중심으로》, 동북아역사재단, 2009.

김용덕, 《중부유럽: 그 지리적, 역사적 범위》, 동유럽발칸연구소, 제10권 1호.

신종훈, 〈쿠덴호베-칼레르기와 간전기 범유럽운동〉, 《통합유럽연구》 제9권 2호.

Bajcsy-Zsilinszky Endre, *Erdély múltja és jövője*, Bp., 1990.

Jászi, Oszkár, *A monarcia jövője, a dualizmus bukása és a dunai egysült államok*, Budapest: Új magyarország részvénytársaság, 1918.

Jászi, Oszkár, *Magyar kálvária—Magyar foltámadás, a Két forradalom értelme, jelentősége és tanulságai*, 1921.

Jászi, Oszkár, *War Germs in the Danube Basin The Nation*, New York, 1934.

Jászi, Oszkár, *A Habsburg Monarchia felbomlása*.

Gabor, Richly, Ablonczy Balazs, & Jászi Oszkár,, *Trianon es a amgyar politikai gondolkodas 1920-1953*, Osiris, Budapest, 1998.

Ignác, Romsics, Bethlen koncepciója a független vagy autonóm Erdélyről, In *Magyarságkutatás*, 1987.

Samuel, J. Wilson, *Oszkár Jászi and the Hungarian Democratic Emigration, Hungarian Studies*, 7(1~2), 1991.

2부

전체주의 체제의 유럽 구상

TOTALITARIANISM AND EUROPEAN INITIATIVES

6장

아돌프 히틀러의 유럽통합 방안과 전쟁 포스터의 이미지 전략

최용찬

1. 머리말

2016년 7월 10일경, 중남미 파라과이의 수도 아순시온의 작은 도로에 이상한 '히틀러 포스터'가 내걸린 사건이 발생했다. "아돌프, 어디에 있나요? 유럽은 당신이 필요해요!"[1] 이 사건의 전후 내막은 아직까지 밝혀지지 않았지만, 이 포스터는 히틀러를 추종하는 단체가 히틀러의 부활이라는 시대착오적인 망상을 전혀 엉뚱한 곳에서 드러냈다는 점에서 너무나 황당하지 않을 수 없다.

그러나 곰곰 생각해보면, 이러한 히틀러 포스터는 이 글의 주제인 히틀러의 유럽통합 이데올로기와 전쟁 포스터의 이미지 전략의 상관성을 분석하는 데는 흥미로운 시사점을 던져준다는 점에서 눈여겨볼 가치가 있다. 나치 시대에 누가, 언제, 어디서, 어떤 포스터를 어떻게, 왜 제작했

그림 1 2016년 파라과이의 수도 아순시온에 내걸린 '히틀러 포스터'

을까? 동시에 이러한 궁금증은 나치의 전쟁 포스터의 유통 및 소비 과정을 모두 아우르는 전체 이야기에 대한 역사 연구의 필요성으로 나아가게 만든다. 간단히 말해 이 한 장의 사진은 이러한 주제가 시급하게 연구되어야 할 현재적 필요성이 있음을 분명하게 보여준다.

그런데 2차 세계대전에서 패전한 직후부터 현재까지 독일이 강박관념처럼 집착하는 한 가지 질문이 있다. '만약에 히틀러가 전쟁에서 승리했다면, 유럽은 어떻게 되었을까(Was wäre aus Europa geworden, wenn Hitler den Krieg gewonnen hätte)?'라는 질문이다.[2] '만약에'라는 가정법은 종전 직후부터 독일의 재통일 때까지는 그나마 조심스럽게 운운되었지만,[3] 1989년 독일 작가 랄프 지오르다노(Ralph Giordano)가 《히틀러가 전쟁에서 승리했다면—나치의 승전 이후의 계획들》이라는 책을 출간한 이후부터는 히틀러에 의한 '유럽 신질서(Neuordnung Europas)'에 대한 논의가 공개적으로 활기를 띠기 시작했다.[4] 1994년에는 히틀러가 전쟁에서 승리한 이후 전 유럽을 지배하는 시대를 그린 영화 〈조국(Vaterland)〉이 상영

되기도 했다.[5] 그러다가 2000년 8월에 동일한 제목의 지오르다노의 책이 보급판으로 재출간되었는데, 아마존의 판매지수를 감안해보면, 이 (비)역사적 주제가 이제는 일반 독자들의 주요 관심사로 부각되고 있다는 인상을 받을 만하다.[6] 그런데 독일 독자의 관심이 불현듯 히틀러와 유럽 문제로 쏠리는 독일적 현상은 특히 시리아 난민 사태 이후 유럽연합(EU)의 미래 전망이 불투명한 현재의 '위기국면'과 결코 무관하지 않다는 점에서 주의 깊은 관찰이 요구된다. 특히 이러한 어려운 상황 속에서 히틀러의 유럽통합 이데올로기의 정체성에 비판적으로 접근하는 역사 연구는 충분한 가치가 있다.

이 글의 목적은 '히틀러의 유럽통합 방안을 어떻게 평가할 것인가?'라는 질문에 대한 적절한 답변을 모색하는 데 있다. 이러한 목적을 달성하기 위해 먼저 지금까지 이 주제를 다루어온 방대한 연구들의 입장을 간략하게 정리할 필요가 있겠다. 이는 대략 세 가지로 구분된다.

첫째, 히틀러의 유럽통합 방안을 전적으로 부정적으로 보는 전통적인 시각이다. 이러한 시각은 나치 독재체제를 비판적으로 바라보는 전체주의적 해석과 별반 다르지 않다. 이러한 해석에 따르면, 히틀러의 유럽통합 방안은 전쟁과 폭력을 통한 강압적인 흡수 통합 방식이었다. 이는 전후의 자유롭고 민주적인 유럽통합 방식과는 본질적으로 다르다. 따라서 이 해석은, 히틀러의 유럽통합 구상은 애초부터 유럽통합의 역사에서 다루어져서는 안 된다고 주장한다.[7]

둘째, 히틀러의 유럽통합 방안을 일부분 긍정적으로 보는 수정주의적 시각이다. 위의 전체주의적 시각과 달리, 이 시각은 히틀러 독재체제는 히틀러의 다원주의적 통치 전략 때문에 정치권력이 다양하게 분산되어 있었다고 해석한다. 이러한 해석에 따르면, 히틀러의 유럽통합 방안은 정치적 · 경제적 · 사회적 및 문화적 차원에서 복수의 통합 방안들로 구체화되었는데, 그중에서도 특히 1940년에 공표된 발터 푼케(Walter Funke) 제국경제성 장관의 유럽 경제통합 구상은 당대 유럽의 현실을 적절하게 반영한 효율적인 경제전략으로 높이 평가되었다고 한다. 이러한 이유에서 그의 경제통합 구상이 전후 유럽의 구조적 재편 과정에서도 적극적인 검토의 대상이 되었다는 사실은 실제로 히틀러의 유럽통합 방안의 실효성을 전반적으로 재평가해야 한다는 보수적인 입장에 힘을 실어주고 있다.[8]

셋째, 히틀러의 유럽통합 방안은 원래부터 유럽 서부의 통합과 유럽 동부의 배제라는 양면성을 지닌 상호 모순적인 유럽 통치전략이라고 규정하는 통합주의적 시각이다. 이러한 시각에 따르면, 히틀러의 유럽통합 방안은 궁극적으로 동부 유럽에 대한 절멸정책을 최종적으로 완수하기 위한 과도기적인 임시 전략에 불과하다고 해석된다. 따라서 이런 해석은, 히틀러의 유럽통합 방안은 서부 유럽의 통합화와 함께 동부 유럽의 폭력적인 절멸정책을 수행하는 점진적인 과정에서 불가피하게 노출될 수밖에 없는 나치 정권의 무자비한 폭력성에 의해 규정된다는 점을 간과해서는 안 된다고 역설한다.[9]

한편, 위의 세 가지 입장이 제각각 히틀러의 유럽통합 방안의 다양한 측면들 중에서 적어도 한두 가지 본질적 현상을 정확하게 포착해냈다는 점은 부정할 수 없는 사실이다. 이러한 입장들은 모두 당대의 문헌 자료에 입각한 역사적 분석들을 성공적으로 수행해냈다는 점에서 주목할 만한 가치가 있다. 다른 한편, 지금까지의 연구들은 히틀러의 유럽통합 방안을 홍보할 목적으로 제작된 나치의 이미지 자료들에 대한 심층적 분석을 등한시해온 것 또한 사실이다. 바로 이 대목에서 하나의 흥미로운 문제가 떠오른다. 히틀러 유럽통합 방안의 홍보용으로 제작된 이미지들, 즉 선전 포스터들(Plakate)은 정작 '유럽의 신질서'를 과연 어떻게 재현했던 것일까? 이러한 논제에 대한 답변을 모색하는 작업은, 발터 벤야민(Walter Benjamin)의 표현을 빌리자면[10] 나치 시대의 '전쟁의 미학화' 전략의 실체를 또 다른 각도에서 재조명함으로써 히틀러의 유럽통합 방안의 역사적 정체성을 밝히는 데 유익한 밑거름을 제공해줄 수 있다. 더 나아가 이 연구는, 2차 세계대전을 나치의 '신유럽' 이미지 전략을 둘러싼 '이미지 전쟁'으로 규정하는 전쟁의 문화사 연구가 새로운 지평을 여는 계기를 제공해 줄 것이다.[11]

2. 히틀러의 유럽통합 이데올로기와 전쟁 포스터의 이미지 전략

일반적으로 히틀러의 유럽통합 방안의 궤적을 쫓는 연구자들은 히틀러가 정권을 장악하기 훨씬 전부터 유럽 정복 이후 유럽 질서의 재편을 구상하고 있었다는 사실에 직면했다. 그러나 1차 세계대전 이후에 여러 유럽 국가에서 유럽의 '신질서'에 대한 논의가 무성했음을 감안하면, 당수에 오른 히틀러가 자신의 유럽 구상을 《나의 투쟁》(1925)을 통해 공포했다는 사실은 그다지 놀랄 만한 일은 아니었다.[12] 그는 특히 유럽 동부 지역에 게르만 민족을 위한 '생활공간(Lebensraum)'을 마련하는 것은 "역사적 운명"이라고 역설했다. 이때 히틀러가 염두에 둔 동부 지역은 당연히 러시아와 주변 지역이었다. "우리가 오늘날 유럽에서의 땅에 대해 얘기한다면, 우리는 먼저 러시아와 주변 종속 국가들을 떠올릴 수 있다."[13] 그러나 당시에 훨씬 더 널리 퍼져 있던 중부 유럽(Mitteleuropa)이나 범유럽(Paneuropa) 구상과 비교해볼 때, 히틀러의 생활공간을 통한 유럽 구상(Europagedanke)은 아직 조야한 수준을 벗어나지 못했다.[14]

그런데 히틀러의 유럽통합 구상은 무엇보다도 1933년 정치권력을 인수하고 난 직후부터 서서히 윤곽을 드러내기 시작했다. 1933년 2월 3일, 독일의 신임 총리 히틀러는 독일국방군 장군들 앞에서 행한 연설에서 내부적으로는 마르크스주의의 박멸을, 외부적으로는 전쟁과 동부 지역 점령, 그리고 게르만 민족을 위한 생활공간 확충을 내용으로 하는 유럽 구상을 좀 더 분명한 어조로 밝혔다.[15] 하지만 히틀러는 1934년에 와서야 유럽 개념을 '독일 민족의 게르만 제국'과 동의어로 사용함으로써 게르만 혈통주의에 입각한 유럽 구상을 내놓기 시작했다.[16] 이때부터 히틀러의 유럽통합 방안은 인종주의적·제국주의적·지정학적 전략의 특징을 분명하게 표방했고, 이러한 내용은 측근들 사이에서도 모두 공유되었다고 볼 수 있다. 나치친위대(SS) 장교였던 프란츠 알프레트 직스(Franz Alfred Six)에 따르면, 유럽 개념은 그때부터 적어도 1942년까지 "아리아 인종의 창조력에 의해 마련되는 유럽 인종과 민족의 생활공간"으로 인식되었다.[17]

1939년 9월 폴란드 침공을 신호로 발발한 2차 세계대전은 히틀러의 유럽통합 구상이 구체적인 실현 방안으로 작동하는 역사적 무대를 마련해주었다. 전쟁이 발발한 지 채 1년도 안 된 1940년 5월 10일에 프랑스의 수도 파리가 함락되자마자, 나치의 선전기관들은 눈앞의 현실로 다가온 히틀러의 유럽통합 방안을 홍보할 목적으로 대대적인 이미지 선전물을 제작하는 데 돌입했다. 이에 따라 이 전쟁 기간 동안 선전 전략을 진두지휘하는 자리에 있던 제국선전장관 요제프 괴벨스(Joseph Goebbels)는 "'전 세계에서 음모를 꾸미는 유대인'의 위협에서 (유럽을) 사수한다는 히틀러의 사명에 대한 망상적 '신념'의 세계 속으로 빠져들어갔다."[18] 특히 히틀러의 유럽통합 방안을 전 유럽에 홍보하기 위한 전쟁 포스터는 상대적으로 적은 비용을 들여 손쉽게 배포할 수 있음에도 불구하고 대대적인 홍보 효과를 노릴 수 있다는 점에서 전시 동안에 여러 나치 선전기관들이 서로 경쟁하듯이 매달린 선전 전략 분야였다.[19]

사실 지금까지 2차 세계대전 동안에 전쟁을 위해 제작된 포스터의 수량은 정확하게 파악된 적이 없다. 그래서 전쟁을 위한 포스터 제작, 배포, 효과에 대한 정확한 그림을 파악하기란 쉽지 않다. 이러한 한계점은 히틀러의 유럽통합 방안을 홍보하기 위해 제작된 전쟁 포스터의 경우에도 마찬가지로 드러난다. 그러나 그럼에도 불구하고 현재까지 남아 있는 이미지 자료들 중에서 쉽게 구할 수 있는 자료들을 우선적인 분석 대상으로 삼는다면, 히틀러의 유럽통합 방안의 홍보와 관련해서 제작된 전쟁 포스터의 이미지 전략의 특징을 대략적으로나마 추론할 수 있다.

연구의 목적에 맞추어 전쟁 포스터가 '유럽'의 이미지를 어떻게 재현하고 있는가를 기준점으로 삼는다면, 당대의 전쟁 포스터는 대략 세 가지로 대별된다. 첫째, 구유럽의 희생자 모티프와 반유대주의적 이미지를 담고 있는 전쟁 포스터. 둘째, 유럽통합을 선도하는 독일의 사명 모티프와 대독일주의를 부각시키는 전쟁 포스터. 셋째, 유럽의 승리 모티프와 반볼셰비즘적 이미지를 담고 있는 전쟁 포스터.

이제 히틀러의 유럽통합 방안을 홍보하는 전쟁 포스터의 이미지를 몇 가지 사례를 통해 직접 분석해보기로 하자. 여기서 분석 대상이 되는 사례들은 모두 포스터 도안에 '유럽(Europa)'라는 단어가 사용된 경우에 해당한다.

1) 구유럽(Old Europa) 희생자 모티프와 반유대주의

먼저 이 그림은 〈유럽의 코셔 식칼〉이라는 제목으로 반유대주의를 표방한 나치당 기관지인 《돌격》에 실린 포스터다. 제작자는 그림의 오른쪽 귀퉁이에 적혀 있는 것처럼 'Fips'라는 필명으로 활동했던 포스터 작가 필리프 루프레히트(Philipp Rupprecht, 1900~1975)였다. 그는 1925년 12월부터 1945년 2월까지 무려 20년 동안 이 신문에 악명 높은 반유대주의 캐리커처를 그렸다.[20]

그런데 제목만으로는 이 그림의 주제가 무엇인지 파악하기 어렵다. 어쩌면 제목에서 언급된 두 단어들 중에서 '유럽'은 쉽게 찾을 수 있지만, '코셔 식칼'의 모습은 전혀 보이지 않기 때문일 것이다. 그래서 독자의

Der Stürmer
Deutsches Wochenblatt zum Kampfe um die Wahrheit
HERAUSGEBER : JULIUS STREICHER

Nummer 29 | Nürnberg im Juli 1934 | 12. Jahr 1934

Wer ist der Feind?

Weltkriegshetze und die Judenprotokolle von Basel

Die Welt will den Frieden

Europa am Schächtmesser

Die Völker nicht, der Jude will den Krieg
Die Völker bluten um des Juden Sieg

Aus dem Inhalt

Waren die Juden ein Gottesvolk?

Die Juden sind unser Unglück!

그림 2
〈유럽의 코셔 식칼〉

시선은 곧바로 그림 아래쪽에 달린 추가 문구로 향한다. "민족들이 아니라, 저 유대인이 전쟁을 원한다. 민족들은 저 유대인의 승리를 위해 피 흘리고 있다." 이 짧은 문장들은 '복수' 민족들과 '단수' 유대인을 대립시키고 있다. 전자의 민족들은 그림 속 애도하는 여인 'EUROPA'와 결합하면서 유럽의 여러 민족들을 가리키고, 후자는 전형적인 유대인 이미지의 한 남성을 가리킨다. 이 유대인 남성이 손에 든 서류들은 다윗별 표식과 함께 'JUDEN'이라는 글귀가 'EUROPA'와 대조를 이루면서 눈에 확 들어온다. 모두 다섯 장의 서류에서 전쟁 이익 배당금과 볼셰비즘이라는 단어가 도드라져 보인다. 이제 이 그림의 메시지는 분명해진다. 한 마디로 유대인이 전쟁의 주동자이고, 유럽은 희생자라는 메시지다.

솔직히 이 그림은 1934년에

그림 3 〈유대인, 전쟁의 주동자〉

그림 4 〈전쟁은 이놈[유대인] 때문이다!〉

간행된 《돌격》에 실렸기 때문에 당시에는 1차 세계대전과 관련된 그림으로 해석되었을 가능성이 높다. 그런데 이 그림의 중요성은 거기에서 멈추지 않는다. 왜냐하면 1939년 전쟁 발발 이후에 제작되는 전쟁 포스터들이 이 그림에서 제시된 기본 공식인 '가해자=유대인, 피해자=유럽'이라는 유럽 이데올로기의 구도를 기본적으로 따르고 있기 때문이다. 이런 의미에서 히틀러가 도모하는 전쟁은 유대인의 세계 지배로부터 '유럽'을 해방시키는 반유대주의적 인종 전쟁으로 선전되었던 것이다. 1939년 8월 31일, 히틀러가 제국의회 앞에서 행한 전쟁 선언 이후에 전개되는 2차 세계대전은 '인종 투쟁'으로 해석될 수 있는 여지가 충분했다.[21]

2) 유럽의 사명 모티프와 대독일주의

정확한 제작연도(1941?~1943?)가 확인되지 않는 이 포스트의 제목은 〈독일의 유럽적 사명〉이다. 이 포스터의 왼쪽 상단 귀퉁이에 작가의 이름이 작지만 분명하게 'von Axster-Heudtlaß'라고 기입되어 있다. 그는 베르너 폰 악스터-호이트라스(Werner von Axster-Heudtlaß, 1898~1949)인데, 당대에 이미 포스터 작가로 유명했다.[22] 그는 나치 시대 독일의 일상성을 아름답게 그려낸 평범한 예술가로 높이 평가받았다. 그러나 일반적인 평가와 달리, 악스터-호이트라스는 '히틀러의 예술가'로 분류될 만큼 히틀러와 나치 독재체제를 옹호하는 문화예술활동을 적극적으로 수행했다는 것 또한 엄연한 사실이다.[23] 〈독일의 유럽적 사명〉과 같은 전쟁 포스터는 그것을 보여주는 적절한 사례다.

악스터-호이트라스의 〈독일의 유럽적 사명〉 은 한마디로 대독일주의를 표방한 히틀러의 유럽 이데올로기를 미학적으로 찬양한 선전물이다. 그 근거는 크게 세 가지다. 첫째, 작가가 히틀러 제국의 대표적인 정치적 구호인 ‘독일의 유럽적 사명’을 아무런 비판 없이 작품의 제목으로 달았기 때문이다. 이러한 작품 행위는 작가가 히틀러의 대독일주의를 적극적으로 지지한다는 분명한 의사 표명으로 해석될 수밖에 없다.

둘째, 작가는 히틀러의 대독일주의 모티프를 아름답게 표현하기 위해 ‘독수리, 빛, 유럽’이라는 세 가지 요소를 적절하게 조합했는데, 이 세 요소는 이미 히틀러의 ‘정치미학’ 전략에서 널리 사용되던 방식이기 때문이다. 아들러 독수리는 히틀러 정치미학의 대표적인 상징물이다. 특히 전쟁 발발 직전에 열린 1939년 ‘평화’ 전당대회의 포스터에 등장하는 히틀러의 독수리는 ‘평화의 빛’을 상징한다. 그런데 이 그림 속 독수리는 양쪽 날개를 둥글게 펴서 유럽 대륙을 보호하는 듯한 독특한 자세를 취하고 있다. 이는 곧 독일이 유럽의 평화

그림 5 〈독일의 유럽적 사명〉

그림 6 자발적 참전 독려 선전 포스터. “금권정치와 볼셰비즘에 맞선 유럽해방전쟁을 위해 이제 우리 알자스인도 함께한다.”

를 지키는 독수리가 되는 것, 그것이 바로 '독일의 유럽적 사명'이라는 메시지를 전달한다. 그리고 빛은 '히틀러의 건축가' 알베르트 슈페어(Albert Speer)가 히틀러 제국을 '빛의 제국'으로 신성화하기 위해 적극 활용한 나치 정치미학의 정수에 해당한다.[24] 이 그림 속의 빛의 이미지 또한 히틀러의 독수리 양 날개 내부에서만 빛이 발산되는 이미지를 시각화함으로써 독일의 보호를 통해서 유럽의 평화가 유지된다는 메시지를 강력하게 전달한다.

세 번째, 어쨌거나 1940년대 전시에 제작된 악스터-호이트라스의 〈독일의 유럽적 사명〉은 다른 포스터들에서 자주 반복되는 '유럽의 자유를 지키는 독일'이라는 이미지를 확대 재생산한다는 점에서 히틀러의 유럽통합 이데올로기를 선전하는 대표적인 이미지 전략이라는 사실을

그림 7 유럽해방전쟁일 선전 포스터. "동쪽에서 오는 침략에 맞서 유럽은 문화를 다시 방어하고 있다." 1941년 6월 22일은 독일이 소련을 침공한 날이다.

부정할 수 없다.

이런 맥락에서 〈그림 6〉과 〈그림 7〉은 1941년 6월 22일 소련 침공과 더불어 히틀러의 유럽통합 방안이 '해방전쟁'(Frreiheitskampf)을 통해서만 가능하다는 것을 분명히 드러낸 사례로서 중요한 의미를 지닌다. 다시 말해 '독일의 유럽적 사명'은 평화로운 수단이 아니라 가혹한 전쟁을 통한 강제적인 유럽통합 방안을 지칭하는 나치의 정치적 수사학의 전형인 셈이다.

3) 유럽 승리의 모티프와 반볼셰비즘

〈승리 아니면 볼셰비즘〉이라는 제목의 전쟁 포스터는 1943년에 제작되었다. 왼쪽 하단에 작은 글씨로 'Mjölnir'라고 작가 이름이 기입되어 있다. 이 '(토르의) 망치'라는 필명의 작가는 한스 슈바이처(Hans Schweitzer, 1901~1980)다. 그는 1926년 2월에 나치당에 가입한 이후 나치당을 위해 적극적인 문예활동을 했고, 1928년부터 요제프 괴벨스와 각별한 친구 사이로 발전했다. 히틀러가 정권을 인수한 이후, 그는 선전장관 괴벨스의 후광을 입어 그의 '궁정화가'로 활동하면서 문화기관의 중요한 요직을 도맡았다. 1937년 뮌헨에서 개최된 악명 높은 '퇴폐 예술' 전시회의 조직위원으로 활동했다. 1943년부터는 제국국방군의 예술가로 활동했고, 이 전쟁 포스터도 이 시기에 제작했다. 그는 나치 이데올로기를 예술 작품에 가장 잘 담아내는 "탁월한 나치 예술가"라는 평가를 받았다. 그는 특히 나치 정권의 반유대주의 이데올로기의 작품화에 조예가 깊다는 평판을 들었다. 앞에서 제시한 〈그림 3〉과 〈그림 4〉가 바로 그의 작품이다.[25]

이 포스터는 '히틀러' 전쟁의 승리와 패배의 이미지를 극단적으로 대비시키고 있다. 왼쪽에는 붉은색의 '승리'라는 글귀 아래 밝게 웃고 있는

그림 8 〈승리 아니면 볼셰비즘〉

어머니와 흥분해서 두 손을 번쩍 쳐든 어린 여자의 밝은 모습이 보인다. 그와 반대로 오른쪽에는 승리의 기쁨을 표출하는 여자아이의 팔을 잘라버리듯 '아니면(oder)'이라는 흰색의 단어가 분위기를 완전히 깨버린다. 그 뒤로 피에 굶주린 듯한 악귀의 모습으로 어둠 속에서 나타난 한 남성이 헐벗은 채 두려움에 떠는 복수의 여성들을 금방이라도 유린할 듯 내려다보고 있다. 신사복을 입은 말쑥한 남성들은 자포자기한 듯 허공을 향해 울부짖고 있는 모습이 아수라장을 떠올리게 한다. 그림은 이게 바로 'BOLSCHE-WISMUS'의 지옥과 같은 세상이라는 메시지를 강조한다.

그런데 그의 포스터에서 놓치지 말아야 할 부분이 두 가지 있다. 첫째, 볼셰비즘을 대변하는 인물의 정체성이다. 러시아 스타일의 붉은 모자를 쓴 이 남성이 '붉은' 볼셰비키라는 점을 확인할 수 있다. 다른 한편 악귀의 모습을 한 남성은 유난히 큼직한 코를 가진 것으로 그려져 있다. 이 남성의 큰 코는 남성 성기의 크기를 은유적으로 시각화한 것이다. 이런 성욕에 찬 포악한 남성 앞에 거의 벗고 있는 복수의 여성들이 공포에 신음하고 있는 모습을 그려낸 것은 그림의 논리상 당연한 귀결이다. 그런데 여기서 우리는 남성의 코의 크기보다는 코의 모양새에 주목할 필요가 있다. 왜냐하면 이 남성의 코가 매부리코로 묘사되어 있기 때문이다.

위에서도 살펴보았듯이, 독일의 반유대주의 이미지의 역사에서 '매부리코'는 나쁜 유대인의 상징이다.

이 분야의 전문 역사가인 볼프강 벤츠의 분석에 따르면, 유대인을 증오하는 이러한 새로운 이미지는 1882년에 빌헬름 부슈(Wilhelm Busch)가 쓴 그림 역사책에서 시작되었다. "짧은 바지, 긴 상의/ 매부리코와 굽은 지팡이/ 검은 눈과 잿빛 영혼/ 올려 쓴 모자, 교활한 얼굴/ 사무엘 쉬펠바이너(전형적인 유대인 이름)의 모습이라네."[26] 그리고 위에서 제시한 한스 슈바이처의 반유대주의 포스터 (〈그림 3〉)에서도 매부리코의 유대인이 등장한다. 이러한 사실은 당대에 괴벨스의 궁정화가로 불렸던 작가가 '유대인=볼셰비즘'이라는 나치 이데올로기의 공식을 그림으로 시각화하는 데 그야말로 '탁월한(sic!)' 능력을 다시 한 번 보여준 셈이다.

그림 9 〈유럽의 승리는 곧 당신의 안녕〉

둘째, 볼셰비키가 지배하는 지옥과 같은 세상에 대비되는 유토피아적인 세상을 시각화한 오른쪽의 세계가 단지 독일만을 의미하지 않고 히틀러가 지배하는 대독일제국을 상징하고 있다는 점이다. 왜냐하면 이 포스터에 등장하는 어머니와 아이 모티프는 당연히 독일의 승리에 기뻐하고 있는 게르만 여성과 아이 모두를 대변하고 있기 때문이다. 이러한 해석은 거의 같은 시기에 제작된 다른 전쟁 포스터에 등장하는 시각적 대조

그림 10 〈독일의 승리, 유럽의 자유〉

법을 비교해보면, 전시에는 '승리'의 메타포가 독일의 승리와 유럽의 승리가 거의 동일하게 사용되어 있었다는 점이 분명해진다. 〈그림 9〉의 경우와 비교해보면, 우선 스탈린이 지배하는 러시아제국은 붉은색으로 그려진 반면, 히틀러가 지배하는 유럽제국은 노란색 계통으로 그려져 있다. 더욱 흥미로운 점은 유럽의 승리로 보장되는 당신의 안녕(또는 행복이나 평화)이라는 개념 안에 공장과 농촌과 더불어 어린아이의 침대를 포함시키고 있다는 점이다. 이 또한 노란색 계통으로 배색되어 있다는 점은 중요한 포인트다. 이런 점에서 당대의 독일 전쟁 포스터 작가들은 노란색을 단순히 독일에 국한하지 않고 히틀러가 지배하는 유럽을 노랗게 상상하고 있었다는 사실을 감안하면 〈그림 8〉 좌측 아이의 옷이나 배경에 채색된 노란색은 유럽의 승리에 대한 이미지로 확대 해석할 수 있는 여지가 충분하다.

이런 시각에서 유럽 승리의 모티프와 반볼셰비즘의 이미지를 극단적으로 대비시키는 전쟁 포스터들은 히틀러의 유럽통합 이데올로기를 찬양하는 이미지를 강조하기 위해 스탈린이 통치하는 소비에트 러시아에 대한 나쁜 이미지를 적극적으로 조작하여 활용했다는 점을 알 수 있다. 이는 특히 1943년 스탈린그라드 패배를 전후한 시기에 집중적으로 제작

그림 11 〈증오와 절멸을 우리의 적들에게—볼셰비즘, 자본주의, 금권정치, 유대인〉

되었는데, 아래의 포스터들에서 동일한 대조법이 두드러지게 나타난다는 점이 흥미롭다. 특히 몇몇 전쟁 포스터들에서 히틀러의 적들의 이미지가 악한이나 악마의 이미지가 아니라 동물의 이미지, 특히 나쁜 용의 모습으로 등장한다는 것은 주목할 만한 부분이다. 이는 소비에트 러시아를 '아시아의 붉은 공포'로 선전하는 유럽의 공포 담론의 시각화라고 본다면 어렵지 않게 이해할 수 있다.

3. 맺음말

유럽통합의 역사에서 히틀러의 유럽통합 방안이 차지하는 역사적 위상을 둘러싼 학계의 논의는 아직까지 현재진행형이다. 그러나 히틀러가 구상한 유럽통합 방안의 정체성의 문제를 나치 시대에 제작된 전쟁 포스터의 이미지 전략에 초점을 맞춰 분석해본 결과, 히틀러의 유럽통합 방안은 '전쟁을 통한 통합'이라는 정치 이데올로기의 극단적인 나치식 버전이라는 귀결점에 도달했다. 히틀러의 유럽통합 이데올로기는 특히 반유대주의, 승전주의, 반볼셰비즘 등 나치의 지배적인 이데올로기와 교묘하게 뒤섞이면서 매우 공격적인 이미지 전략을 구사했다. 그렇기 때문에 히틀러의 유럽통합 방안은 2차 세계대전 이후 유럽이 추구해온 '평화를 통한 통합'의 궁극적 실현이라는 유럽연합의 지상 목표와는 대조적으로 부정적인 유럽통합 방안이라는 점이 분명하게 드러났다. 이런 의미에서 히틀러 독일과 유럽연합의 유럽통합 방안은 전쟁과 평화의 거리만큼이나 개념 자체가 전혀 다른 통합 구상이기 때문에 상호 불연속적이라는 평가에 이의가 있을 수 없다.

그러나 유럽연합에 소속된 유럽 국가들이 특히 시리아 난민 문제로 더욱 심각한 위기 국면에 빠져들자마자, 비록 히틀러식의 전쟁에 의한 통합 방식은 아닐지라도, 난민들을 철저하게 배제하는 국수주의적인 난민 정책으로 돌아서버렸다. 이 과정에서 이른바 '배제를 통한 통합'이라는 또 하나의 유럽통합 이데올로기를 생산하고 유포하여 소비하도록 일반 대중을 부추기는 대다수 국가의 극단적인 행동은 매우 위험하다. 한편 이러한 극단주의가 히틀러의 망령을 지옥에서 불러내려는 정치적 의도에서 '히틀러 포스터'를 제작하여 유통시킨 신나치주의자들의 선전 전략이 채택되기에 적합한 자양분을 제공하지는 않았는지 꼼꼼하게 따져봐야 한다. 다른 한편 이러한 극단주의가 최근 독일이 강력한 주도권을 행사하고 있는 위기 국면에서 현재 독일의 유럽통합 정책을 과거 히틀러의 유럽통합 방안과 단순 비교함으로써 독일 국가를 무분별하게 비난하는 이미지들을 범람하는 반유럽적 현상에 빌미를 제공해주고 있는 것은 아닌지 철저하게 반성해야 한다.

이른바 ‘배제를 통한 통합’이라는 또 하나의 극단적인 유럽통합 이데올로기로부터 벗어나지 않는다면, 지속가능한 유럽연합의 실현 가능성에 켜진 적신호는 우리의 예상보다 더 오랫동안 이어질 수 있다. 따라서 유럽통합의 주도권을 누가 쥐든지 상관없이 미래의 유럽통합 정책은 히틀러의 ‘전쟁을 통한 통합’ 방식과 유사한 ‘배제를 통한 통합’의 길에서 과감하게 탈주하여 ‘평화를 통한 통합’의 길에 나아가야 한다는 것이 이 연구가 유럽통합의 흑역사에서 얻은 역사적 교훈이라고 할 수 있다. 만일 이러한 역사의 교훈을 마음에 새기지 않는다면, 유럽통합의 어두운 역사는 또다시 되풀이될지도 모른다.

마지막으로 히틀러의 유럽통합 방안과 전쟁 포스터의 이미지 전략에 대한 연구를 수행하던 중에 후속 연구가 필요한 흥미로운 주제들을 간략하게 제시하며 글을 마무리하고자 한다. 간략하게 정리된 문제 제기가 여러 후속 연구자들의 관심을 촉발하는 계기가 되기를 바란다.

첫째, 나치의 전쟁 포스터를 통한 이미지 전략은 당대 유럽의 여러 국가들의 적극적 또는 소극적 지지를 받은 것으로 드러났다. 본론에서 분석했듯이, 유럽의 다른 국가들에서 제작된 전쟁 포스터에서도 반유대주의, 승전주의, 반볼셰비즘이라는 주제를 담은 이미지들이 적지 않았다는 것은 매우 흥미로운 사실이다. 주로 나치 점령국가의 이름으로 제작되어 유포된 전쟁 포스터의 이미지 전략에 대한 분석은 당시 유럽 국가들이 히틀러의 유럽통합 방안에 얼마나 동조했는지를 보여주는 중요한 단서를 제공해줄 수 있기 때문에 이 주제에 대한 후속 연구가 필요하다.

둘째, 히틀러의 유럽통합 방안에 적극적으로 동조하는 이미지들이 많은 만큼이나 그의 통합 방안에 감춰진 의도를 정확히 간파해낸 이미지들도 적지 않다는 사실은 후속 연구자들의 관심을 불러일으키기에 충분하다. 당시 영국과 미국에서 제작된 전쟁 포스터들은 히틀러를 단순하게 희화화의 대상으로 삼고 히틀러의 유럽통합 이데올로기를 '유럽적 망상'으로 비난하는 색조의 이미지를 제작하고 유통시켰다는 사실은 이미 잘 알려져 있다. 그러나 히틀러에 의해 점령당한 동유럽 국가들 내부에서 제작되어 유통된 몇몇 전쟁 포스터들은 단순한 희화화에 그치지 않고 히틀러의 유럽통합 방식의 특징인 '전쟁을 통한 통합' 노선의 본질은 동유럽의 파괴 및 절멸정책과 궤를 같이한다는 사실을 정확하게 간파해냈다는 점은 지금까지 거의 연구된 적이 없다. 히틀러의 유럽통합 이데올로기에 대한 반이미지(Counter-Image)는 과연 누가, 언제, 어디서, 어떻게, 왜 제작하고 유통시켰을까? 이처럼 이미지를 통한 반역사의 흔적, 곧 '이미지 레지스탕스'의 흔적을 새롭게 발굴하는 일은 새로운 유럽통합의 역사를 서술할 수 있는 가능성을 높여줄 것이다.

셋째, 앞에서 잠시 언급했듯이, 히틀러의 유럽통합 방안과 전쟁 포스터의 이미지 전략 연구는 나치 시대와 전후 유럽연합 시대와의 불연속적인 측면을 강조한 바 있다. 그런데 히틀러 시대에 제작된 전쟁 포스터의 이미지를 분석하는 과정에서 유럽의 이미지가 대부분 노란색으로 채색된다는 사실이 드러났는데, 노란색은 유럽연합의 기본색과 다르지 않다는 점이 새롭게 드러났다. 이 대목에서 우리는 19~20세기에 유럽통합 구상을 발표한 바 있는 대표적인 유럽통합론자들이 바로 이 노란색을 유럽연합의 기본색으로 설정한 이후, 나치 시대에도 이 기본 바탕색은 그대로 답습되었을 뿐만 아니라 전후 유럽연합의 시대에도 기본색은 그대로 지속되어왔다는 사실에 문제를 제기할 필요가 있어 보인다.[27]

유럽통합론자들은 왜 유럽의 이미지를 노란색으로 채색했던 것일까?

나치 시대의 전쟁 포스터 제작자들은 왜 노란색의 유럽 이미지를 그대로 답습한 것일까? 만약 그대로 답습한 것이 아니라고 한다면, 그들의 고유한 노란색은 어떤 의미를 담고 있는 것일까? 그리고 전후 유럽연합 시대의 이미지 제작자들은 왜 히틀러의 유럽통합 이데올로기로 물든 노란색 이미지의 유럽을 그대로 고수한 것일까? 아니면 역시나 독특한 전유의 대상물인가?

이와 같이 히틀러의 유럽통합 방안과 전쟁 포스터의 이미지 전략에 대한 역사적 연구를 시도한 이 글이 새롭고 다양한 후속 연구자들에게 좋은 밑거름이 될 수 있기를 기대한다.

주

1 원문은 이렇다. "Adolf, Wo bist Du? Europa braucht Dich!" "Vor einem Monat—das Hitler-Plakat", *Wochenblatt* (2016. 8. 13.) https://wochenblatt.cc/ vor-einem-Monat-das- Hitler-plakat. (2018. 6. 21. 검색)

2 David Berger, "Was wäre aus Europa geworden, wenn Hitler den Krieg gewonnen hätte?", Philosophia Perennis. Ein Blick auf die Welt mit von der Philosophia Perennis geschärften Augen (2017. 5. 8.). https://philosophia-perennis.com/2017/05/08/8-mai-kriegsende. (2018. 6. 17. 검색)

3 Marcel Atze, *"Unser Hitler": Der Hitler-Mythos im Spiegel der deutschsprachigen Literatur nach 1945* (Göttingen: Wallstein Verlag, 2003), p. 112.

4 Ralph Giordano, *Wenn Hitler den Krieg gewonnen hätte. Die Pläne des Nazis nach dem Endsieg* (Hamburg: Rasch und Röhring Verlag, 1989).

5 이 영화의 의미에 대해서는 원작 소설가인 로베르트 하리스의 최근 기사를 참고하라. Robert Harris, "So löste ich als Brite einen Hitler-Skandal aus", Welt (2017. 3. 11). https://www.welt.de/kultur/literarischewelt/article162747811/So-loeste-ich-als-Brite-einen-Hitler-Skandal-aus.html. (2018. 6. 20. 검색)

6 Ralph Giordano, *Wenn Hitler den Krieg gewonnen hätte. Die Pläne des Nazis nach dem Endsieg* (Köln: Kiepenheuer & Witsch, 2000).

7 Paul Kluke, "Nationalsozialistische Europaideologie", *Vierteljahrshefte für Zeitgeschichte* 3 (1955), pp. 240~275.

8 Reimund Bauer, ""*Auch die neue europäische Wirtschaft muß gornisch wachsen.*" Walther Funds Rede "Die wirtschaftliche Neuordnung Europas" vom 25. Juli 1940 im Kontext zeitgenössischer Europavorstellungen", *Themenportal Europäische Geschichte* (2016). www.europa.clio-online.de/essay/id/artikel-3802. (2018. 6. 17. 검색); Florian Greiner, "Der "Mitteleuropa"-Plan und das "neue Europa" der Nationalsozialisten in der englischen und amerikanischen Tagepresse", *Zeithistorische Forschungen/Studies in Contemporary History* 9 (Online-Ausgabe, 2012).

9 Michael Wildt, "Völkische Neuordnung Europas", *Themenportal Europäische Geschichte* (2007). www.europa.clio-online.de/essay/id/artikel-3332. (2018. 6. 10. 검색); Thomas Sandkühler, "Europa und der Nationalsozialismus: Ideologie, Währungspolitik, Massengewalt", *Zeithistorische Forschungen/Studies in Contemporary History* 9 (2012), pp. 428~441.

10 발터 벤야민, 반성완 옮김, 《발터 벤야민의 문예이론》 (민음사, 1992).

11 존 키건, 류한수 옮김, 《2차 세계대전사》 (청어람미디어, 1989); 존 린, 이내주 · 박일송 옮김, 《배틀, 전쟁의 문화사》 (청어람미디어, 2006).

12 아돌프 히틀러, 황성모 옮김, 《나의 투쟁》 (동서문화사, 2014); Birgit Kletzin (Hg.), *Europa aus Rasse und Raum. Die nationalsozialistische Idee der Neuen Ordnung, 2. Auflage* (Münster: LIT, 2002), p. 9.

13 히틀러, 위의 책.

14 Birgit Kletzin (Hrsg.), *Europa aus Rasse und Raum. Die nationalsozialistische Idee der Neuen Ordnung, 2.* (Auflage, Münster: LIT, 2002), p. 9.

15 Adolf Hitler, "Rede vor den Spitzen der Reichswehr, 3. Februar 1933, Abschrift des kommunistischen Nachrichtendienstes", Kopie, BArch RY 5/I 6/10/88, Bl. 20~22 (http://1000dok.digitale-sammlungen.de/dok_0109_hrw.pdf).

16 Walter Lipgens, "Einleitung", Walter Lipgens (Hg.), *Europa-Föderationspläne der Widerstandsbewegungen 1940-1945* (Stuttgart: Deutsche Verlags-Anstalt, 1968), p. 9.

17 Franz Alfred Six, "Das Reich und die Grundlegung Europas," Franz Alfred Six (Hg.), *Jahrbuch der Weltpolitik 1942. Junker und Dünnhaupt* (Berlin, 1942), pp. 13~36.

18 이에 대해서는 다음을 참조하라. 랄프 게오르크 로이트, 김태희 옮김, 《괴벨스, 대중 선동의 심리학》 (교양인, 2004), 647쪽.

19 위의 책, 635~927쪽.

20 Gerhard Jochem, "Rupprecht, Philipp", *Neue Deutsche Biographie, Band 22, Dunker & Humboldt* (Berlin, 2005), pp. 282~283.

21 이안 커쇼, 이희재 옮김, 《히틀러 II: 몰락 1936~1945》 (교양인, 2010), 303~357쪽.

22 "Werner and Maria Axster-Heudtlass", Gerald Cinamon, German Graphic Designers during the Hitler Period (http://www.germandesigners.net, 2018. 6. 21. 검색).

23 "Diktatur: Das »Dritte Reich«", *Politik & Unterricht* 2/(3) (2009), p. 44.

24 알베르트 슈페어, 김기영 옮김, 《기억: 제3제국의 중심에서》 (마티, 2007), 125~158쪽.

25 Ernst Klee, *Das Kulturlexikon zum Dritten Reich* (Frankfurt am Main: Fischer, 2007); Carl-Eric Linsler, "Mjölnir-Zeichner des Nationalsozialismus", Wolfgang Benz (Hg.), *Handbuch des Antisemitismus. Judenfeindschaft in Geschichte und Gegenwart, Bd. 7: Literatur, Film, Theater und Kunst* (Berlin 2015), pp. 313~316; Wolf Oschlies, "Hans Schweitzer (Mjölnir) (1901-1980)" (2017. 6. 11) http://www.zukunft-braucht-erinnerung.de/ hans-schweitzer-mjoelnir. (2018. 6. 22. 검색)

26 볼프강 벤츠, 윤용선 옮김, 《유대인 이미지의 역사》 (푸른역사, 2001), 22~23쪽. 강조는 필자.

27 이와 관련된 유익한 기본 정보는 2018년 6월 22일, 23일 이틀 동안 서강대학교에서 열린 유럽통합연구회 학술대회 〈세계대전과 유럽통합: 1918-1945년 시기의 유럽통합 구상〉에 참석한 연구회 소속 선생님들이 논평해주신 내용을 기반으로 간략하게 정리한 것이다. 이 자리를 빌려 필자에게 졸고의 논문을 발표할 수 있는 시간을 주시고, 아울러 애정 어린 비판을 아끼지 않으신 여러 선생님들에게 감사의 마음을 전한다.

참고문헌

국내 문헌

랄프 게오르크 로이트, 김태희 옮김,《괴벨스, 대중 선동의 심리학》, 교양인, 2004.

발터 벤야민, 반성완 옮김,《발터 벤야민의 문예이론》, 민음사, 1992.

볼프강 벤츠, 윤용선 옮김,《유대인 이미지의 역사》, 푸른역사, 2001.

아돌프 히틀러, 황성모 옮김,《나의 투쟁》, 동서문화사, 2014.

알베르트 슈페어, 김기영 옮김,《기억: 제3제국의 중심에서》, 마티, 2007.

이안 커쇼, 이희재 옮김,《히틀러 II: 몰락 1936~1945》, 교양인, 2010.

존 린, 이내주 · 박일송 옮김,《배틀, 전쟁의 문화사》, 청어람미디어, 2006.

존 키건, 류한수 옮김,《2차 세계대전사》, 청어람미디어, 1989.

외국 문헌

Atze, Marcel, "*Unser Hitler*": *Der Hitler-Mythos im Spiegel der deutschsprachigen Literatur nach 1945*, Göttingen: Wallstein Verlag, 2003.

"Diktatur: Das »Dritte Reich«", *Politik & Unterricht* 2/(3), 2009.

Giordano, Ralph, *Wenn Hitler den Krieg gewonnen hätte. Die Pläne des Nazis nach dem Endsieg*, Hamburg: Rasch und Röhring Verlag, 1989.

Giordano, Ralph, *Wenn Hitler den Krieg gewonnen hätte. Die Pläne des Nazis nach dem Endsieg*, Köln: Kiepenheuer & Witsch, 2000.

Greiner, Florian, "Der "Mitteleuropa"-Plan und das "neue Europa" der Nationalsozialisten in der englischen und amerikanischen Tagepresse", *Zeithistorische Forschungen/Studies in Contemporary History* 9 (Online-Ausgabe), 2012.

Jochem, Gerhard, "Rupprecht, Philipp", *Neue Deutsche Biographie, Band 22, Dunker & Humboldt*, Berlin, 2005.

Kletzin, Birgit, (Hg.), *Europa aus Rasse und Raum. Die nationalsozialistische Idee der Neuen Ordnung, 2. Auflage*, Münster: LIT, 2002.

Klee, Ernst, *Das Kulturlexikon zum Dritten Reich*, Frankfurt am Main: Fischer, 2007.

Kluke, Paul, "Nationalsozialistische Europaideologie", *Vierteljahrshefte für Zeitgeschichte* 3, 1955.

Linsler, Carl-Eric, "Mjölnir-Zeichner des Nationalsozialismus", Wolfgang Benz (Hg.), *Handbuch des Antisemitismus. Judenfeindschaft in Geschichte und Gegenwart, Bd. 7: Literatur, Film, Theater und Kunst*, Berlin 2015.

Lipgens, Walter, "Einleitung", Walter Lipgens (Hg.), *Europa-Föderationspläne der Widerstandsbewegungen 1940-1945*, Stuttgart: Deutsche Verlags-Anstalt, 1968.

Six, Franz Alfred, "Das Reich und die Grundlegung Europas", Franz Alfred Six (Hg.), *Jahrbuch der Weltpolitik 1942. Junker und Dünnhaupt*, Berlin, 1942.

Sandkühler, Thomas, "Europa und der Nationalsozialismus: Ideologie, Währungspolitik, Massengewalt", *Zeithistorische Forschungen/Studies in Contemporary History* 9, 2012.

인터넷 자료

"Adolf, Wo bist Du? Europa braucht Dich!" "Vor einem Monat—das Hitler-Plakat", *Wochenblatt* (2016. 8. 13.) https://wochenblatt.cc/ vor-einem-monat-das-Hitler-plakat. (2018. 6. 21. 검색)

Adolf Hitler, "Rede vor den Spitzen der Reichswehr, 3. Februar 1933, Abschrift des kommunistischen Nachrichtendienstes", Kopie, BArch RY 5/I 6/10/88, Bl. 20~22 (http://1000dok.digitale-sammlungen.de/dok_0109_hrw.pdf).

David Berger, "Was wäre aus Europa geworden, wenn Hitler den Krieg gewonnen hätte?", Philosophia Perennis. Ein Blick auf die Welt mit von der Philosophia Perennis geschärften Augen (2017. 5. 8.). https://philosophia-perennis.com/2017/05/08/8-mai-kriegsende. (2018. 6. 17. 검색)

Michael Wildt, "Völkische Neuordnung Europas", *Themenportal Europäische Geschichte* (2007). www.europa.clio-online.de/essay/id/artikel-3332. (2018.

6. 10. 검색)

Reimund Bauer, "*"Auch die neue europäische Wirtschaft muß gornisch wachsen."* Walther Funds Rede "Die wirtschaftliche Neuordnung Europas" vom 25. Juli 1940 im Kontext zeitgenössischer Europavorstellungen," *Themenportal Europäische Geschichte* (2016). www.europa.clio-online.de/essay/id/artikel-3802. (2018. 6. 17. 검색)

Robert Harris, "So löste ich als Brite einen Hitler-Skandal aus", *Welt* (2017. 3. 11). https://www.welt.de/kultur/literarischewelt/article162747811/So-loeste-ich-als-Brite-einen-Hitler-Skandal-aus.html. (2018. 6. 20. 검색)

Werner and Maria Axster-Heudtlass, Gerald Cinamon, German Graphic Designers during the Hitler Period (http://www.germandesigners.net, 2018. 6. 21. 검색).

Wolf Oschlies, "Hans Schweitzer (Mjölnir) (1901-1980)" (2017. 6. 11) http://www.zukunft-braucht-erinnerung.de/hans-schweitzer-mjoelnir. (2018. 6. 22. 검색)

7장

이탈리아 파시스트 조합주의와 유라프리카 연합

김용우

1. 파시즘과 유럽: 민족주의와 유럽주의 사이에서

"신(新)파시스트 이론가들은 단연코 유럽적이다. 이들은 이전 조국을 위해 꾸었던 위대함과 위엄의 꿈을 유럽으로 옮겼다."[1] 전후 유럽의 신파시스트들에게 막대한 영향을 미친 한 책에서 프랑스의 파시스트 지식인 모리스 바르데슈(Maurice Bardèche, 1907~1998)가 내린 진단이다. 그에게 신파시즘의 가장 두드러진 특징은 유럽주의에 있다. 이러한 진단은 당시 신파시즘의 공통된 경향을 잘 포착하고 있으면서도 사실상 파시즘 재건을 주도했던 자신의 방향성을 반영하고 있다. 바르데슈는 영국의 오스월드 모슬리(Oswald Mosley, 1896~1980)와 더불어 유럽주의의 깃발 아래 유럽의 신파시즘 세력을 규합하기 위해 노력했던 대표적인 인물이다.[2]

잘 알려져 있지 않지만, 1951년 5월 스웨덴에서 열린 말뫼회의(Malmö

Congress)는 유럽공동체의 이름으로 열린 신파시스트들의 대규모 국제 행사였다. 바르데슈를 비롯해 이탈리아, 서독, 덴마크, 에스파냐, 스위스, 노르웨이 등에서 약 60명에서 100명 사이의 신파시스트들이 이 모임에 참석했다.[3] 말뫼대회는 '유럽사회운동(Mouvement Social Européen)'이라는 이름의 범유럽적 신파시스트 조직 결성을 결의하고 다음과 같은 10개 조항의 선언문을 발표해 파시스트 유럽공동체 수립이 그 핵심 과업임을 천명했다.

그 내용을 살펴보면 다음과 같다. 파시스트 유럽공동체는 무엇보다 공산주의에 맞서 서양 문화를 수호하기 위해 "유럽 제국"을 창설하고 경제적으로는 가격과 임금을 제국 차원에서 통제한다. 정치적으로는 유럽제국 중앙정부를 수립하고 이 중앙정부의 통제 아래 모든 유럽 국가들로 구성된 군대를 창설한다. 또한 제국에 참여하는 유럽의 국가들은 조합주의(corporatism)적 성격으로 탈바꿈함으로써 주민들의 사회적·경제적 삶을 조정하고 교육적으로는 강한 남성과 여성을 양성하는 데 진력한다. 마지막으로 "유럽 제국"에 속한 식민지 주민들은 적절한 문화적·경제적 수준에 도달한 뒤 제국 구성원이 될 권리를 부여한다는 것이다. 선언문은 이러한 제국 창설을 "인간, 사회, 국가의 정신적 갱생을 목표로 하는" 일종의 "유럽 혁명"이라 규정했다.[4]

나중에 바르데슈는 말뫼회의가 "유럽공동체 건설이 여전히 프로젝트에 머물고 있던 시절, 최초로 조직된 유럽 운동"이자, 장 모네(Jean Monnet, 1888~1979) 식의 "상업적" 유럽통합과는 달리 정치적·군사적 동맹체제를 기반으로, "워싱턴도 아니고 모스크바도 아닌" 제3의 세력으로서의 유럽, 독립 유럽, "성채(citadelle)"로서의 유럽공동체의 이상을 제시했다고 자평했다.[5]

보편적 혹은 유럽적 관점에서 전후 파시스트 이데올로기를 수정하려 했던 바르데슈에게 이탈리아와 독일 파시즘의 가장 큰 오류는 지나친 민족주의였다. “이탈리아 파시즘은 로마의 유령에 홀리고 말았다. 이러한 역사적 도취로 이탈리아 파시즘은 현실 감각을 상실했다. 그러므로 우리는 파시즘이 카이사르주의(césarisme)에 만족할 수 없다는 사실을 잊지 말아야 할 것이다.” 마찬가지로 “히틀러의 역사적 꿈은 모라스(Charles Maurras)의 꿈이나 무솔리니의 꿈과, 같은 망상을 공유하고 있다. 그것은 그 어떤 보편적 주장에도 기초를 두지 않았으며 모든 사람들을 위한 어떠한 사명도 제시하지 않았다. 그것은 독일인들의 사명을 내세웠을 뿐이다. (…) (그러나) 유럽은 신성로마제국일 뿐만 아니라 케사르의 유럽이자 동시에 루이 14세의 유럽이다. (…) 여호수아처럼 오직 게르만인들만이 태양을 멈출 수 있다고 믿었다는 사실, 독일은 다른 어떤 것이 아니라 바로 이 엄청난 잘못 때문에 궤멸하고 말았다.”[6]

사실상 두 세계대전 사이의 기간에 출몰했던 이른바 ‘고전적 파시즘’에 대한 역사가들의 평가는 바르데슈의 그것과 크게 다르지 않다. 즉 파시즘의 본질은 극단적 민족주의이기 때문에, 예컨대 국제적 파시즘(international fascism)이나 보편적 파시즘(universal fascism)이라는 말 자체가 모순이며 따라서 파시즘의 유럽주의, 혹은 국제주의는 자국의 지배적 헤게모니를 관철하려는 제국주의를 합리화하는 선전 도구에 지나지 않는다는 견해가 그것이다. 그러나 이러한 해석은 절반의 진실에 불과하다. 한편으로는 자유주의와 자본주의, 다른 한편으로는 사회주의와 공산주의를 넘어선 이른바 제3의 길, 제3의 세력임을 내세웠던 파시즘은 주적으로 간주된 자유주의나 사회주의가 보편적인 만큼 그 자체의 보편성을 확보하기 위해 노력했다. 최근 트랜스내셔널 히스토리(transnational history)의 연구 성과가 잘 보여주듯, 파시즘은 유럽에서뿐만 아니라 아메리카와 동아시아에 이르기까지 서로 교류하고 경쟁하면서 전유와 전이가 벌어진 지속적인 상호작용 속에 있었다.[7] 그리고 이러한 상호작용에서 지렛대 역할을 한 것 가운데 하나가 이탈리아 파시즘의 조합주의였다는 사실이 최근의 연구에서 밝혀지고 있다.[8]

이 글은 1930년대 중반 이탈리아 파시즘이 주도했던 유럽통합의 구상과 시도에 대한 일부 기존 연구 성과를 발판으로 했다. 여기서 다루는 두 사례, 즉 1933년에 결성된 '로마의 보편성을 위한 행동위원회(Comitati d'azione per l'universalità di Roma)'와 주세페 데 미켈리스(Giuseppe De Michelis, 1872~1951)의 이른바 조합주의적 유라프리카(Eurafrica) 구상은 이탈리아 파시즘이 시도했던 유럽통합 구상의 대표적인 경우다. 물론 두 시도 모두 결실을 맺지 못하거나 실행되지 못한 것이 사실이다. 그럼에도 불구하고 이 두 사례는 다음과 같은 점에서 주목된다.

첫째, 이탈리아 파시즘이 추구한 유럽주의의 상상과 담론의 축을 이루고 있었던 것은 고대 로마 문명의 본질, 즉 '로마성(Romanità)'이었으며, 둘째, 이탈리아 파시즘의 이른바 "조합주의"가 현실적이고 구체적인 차원에서 유럽을 연결하는 고리 역할을 했다는 사실을 잘 보여주기 때문이다. 또한 이 두 사례는 반자유주의적 유럽주의라는 그동안 "무시된 유럽화의 이야기"를 살펴볼 기회이기도 하다.[9] 이탈리아 파시즘이 구상하고 추구했던 권위주의적이고 반민주주의적, 반자유주의적 유럽은 그 자체로 하나의 역사적 유산으로서 다각도로 현재에 영향을 미치고 있다. 무엇보다도 거의 유럽 전역에서 극단적 우파세력이 점점 영향력을 확대하고 있는 요즘, 반자유주의적 유럽화의 역사에 대한 관심은 더욱더 절실해지고 있다.

2. '로마성'의 신화와 보편적 파시즘

전간기 파시즘은 자유주의, 자본주의적 물질주의, 그리고 소련의 공산주의의 영향으로 유럽 문명이 타락하고 있다는 위기감을 공유하고 있었다. 따라서 이들에게 파시즘은 유럽을 다시 부흥시킬 제3의 길이었다. 그러나 저마다 고유한 환경을 배경으로 탄생하고 활동했던 유럽 각 지역의 파시즘들이 유럽적 차원의 보편성을 얻기는 쉽지 않았다. 독일 파시즘, 즉 나치즘의 경우 인종의 보편성, 말하자면 아리안족의 신화와 반유대주의로 나아갔다면 이탈리아의 파시즘은 보편성을 전 유럽적 차원에서 영향력을 발휘한 역사적 유산에서 찾았다. 예컨대 로마 가톨릭의 역사적 전통을 강조하면서 그 본질을 '라틴성(latinità)'으로 규정한다든지 아니면 르네상스와 같은 문화운동의 중요성을 내세우면서 그 본질을 '이탈리아성(italianità)으로 보편화하는 경향이 그것이다. 그러나 이 중에서도 이탈리아 파시즘이 가장 주목하고 또 신화화하면서 대대적인 선전의 대상으로 삼았던 것은 고대 로마제국의 문명의 본질을 상징하는 '로마성(romanità)'이었다.

무솔리니는 집권 직후부터 자신이 만들고자 하는 미래의 모습을 대중의 마음속에 심어주기 위해 영광스러운 고대 로마제국의 신화를 만들고 유포했다. 1922년 4월 21일 이른바 로마 건국 기념일에 행한 무솔리니의 연설은 널리 알려져 있다. 그의 연설은 이렇다. "로마는 우리의 출발점이자 준거입니다. 로마는 우리의 상징 (…) 우리의 신화입니다. 우리는 현명하고 강력하며 일사불란하고 제국적인 로마의 이탈리아를 꿈꿉니다. 불멸의 로마 정신은 대부분 파시즘 속에서 되살아납니다. 우리의 리토리오(Littorio)는 로마의 것입니다. 우리의 전투 조직도 마찬가지입니다.

우리의 자부심과 용기도 로마의 것입니다. '나는 로마 시민입니다(Civus romanus sum).'"[10] 이 연설문은 파시즘이 건설하고자 하는 세계와 고대 로마의 역사를 중첩시킴으로써 이탈리아인들을 동원하고자 했던 무솔리니의 담론 전략을 요약적으로 담고 있다.

무솔리니의 집권 내내 벌어진 고대 로마의 역사를 신화화하려는 시도는 이런 담론 전략의 구체적 산물이었다. 예컨대 1925년에 창립된 로마연구소(Instituto di Studi Romani)는 고대 로마사 연구를 국가적 차원에서 지원하기 위한 것이었으며, 파시스트 집권 기간 내내 유명한 '파쇼 리토리오(fascio littorio)'를 비롯해 고대 로마시대의 다양한 이미지들이 다양한 매체를 통해 널리 유포되었다. 1937년 개최된 '아우구스투스 로마성 전시회(Mostra Augustea della Romanità)'는 파시스트 정권이 주도한 최대 규모의 고대 로마사 전시회였다. 이뿐만이 아니다. 무솔리니는 집권 기간 내내 고대 로마 유적을 중심으로 로마의 도시 경관을 재정비하는 데 진력했다. 오늘날 로마라는 도시의 경관을 형성하는 데 결정적인 역할을 했다는 점에서 로마를 "무솔리니의 로마"라 부르는 것은 과장이 아니다.[11] 필자가 다른 곳에서 '로마성'의 신화를 가시화하려는 파시스트 정권의 노력을 "파시스트 르네상스"라 칭한 것도 이러한 이유에서였다.[12]

'로마성'의 신화를 발판 삼아 이탈리아 파시즘이 유럽의 새로운 문명임을 내세우며 전 유럽적 차원으로 영향력을 확산하려는 시도는 1920년대 말과 특히 1930년대 초에 본격화되었다.[13] 이는 아마도 집권 이후 1920년대 내내 국내에서 독재체제를 강화함으로써 이탈리아를 파시즘화하는 데 더 심혈을 기울였기 때문일 것이다. 다른 한편으로는 이 시기 독일에서 히틀러의 독일민족사회주의노동자당(NSDAP)이 약진하면서 강력한 영향력을 행사하기 시작했고, 이를 견제할 대책이 시급했기 때문이었을 것이다. 뿐만 아니라 이 시기는 세계공황의 여파가 점차 파국을 향해 치닫고 있었다. 주세페 보타이(Giuseppe Bottai), 카밀로 펠리치(Camillo Pellizzi), 아르날도 무솔리니(Arnaldo Mussolini), 그리고 누구보다도 아스베로 그라벨리(Asvero Gravelli)와 같은 당대의 저명한 지식인들이 파시즘의 보편성을 강조하며 유럽주의와 연결시키는 담론들을 양산했던 것도 이 무렵이었다. "파시즘의 보편성", "유럽"과 같은 제목을 내건 다양한 정기 간행물들이 활발하게 출판되었다는 사실도 당시의 정황을 보여주는 증거들이다.

좀 더 구체적으로 본다면 1920년대 말부터 보편적 파시즘을 기치로 내걸고 유럽 각국에서 파시즘에 우호적인 인물들이나 파시스트들을 초청하는 다양한 행사와 조직이 결성되었다. 예컨대 1928년 스위스 로잔에서 영국의 제임스 반스(James Strachey Barnes)를 중심으로 구성된 '파시즘국제연구센터(Centre International d'Études sur le Fascism)'에는 영국, 미국, 독일, 프랑스, 네덜란드, 그리스, 에스파냐, 폴란드, 헝가리, 아일랜드, 노르웨이, 벨기에를 대표하는 교수들과 전직 고위관료들이 참여했다. 1928년 반스는 《파시즘의 보편적 측면들》이라는 저서를 출간했고, 무솔리니가 서문을 썼다.[14]

또한 1932년 11월 로마에서 개최된 볼타회의(Volta Congress)는 파시스트 집권 10년을 기념하면서 그라벨리의 주도로 개최되었다. 이탈리아의 저명한 과학자 알레산드로 볼타(Alessandro Volta, 1745~1827)의 이름을 딴 이 회의에는 프랑스의 다니엘 알레비(Daniel Halévy), 피에르 가소트(Pierre Gaxotte), 독일의 베르너 좀바르트(Werner Sombart), 알프레트 로젠베르크(Alfred Rosenberg), 할마르 샤흐트(Hjalmar Schacht), 헤르만 괴링(Hermann Göring), 오스트리아의 슈테판 츠바이크(Stefan Zweig) 등 저명한 지식인들이 참석했다.[15] "유럽에 대하여"라는 주제로 열린 이 회의에서 참석자들은 소련과 미국의 위협으로 위기에 처한 유럽을 진단했고 이탈리아 파시즘의 주도 아래 유럽의 정신적 부활의 필요성을 강조했다. 흥미롭게도 그라벨리는 1934년 11월 빈에서 리하르트 쿠덴호베-칼레르기(Richard Coudenhove-Kalergi, 1894~1972)의 범유럽(Paneuropa) 그룹이 개최한 회의에 참석해 세계 경제위기에 대해 논의하면서 파국을 피하려면 유럽 경제체제의 전면적 재구성이 필요하다는 무솔리니의 주장을 선전했다.[16]

그러나 1933년 6월에 결성된 '로마의 보편성을 위한 행동위원회(CAUR)'는 파시스트 정권이 직접 나선, 이 분야에서 가장 야심만만한 기획이었다. CAUR의 운영 책임을 맡은 에우제니오 코젤스키(Eugenio Coselschi, 1888~1969)는 로마의 보편성을 대단히 느슨한 방식으로 제시했다. "한 도시의 물리적 위대함은 수도로서의 그 진정한 기능을 확립하기에 충분하지 않다. 그 도시의 부(富)도, 기념물들도 충분하지 못하다. 불멸의 이념의 미덕과 꺼지지 않는 문명의 힘으로만 영원한 지배가 가능하다. 이제 이 영원한 문명화의 사명, 생명력을 부여하는 사명이 로마의 석조물, 거리, 그리고 광장과 통일을 이룬다. (…) 이러한 통일은 (…) 오로지 하나의 이름만을 가진다. 왜냐하면 이 이름만이 수 세기를 거쳐 살아남았고 스스로를 영속화할 수 있다. 오로지 이 이름만이 수 세기의 흐름에 저항할 수 있다. 그것은 과거와 현재의 이름이다. 그것은 미래와 영원의 이름이다. 그것은 교회와 제국의 이름이다. 그것은 로마다."[17]

미국의 역사가 마이클 리든(Michael Leeden)의 주장처럼 로마의 보편성에 대한 코젤스키의 추상적인 규정은 CAUR이 추구하는 방향과 일치한다. 리든은 CAUR의 목적을 세 가지로 요약한다.[18] 첫째, 서로의 독자성을 보장하면서 유럽의 여러 파시스트 조직을 이탈리아 파시즘의 보편성의 기치 아래 규합한다. 둘째, 인종적 우월성을 내세우거나 특정 지역의 유럽 지배를 막을 수 있는 보편적이고 기독교적이면서 동시에 관용적인 교의를 마련한다. 마지막으로는 당시 유럽이 처한 경제위기를 해결할 방안으로 이탈리아 파시즘의 조합주의 국가 이론을 제시한다는 것이다.

1934년 12월에 CAUR의 주도 아래 스위스에서 열린 몽트뢰회의(Montreux Congress)는 앞서 언급한 CAUR의 목표를 그대로 반영했다. 이 회의에는 포르투갈, 에스파냐, 프랑스, 벨기에, 아일랜드, 스위스, 오스트리아, 그리스, 루마니아, 리투아니아, 덴마크, 네덜란드, 스웨덴 등 13개국의 파시스트 대표들이 참석했다. 주목할 점은 독일 나치즘이 대표를 파견하지 않았다는 사실이다. 이미 강력한 영향력을 행사하고 있던 독일 파시즘 대표의 부재는 회의에서 오히려 반유대주의 문제를 토론할 기회를 제공했다. 유대인을 축출해야 한다는 주장에서부터 동화된 유대인과 그렇지 못한 유대인을 구분해 대처해야 한다는 논리, 유대인에 대해서는 각국의 결정에 맡겨야 한다는 견해에 이르기까지 다양한 의견이 분출했다. 회의에서 결정된 최종안은 이러했다. 즉 유대인 문제는 유대인에 대한 보편적인 증오를 자극하는 방식으로 해결될 수 없다. 그러나 유대인이 계속해서 국가 속의 국가로 남아 민족의 발전을 저해한다면 유대인들의 "이러한 혐오스러운 행위는 비난받아야 하며 유럽의 파시즘은 이들과의 전투에 나서야 한다."[19]

반유대주의를 둘러싼 논란은 로마 문명의 보편성을 내걸고 유럽의 파시스트 세력들을 하나로 통합한다는 것이 실로 지난한 일임을 보여주었다. 1935년 1월 파리에서 그리고 같은 해 4월 암스테르담에서 두 차례 후속 회의가 열렸지만 결성한 지 채 2년도 지나지 않아 CAUR의 영향력은 현저하게 약화되었다. 여러 가지 이유가 있겠지만 가장 중요한 요인은 나치즘의 역할에서 찾을 수 있다.[20] 이 무렵 이미 상당수의 유럽 파시스트 세력들이 나치즘으로 기울고 있었을 뿐만 아니라 1935년 이래 무솔리니와 히틀러가 경쟁관계에서 협력을 추구하는 방향으로 선회한 것이다. 이러한 상황에서 무솔리니의 지지를 받으며 야심만만하게 출발했던 CAUR은 점차 유명무실한 조직으로 격하되었다.

그러나 실패한 CAUR의 파시스트 유럽주의에서 주목되는 점은 조합주의를 중심으로 유럽의 파시즘이 통합을 이룰 가능성이 제시되었다는 데 있다. 많은 부분이 모호한 채로 남아 있긴 했지만 CAUR은 다음과 같이 정의된 조합주의가 앞으로 유럽이 나아가야 할 길임을 천명했다. 그것은 "새로운 기반에서 국가를 재구성하며, 통합되고 강력하며 규율 잡힌 국가, 노동의 조직화를 이룬 국가를 재구성하는 일이다. 또한 그것은 건전하고 정직한 한계 내에서 자유를 보장하는 것이며 질서와 정의를 수립하는 일이다. 이는 사회 계급들 사이의 합의, 생산자들 사이에서 조정된 견고한 협력을 필요로 한다. (…) 이런 방식으로 초민족적 이념은 민족적 이념과 완벽하게 조화를 이룬다."[21] 이탈리아 파시즘의 조합주의는 나아가 유럽뿐만 아니라 전 세계를 통합할 보편적 이념으로 격상된다. "유럽의 청년들, 더 바람직하게는 전 세계의 청년들이 개인주의적 이기주의 못지않게 볼셰비키의 물질주의와 거리가 먼 혁명적 의식을 획득하게 될 때, 조합주의는 단연코 세계를 정복할 길을 찾게 될 것이다."[22]

3. '조합주의적 전환(corporatist turn)'[23]과 유라프리카 연합

조합주의는 전간기 자유주의의 위기와 사회주의의 위협 사이에서 이탈리아 파시즘이 추구했던 제3의 길을 대표하는 이념이자 정책이었다. 앞서 언급했듯이 파시즘이 유럽적 차원, 더 나아가서는 세계적 차원에서 보편성을 선전할 수 있었던 것도 조합주의의 이념과 정책을 통해서였다. 저명한 반(反)파시스트 정치인이자 역사가였던 가에타노 살베미니(Gaetano Salvemini)는 파시스트 정권의 선전정책에 힘입어 조합주의가 대내외적으로 큰 반향을 일으켰음을 다음과 같이 묘사하고 있다.

> 놀랍도록 잘 조직된 선전의 결과 파시스트 '조합주의 국가'는 호기심과 희망, 그리고 심지어는 열정을 불러일으키고 있다. 이탈리아가 정치학자, 경제학자, 사회학자들의 메카가 되었다. 이들은 파시스트 조합국가의 조직과 운용을 직접 눈으로 보기 위해 모여들었다. 일간지, 잡지, 학술지, 크거나 작은 대학들의 정치학과, 경제학과, 사회학과에는 파시스트 조합국가와 그 제도, 정치적 측면, 경제 정책, 사회적 함의에 대한 논문, 평론, 팸플릿, 책들로 넘쳐났고, 벌써 꽤 큰 도서관을 만들 수 있는 정도가 되었다. 어떠한 세부사항도 생략되지 않았고 그 기원과 원천에 관한 어떤 문제들도 탐구되지 않은 부분이 없었으며 철학적·경제적 체제들과의 어떠한 연관성과 비교도 간과되지 않았다. 이탈리아 파시스트 조합국가는 "자본과 노동의 관계라는 난제의 해결을 위해 파시즘이 만든 가장 놀라운 작품"이자 "세밀한 연구와 칭송의 대상이 될 만한 보기 드문 업적"으로 칭송받았다.[24]

이탈리아 파시스트 조합주의의 이념과 정책에 대한 지배적인 해석은 부정적인 것이었다. 이러한 해석에 따르면 파시스트 정권은 조합주의를 홍보하기 위해 노력했지만 실제 집권 기간 내내 노동과 자본의 관계, 더 나아가 국가와 사회의 관계에서 근본적인 변화를 가져오지 못했을 뿐만 아니라 노동자들의 권익을 보호하는 데도 실패했다는 것이다. 따라서 이들이 내세운 조합주의는 일종의 연막이자, 한 이탈리아 역사가의 표현을 빌리면 "허풍"에 불과했다는 해석이다.[25] 앞서 인용한 살베미니의 연구는 이러한 해석의 선구적 역할을 했다. 파시스트 조합주의의 인기에 대한 장황한 설명에도 불구하고 그의 생각을 담고 있는 핵심적인 어구는 "놀랍도록 잘 조직된 선전의 결과"다.

그러나 최근 파시스트 조합주의에 대한 재평가가 활발하게 전개되고 있다. 물론 재평가의 방향이 파시스트 조합주의가 성공한 혁명이었다는 파시스트들의 선전을 그대로 수용하는 것은 아니다. 오히려 그 방향은 "허풍인가, 혁명인가"와 같은 이전의 이분법적 해석에서 벗어나 조합주의를 파시즘이 주도한 핵심적인 정치적·사회적 실험의 하나로 보고 "이 실험 자체의 역사적 중요성"에 초점을 맞춘다.[26] 예컨대 파시스트 조합주의가 보여준 이론과 실천 사이의 심각한 괴리를 부각하는 대신 조합주의 이론과 정책이 이탈리아 내에서뿐만 아니라 대외적으로 어떻게 논의되고 어떻게 수용, 전유되었는지에 주목하는 방식이 그것이다. 파시스트 조합주의와 관련해 최근의 연구에서 트랜스내셔널 히스토리의 접근법이 널리 수용되는 것도 이 때문이다.

이탈리아 파시스트 조합주의 정책은 1926년 4월, 당시 법무부 장관이던 알프레도 로코(Alfredo Rocco)가 주도한 일련의 법안들로 그 구체적인 모습을 드러냈다. 이 법안들은 첫째, 파업과 공장 폐쇄의 권한을 폐지하고 노사분규를 전담할 노동법원(Magistratura del Lavoro)의 설치를 규정함으로써 노동 분규를 권위주의적 방식으로 규제하고자 했고, 둘째, 모든 산업 영역에서 각 단 하나의 노동조합과 고용주조합만을 법적으로 인정함으로써 노사의 대표(대의)성과 노사 간 협상을 비롯해 노동관계 전반을 파시스트 국가가 독점하려 했으며, 마지막으로 조합부(Ministero delle Corporazioni)와 전국조합위원회(Consiglio Nazionale delle Corporazioni)의 설치를 규정함으로써 최초로 조합주의적 국가 기관들을 만들고자 했다. 이듬해 4월에 공포된 유명한 〈노동헌장(La Carta del Lavoro)〉은 1926년 법안으로 구체화된 파시스트 조합주의를 이념적으로 뒷받침한 것이다. 총 30개 조항으로 구성된 헌장의 제1조는 다음과 같다. "이탈리아 민족은 목적과 삶, 그리고 수단을 가진 유기체로서 그 능력과 지속성에서 민족의 구성 요소인 개인과 집단보다 우위에 있다. 이탈리아 민족은 도덕적, 정치적, 그리고 경제적 통합체로서 파시스트 국가 안에서 완전히 실현된다."[27]

물론 1926년 법들로 규정된 조합주의적 제도가 작동하는 과정에는 많은 장애 요인들이 있었고 더 많은 시간이 걸렸다는 사실은 잘 알려져 있다.[28] 예컨대 전국조합위원회는 1930년에야 비로소 가동하기 시작했으며, 20여 개의 새로운 조합들이 조직된 것은 1934년이었다. 이탈리아 파시즘의 경우 노사관계를 통제할 국가 기관을 만들어 사회적 갈등을 없애려는 이른바 "사회적 조합주의"에 비해 고전적인 의회체제를 경제적 이해관계를 대표하는 집단들의 대의체제로 대체하는 "정치적 조합주의"의 실현은 더욱 험난했다.[29] 그리하여 기존의 하원을 대체해 새롭게 구성된 파쇼와 조합의회(Camera dei Fasci e delle Corporazioni)가 처음 개최된 것은 1939년 3월 23일이었다. 더욱이 하원은 조합주의적 대의기관으로 대체되었지만 국왕이 선출하는 상원이 그대로 유지됨으로써 정치적 조합주의의 원칙이 완벽하게 관철되지 못했다.

그러나 이러한 한계 때문에 이탈리아 파시스트 조합주의가 권위주의적이고 전체주의적인 성격의 새로운 조합주의 모델이었다는 사실이 간과되어서는 안 된다. 1926년 법을 통해 파시스트 조합국가를 구축하려 했던 로코의 다음과 같은 주장 역시 단순한 선전으로 치부될 수 없을 것이다. 로코는 1926년의 법들로 "모든 사람들이 수행하는 생산적 기능에 기초해" 사회를 재조직했을 뿐만 아니라 "최고의 정치적 목적을 달성했다"라고 주장한다. 최고의 정치적 목적이란 "국가 영역 밖에서 만들어져 국가에 대항하는 세력들을 국가의 영역 안으로 되돌려놓은 일이다. 노동조합이라는 현상은 현대의 삶에서 불가피한 측면이다. 그러므로 국가는 그것을 무시할 수 없으며 오히려 그것을 인정하고 규제하며 지배해야 한다."[30] 요컨대 이전의 다른 조합주의 프로젝트가 노사관계에 정치의 개입을 막거나 반대로 노조가 정치적 의사결정 절차에 참여하는 것을 목표로 삼았다면, 이탈리아 파시스트 조합주의 모델은 "대중을 수동적으로 국가에 통합하는" 방식으로 시민사회를 국가가 전체적으로 지배하고자 한다.[31]

1926년의 법들과 1927년의 〈노동헌장〉으로 그 면모가 드러난 이탈리아 파시스트 조합주의는 유럽 곳곳의 다양한 우파세력들에게 주목을 받았다. 특히 포르투갈의 경우는 이탈리아 파시스트 조합주의가 어떻게 수용, 전유되었는지를 잘 보여준다. 1933년 살라자르(António de Oliveira Salazar)의 주도 아래 수립된 '새로운 국가(Estado Novo)'는 사회적인 측면뿐만 아니라 정치적인 측면에서도 조합주의를 채택했다. 포르투갈의 조합주의 체제 수립에 참여했던 한 인물은 이탈리아 파시스트 조합주의의 영향력에 대해 이렇게 언급하고 있다. "이탈리아 학파는 '새로운 국가'의 헌법과 〈민족노동규약(Estatuto do Trabalho Nacional)〉에서 볼 수 있듯이 포르투갈의 조합주의 정책 수립에 확연한 영향력을 행사했다. 〈민족노동규약〉의 경우 그 구성이나 목적에 있어 이탈리아의 〈노동헌장〉과 정확히 일치하며 〈노동헌장〉에서 일부 이념적 교의와 조직 원리를 그대로 번역했다. 파시스트 조합주의와 마찬가지로 포르투갈의 조합주의는 노조의 자유를 허용하지 않는다."[32]

물론 포르투갈의 조합주의는 이탈리아 파시스트 조합주의의 복제가 아니다. 파시스트 조합주의의 영향력이 강력했음에도 불구하고 포르투갈의 생디칼리즘을 비롯한 다양한 국내적 전통이 포르투갈 조합주의 형성에 영향을 미쳤다.[33] 1926년 4월 파시스트 이탈리아를 필두로 같은 해 11월 프리모 데 리베라(Miguel Primo de Rivera) 독재체제하의 에스파냐에서 조합주의 체제가 수립된 이래, 대공황의 충격이 강도를 더하기 시작한 1933년부터 살라자르의 포르투갈, 돌푸스(Engelbert Dollfuß)의 오스트리아, 피우수트스키(Józef Klemens Piłsudski)의 폴란드, 메탁사스(Ioannis Metaxas)의 그리스, 티소(Jozef Tiso)의 슬로바키아, 리투아니아, 에스토니아, 라트비아와 같은 발트해 국가의 권위주의 체제, 불가리아, 루마니아의 경우에는 국왕의 주도 아래 조합주의가 입법화되었다.[34] 1930년대 유럽에서 전개된 이러한 대대적인 "조합주의적 전환(corporative turn)"에서 이탈리아 파시즘은 일종의 준거 틀이 되었다.[35] 이탈리아 파시즘이 이러한 역할을 하게 된 배경에는 여러 요인들이 있었겠지만, 유럽 최초로 제도화에 성공한 국가 중심의 권위주의적·전체주의적 조합주의 모델이었다는 점과 노사분규로 대표되는 사회적 갈등을 효과적으로 제압함으로써 자유주의와 사회주의와는 다른 제3의 사회적·정치적 대안으로 여겨질 수 있었다는 점이 중요한 역할을 했을 것이다.[36] 그렇지만 포르투갈의 예에서 잘 드러나듯, 그 어떤 경우도 이탈리아 파시즘을 그대로 모방하지 않았으며 각각의 전통과 경험을 반영하고 있다는 점에서 유럽에서 벌어진 "조합주의적 전환"은 조합주의 이념과 정책들이 일국의 경계를 넘어 상호작용과 전이, 그리고 전유를 통한 역동적인 "혼종화"의 과정이었다.[37]

인구학자이자 파시스트 정권 아래에서 상원의원을 지냈으며 오랫동안 국제노동기구(ILO)에서 이탈리아를 대표했던 고위 외교관 데 미켈리스가 1934년에 출간한 저서에서 조합주의를 유럽적 차원으로 확장해 "유라프리카 연합(Euafrican union)" 구상을 밝힌 것도 당시 전개되고 있던 "조합주의적 전환"의 배경 속에서였다.[38] 데 미켈리스에게 이탈리아 파시스트 조합주의는 조합주의를 유럽적, 그리고 더 나아가서는 세계적 차원으로 확대 적용하는 데 있어 일종의 모델 역할을 한다. "조합의 원리는 파시스트 체제의 근본적인 기반을 이루는 원리로서, 민족 영역에서 경제적 힘들이 서로 협력하도록 하는 데 완벽한 성공을 거두었다. 그러므로 이러한 조합의 원리가 유럽, 그리고 향후에는 세계에서 경제적 힘들과 활동 사이의 협력을 이루는 데 가장 적합하다는 사실이 점차 확실해지고 있다."[39]

데 미켈리스가 볼 때 당시 유럽이 처한 심각한 경제위기에서 벗어나는 유일한 길은 일단 유럽적 차원의 조합주의를 실현하는 것이었다. 그는 경제를 움직이는 세 가지 기본 요소를 노동력, 자연(토지, 숲, 광물 자원), 자본으로 규정하고 이 요소들이 제 기능을 조화롭게 발휘할 때 경제 역시 원활하게 돌아간다고 주장했다. 그러나 당시 유럽은 여러 가지 요인들이 작용해 세 가지 요소들의 자연스러운 흐름을 방해하거나 차단하고 있으며, 이런 현상이야말로 위기의 근본적인 배경이라고 생각했다. 예컨대 노동력 혹은 자본이 과잉 집중된 곳에서 부족한 곳으로의 자연스러운 흐름이나 필요에 따른 원자재에 대한 자유로운 접근은 유럽 각국의 민족주의적이고 중상주의적인 정책과 1차 세계대전과 같은 파국으로 방해받고 있다는 것이다. 그러므로 이러한 장애를 극복하는 길은 유럽 각국의 협력이며 이러한 협력만이 노동, 자연, 자본의 조화롭고 효과적인 활용을 가능하게 할 수 있다는 논리였다. 말하자면 이탈리아 파시스트 조합주의가 노사의 대립을 극복하고 경제적 번영을 가져왔듯이 유럽적 차원으로 확대된 조합주의는 노동, 자원, 자본을 놓고 유럽 여러 나라들의 협력을 가능하게 하고 경제적 부흥을 가능하게 할 수 있다는 주장이었다.

그런데 데 미켈리스의 구상에서 핵심적인 부분은 아프리카 식민지이며, 유럽 각국의 협력과 조정이 가장 필수적인 영역 역시 식민지 정책이다. 아프리카 식민지는 유럽의 넘치는 노동력과 자본을 배출하고 투자할 수 있는 유일한 공간이자 유럽의 산업을 위한 원자재의 공급처이기 때문이다.[40] 그러나 아프리카 식민지가 유럽 여러 국가들 사이에서 불균등하게 '배분'되어 있고, 각국마다 다른 식민지 정책은 유럽이 경제위기를 극복하는 데 장애가 된다. 데 미켈리스가 1933년 무솔리니의 제안으로 영국, 프랑스, 독일, 이탈리아 사이에 체결된 로마협약(Pact of Rome/Four-Power Pact)과 같은 방식의 유럽 강대국 사이의 협력체를 조합주의 유럽의 핵심 축으로 제시한 것도 아프리카 식민지의 원활한 활용을 위한 것이었다. 로마협약에서처럼 "네 개의 유럽 강대국들이 하나의 블록을 만들고, (…) 완전한 자유와 동시에 전적인 책임하에서, 경제적이고 문명화하는 방식으로 완벽하게 아프리카를 정복하기 위한 유럽의 힘들을 조정할 수 있을 것이다."[41]

그러므로 데 미켈리스의 조합주의적 유럽 협력체 구상은 그의 표현처럼 "유라프리카 연합"으로 귀결된다.[42] 그는 쿠덴호베-칼레르기를 인용하면서 유럽과 아프리카는 불가분에 관계에 있음을 역설한다. "우리의 생각에 아프리카 문제는 유럽 문제의 필수적인 부분일 뿐만 아니라 근본적인 구성 요소다."[43] 데 미켈리스는 유라프리카에 대한 자신의 생각을 다음과 같이 요약하고 있다.

> 아프리카와 유럽은 철저히 상호보완적인 관계에 있는 것으로 생각되고 또 인정되어야 한다. 아프리카와 유럽을 가르는 거대한 호수, 즉 지중해는 한때 경제적이고 정치적인 삶에서 두 대륙을 통합하는 위대한 사명을 지니고 있었다. 우리는 역사적이고 경제적인 필연성에 직면해 있다. 먼저 역사적인 이유는 유럽이 지금도 여전히 야만 상태 혹은 문명화된 삶의 끝자락에 있는 지역에 사상의 빛을 가져다주어야 할 문명화의 사명감을 잊지 말아야 하기 때문이다. 다음으로 경제적인 이유는 해외 시장의 상실을 보충하기 위해 유럽은 이미 지배의 깃발을 꽂은 검은 대륙에서 시장을 확장하거나 창출해야 하기 때문이다.
>
> 이것이 아프리카가 유럽의 미래 생산과 미래 시장의 기반인 이유다. 또한 이것이 유럽의 경제적 미래가 의심할 여지없이 아프리카에 있는 이유다. 아프리카는 유럽의 팽창을 위한 자연적이고 역사적인 배출구다.[44]

따라서 지금 절실하게 수행되어야 할 과업은 "유럽 대륙의 경제를 재조직하고 아프리카 식민지들을 집단적으로 위임통치하기 위해 유럽의 국가들이 협력하는 일이다."[45] 데 미켈리스는 집단적 위임통치가 구체적으로 어떤 형식을 띠게 될 것인지에 대해서는 언급하지 않았다. 그러나 최소한 그것이 이전의 아프리카 식민정책에서 벗어나, 효과적이고 합리적으로 아프리카 대륙의 자원과 노동력과 토지를 활용할 수 있도록 유럽 강대국들이 주축이 되어 만들어질 새로운 식민주의적 협력체를 의미한다는 점은 분명하다. "잘 조직되고 잘 정비된 유럽연합, 혹은 더 정확하게는 유라프리카 연합은 미래 세계의 경제적이고 정치적인 협력을 위한 가장 뛰어난 예이자 예비 작업이 될 것이다."[46] '유라프리카 연합'이라는 명칭에서 잘 드러나듯, 데 미켈리스가 구상했던 유럽적 차원의 조합주의는 사실상 신식민주의적 조합주의와 다르지 않다.

4. 맺음말

고대 로마인들이 지중해를 '우리의 바다(mare nostrum)'라 불렀듯이, 이탈리아 파시즘이 숭배하는 '로마성'의 신화는 상황에 따라 언제든 '지중해성(mediterraneità)'의 신화로 변모할 수 있다. 1936년 5월 무솔리니는 에티오피아 정복 전쟁에서 승리를 선언하면서 "운명적인 로마의 언덕들 위로 제국이 다시 출현하였다"라고 자평했다.[47] 1935년 에티오피아 침공은 이탈리아 파시즘이 본격적으로 제국주의 정책을 통해 지중해에서 패권을 확보하려는 의도를 드러낸 사건이다. 1935년을 기점으로 조합주의를 내세워 유럽 각국에서 파시즘이 자유주의와 사회주의를 넘어설 수 있는 제3의 대안임을 선전하며 국제적 지위를 강화하려던 시도는 점차 약화되기 시작했다. 마찬가지로 조합주의가 했던 파시즘의 보편성과 국제주의의 담지자 역할은 고대 로마의 제국주의적 "지중해성"의 신화에게 옮겨가고 있었다.

마찬가지로 데 미켈리스의 조합주의적 유라프리카 연합 구상 역시 구상의 차원을 벗어나지 못한 채 점차 관심을 잃어갔다. 그럼에도 불구하고 그의 구상은 자칫 간과되기 쉬운 한 가지 흥미로운 사실을 부각시킨다.

데 미켈리스의 구상에서 골간을 이루는 유라프리카 이념은 이탈리아 파시스트의 창작물이 아니라 1차 세계대전 이후 유럽통합을 주도했던 대부분의 선구적 인물들이 공유하고 있던 생각이었다는 것이다. 최근 스웨덴의 정치학자들이 밝혔듯이 "전간기부터 1950년대 말까지 유럽통합을 향한 모든 전망, 운동, 구체적인 제도 장치들은 아프리카를 유럽의 기획에 편입시키는 것을 중심 목적으로 삼았다."[48] 이 연구에 따르면 쿠덴호베-칼레르기를 비롯해 콘라트 아데나워(Konrad Adenauer), 로베르 슈만(Robert Schuman), 장 모네(Jean Monnet), 기 몰레(Guy Mollet) 같은 유럽통합을 선도하고 주도한 인물들이 식민지를 포함해 아프리카 대륙 전체가 유럽의 지정학적 영역에서 필수적인 부분을 이룬다는 생각을 공유하고 있었다. 사실상 유럽이라는 지정학적 차원에서 식민주의는 파시즘과 반파시즘을 연결하는 고리와 마찬가지였던 셈이다. 데 미켈리스 역시 쿠덴호베-칼레르기의 유라프리카 이념에 영향을 받았다는 사실을 앞서 지적한 바 있다.[49]

스웨덴의 정치학자들에 따르면 쿠덴호베-칼레르기의 '아프리카'는 전형적인 유라프리카 이념을 보여줄 뿐만 아니라 인종주의적 경향마저 담고 있다. 먼저 아프리카는 경제적인 면에서 유럽에 필수적이다. "아프리카는 산업을 위한 원자재, 주민을 위한 식량, 인구 과잉을 위한 땅, 실업자를 위한 노동, 생산물을 위한 시장을 유럽에 제공할 수 있다." 따라서 유럽의 통합과 아프리카를 식민화하려는 유럽의 통합된 노력은 서로 불가분의 관계를 맺는다. "아프리카 문제는 우리를 유럽으로 되돌아가게 만든다. 유럽이 통합되지 못한다면 아프리카를 얻을 수 없다." 나아가 쿠덴호베-칼레르기는 흑인과 백인 사이에는 본질적인 차이가 있다고 주장한다. "흑인종이 그들에게 속한 지구의 한 부분을 발전시키고 문명화하지 못한다면 백인종이 그렇게 해야 한다." 만약 유럽이 아프리카에서 손을 떼게 되면 "그 대답은 이렇다. 혼돈, 무정부 상태, 비참, 그리고 모든 부족 사이에서 발생하는 전쟁이 그것이다." 동시에 그는 "많은 수의 흑인 노동자들과 군인들이 유럽으로 이주하는 일"을 최대한 방지해야 한다고 주장한다.[50]

전간기 자유주의 진영과 파시스트 진영이 공유하고 있던 식민주의적 유라프리카 구상은 당시 널리 퍼져 있던 "반자유주의적 유럽"의 새로운 면모를 부각시킨다. 적어도 1957년 로마조약에 이르기까지 유럽통합의 역사는 유럽과 아프리카 사이의 불평등을 방치하거나 조장했다. 이 점에서 독일의 역사가 파비안 클로제(Fabian Klose)의 표현처럼 유럽통합은 "식민주의적 프로젝트다."[51] 유럽통합의 이러한 식민주의적 유산은 오늘날까지 그 흔적을 남기고 있다. 예컨대 오늘날 유럽연합이 아프리카에 개입하는 일을 자유롭게 결정하듯이 아프리카의 이주민들이 유럽으로 넘어오지 못하게 막는 일도 자유롭게 결정하고 있지 않은가?[52] 클로제는 유럽통합의 역사를 비롯해 유럽사 전반에서 식민주의가 망각되는 이유가 유럽인들이 의식적, 무의식적으로 공유하는 유럽 중심주의에 있다고 평가하면서 "반자유주의적 유럽"의 역사는 "외부인", "주변부"의 시선에서 바라볼 때 잘 드러날 수 있다고 지적한다.[53] 이는 어쩌면 한국의 유럽통합사 연구가 나아가야 할 방향을 가리키고 있는 것일지도 모른다. 지금도 식민주의의 유산과 씨름하고 있는 한국의 시각은 유럽통합의 역사를 보는 신선한 관점을 제시하는 데 기여할 수 있기 때문이다.

주

1 Maurice Bardèche, *Qu'est-ce que le fascisme?* (Les Sept Couleurs, 1961), p. 113.

2 바르데슈의 유럽주의에 대해서는 김용우, 〈모리스 바르데슈의 신파시즘과 파시스트 유럽주의〉, 《프랑스사 연구》 37호 (2017), 107~133쪽.

3 Graham Macklin, *Very Deeply Dyed in Black. Sir Oswald Mosley and the Resurrection of British Fascism after 1945* (I. B. Tauris, 2007), p. 107.

4 Droit et liberté (2 juin 1952), Roger Griffin (ed.), *Fascism* (Oxford University Press, 1995), p. 342에서 재인용.

5 Maurice Bardèche, *Souvenirs* (Bouchet/Chastel, 1993), pp. 241, 245~246.

6 *Ibid.*, pp. 28~29. 강조는 원문.

7 Arnd Bauerkämper, "Ambiguities of Transnationalism: Fascism in Europe between Pan-Europeanism and Ultra-Nationalism, 1919-39", *German Historical Institute Bulletin*, 29(2) (2007), pp. 43~67; Federico Finchelstein, *Transatlantic Fascism, Ideology, Violence, and the Sacred in Argentina and Italy, 1919-1945* (Duke University Press, 2010); Reto Hofmann, *The Fascist Effect. Japan and Italy, 1915-1952* (Cornell University Press, 2015); Arnd Bauerkämper & Grzegorz Rossoliński-Liebe, "Introduction," Arnd Bauerkämper & Grzegorz Rossoliński-Liebe (ed.), *Fascism without Borders: Transnational Connections and Cooperation between Movements and Regimes in Europe from 1918 to 1945* (Berghahn Books, Kindle Edition, 2017).

8 예컨대 Matteo Pasetti, "Neither Bluff nor Revolution. The Corporations and the Consolidation of the Fascist Regime (1925-1926)", Giulia Albanese & Roberta Pergher (eds.), *In the Society of Fascists. Acclamation, Acquiescence, and Agency in Mussolini's Italy* (Palgrave, 2012), pp. 86-107; Antonio Costa Pinto (ed.), *Corporatism and Fascism. The Corporatist Wave in Europe* (Palgrave, 2017); Irene Stolzi, "Corporatism and Neo-Corporatism: Developments in the 20th-Century Italian Legal Order", *Estudos Históricos*, 31(64) (maio-agosto, 2018), pp. 219~242; Antonio Costa Pinto & Federico Finchelstein (eds.),

Autoritarianism and Corporatism in Europe and Latin America. Crossing Borders (Routledge, 2019).

9 Dieter Gosewinkel (ed.), *Anti-Liberal Europe. A Neglected Story of Europeanization* (Berghahn Books, 2015).

10 *Opera Omina di Benito Mussolini*, a cura di Edoardo e Duilio Susmel (Firenze: La Fenice, 1956), Vol.XVIII, pp. 160~161; Andrea Giardina, "The Fascist Myth of Romanity," *Estudos Avançados*, vol. 22 (2008), p. 57에서 재인용.

11 Borden W. Painter, *Mussolini's Rome. Rebuilding the Eternal City* (Palgrave, 2005). 또한 다음과 같은 연구들을 참조. Emilio Gentile, *Fascismo di Pietra* (Laterza, 2007); Paul Baxa, *Roads and Ruins. The Symbolic Landscape of Fascist Rome* (University of Toronto Press, 2010); Joshua *Arthurs, Excavating Modernity. The Roman Past in Fascist Italy* (Cornell University Press, 2012); Aristotle Kallis, *The Third Rome, 1922-1943. The Making of the Fascist Capital* (Palgrave, 2014).

12 "파시스트 르네상스"라는 표현은 김용우, 〈'로마성' 숭배와 파시즘의 초국가적 근대성〉, 《사림》 34호 (2009), 297쪽.

13 이하의 서술은 주로 다음을 참조했다. Michael Ledeen, *Universal Fascism. The Theory and Practice of the Fascist International, 1928-1936* (Howard Fertig, 1972), Roger Griffin, "Europe for the Europeans: Fascist Myths of the European New Order 1922-1992," Matthew Feldman (ed.), *The Fascist Century. Essays by Roger Griffin* (Palgrave, 2008), pp. 136~155.

14 James Strachey Barnes, *The Universal Aspects of Fascism* (Williams & Norgate Ltd., 1928).

15 Ledeen, *Universal Fascism*, p. 82.

16 Asvero Gravelli, *Panfascismo* (Nuova Europa, 1935), pp. 296~316 (Ledeen, *Universal Fascism*, p. 112에서 재인용).

17 Eugenio Coselschi, *Universalità del Fascismo* (Firenze, 1933), p. 7 (Ledeen, *Universal Fascism*, p. 109에서 재인용).

18 Ledeen, *Universal Fascism*, p. 114.

19 Comitati d'azione per l'universalità di Roma, *Reunion de Montreux 16-17 Decembre, 1934-XIII* (Rome, 1935), p. 87 (Ledeen, *Universal Fascism*, pp. 121 에서 재인용).

20 Monica Fioravanzo, "Italian Fascism from a Transnational Perspective:

The Debate on the New European Order (1930-1945)", Bauerkämper & Rossoliński-Liebe, *Fascism without Borders* (Kindle Edition).

21 Comitati d'azione per l'universalità di Roma, *Reunion de Montreux*, p. 40 (Ledeen, *Universal Fascism*, pp. 117에서 재인용).

22 Comitati d'azione per l'universalità di Roma, *Reunion de Montreux*, p. 36 (Ledeen, *Universal Fascism*, pp. 117에서 재인용).

23 Matteo Pasetti, "The Fascist Labour Charter and Its Transnational Spread", Pinto, *Corporatism and Fascism*, p. 72.

24 Gaetano Salvemini, *Under the Axe of Fascism* (Victor Gollancz, 1936), p. 10. 인용문 안의 인용은 미국 프린스턴대학의 P. M. Brown이 *Current History* (May, 1931)에 기고한 글(제목 미상), 163쪽이라 각주에 언급되어 있다.

25 Pasetti, "Neither Bluff nor Revolution", pp. 86~107.

26 *Ibid.*, p. 88.

27 La Carta del Lavoro: Illustrata da Giuseppe Battai (Edizioni del Diritto del Lavoro, 1927), p.136 (Matteo Pasetti, "From Rome to Latin America. The Transatlantic Influence of Fascist Corporatism", Pinto & Finchelstein, *Autoritarianism and Corporatism*, p. 145에서 재인용).

28 이 점에 대해서는 Goffredo Adinolfi, "Corporatism and Italian Fascism", Pinto, Finchelstein, *Autoritarianism and Corporatism*, pp. 10~26; Pasetti, "Neither Bluff nor Revolution", p. 86~107.

29 "사회적 조합주의"와 "정치적 조합주의"의 구분과 정의에 대해서는 Antonio Costa Pinto, "Corporatism and 'Organic Representation' in European Dictatorships", Pinto, *Corporatism and Fascism*, pp. 4~10.

30 Alfredo Rocco, *Introduzione a la trasformazione dello stato* (Roma 1927), in *Scritti e discorsi politici di Alfredo Rocco*, III (Guiffrè, 1938), pp. 783, 788 (Laura Cesari, "Rethinking Italian Corporatism. Crossing Borders between Corporatist projects in the Late Liberal Era and Fascist Corporatist State", Pinto, *Corporatism and Fascism*, p. 103에서 재인용).

31 Matteo Pasetti, "Corporatist Connections. The Transnational Rise of the Fascist Model in Interwar Europe", Bauerkämper & Rossoliński-Liebe, *Fascism without Borders*, Kindle Location, 1833 of 9480.

32 Marcelo Caetano, *O Sistema Corporativo* (Lisbon, 1938), p. 28 (Pasetti, "The Fascist Labour Charter and Its Transnational Spread", p. 71에서 재인용).

33 살라자르의 조합주의와 파시스트 조합주의의 차이에 대해서는 José Reis Santos, "Self-fashioning of a Conservative Revolutionary: Salazar's Integral Corporatism and the International Networks of the 1930s", Pinto, Finchelstein, *Autoritarianism and Corporatism*, pp. 42~64.

34 유럽 각국에서 수립된 다양한 조합주의 체제들 사이의 간략한 비교 연구는 Pinto, "Corporatism and 'Organic Representation' in European Dictatorships", pp. 3~41. 유럽 각국의 개별 사례에 대해서는 Pinto, *Corporatism and Fascism*, 그리고 Pinto, Finchelstein, *Autoritarianism and Corporatism*에 실린 논문들 참조.

35 Pasetti, "The Fascist Labour Charter and Its Transnational Spread", p. 72.

36 Pasetti, "Corporatist Connections", Kindle Location, 1814 of 9480.

37 Pasetti, "From Rome to Latin America", p. 144.

38 Giuseppe De Michelis, *La corporazione nel mondo* (Bompiani, 1934). 이듬해 이 저작의 프랑스어판(*La corporation dans le monde*, Denoël et Steele, 1935)과 영어판이 출간되었다. 이하에서는 영어판 *World Reorganisation on Corporative Lines* (Allen & Unwin, 1935)을 대본으로 했다. 또한 데 미켈리스에 대한 이하의 서술은 Jens Steffek, "Fascist Internationalism", *Millennium: Journal of International Studies*, 44(1) (2015), p. 3~22; Jens Steffek & Francesca Antonini, "Toward Eurafrica! Fascism, Corporativism, and Italy's Colonial Expansion", Ian Hall (ed.), *Radicals and Reactionaries in Twentieth-Century International Thought* (Palgrave, 2015), pp. 145~169를 참조했다. "유라프리카 연합"이라는 표현은 De Michelis, *World Reorganisation on Corporative Lines*, p. 166에서 가져온 것이다.

39 De Michelis, *World Reorganisation on Corporative Lines*, p. 207.

40 *Ibid*, p. 170.

41 *Ibid*, p. 180.

42 *Ibid*, p. 166.

43 *Ibid*, p. 171. 각주에서 데 미켈리스는 이렇게 언급하고 있다. "이 부분에서 우리는 《범유럽(Paneuropa)》에 실린 쿠덴호베-칼레르기의 유용한 논문들을 대부분 따르고 있다."

44 *Ibid*, p. 174.

45 *Ibid*, p. 206.

46 *Ibid*, p. 166. 강조는 원문.

47 *Opera Omnia di Benito Mussolini*, XXVII (1959), (Andrea Giardina, "The Fascist Myth of Romanity", p. 64에서 재인용).

48 Peo Hansen, Stefan Jonsson, "Bringing Africa as a 'Dowry to Europe': European Integration and the Eurafrican Project, 1920-1960", *Interventions*, 13(3) (2011), pp. 444~445. 또한 idem, *Eurafrica. The Untold History of European Integration and Colonialism* (Bloomsbury, 2014); idem, "Eurafrica: History of European Integration, 'Compromise' of Decolonization", *EuropeNow*, 15 (March 2018), pp. 1~11.

49 De Michelis, *World Reorganisation on Corporative Lines*, p.171.

50 쿠덴호베-칼레르기 글의 재인용은 Hansen & Jonsson, "Bringing Africa as a 'Dowry to Europe'", pp. 449~450. 1차 세계대전 직후 프랑스가 독일의 라인란트를 점령했을 때 프랑스 군대에는 마다가스카르, 서아프리카, 모로코, 알제리 등의 식민지 출신 군인들이 약 2만 명에서 4만 5000명이 포함되어 있었다. 이는 당시 독일인들에게 수치심을 자극한 사건이었다. 쿠덴호베-칼레르기가 흑인 군인을 언급한 것은 이 일을 염두에 둔 것으로 볼 수 있다.

51 Fabian Klose, "Europe as a Colonial Project. A Critique of Its Anti-Liberalism", Gosewinkel, *Anti-Liberal Europe*, pp. 47~48. 또한 Nora Fisher Onar & Kalypso Nicolaïdis, "The Decentring Agenda: Europe as a Post-Colonial Power", *Cooperation and Conflict*, 48(2) (2013), pp. 283~303; Kalypso Nicolaïdis, "Southern Barbarians? A Post-Colonial Critique of EUniversalism", Kalypso Nicolaïdis, Berny Sèbe & Gabrielle Maas (eds.), *Echoes of Empire. Memory, Identity and Colonial Legacies* (I. B. Tauris, 2015), pp. 283~304.

52 Hansen & Jonsson, "Bringing Africa as a 'Dowry to Europe'", p. 461.

53 Klose, "Europe as a Colonial Project", p. 48.

참고문헌

김용우, 〈'로마성' 숭배와 파시즘의 초국가적 근대성〉, 《사림》 34호, 2009, 297~315쪽.
김용우, 〈모리스 바르데슈의 신파시즘과 파시스트 유럽주의〉, 《프랑스사 연구》 37호, 2017, 107~133쪽.

Albanese, Giulia., & Roberta Pergher (eds.), *In the Society of Fascists. Acclamation, Acquiescence, and Agency in Mussolini's Italy*, Palgrave, 2012.
Bardèche, Maurice, *Qu'est-ce que le fascisme?*, Les Sept Couleurs, 1961.
Bauerkämper, Arnd, "Ambiguities of Transnationalism: Fascism in Europe between Pan-Europeanism and Ultra-Nationalism, 1919-39", *German Historical Institute Bulletin*, 29(2), 2007, pp. 43~67.
Bauerkämper, Arnd., & Grzegorz Rossoliński-Liebe (eds.), *Fascism without Borders: Transnational Connections and Cooperation between Movements and Regimes in Europe from 1918 to 1945*, Berghahn Books, Kindle Edition, 2017.
De Michelis, Giuseppe, *World Reorganisation on Corporative Lines*, Allen & Unwin, 1935.
Feldman, Matthew (ed.), *The Fascist Century. Essays by Roger Griffin*, Palgrave, 2008.
Giardina, Andrea, "The Fascist Myth of Romanity", *Estudos Avançados*, 22, 2008, pp. 57~76.
Gosewinkel, Dieter (ed.), *Anti-Liberal Europe. A Neglected Story of Europeanization*, Berghahn Books, 2015.
Griffin, Roger (ed.), *Fascism*, Oxford University Press, 1995.
Hansen, Peo., & Stefan Jonsson, "Bringing Africa as a 'Dowry to Europe': European Integration and the Eurafrican Project, 1920-1960", *Interventions*, 13(3), 2011, pp. 444~445.
Hansen, Peo., *Eurafrica. The Untold History of European Integration and Colonial-*

ism, Bloomsbury, 2014.

Hansen, Peo., "Eurafrica: History of European Integration, 'Compromise' of Decolonization", *EuropeNow*, 15, March 2018, pp. 1~11.

Ledeen, Michael, *Universal Fascism. The Theory and Practice of the Fascist International, 1928-1936*, Howard Fertig, 1972.

Macklin, Graham, *Very Deeply Dyed in Black. Sir Oswald Mosley and the Resurrection of British Fascism after 1945*, I. B. Tauris, 2007.

Nicolaïdis, Kalypso, "Southern Barbarians? A Post-Colonial Critique of EUniversalism", Kalypso Nicolaïdis, Berny Sèbe, & Gabrielle Maas (eds.), *Echoes of Empire. Memory, Identity and Colonial Legacies*, I. B. Tauris, 2015, pp. 283~304.

Onar, Nora Fisher., & Kalypso Nicolaïdis, "The Decentring Agenda: Europe as a Post-Colonial Power", *Cooperation and Conflict*, 48(2), 2013, pp. 283~303.

Pinto, Antonio Costa (ed.), *Corporatism and Fascism. The Corporatist Wave in Europe*, Palgrave, 2017.

Pinto, Antonio Costa, & Federico Finchelstein (eds.), *Autoritarianism and Corporatism in Europe and Latin America. Crossing Borders*, Routledge, 2019.

Salvemini, Gaetano, *Under the Axe of Fascism*, Victor Gollancz, 1936.

Steffek, Jens, "Fascist Internationalism", *Millennium: Journal of International Studies*, 44(1), 2015, p. 3~22.

Steffek, Jens, & Francesca Antonini, "Toward Eurafrica! Fascism, Corporativism, and Italy's Colonial Expansion", Ian Hall (ed.), *Radicals and Reactionaries in Twentieth-Century International Thought*, Palgrave, 2015, pp. 145~169.

Stolzi, Irene, "Corporatism and Neo-Corporatism: Developments in the 20th-Century Italian Legal Order", *Estudos Históricos*, 31(64), maio-agosto, 2018, pp. 219~242.

8장

레온 트로츠키의 유럽합중국론

윤용선

1. 들어가는 말

빅토르 위고(Victor Hugo)는 1849년 8월 파리 세계평화회의 개막 연설에서 혁명으로 화약 내음이 가득한 1848~1849년 유럽에 평화가 다시 찾아와야 한다고 호소했다. 그는 산업화와 교통수단의 발달로 유럽은 이제 중세 프랑스보다도 작은 대륙이 되어 유럽의 여러 나라가 함께 살아가는 것이 가능해졌으며, 따라서 그 어느 때보다 평화가 절실하다고 보았다. "전장(戰場)이 사라지고 그 자리에 교역이 이루어지는 시장이 들어서는 그런 날이 올 것입니다."[1] 그러나 유감스럽게도 위고의 희망은 그저 소박한 바람에 그치고 말았다. 그로부터 65년이 지난 1914년 유럽은 평화로운 시장이 되기는커녕 시장을 둘러싸고 역사상 유례를 찾기 어려운 거대하고 처참한 전쟁터로 변했으며, 산업화는 철도를 통해 유럽을 공간적으로 가깝게 만들었지만 동시에 가공할 만한 위력을 가진 무기를 대량으로 생산해 유럽을 폐허로 만들고 말았다.

고성능 무기의 등장으로 전쟁의 피해와 후유증이 심각했음에도 불구하고 베르사유조약으로 인해 프랑스와 독일 사이에는 여전히 전운이 사라지지 않았다. 그러자 많은 사람이 유럽의 평화를 진지하게 고민하게 되었으며, 이들 중에는 트로츠키(Leon Trotsky)도 포함되어 있었다. 물론 그는 마르크스주의자로서 1차 세계대전의 원인을 생산력의 발전으로 나타난 유럽의 여러 자본 및 국가 간의 갈등에서 찾았으며, 유럽의 평화는 궁극적으로 프롤레타리아 혁명을 통해서만 실현될 수 있다고 보았다. 트로츠키는 유럽의 평화에 대한 논의를 전개하는 과정에서 유럽합중국(The United States of Europe)론에 주목했으며, 이에 관해 몇 편의 길지 않은 글을 남기기도 했다.

그는 1차 세계대전을 비롯해 전간기 유럽의 국제정치적 위기 상황과 관련해 19세기 유럽 평화주의 진영에서 논의되었던 유럽합중국론에 관한 자신의 입장을 밝혔다. 따라서 그가 짧은 몇 편의 글에서 유럽의 정치적 통합에 관해 하나의 이론 체계를 정립한 것은 아니었다. 게다가 그는 유럽 문제를 자신의 주요 이론인 영구혁명론의 관점에서 바라보았다는 점에서 유럽합중국이 주된 관심사는 아니었던 것으로 보인다. 말하자면 유럽합중국은 연속되는 혁명 과정에서 한시적으로 존재했다가 사라지는 단계로 사회주의 혁명으로 가는 도정에 있어 일종의 과도기 전략으로 의미가 있었다. 바꿔 말해 트로츠키에게 유럽합중국은 평화주의 운동에서 생각했던 것처럼 유럽의 평화를 항구적으로 보장하기 위한 정치체제라기보다 유럽의 프롤레타리아 혁명 과정에서 거치게 되는 특정한 단계로 인식되었다.

이 글에서는 이러한 인식에 기초해 트로츠키의 유럽합중국론을 스케치해보고자 한다. 전반부에서는 트로츠키의 핵심 이론인 영구혁명론을 개괄할 것이다. 영구혁명론을 먼저 살펴보아야 하는 이유는 그가 국내외 정치 문제를 논할 때 항상 이 이론에서 출발하기 때문이며, 유럽합중국 역시 국제정치적 이슈로서 영구혁명론과 분리해서 이해할 수 없기 때문이다. 이어 후반부에서는 유럽합중국에 관한 그의 글과 언급을 중심으로 그가 이를 어떻게 이해했는지를 살펴볼 것이다. 아울러 필자의 견해를 덧붙여 이를 평가해보고자 한다.

2. 트로츠키 영구혁명론

영구혁명 개념의 기원은 마르크스와 엥겔스로 거슬러 올라간다. 두 사람은 1848년 1월에 발표한 《공산당선언》에서 바야흐로 유럽에서 프롤레타리아와 부르주아 간의 계급투쟁이 전개될 것이라고 예견했다. 프랑스에서 1848년 2월 혁명을 주도했던 세력이 이내 프롤레타리아와 부르주아 양 진영으로 갈라지면서 불과 4개월 후에 정면으로 충돌하자, 그들의 예측은 적중하는 듯했다. 그러나 그해 6월 프랑스 노동자의 봉기가 실패로 끝나고 이어서 독일연방의 1848년 3월 혁명 역시 동력을 상실하자, 그들은 이로부터 하나의 교훈을 얻었다. 부르주아와 소부르주아 세력이 노동자 계급을 사유재산에 대한 위협으로 간주하고 귀족세력에게 다가감으로써 혁명에 등을 돌리자, 이들 두 사람은 다음과 같은 결론에 도달했다. "민주적인 소부르주아가 최대한 조속하게 혁명을 끝내려 한다면, 혁명을 영속적으로 만들어 모든 유산계급을 몰아내고 프롤레타리아가 국가권력을 장악하며, 한 나라가 아니라 전 세계 선진국에서 프롤레타리아가 단결해 상호 경쟁을 멈추고 중요한 생산력을 프롤레타리아의 수중에 집중시키는 것이 우리의 이익이자 임무다."[2] 말하자면 혁명은 그것이 설사 부르주아적이라 하더라도 일단 발발하면 사회주의 혁명으로 발전할 때까지 계속 지속시켜야 한다는 것이었다. 이 개념은 20세기 초 러시아에서 정치위기가 고조되자 다시 주목을 받았다.

산업화를 경험하지 못한 후진적인 농업국가 러시아에서 사회주의 혁명이 가능한가라는 질문은 이미 마르크스의 생전에도 제기된 바 있었다. 러시아 농민공동체 미르를 사회주의의 맹아로 볼 수 있느냐는 자술리치(Vera Ivanovna Zasulich)의 1881년 편지 질의에 대한 답변에서 마르크스는 자본주의적 본원축적 단계에서 일어나는 농민에 대한 착취는 서유럽 국가들에서만 일어난 현상으로 러시아에는 해당하지 않는다고 보았다. 서유럽에서는 본원축적 과정을 지나면서 개인의 노동을 통해 형성되던 사유재산이 다른 사람의 노동을 착취함으로써 형성되는 자본주의적 사유재산으로 변화했다면, 러시아에서는 미르에서 볼 수 있는 토지의 공동소유(경작) 형태가 사적 소유로 변화되는 과정을 거칠 것이라고 마르크스는 내다보았다.[3] 말하자면 러시아는 장차 자본주의적 발전 단계를 거친 후에 사회주의로 이행이 가능하다는 것이었다. 마르크스가 보기에 미르는 사회주의의 맹아라기보다는 러시아가 아직 자본주의의 전 단계에 있음을 보여주는 증거일 뿐이었다.

이처럼 마르크스는 프랑스와 독일의 1848년 혁명의 실패에서 얻은 교훈인 영구혁명이 자본주의 단계에 진입조차 하지 못한 러시아의 경우에는 해당하지 않는다고 보았다. 그러나 20세기에 접어들어 마르크스의 권위를 내재한 단계적 발전론은 러시아의 변화무쌍한 정치현실로 인해 점차 의미를 잃게 되었다. 러시아 역사상 최초로 의회를 탄생시킨 1905년 혁명으로 러시아에서도 바야흐로 부르주아의 시대가 시작되는 것처럼 보였다. 그러나 입헌군주제를 가져온 혁명은 1907년 6·3체제의 등장과 함께 2년도 채 안 돼 실패로 막을 내렸으며, 이는 러시아에서 정치세력으로서의 부르주아가 사실상 존재하지 않는다는 것을 의미했다. 1905년 혁명의 실패는 러시아 마르크스주의 진영의 분열을 더욱 심화시키기도 했는데, 단계적 발전론을 주장하는 멘셰비키와 자유/자본주의 체제를 주도할 부르주아가 없으므로 즉각적인 프롤레타리아 혁명을 추구해야 한다고 주장하는 볼셰비키 사이의 노선을 둘러싼 대립은 1907년 이후 더욱 깊고 넓어졌다.

트로츠키의 영구혁명론은 이러한 러시아적 배경을 뒤로하고 정립되었다. 그는 영구혁명이 세 가지 특징을 갖고 있다고 보았다. 먼저, 민주주의 혁명(부르주아 혁명)과 사회주의 혁명은 분리된 단계가 아니라 연속되는 과정이라고 생각했다. 그가 보기에 부르주아 혁명이었던 1848년 혁명이 민주주의를 실현하는 데 실패한 것은 프롤레타리아 혁명으로 이행하지 못했기 때문이다. 1918년 독일 프롤레타리아 혁명 역시 부르주아 혁명의 목표인 민주주의조차 실현하지 못했는데, 그 이유는 혁명이 독일 사민주의로 인해 머리가 잘려나간 불완전한 프롤레타리아 혁명이었기 때문이다. 따라서 시간상 상당히 긴 민주주의 단계를 거친 후 프롤레타리아 독재가 가능하다고 보는 단계혁명론은 잘못된 것이며, 후진국의 경우에는 거꾸로 프롤레타리아 독재를 통해 민주주의가 실현된다고 보았다. 민주주의는 수십 년간 지속되는 독립적인 단계가 아니라 곧바로 사회주의 혁명으로 이행해야 한다는 것이다. 말하자면 부르주아 혁명과 사회주의 혁명은 시간상 거의 동시적으로 연속되는 과정으로, 이것이 영구

혁명의 첫 번째 특징이다.[4]

영구혁명의 두 번째 특징은 끊임없는 갈등과 변화의 과정인 사회주의 혁명 그 자체다. 경제, 기술, 과학, 가족제도, 관습과 규범 등의 급격한 변화는 기존의 질서를 송두리째 흔들어놓아 다양한 집단 간의 갈등과 상호작용을 유발한다. 말하자면 혁명의 단계에서 사회는 운동을 중단하지 않으며, 바로 여기에 사회주의 혁명의 영속성이 존재한다고 본다.[5]

영구혁명의 세 번째 특징은 국제적 성격이다. 트로츠키에 따르면 프롤레타리아 혁명이 내세우는 주요 전략 중 하나인 국제주의는 추상적 개념이 아니라 구체성에 근거하는 것이었다. 즉 확고하게 수립된 세계 경제체제, 세계적 차원에서 이루어지는 생산력 발전과 계급투쟁이라는 구체적 현실이 국제주의의 근거라고 보았다. 민족국가 단위의 프롤레타리아 혁명은 일시적 현상으로 자본주의 경제체제가 국제적이므로 이내 국제적 성격을 띤다. 특히 소련의 경우처럼 후진국에서 발생한 사회주의 혁명의 성패는 선진국의 프롤레타리아 혁명으로부터 절대적인 영향을 받는다고 보았다.[6] 바로 이 점에서 영구혁명론은 트로츠키와 스탈린의 정치적 대립과 상관없이 이미 이론적으로 소비에트 사회주의의 독자적인 생존 가능성을 모색한 일국사회주의론의 대척점에 서 있었다.

앞서 언급했듯이, 트로츠키의 영구혁명론은 러시아의 특수한 상황에서 비롯된 것으로 마르크스와 멘셰비키의 단계적 혁명론에 상충하는 이론이었다. 그는 러시아의 사회주의 혁명을 러시아의 문제로 보지 않고 국제적인 차원에서 바라보았다. 그가 보기에 자본주의의 발전은 이제 유럽적이고 더 나아가 세계적인 차원으로 확대되었기 때문에, 모든 나라의 사회주의 혁명은 이제 그 나라만의 문제가 아니었다. "러시아에서 프롤레타리아 독재가 사회주의로 발전하게 될지 아닐지, 어떠한 속도로 진행되고 어떠한 단계를 지나게 될지는 유럽과 국제 자본주의의 운명에 달려 있게 될 것이다."[7] 따라서 트로츠키에게 러시아의 경제와 사회가 과연 사회주의 혁명을 할 만큼 성숙했는지는 그리 중요하지 않았다. 그에게 정작 중요한 것은 세계 경제와 특히 유럽 경제가 이미 사회주의 혁명을 해도 될 만큼 무르익었다는 사실뿐이었다.

트로츠키는 혁명의 단계나 성격을 별로 중요하게 여기지 않았다. 혁명이란 그것이 부르주아적이든 사회주의적이든 일단 발발하면 계급사회의 타파라는 최종 목표가 달성될 때까지 중단 없이 지속되는 과정이어야 했다. "마르크스적 의미의 영구혁명이란 어떠한 계급지배와도 타협하지 않을 뿐만 아니라 민주주의 단계[8]에서 중단하지 않으며, 외부의 반동에 대항한 사회주의적 조치와 전쟁으로 이행하는 혁명을 의미한다. 말하자면 장차 전개될 모든 발전 단계가 선행한 이전의 발전 단계에 근거하면서 반드시 계급사회가 완전히 해체할 때만 비로소 종료될 수 있는 혁명을 말한다."[9] 혁명을 이런 식으로 보면, 혁명이 발발한 이상 혁명의 미래에 영향을 끼칠 수도 있는 구조적 조건이나 배경은 중요성을 상실하며, 혁명의 연속성과 지속성만이 의미를 갖게 된다.

영구혁명에 관한 트로츠키의 또 다른 언급을 보자. "사회주의 혁명이 민족국가의 틀 안에서 완결되는 것은 사실상 불가능하다. 부르주아 사회에서 나타나는 위기의 근본적인 원인은 발전된 생산력이 민족국가의 울타리를 벗어날 수밖에 없다는 데에 있다. 그로 인해 한편으로는 제국주의 전쟁이 발발하고, 다른 한편으로는 부르주아적인 유럽합중국에 대한 망상을 갖게 된다. 사회주의 혁명은 비록 민족국가에서 시작하지만, 국제적으로 발전하며 세계적 차원에서 완결된다. 사회주의 혁명은 결국 영구혁명으로 확대되는 것이다. 영구혁명은 우리가 사는 이 별 전체에서 새로운 사회가 승리를 거두기 전까지는 종결되지 않는다."[10] 이처럼 트로츠키에게는 세계 프롤레타리아 혁명이 궁극적인 목표가 되며, 그는 이러한 주장의 정당성을 타파의 대상인 자본주의의 세계화에서 찾았다. 즉 세계화된 자본주의 체제를 타파하는 과정인 프롤레타리아 혁명 역시 세계적 차원에서 이루어질 수밖에 없다고 본 것이다. 자본주의는 이제 민족국가 단위에서 발전하던 단계를 뛰어넘어 전 지구적으로 유기적으로 연결된 체제로 발전했기 때문에, 과거의 혁명 전략이 민족국가 단위로 설정되고 종결되는 것을 상정했다면, 이제는 연속성을 가져야 한다는 주장이었다.

따라서 프롤레타리아의 권력 장악은 혁명의 종결을 의미하는 것이 아니라 혁명의 시작에 불과하다. 사회주의 건설은 민족국가뿐만 아니라 국제적 차원에서 벌어지는 계급투쟁을 토대로 했을 때만 가능하다. 전 세계에서 자본주의적 생산관계가 절대적 우위에 있는 조건에서는 이러한 투쟁이 불가피하게 폭발로 발전한다. 즉 내적으로는 내전으로 발전하고, 민족국가의 외부에서는 혁명전쟁으로 발전한다. 바로 거기에 사회주의 혁명의 영속적인 특성이 존재하며, 이러한 특성은 민주주의 혁명의 역사가 길지 않은 후진국이든, 민주주의와 의회주의, 자본주의 등을 오래 경험한 선진국이든 상관없이 나타난다.[11]

일국사회주의론은 단계혁명론과 함께 영구혁명론에 대립하는 또 다른 이론이다. 단계혁명론이 사회주의 혁명 이전에 관한 전략이었다면, 일국사회주의론은 혁명 이후 소비에트 사회주의의 발전 전략이었다. 트로츠키는 1917년 10월 이전에는 즉각적인 사회주의 혁명을 둘러싸고 멘셰비키와 갈등했다면, 혁명 이후에는 일국사회주의론과 첨예하게 대립했다. 그가 1918년 1월 소비에트 러시아와 독일 간에 이루어진 2차 브레스트-리토프스크 휴전회담을 결렬시킨 것 역시 일국사회주의론에 대한 거부에서 비롯된 것이었다. 망명지 스위스 취리히에서 즉각적이고 무조건적인 종전을 주장해온 레닌과 볼셰비키에게 1917년 4월 귀국 특별 열차편을 제공했던 독일은 러시아와 평화협정을 조속히 체결하여 동부 전선을 정리하고 모든 화력을 서부전선에 집중하고자 했다. 이러한 의도를 가진 독일과 1차 세계대전을 자본 간의 제국주의 전쟁으로 간주하고 즉각 종전을 요구했던 볼셰비키가 협상을 결렬시킬 이유는 전혀 없었다. 문제는 이오페(Adolf Loffe)에 이어 2차 회담에서 소비에트 러시아 대표단을 이끌었던 트로츠키가 회담을 독일 프롤레타리아에게 혁명을 선동하는 기회로 활용했다는 데에 있었다.

그는 훗날 회담에 대해 다음과 같이 회고했다. "우리는 독일, 오스트리아-헝가리, 연합국 측 나라의 노동자 대중을 일깨울 수 있다는 희망으로 평화회담에 임했다. 이를 위해 회담을 가능한 한 지연시킬 필요가 있었는데, 유럽의 노동자에게 소비에트 혁명과 특히 소비에트의 평화정책에 대해 상세하게 알 수 있는 시간을 벌어주기 위함이었다. (…) 우리는 당연히 유럽에서 즉각 혁명이 일어날 것이라는 희망을 포기하지 않았다."[12]

하루빨리 전쟁에서 손을 떼고 갓 태어난 볼셰비키 정권의 지배를 최대한 빨리 공고히 하고자 했던 레닌은 트로츠키가 회담장에서 보인 태도에 대해 분노했으며, 결국 휴전협정은 1918년 3월 3일 3차 회담에서 체결되었다. 이 사건은 일국사회주의론과 영구혁명론이 현실에서 충돌한 대표적인 사례 중 하나였다.

레닌이 죽은 후 두 노선의 갈등은 스탈린의 일인 독재체제 구축 과정에서 트로츠키를 숙청하는 명분으로 활용되며 더욱 첨예화되었다. 트로츠키가 보기에 스탈린의 일국사회주의론이 안고 있는 근본적인 문제는 혁명의 국제적인 성격을 간과한 채 소비에트 러시아에 특별한 의미를 부여하는 '민족국가 메시아주의(nationaler Messianismus)'를 추구한다는 데에 있었다. 세계적인 차원에서 이루어지는 분업, 외국 기술에 대한 소비에트 산업의 의존, 아시아 자원에 대한 유럽 선진국의 의존 같은 엄연한 현실을 극구 부정하면서 민족국가의 틀 안에서 자주적으로 이루어지는 사회주의의 건설이 정말 가능하다고 믿는 것은 환상에 불과하다고 보았다.[13]

영구혁명론과 관련해 브레스트-리토프스크 회담이 레닌과 트로츠키 사이를 갈라놓았다면, 에스파냐 내전은 숙청으로 해외를 떠돌고 있던 트로츠키가 스탈린의 외교정책을 신랄하게 비판하도록 만들었다.[14] 히틀러 독일과 무솔리니 이탈리아가 즉각 프랑코를 지원하고 나섰음에도 불구하고 공산주의가 확산되는 것을 원치 않던 영국과 프랑스가 에스파냐 내전의 확전을 반대한다는 명분을 내세우며 소련이 에스파냐 인민전선을 지원하는 것에 난색을 보이자, 스탈린은 내전 초기에 즉각적인 개입을 주저했다. 그의 이러한 결정은 영국-프랑스-소련으로 이어지는 대독 동맹을 유지하고 소련의 참전을 가능한 한 피하려는 의도에서 비롯된 일국사회주의론적 결정으로 트로츠키주의 진영에서는 세계 공산혁명을 포기한 소련의 국가 이기주의라는 비난이 빗발쳤다.

그러나 1938년 9월 영국과 프랑스가 소련을 배제한 채 뮌헨협정을 통해 히틀러에게 체코의 수데텐란트 합병을 인정하자, 스탈린은 대독동맹을 불신하고 1939년 8월 독소불가침조약을 체결했다. 이 조약은 냉전시대에 히틀러 독일과 스탈린 소련이 본질적으로 '전체주의적'인 동질적 체제임을 보여주는 증거로 서방 측에서 대대적으로 선전되었다. 그러나 영구혁명론의 관점에서 보면, 이 조약은 세계 프롤레타리아 혁명에 대한 배신이었다.

3. 트로츠키의 유럽합중국론

트로츠키는 모든 현상을 경제결정론의 관점에서 바라보는 마르크스주의자답게 유럽의 정치적 통합 역시 자본과 시장의 국제화로 인해 가능하다고 보았다. 그가 보기에, 적어도 19세기 이후부터 유럽은 지리적 개념이라기보다 경제적으로 매우 긴밀하게 연결된 경제 단위가 되어버린 상태였다.[15] 이러한 변화가 나타나게 된 것은 다름 아닌 산업혁명 이후 생산력의 비약적인 발전 때문이었다. 하나의 국가만을 단위로 한 내수시장은 급속하게 발전한 생산력을 고려할 때 너무 협소하다는 것이 트로츠키의 생각이었다. 그는 1차 세계대전의 원인 역시 여기에서 찾았다. 그는 이러한 맥락에서 일국사회주의론 노선을 추구한 코민테른을 비판하기도 했다.[16] "유럽합중국론을 경제적으로 정당화하는 것이 코민테른의 현 입장인 일국사회주의론과 상충한다는 점이 바로 불행이다. 우리 시대의 본질은 생산력이 궁극적으로 민족국가의 틀을 넘어서 성장한다는 것이다. 제국주의 전쟁은 생산력과 민족국가의 경계 사이에 존재하는 모순에서 비롯되었다. 제국주의 전쟁을 종결한 베르사유조약은 이러한 모순을 더욱 악화시켰을 뿐이다. 바꿔 말해 생산력의 발전으로 인해 일국자본주의는 더는 존재할 수 없다."[17] 그가 보기에 생산력의 발전은 모든 것을 빨아들여 하나로 통합시켜버리는 일종의 블랙홀이었으며, 이러한 강력한 구조를 초월할 수 있는 것은 이 세상에 존재할 수 없었다.

그의 이러한 관점은 레닌의 견해와 대립했다. 물론 레닌 역시 공화주의적인 유럽합중국이 프롤레타리아 혁명에 도움이 될 것으로 보았다. 하지만 독일, 오스트리아, 러시아의 왕정이 엄연히 존재하는 한 이는 실현될 수 없다고 보았다. 게다가 생산력의 발전이 유럽의 통합을 촉진할 것으로 보았던 트로츠키와 달리, 그는 자본의 수출이나 시장의 분할을 둘러싸고 첨예하게 갈등하는 제국주의적 국제정치에서 유럽합중국은 현실적으로 불가능하며, 설사 실현된다 하더라도 반동적인 성격을 띨 수밖에 없다고 보았다. 말하자면 유럽합중국은 식민지 분할에 대한 합의 그 이상도 이하도 아니며, 기껏해야 자본과 국가권력이 유럽의 사회주의 운동을 억압하기 위해 일시적으로 타협하는 것에 불과하다고 보았다.[18] 이처럼 레닌은 유럽합중국의 실현 가능성을 낮게 보았을 뿐만 아니라 제국주의적 타협이나 동맹으로 사회주의 혁명에 부정적인 영향을 끼칠 것으로 보았다는 점에서 트로츠키와는 상당한 견해 차이를 드러냈다.

트로츠키에게 유럽합중국은 유력한 평화의 수단이기도 했다. 1차 세계대전 종전 후에도 여전히 유럽의 하늘을 떠돌고 있던 전운으로 인해 유럽의 평화는 1920~1930년대에 여론의 비상한 관심을 불러 모았다. 트로츠키 역시 이러한 분위기를 의식해 유럽합중국론을 평화주의적 관점에서 바라보기도 했다. 그는 1923년에 발표한 글에서 유럽의 평화를 깨뜨리는 주범인 프랑스와 독일의 갈등을 해결할 가능성을 유럽통합에서 찾았다. 그는 당시 베르사유조약 이행 문제와 프랑스의 루르 지방 점령으로 양국 간의 긴장이 극에 달한 상황에서 유럽합중국을 대안으로 제시했다. "유럽의 석탄과 철강의 제휴(Allianz)에 관한 문제인 루르 사태와 함께 배상 문제 역시 '유럽합중국' 도식에 완전히 들어맞는다. 배상 문제는 유럽적인 수단에 의해서만 해결될 수 있고 해결될 유럽적인 문제다."[19] 트로츠키의 이러한 진단은 또 한차례의 끔찍한 전쟁을 겪은 후에 비로소 대오각성한 프랑스와 서독이 1951년에 합의한 유럽석탄철강공동체(ECSC)가 출범하기 무려 30여 년 전에 나온 것이라는 점에서 우리의 시선을 끈다.

트로츠키의 선견지명은 여기서 끝나지 않는다. 2차 세계대전 종전 후 냉전으로 나타난 미국과 소련 양극체제의 등장이 유럽의 통합을 촉진한 주요 요인 중 하나였다는 것은 오늘날 잘 알려진 사실이다. 그런데 트로츠키는 이미 1920년대에 미국의 잠재력에 대해 경고하고 나섰다. 물론 1차 세계대전 이전에 이미 미국의 경제 규모는 세계 1위였으며, 그런데도 미국이 국제정치에서 주도적인 역할을 하지 못한 것은 스스로 유럽의 정치에 관여하지 않겠다는 고립주의를 선택했기 때문이라는 것은 당시 알 만한 사람은 다 아는 사실이었다. 그러나 트로츠키는 미국의 잠재력을 유럽의 분열이라는 맥락 속에서 보았으며, 두 현상은 반비례 관계에 있다고 보았다는 점에서 다른 사람들과 분명 차이가 있었다. "미국은 유럽에서 철수한 채 오스트리아의 경우처럼 값싸게 살 수 있을 정도로 유럽 경제가 망가지기를 조용히 기다리고 있다. 그러나 프랑스는 독일로부터 손을 뗄 수 없으며, 독일도 프랑스에 등을 돌릴 수 없는 실정이다. 독일과 프랑스 두 나라는 서유럽의 핵심이다. 바로 여기에 유럽 문제의 갈등과 해결책이 존재하며, 다른 모든 것은 부수적인 것에 불과하다. 발칸 국가들이 연방제 외에는 달리 생존할 길이 없다는 것은 제국주의 전쟁 훨씬 전에 이미 알려진 사실이다. (…) 우리가 이미 오래전부터 발칸반도의 연방제가 필요하다고 생각했듯이, 발칸반도처럼 되어버린 유럽 역시 점차 이러한 방향으로 가고 있다."[20] 말하자면 유럽의 분열과 갈등은 결국 미국의 유럽 지배로 귀결될 것이기 때문에 이를 막아야 하며, 이를 위해서는 연방제 형태의 유럽합중국이 유력한 대안이라는 것이 트로츠키의 견해였다.

트로츠키가 보기에, 미국의 등장으로 유럽은 이제 민족자결권을 염려해야 하는 약소국의 지위로 전락했다. 역사적으로 끊임없이 강대국의 지배를 받아야 했던 세르비아, 불가리아, 그리스 등 발칸반도의 약소국가들이 억압의 굴레에서 벗어날 수 있는 유일한 해결책이 연방의 결성인 것과 마찬가지로, 유럽 역시 이제는 연방제를 통해 각 나라의 자결권을 확보할 수 있다고 보았다.[21] 강대국의 반열에 올라 유럽을 위협하는 미국이 바로 연방제를 통해 영국의 식민지에서 벗어나 자결권을 쟁취한 대표적인 사례였다. 그러나 트로츠키의 유럽합중국론에서 미합중국은 좋은 본보기가 아니라 유럽을 위협하는 강대국으로만 인식되었다. 아무튼 연방의 결성을 통해 자결권을 확보하려는 전략은 트로츠키의 창안이 아니라 미국이라는 선례가 존재했다.

트로츠키는 미국을 염두에 두고 유럽이 경제적으로 한층 더 통합되어야 한다고 역설했다. "오늘날 유럽이 약해진 이유는 무엇보다 분산된 경제 때문이다. 이와 반대로 강한 미국은 경제적인 통일 덕분이다. (…) 유럽합중국의 가장 중요한 과제는 경제적인 것이어야 하며, 이는 교역뿐만 아니라 생산까지도 포함하는 것이어야 한다. 인위적으로 차단하지 않고 유럽의 석탄을 유럽의 철강과 분리하는 헌법이 필요할지도 모른다. 유럽의 전기화가 베르사유조약이 정해놓은 경계가 아니라 자연적이고 경제적인 상황에 따라 발전하도록 해야 한다. 유럽의 철도 역시 통일할 필요가 있다. 이 모든 것은 구태의연한 유럽 내의 관세장벽을 폐지하지 않고는 불가능하다. 이를 통해 미국의 관세장벽에 대항하는 유럽의 통일된 관세장벽이 구축될 수 있다."[22] 그의 이러한 주장은 훗날 유럽경제공동체를 제안하는 어느 유럽주의자의 제안으로 착각될 정도다.

그러나 여기서 우리가 간과해서는 안 될 점이 있다. 트로츠키는 유럽의 평화를 고민하는 평화주의자가 아니었으며, 미국의 유럽 지배를 어떻게든 막아야 한다고 보는 유럽 중심주의자 또는 유럽주의자도 아니었다는 사실이다. 그는 오매불망 프롤레타리아 세계 혁명을 꿈꾸는 영구혁명론자였으며, 그에게는 유럽합중국 역시 영구혁명의 측면에서만 의미가 있었다. "프롤레타리아적 관점에서 보면, 유럽합중국 문제는 1차 세계대전이 시작된 1914년 9월에 최초로 제기되었다. 〈전쟁과 인터내셔날(Der Krieg und die Internationale)〉이라는 글의 저자(트로츠키)는 유럽의 경제적 발전으로 인해 유럽의 통일에 관한 논의가 불가피해질 것으로 보았지만, 유럽합중국이란 유럽 프롤레타리아의 혁명적 독재라는 정치 형태임을 입증하려 했다."[23] 말하자면 유럽합중국은 일시적으로 유럽에 평화를 가져오고 미국의 영향이나 지배를 막는 기능을 하기는 하지만, 궁극적으로는 유럽의 사회주의화라는 최종 목표를 향해 가는 과정으로서 진정한 의미가 있다는 말이다. 바꿔 말해 트로츠키가 생각하는 유럽합중국이란 프롤레타리아 혁명을 통해 하나로 통일된 유럽을 의미했다.

트로츠키는 철저하게 마르크스주의적 관점으로 역사의 발전 과정을 바라보았다. 그의 눈에 비친 유럽의 전쟁은 민족국가 간의 생존투쟁이 아니라 생산력의 발전으로 인해 불가피해진 민족국가의 해체 과정이었다. 문화적 · 심리적 · 이데올로기적 차원의 민족국가 의식은 여전히 존재하지만, 경제에서는 민족국가의 개별성이나 독립성이 더는 존재하지 않는다는 것이 그의 견해였다. 그는 1차 세계대전을 민족국가의 방어라고 보는 것은 '위선 아니면 무지몽매'라고 본다. 즉 전쟁은 민족국가를 경계로 하는 경제 단위를 해체하는 과정이라는 것이다.[24] 앞서 언급한 대로, 유럽합중국 역시 생산력의 발전으로 인한 민족국가의 해체라는 관점에서 보아야 한다는 것이 그의 생각이었다. 이러한 관점에서 훗날 2차 세계대전 이후에 찾아온 유럽의 평화를 바라보면, 공격적이고 배타적인 민족의식이 퇴조했다기보다 생산력의 발전으로 초래된 민족국가 형태의 경제 단위가 해체되는 과정이 종결된 것으로 볼 수도 있다. 그러나 간과해서는 안 될 점은 영구혁명론자인 트로츠키에게 유럽합중국은 완결된 상태가 아니라 계속 진행 중인 혁명 과정이어야 했다.

그는 장차 유럽합중국이 민족국가를 대체할 것이며, 다만 이는 '군주정, 상비군, 귀족정, 비밀외교 등이 없는 유럽합중국'이어야 한다고 역설했다. "경제 발전을 가로막는 골치 아픈 걸림돌이 돼버린 '조국'의 방어가 아니라 훨씬 더 강력하고 방어 능력이 있는 조국이자 세계합중국의 근간인 **공화정적인 유럽합중국**의 건국이 (…) 프롤레타리아에게는 중차대하다."[25] 그러나 그는 자본주의 체제와 부르주아를 철저하게 불신해 즉시 타파해야 할 대상으로 간주했다. 게다가 그는 혁명의 단계적 발전을 철저하게 불신하는 영구혁명론자였다. 따라서 여기서 그가 말하는 공화정 유럽합중국이란 장기간 존속하는 체제가 아니라 프롤레타리아 독재로 이행해가는 과도기에 잠시 존재하다 사라지는 이행기 체제다. "부르주아가 유럽의 경제 재건 문제를 근본적으로 해결할 수 없다는 사실이 노동자 대중에게 갈수록 분명해지고 있다. 독자적으로 해결책을 모색해야만 하는 노동자-농민은 '노동자-농민 정부'의 수립이라는 문제에 직면하고 있다. 해결책을 구체적으로 제시해야 할 시점이 다가오고 있다. 해결책이란 유럽 여러 나라가 경제적으로 긴밀하게 협력하는 것인데, 이는 우리 대륙을 경제적 파국으로부터 지키고 막강한 미국 자본의 지배로부터 구해내는 유일한 수단이다."[26] 영구혁명론자인 트로츠키에게 '공화정적 유럽합중국'이란 목적지가 아니라 프롤레타리아적 유럽합중국으로 가는 도정의 시작을 의미했다.

트로츠키는 미국의 등장이 자본주의 체제를 한층 더 공고히 만들 것으로 보았다. 하지만 그는 미국의 존재가 사회주의 혁명의 당위성을 더욱 부각하게 될 것으로 보기도 했다. "미국은 전쟁으로 약해진 것이 아니라 더 강해졌다. 미국 부르주아는 내적으로 여전히 매우 안정적이며, 유럽 시장에 대한 미국의 의존도는 미미하다. (…) 미국에서 혁명이 일어날 가능성은 당분간 희박하다. (…) 낙후된 러시아가 유럽의 혁명을 기다리지 않았듯이(기다릴 수도 없었듯이), 유럽 역시 미국의 혁명을 기다려야 할 이유는 없다. 현재는 자본주의 미국에 의해, 그리고 과거에는 영국에 의해 봉쇄당했던 노동자-농민의 유럽은 긴밀한 군사적·경제적 동맹관계를 유지하고 발전시키게 될 것이다."[27] 여기서 그가 말하고자 하는 바는 미국의 등장으로 인해 자본주의의 위협이 더 커진 만큼 사회주의 혁명의 중요성도 그만큼 더 커졌다는 것이다. 이와 함께 미국 자본은 유럽의 여러 나라에도 위협이기 때문에 노동자-농민의 유럽합중국 결성이 시급하다고 보았다. 이처럼 트로츠키에게 유럽합중국이란 유럽의 평화와 번영을 도모하기 위한 통합이라기보다 사회주의 혁명 전략의 일부였던 셈이다. 물론 그는 사회주의 혁명이야말로 유럽의 평화와 번영을 항구적으로 보장하는 가장 유력하고 유일한 수단이라고 여긴 마르크스주의자였다.

4. 맺는 말

1917년 10월 러시아에서 일어난 인류 역사상 최초의 사회주의 혁명은 이론과 현실에서 모두 심각한 문제를 안고 있었다. 이론적 차원에서 10월 혁명은 사회주의 이론을 정립한 마르크스의 견해와 정면으로 충돌했다. 즉 산업화 과정을 지나며 산업 자본주의가 고도로 발달하여 산업노동자 집단이 대규모로 형성되고, 자본에 의한 임금노동의 착취가 갈수록 심각해진 이후에야 비로소 사회주의 혁명이 발발할 수 있다는 것이 마르크스의 입장이었다. 그러나 혁명 당시 러시아는 산업화가 시작은 되었으나 겨우 걸음마 단계에 있었고, 인구의 70퍼센트 이상이 농촌에 거주하는 전근대적인 농업국가였다. 말하자면 러시아에서는 타파되어야 할 자본주의 체제가 아직 존재하지 않았고, 체제를 타파하는 데 앞장서야 할 산업노동자가 러시아 전체 인구에서 차지하는 비중은 아주 미미했다.

러시아 10월 혁명이 사회주의 혁명으로서 안고 있던 딜레마는 이것이 전부가 아니었다. 볼셰비키는 1918~1920년에 벌어진 내전을 승리로 이끌어 일단 혁명 직후의 위기를 넘기는 데 성공했으나, 영국과 프랑스의 자본주의 체제에 이어 독일에서 파시즘 정권의 등장과 극동에서 일본의 급부상으로 인해 소비에트 러시아의 안보에 대한 극도의 위기감이 내부에서 조성되었다. 1936~1938년에 스탈린이 주도한 대숙청은 이러한 위기의식을 명분으로 내세워 자행된 폭력이었다—물론 그것은 숙청을 정당화할 만큼 설득력 있는 이유는 결코 아니었다. 그가 내세운 소위 일국사회주의론 역시 이러한 위기의식이 투영된 국제정치적 기본 노선으로 소비에트 사회주의 체제의 생존을 외교정책의 최우선 과제로 삼았다.

러시아 10월 혁명에 적극적으로 참여한 트로츠키는 이러한 두 가지 딜레마를 동시에 해결하기 위해서는 서유럽에서 사회주의 혁명이 일어나는 것 외에는 다른 방도가 없다고 보았다. 그가 주장한 영구혁명론의 당위성은 바로 여기에 존재했다. 그는 레닌을 비롯한 모든 볼셰비키와 마찬가지로 러시아의 산업화는 사회주의 혁명 이후에 사후적으로 해결할 수 있는 문제라고 보았다. 그가 보기에 사회주의 혁명이 성공하기 위해서 전제조건이나 단계는 중요하지 않았으며, 혁명의 연속성과 지속성이 가장 결정적인 요소였다. 유럽의 동쪽 끝 변방에 있는 낙후된 농업국가 러시아에서 혁명이 일어난 것이 문제가 아니라 혁명을 확산시키는 것이 관건이었다. 따라서 그는 스탈린의 일국사회주의론을 신랄하게 비판했다. 생산력이 고도로 발전한 서유럽에서 프롤레타리아 혁명이 일어난다면, 전방위적으로 적대세력에 포위된 소비에트 러시아의 안보 문제는 저절로 해결될 수 있다고 보았다. 게다가 서유럽에서 사회주의 혁명이 발발할 때 비로소 후진적인 러시아에서 일어난 10월 혁명은 세계 프롤레타리아 혁명의 도화선으로서 역사적 의미를 지니게 된다. 그의 주장이 과연 얼마나 실현 가능성이 있었는지는 논하지 않기로 한다.

한편 1920년대 유럽은 산업혁명 이후 최초로 발발한 대규모 전쟁이 가져온 끔찍한 후유증에도 불구하고 특히 프랑스와 독일의 적대관계로 인해 여전히 전운이 감돌고 있었다. 이러한 분위기와 쉽게 치유될 것 같지 않은 전쟁의 상흔으로 인해 유럽의 평화가 주요한 국제정치적 이슈로 떠올랐다. 당시 유럽의 평화주의 진영에서는 19세기를 지나며 완전히 자리 잡은 미합중국에서 유럽의 갈등을 해결할 가능성을 찾으려 했다. 북아메리카에서 안보공동체로 출발한 합중국이 유럽에서는 내부의 갈등을 잠재우는 역할을 할 것으로 기대되었다. 이에 더해 트로츠키는 유럽의 분열이 미국의 유럽 지배를 촉진할 것으로 내다보았다. 이처럼 유럽합중국론은 민족주의라는 열병을 앓고 있던 유럽에서 통합을 통해 평화를 구축하려는 고민이자 시도였다.

그러나 마르크스주의자였던 트로츠키가 이해하는 유럽합중국론의 핵심은 유럽의 평화가 아니라 그것이 프롤레타리아 혁명 과정에서 어떠한 의미와 기능을 수행하는가였다. 그가 보기에 1920년대 유럽은 경제적으로는 완전하게 통합된 상태였는데, 이는 모든 것을 빨아들이는 블랙홀과 같은 자본주의 체제가 이룩한 성과였다. 그러나 민족국가를 단위로 한 자본들 사이의 경쟁이 유럽의 평화를 깨뜨리는 주요 원인이었다. 따라서 그는 유럽의 평화를 구축하는 수단으로서 유럽합중국은 궁극적으로 자본주의 체제에서 불가능하다고 보았다. 설사 실현된다 하더라도 이는 식민지 시장의 분할을 꾀하는 제국주의 국가들 사이의 일시적 타협에 불과하다고 생각했다. 트로츠키는 자본주의 체제가 존재하는 한 항구적인 평화란 실현될 수 없다고 보았다. 따라서 진정한 의미의 평화와 통합으로서 유럽합중국은 프롤레타리아 혁명을 통해서만 가능하다는 것이 그의 생각이었다. 바꿔 말해 트로츠키에게 유럽합중국은 영구혁명을 전제로 할 때만 의미가 있었다.

주

1 Victor Hugo, "Eröffnungsrede von Victor Hugo beim Pariser Friedenskongress 1849", in https://ifor-mir.ch/eroffnungsrede-von-victor-hugo-beim-pariser-friedenskongress-1849/.

2 Karl Marx & Friedrich Engel, "Ansprache der Zentralbehörde an den Bund vom März 1850", in: *MEW*, 7 (Berlin, 1960), pp. 247~248.

3 Karl Marx, "Brief an V. I. Sassulitsch", in *MEW*, 19, pp. 242~243.

4 Leo Trotzki, *Die Permanente Revolution: Ergebnisse und Perspektiven*, 2., veränderte Auflage, ungekürzte Ausgabe, Mehring Verlag (Essen, 2016). pp. 127~128.

5 *Ibid*., pp. 128~129.

6 *Ibid*., p. 129.

7 *Ibid*., p. 125.

8 부르주아 혁명의 단계를 의미한다.

9 Trotzki, *Die Permanente Revolution*, p. 127.

10 *Ibid*., p. 252.

11 *Ibid*., pp. 251~252.

12 Leo Trotzki, *Über Lenin. Material für einen Biographen* (Essen, 2006), p. 87.

13 Trotzki, *Die Permanente Revolution*, p. 253. 영구혁명론의 관점에서 보면, 북한의 주체사상과 자주노선, 자급자족 경제체제 등은 결코 받아들일 수 없는 것이었을 것이다.

14 Leo Trotzki & Reiner Tosstorff, *Revolution und Bürgerkrieg in Spanien 1931-1939*, Gebundene Ausgabe (Neuer ISP Verlag, 2016).

15 L. N. Trotzki, "Über die Aktualität der Parole 'Vereinigte Staaten von Europa'" (30. Juni 1923) in https://www.marxists.org/deutsch/archiv/trotzki/1923/06/vse.htm#top. Aus: Prawda Nr. 144, 30 Juni 1923. Nachgedruckt als Anhang 1 in L. D. Trotzki, Europa und Amerika: Zwei Reden Neuer Deutscher Verlag, Berlin, 1926, S. 92-100. Nachgedruckt in Leo Trotzki, Wohin treibt England/Europa

und Amerika, Verlag Neuer Kurs, Berlin 1972.

16 코민테른은 초기에 유럽합중국론을 공식적으로 지지했으나, 집행부가 스탈린에 의해 장악된 후 개최된 1926년 7차 집행위 총회에서 이 안을 강령에서 삭제했다(정성진, 〈제1차 세계대전과 트로츠키의 대안〉, 《마르크스주의 연구》 11권 3호 (2014), 97쪽).

17 Leo Trotzki, "Die Abrüstung und die Vereinigten Staaten von Europa" (1929), https://sites.google.com/site/sozialistischeklassiker2punkt0/trotzki/1929/leo-trotzki-die-abruestung-und-die-vereinigten-staaten-von-europa).

18 W. I. Lenin, "Über die Losung der Vereinigten Staaten von Europa", in Lenin Werke, 21 (Berlin, 1960), pp. 342~345.

19 L. N. Trotzki, "Über die Aktualität der Parole 'Vereinigte Staaten von Europa'".

20 *Ibid*.

21 Leo Trotzki, "Das Friedensprogramm" (1915-16/17), in https://www.marxists.org/deutsch/archiv/trotzki/1915/xx/frieden.htm, pp. 10~11.

22 Trotzki, "Die Abrüstung und die Vereinigten Staaten von Europa" (1929).

23 *Ibid*.

24 L. N. Trotzki, "Der Krieg und die Internationale" (1914), in https://politik.brunner-architekt.ch/wp-content/uploads/trotzki_krieg_und_internationale.pdf).

25 *Ibid*.

26 Trotzki, "Über die Aktualität der Parole 'Vereinigte Staaten von Europa'".

27 *Ibid*.

참고문헌

정성진, 〈제1차 세계대전과 트로츠키의 대안〉, 《마르크스주의 연구》 11권 3호, 2014, 70~102쪽.

Hugo, Victor, "Eröffnungsrede von Victor Hugo beim Pariser Friedenskongress 1849", in https://ifor-mir.ch/eroffnungsrede-von-victor-hugo-beim-pariser-friedenskongress-1849/.

Lenin, W. I., "Über die Losung der Vereinigten Staaten von Europa". in *Lenin Werke*, 21, Berlin, 1960, pp. 342~345.

Marx, Karl, & Friedrich Engels, "Ansprache der Zentralbehörde an den Bund vom März 1850", in: *MEW*, 7, Berlin 1960, pp. 247~248.

Marx, Karl, "Brief an V. I. Sassulitsch", in *MEW*, 19, pp. 242~243.

Trotzki, Leo, *Die Permanente Revolution: Ergebnisse und Perspektiven, 2., veränderte Auflage, ungekürzte Ausgabe*, Mehring Verlag, Essen, 2016.

Trotzki, Leo, *Über Lenin. Material für einen Biographen*, Essen, 2006,

Trotzki, Leo, & Reiner Tosstorff, *Revolution und Bürgerkrieg in Spanien 1931-1939*, Gebundene Ausgabe, Neuer ISP Verlag, 2016.

Trotzki, L. N., "Über die Aktualität der Parole 'Vereinigte Staaten von Europa'", 30. Juni 1923. Aus: Prawda Nr. 144, 30. Juni 1923. Nachgedruckt als Anhang 1 in L. D. Trotzki, Europa und Amerika: Zwei Reden Neuer Deutscher Verlag, Berlin, 1926, S. 92-100. Nachgedruckt in Leo Trotzki, Wohin treibt England/Europa und Amerika, Verlag Neuer Kurs, Berlin 1972.

Trotzki, Leo, "Die Abrüstung und die Vereinigten Staaten von Europa", 1929, in https://sites.google.com/site/sozialistischeklassiker2punkt0/trotzki/1929/leo-trotzki-die-abruestung-und-die-vereinigten-staaten-von-europa.

Trotzki, L. N., "Über die Aktualität der Parole 'Vereinigte Staaten von Europa'", 30 Juni 1923, in https://www.marxists.org/deutsch/archiv/trotzki/1923/06/vse.htm#top.

Trotzki, Leo, "Das Friedensprogramm", 1915-16/17, in https://www.marxists.org/deutsch/archiv/trotzki/1915/xx/frieden.htm.

Trotzki, L. N., "Der Krieg und die Internationale", 1914, in https://politik.brunner-architekt.ch/wp-content/uploads/trotzki_krieg_und_internationale.pdf.

3부

2차 세계대전 시기 유럽통합 구상

THE SECOND WORLD WAR AND EUROPEAN INTEGRATION INITIATIVES

9장

양차 세계대전 시기 장 모네의 활동과 유럽 평화 구상

김유정

1. 들어가며

유럽통합의 역사에서 장 모네(Jean Monnet)의 역할은 아무리 강조해도 지나치지 않다. "유럽통합의 아버지" 또는 "20세기 세계 역사의 전환을 이룩한 선구자"와 같은 수식어는 유럽통합 과정에서 모네의 역할과 영향을 잘 대변한다. 프랑스 역사가 지로(René Girault)가 그를 유럽통합의 "산파(Accoucheur)"에 비유했듯이,[1] 유럽통합 초기 단계의 성과들, 즉 ECSC, EDC, EEC 및 EURATOM 같은 유럽통합 기구들이 모두 그의 손을 거쳐 탄생했다. 그러한 이유로 모네는 학계의 집중적 관심을 받아왔고, 그 결과 2차 세계대전 이후 모네의 활동에 대한 연구는 충분히 축적되어 왔다. 그러나 모네에 관한 이 같은 활발한 관심에도 불구하고 1945년 이전 시기 모네의 활동 및 통합 사상에 대한 연구 결과는 여전히 빈약하다.

그 이유는 첫째, 프랑스의 저명한 모네 연구자 미오슈(Philippe Mioche)도 지적하고 있듯이,[2] 이 시기 모네 활동에 관한 정보와 사료가 그리 많지 않기 때문이다.[3] 1945년 이전 시기 모네 연구가 빈약한 두 번째 이유는 앞서 언급했듯이 모네에 관한 학계의 관심이 "유럽통합의 아버지" 또는 "첫 번째 유럽 시민"이라는 프레임에 갇혀 있기 때문이다.

모네를 "유럽통합의 아버지"로만 기억할 경우 모네를 이해하는 데 있어 몇 가지 어려움에 봉착하게 된다. 첫 번째 문제는 모네의 유럽통합 철학과 방법론에 일관성이 없다는 점이다. 특히 사료를 통해 그의 유럽통합 사상을 추적할 때 더욱 그렇다. 가령 1950년대 모네는 유럽의 평화를 구축하기 위해서는 유럽연방(fédération européenne)이 불가피하다고 주장했다. 당시 드골주의자들이 비난했던 초국가주의(supranationalism)는 모네가 1950년대 제안했던 유럽석탄철강공동체나 유럽방위공동체(EDC, 1954)의 핵심 내용이었다.[4] 그러나 1973년 모네는 〈유럽임시정부의 구성 및 행동계획(Constitution et action d'un gouvernement européen provisoire)〉 문서에서 초국가주의가 아닌 정부간주의(intergouvernmentalism)를 제안하고 있다.[5] 이 같은 사례는 유럽통합의 방법론에 관해 그가 하나의 고정된 방식만을 고집하지 않았다는 사실을 보여준다. 초국가주의 혹은 정부간주의와 같은 통합의 방법론은 유럽통합이란 목표를 이루기 위해 상황에 따라 취한 선택일 뿐이었다. 그의 방법론은 현실에 부응하는 유연성을 가지고 있었다.

"유럽통합의 아버지"라는 틀에서 모네를 설명할 때 봉착하는 두 번째 문제는 모네를 유럽주의자라는 고정된 관념으로 보게 되는 함정에 빠지기 쉽다는 것이다. 그는 "강한 프랑스 없이는 강한 유럽도 또 유럽에의 평화도 보장할 수 없다"라고 언급할 정도로 프랑스의 이익을 깊이 고려했다.[6] 그 외에도 모네는 미국과의 협력 속에서 안전한 유럽통합을 완성하고자 했던 대서양주의자로 평가되기도 한다.[7] 비록 그가 드골주의자들이 종종 비판했던 '유럽의 독립성이 보장되지 않는 대서양 공동체'를 추구했던 인물은 아니지만, 그의 유럽통합 성공 배후에는 늘 미국이 함께 했다.[8] 유럽주의를 민족주의 혹은 대서양주의와 대립되는 개념으로 정의할 때 모네는 모순적인 인물로 보이기 쉽다. 모네의 전기작가 루셀(Éric Roussel)이 "역사를 통틀어 모네만큼 모순적인 인물은 없을 것"[9]이라고 언급했던 것처럼 모네의 유럽통합 활동 및 그의 유럽통합 사상을 논리적 일관성을 가지고 설명하려는 시도는 번번이 모순에 직면하게 된다. 모네에 관한 연구가 "유럽통합의 아버지"라는 기억에 한정되는 한 이 같은 모순은 불가피하다. 그러한 이유로 '유럽통합의 아버지'로서의 모네를 부정하지 않으면서도 그를 설명하는 고정된 틀을 넘어설 필요가 있다. 여전히 모네 연구의 공백기인 1945년 이전 시기 모네의 활동과 사상의 발전에 주목하는 이 연구는 바로 이 같은 문제 제기의 연속선상에 있으며 그에 대한 기존의 고정된 평가를 일정 부분 수정하려는 목적을 가지고 있다.

이 연구는 양차 대전 시기 모네의 활동과 '알제리 구상(La Réflexion d'Alger)'으로 알려진 그의 유럽통합 구상을 핵심적 주제로 삼고 있다. 이 연구의 문제의식은 전쟁이라는 위기에 직면하여 그가 어떻게 분열과 갈등의 문제를 공동의 이익으로 전환하여 유럽 문제를 해결하려고 했는지 구체적으로 살펴보려는 데서 출발한다. 2절에서는 분쟁 해결을 위한 국제적 협력의 중요성을 그에게 각인시켰던 양차 대전 시기 모네의 국제적 활동과 경험을 설명할 것이다. 3절에서는 알제리 구상을 분석할 것이다. 1943년 모네가 알제리에서 활동하면서 기록으로 남긴 '알제리 구상'은 모네가 자서전에서 언급하고 있듯이 1950년대 통합계획들, 즉 슈만플랜이나 ECSC(유럽석탄철강공동체)의 초안이라는 점에서 매우 중요하며, 전후 프랑스와 유럽을 위한 지역협력의 필요성과 유럽의 평화 정착에 관한 내용을 담고 있다.[10] 마지막으로 결론에서는 평화 구상으로서 '알제리 구상'의 역사적 의미를 분석하면서 그 구상이 한반도 및 동북아가 직면한 평화 정착 문제에 제공하는 시사점을 고민할 것이다.

2. 양차 대전 시기 모네의 국제활동

이 시기 모네의 주요한 국제활동은 ① 1919~1923년 국제연맹(Société des Nations: SDN)에서의 분쟁지역 문제 해결, ② 1943년 알제리에서의 임무[11]로 압축해서 설명할 수 있다. 우선 국제연맹에서 활동하면서 모네는 유럽의 오랜 분쟁지역의 영토 귀속 문제를 해결하는 일을 맡았다. 이러한 분쟁 조정의 경험들은 1950년대 모네가 제안한 유럽통합 방법의 중요한 기초가 되었다. 당시 모네는 '분쟁의 요인을 제거하고 공동의 이익 창출과 공동의 관리를 통해 사람들을 통합'하는 방식의 중요성을 알게 되었다. 모네는 그 어떤 제도나 단순한 협력보다도 공동의 이익 창출이 분쟁의 요인을 빠르게 협력의 동인으로 전환할 수 있는 작동기제라는 점을 터득했다.

2차 세계대전 중 모네는 루스벨트(F. Roosevelt)의 '비밀특사'로 알제리에 파견되어 프랑스를 통합하는 임무를 맡았다. 1943년 알제리에서 모네는 두 독립운동 세력으로 분열된 프랑스의 통합을 도모하면서 동시에 유럽의 '영구적인 평화가 보장될 수 있는 유럽통합'을 구상하기 시작했다. 전쟁의 와중에서 전후의 프랑스와 유럽 질서를 고민하며 미래의 독일과의 협력 문제에 대해 깊이 고심하기 시작했다. 그의 고민이 적대국을 협력의 대상으로 간주하는 새로운 인식의 전환 없이는 불가능했다는 점에서 그가 영구적이고 안정적인 평화를 정착시키고자 하는 강한 의지를 가지고 있었다는 사실을 알 수 있다.

1) 국제연맹에서의 활동, 1919~1923

1차 세계대전(1914~1918) 기간에 모네는 통상부 장관이 된 부친의 친구인 클레망텔(E. Clémentel)과의 인연으로 연합국 군수물자조달위원회(Inter-Allied Maritime Commission)에서 활동했다. 이것이 유럽을 위한 그의 첫 번째 국제활동으로 기록된다. 1919년 연합국의 승리로 전쟁이 종결되어 전후 처리 및 독일의 전쟁 배상을 논의하기 위해 파리평화회의가 소집되었을 때, 모네는 이 회의를 준비한 클레망텔 및 클레망소와 함께 프랑스 대표단으로 참석했다. 그리고 클레망텔의 적극적인 추천으로 연합국이 주최한 최고경제이사회(Supreme Economic Council)의 프랑스 대표위원으로 활동했으며, 그곳에서 전쟁배상위원회(Reparations Commission) 미국 측 대표자로 참석한 존 포스터 덜레스(John Foster Dulles)를 만났다.[12]

이와 같은 국제무대에서의 경력을 인정받아 모네는 1920년에 설립된 국제연맹(Société des Nations: SDN)에서 사무차장으로 활동했다. 그의 나이 서른한 살 때의 일이다. 제네바에 본부를 둔 이 국제기구는 처음에는 전쟁을 일으킨 유럽 국가들 간의 영토 분쟁 문제를 해결하는 데 집중했다. 당시 모네는 독일과 폴란드 간의 갈등을 빚고 있던 상부 슐레지엔 지역과 영토 병합을 둘러싼 독일과 프랑스 간의 빈번한 분쟁지역이었던 자르의 분쟁 문제를 맡았다. 결론부터 말하자면, 모네는 자르 문제 해결에는 실패했던 반면, 상부 슐레지엔 영토 귀속 문제 해결에서는 결정적인 역할을 했다. 특히 이 과정에서 그는 영토 분쟁을 해결하기 위해 '공동의 이익을 찾아 조직해내야 한다는 원리'를 생각하기 시작했다.

> 폴란드의 강철은 독일의 석탄이 필요했고, 폴란드 노동자들은 독일인이 경영하는 공장에서 직장을 유지할 필요가 있었다. 사람들과 상품들은 자유로이 국경을 넘나들 수 있어야 했다. 이를 위해서 우리는 폴란드인들과 독일인들에게 양국 모두에 의해 받아들여지는 규칙과 동시에 공동관리를 위한 몇 가지 조치들을 개발해야 했다.[13]

슐레지엔의 광산 지역은 석탄 단지로서 이를 기반으로 대규모 철강산업 단지가 형성되어 있었다. 이 철강 단지는 200만 명이 넘는 주민들에게 부를 가져다주었으며, 이곳 주민의 3분의 1은 독일인, 나머지 3분의 1는 폴란드인이었다. 폴란드인들은 이 지역 전체가 자신들의 소유라고 주장하는 한편, 독일인들은 독일 전체 생산량의 4분의 1을 차지하는 이 자산에 대한 소유권을 유지하는 데 집착했다. 베르사유조약에 참여했던 나라들은 처음에는 이 지역 전체를 폴란드에 귀속시키기로 했으나 독일의 극렬한 항의에 직면하자 국적 원칙(nationality principle)에 따라 주민투표에 부치기로 합의했다. 모네는 국제연맹 산하 중재위원회를 설립하고 주민투표를 주관하여 이 지역 영토의 국가 귀속 문제를 해결하는 데 중요한 역할을 했다.

반면 자르 문제 해결은 실패했다. 독일과 프랑스의 경계에 인접한 자르는 상부 슐레지엔 영토 귀속 문제와 많은 유사성이 있었다. 이 지역은 풍부한 석탄 자원을 기반으로 철강산업이 매우 발전했기 때문에 양국은 이곳의 정치적 귀속을 둘러싸고 오랫동안 갈등을 빚어왔다. 1920년 베르사유조약이 선언되면서 자르 지역은 15년간 국제연맹의 관할 아래 놓이게 되었다. 자르 영토 문제와 관련하여 모네는 폴란드와 마찬가지로 지역 주민들의 투표를 통해서 국가 귀속 문제를 결정하자고 제안했지만 레몽 푸앵카레(Raymond Poincaré)[14]는 이를 반대했다. 프랑스 정부는 이 지역을 독일로부터 완벽하게 분리하여 프랑스의 경제권으로 병합하려고 했지만 실패했다. 결국 이 지역은 1935년 민족주의적 정서를 등에 업은 독일의 나치 정권이 독일 영토로 회복하는 데 성공함으로써 독일에 귀속되었다.[15] 모네는 당시 자르 문제 해결 실패의 원인이 승전국들의 승리에 대한 우월감이나 복수를 염두에 둔 억제 정책에 있다고 보았다. 그가 볼 때 자르 지역과 같은 분쟁 문제는 상반된 이해관계를 조정하여 공동의 이익을 창출할 수 있어야만 근본적으로 해결될 수 있었다. 이 같은 경험은 ECSC의 출범과 최고관청(High Authority)을 창설하는 데 중요한 아이디어가 되었다.

2) 알제리에서의 활동, 1943~1944

1943년 모네는 루스벨트의 비밀지령을 받고 두 파벌로 갈라진 프랑스의 독립세력을 중재하기 위해 알제리에 파견되었다. 당시 알제리에는 연합국이 인정하는 두 개의 자유프랑스 저항세력이 있었다. 하나는 1940년 독일이 프랑스를 침공하자 프랑스를 탈출하여 처칠(Winston Churchill)의 도움으로 런던에서 프랑스 자유운동을 해왔던 드골(Général De Gaulle)과 그를 추종하는 드골주의자들이었다. 이들은 독일에 항복한 친독일 정권인 비시(Vichy) 정부에 맞서 반독일 운동을 전개했다. 다른 하나는 1차 세계대전의 영웅이며 한때 나치의 포로가 되기도 했고, 당시 프랑스령

북아프리카와 서아프리카의 총사령관이었던 지로 장군과 그를 구심점으로 모인 저항단체였다. 루스벨트와 지로가 비시 정부를 인정했던 반면, 드골은 비시 정부에 맞섰다. 이처럼 드골과 지로 둘 다 자유프랑스를 위한 독립운동을 하는 공통점이 있었지만, 그 성격 및 방향과 관련해서는 오래전부터 경쟁관계였다.[16]

연합국의 입장에서 프랑스 독립운동의 두 지도자가 분열되어 서로 대적하는 것은 큰 고민거리였다. 이는 현재 프랑스의 분열뿐만 아니라 미래 프랑스의 분열을 의미하기도 했다. 따라서 두 지도자를 통합하고자 하는 노력이 연합국 진영에서 시도되었다. 1942년 카사블랑카 회담[17]에서 만난 처칠과 루스벨트는 두 진영의 지도자를 초대했다. 이 회담의 주된 목적은 유럽 전선에서 연합군의 전쟁 전략을 조율하는 것이었지만, 처칠과 루스벨트는 드골 장군과 지로 장군을 화해시키려는 목적도 가지고 있었다. 그러나 처음부터 드골을 그리 반기지 않았던 루스벨트는 카사블랑카 회담에서 프랑스군의 영웅인 앙리 지로를 드골과 동석시키면서 드골 대신 지로를 자유프랑스의 지도자로 옹립하려고 시도했다.[18]

> 우리(미국)는 지로를 더 선호하지만, 공개적으로 그러한 의사를 표명할 수 없다. 왜냐하면 골리즘(Gaullism)은 프랑스 영토 내 저항 운동가들이 신념으로 여기는 근본적인 그 무엇이기 때문이다. 우리는 이러한 뜻이 그들에게 전해져 사기가 저하되고 분열되는 것을 원하지 않는다.[19]

당시 드골은 나치에 대항한 전투를 수행하려는 프랑스인들의 의지를 구현하는 상징적 존재였다. 그러나 미국이 보기에 "드골은 고집이 세고 유럽의 여타 파시스트와 유사하게 프랑스인들이 가지고 있는 콤플렉스를 이용해 프랑스를 구할 에너지를 찾고 있다"[20]라고 판단했다. 더군다나 미국은 드골의 러시아에 대한 외교정책을 그리 달갑게 여기지 않았다. 반면 지로는 비록 정치적 역량은 부족했지만 천성적으로 군인인 데다가 당대 젊은 드골보다도 더 유명했다.[21] 무엇보다 드골과 경쟁적 적대관계에 있었기 때문에 미국이 드골을 견제하는 데도 적합한 인물로 보였다. 루스벨트는 "지로 해결책(solution Giraud)"이라는 정치계획을 가지고 드골의 전면에 지로를 내세웠다.[22] 이 회담에서 드골이 확인한 것은 앵글로색슨의 두 정상이 지로를 지지한다는 것, 그리고 그들이 제안하는 연합은 바로 지로 장군에게 자신이 복속되는 것을 의미한다는 것이었다. 1960년대 첨예하게 대립한 드골과 앵글로색슨 국가들과의 '불편한 관계'는 이미 이때부터 시작되었다고 볼 수 있다.

이러한 미국의 의도가 깔려 있던 카사블랑카 회담은 따라서 아무런 성과 없이 종결되었다. 결국 깊은 갈등의 골을 확인한 채 드골은 런던으로 돌아가고, 지로는 알제리에 남았다. 미국 행정부는 이 같은 갈등을 우려한 끝에 그 해결책으로 모네의 알제리 파견을 결정했다. 당시 모네는 루스벨트를 비롯한 미국 정치가들에게 깊은 신뢰를 주었는데, 그 시작은 1938년 미국 전투 비행기 구매 협상을 위해 프랑스 총리 달라디에(Edouard Daladier)의 비밀특사로 미국을 방문했을 때였다.[23] 1940년부터 북아프리카에 부영사로 비밀리에 파견되어 루스벨트에게 알제리의 상황을 직접 보고한 로버트 머피(Robert Murphy)는 모네에 관해서 다음과 같이 말했다.

> 장 모네는 미국과 영국의 방식을 존중합니다. 확신하건대 우리와 반대되는 그런 방향은 피하려고 할 것입니다. 그렇지만 할 수 있는 한 그는 프랑스의

이익을 위해서 최선을 다할 것입니다. 그는 우리의 방식을 잘 알고 있습니다. 따라서 우리가 제공하는 만큼 그 기회를 잘 이용해서 프랑스를 위해 애쓸 것을 나는 의심하지 않습니다.[24]

모네가 루스벨트의 임무를 받아들였던 근본적인 이유는, 그도 곧 다가올 프랑스의 미래를 크게 우려했기 때문이다. 양 축으로 갈라진 두 지도자의 경쟁과 갈등은 전쟁 동안에는 군사력의 분산을 초래할 뿐만 아니라, 미래 프랑스의 분열을 의미하는 것이었기 때문이다. 알제리행 비행기에 올라타기 전 모네는 세 가지 문제에 집중하고 있었다. 하나는 북아프리카에 상당한 규모의 프랑스군을 소집하고 무장시키는 일, 그리고 때가 되었을 때 프랑스인들 스스로 정부에 대한 결정권을 유지하는 것, 마지막으로 연합군의 비준을 얻기 위한 런던과 알제리 사이의 경쟁과 대립을 처음부터 제거하는 것이었다. 그가 생각하기에 가장 시급한 문제는 프랑스인들의 단결과 프랑스가 승전국 진영에 속하기 위해 자유프랑스군을 무장시키는 것이었다.[25]

1943년 2월 28일, 두 지도자의 연합을 위해 알제리에 도착한 모네는 우선 알제리에 있는 중요한 정치가와 군대 지도자들을 만난 다음 지로를 만났다. 지로 장군을 만난 모네는 미국의 뜻, 즉 영국에서 독립운동을 하는 드골과 세력을 규합할 것과 두 세력이 연합한 프랑스국민해방위원회(Comité Français de Libération Nationale: CFLN)를 조직할 것을 설득했다. 그리고 미국이 그를 지지하고 있다는 이야기도 전달했다.[26] 2주 동안 모네와 긴 비밀 대화를 나눈 후 지로는 이러한 대화 내용이 담긴 연설문을 준비했다. 지로는 다음과 같이 선언했다.

분열은 패배의 징조이며, 단결은 승리의 표식입니다. 단결은 효과적이어야 하고 포괄적인 것이어야만 합니다. (…) 이는 우리 조국의 생사가 달린 문제입니다.[27]

지로 장군은 1943년 3월 14일 국제기자와 라디오 관계자를 포함한 500명의 청중 앞에서 '자유프랑스연합(A union of all free Frenchmen)'의 내용을 담은 연설을 했다. 이 역사적인 연설에서 지로는 드골의 주요한 지위를 인정하며 자유프랑스연합을 통해 대독 항쟁을 계속해나갈 것을 주장했다. 또한 '자유프랑스연합'은 프랑스가 완전한 자유를 획득하여 프랑스 정통 공화국의 원리와 법에 따른 헌법을 만들기까지 프랑스 망명정부로서의 권위를 획득하기 위함이라고 언급했다. 그리고 이 법적 권위는 1872년 2월 15일에 제정된 트레브넥(Trévenec)법에 기초한다고 덧붙였다.[28]

이 연설은 프랑스 독립운동 세력의 정치적 분열을 막는 중요한 전환점이 되었다고 평가된다.[29] 1943년 5월 알제리로 돌아온 드골은 런던의 자유프랑스민족회의를 알제리로 옮겨 지로 장군과 함께 CFLN의 공동위원장으로 취임했다. 첫 번째 회의에서 지로는 조르주 장군(général Georges)과 모네와 함께 참석했고, 드골은 골리스트 위원회에서 국내 문제를 담당했던 필립(André Philip)과 외무부의 마시글리(René Massigli)와 함께 참석했다. 그리고 알제리에서 드골을 대신해 임무를 수행했던 카트루 장군(général Catroux)이 함께했다. 이와 같이 일곱 명의 위원들로 구성된 CFLN이 결성되었다.《레코 달레(L'Echo d'Alger)》는 "프랑스 역사에서 결정적인 하루"라는 기사를 통해 이 위원회의 첫 번째 회담에서 이루어진 공식 자료를 실었다.[30] 이를 통해 비로소 여러 독립세력으로 갈라진 프랑스는 하나로 통일될 수 있었다. CFLN에서 지로의 정치력은 점차 약해지고 드골이 세력을 장악하게 되었다. 결국 1944년 6월 3일 CFLN은 프랑스공화국 임시정부에 그 자리를 내주었고, 드골은 프랑스 임시정부의 수장이 되었다.

3. 1943년 모네의 '알제리 평화 구상'

"유럽이냐 몰락이냐."[31]

모네는 전쟁 시기에 이미 프랑스 문제를 해결하기 위해 동시에 유럽의 미래에 대해서 고민했다. 스파크(Paul-Henri Spaak)는 1941년 워싱턴에서 모네와 가진 첫 만남을 다음과 같이 회상했다. "우리는 전후, 특히 평화가 보장되는 유럽의 미래에 대해서 많은 이야기를 나누었다. 모네는 나에게 자신의 철학과 이후 슈만플랜에서 주장될 핵심 내용을 설명했다."[32] 프랑스와 유럽 문제들을 해결하기 위해 모네는 전후 프랑스 경제 복구를 위한 작은 소규모 경제전문가 위원회를 결성했다. 주요 구성원으로는 메이어(René Mayer), 에르베(Alphand Hervé) 이르쉬(Etienne Hirsche), 마졸린(Robert Marjolin)이 참여했다. 모네가 이들과 소통하며 작성한 문서들이 "1943년 알제리 구상(Réflexion d'Alger en 1943)"이며, 이 문서들은 유럽통합에 대한 모네의 첫 번째 사색으로 간주될 수 있다.[33] 이 문서가 중요한 이유는 그것이 1950년대 유럽통합의 '지적 청사진'이기 때문이다.

1950년 5월 10일 슈만은 독일의 미래와 독일의 생산 할당량을 늘리는 문제를 논의하기 위해 베빈과 애치슨을 만나러 런던으로 떠났다. (…) 프랑스가 독일 산업의 지배권에 대한 그들의 두려움을 떨쳐버릴 수만 있다면 유럽통합의 가장 큰 장애물은 제거될 수 있었다. (…) 나는 아주 자연스레 1943년 나와 이르쉬, 메이어가 논의했던 계획을 떠올렸다. 그 당시 그것은 국경이 다시 그어져야 했던 전시 지도에 그려진 지적 청사진이었다. 이제 나는 그 청사진을 다시 발견했다. 아니 그보다, 시간의 필요에 따라 다시 고쳤다.[34]

모네가 '알제리 구상'에서 다루었던 핵심 주제를 요약하면 다음과 같다. ① 유럽의 영구적 평화 정착(La paix) 문제, ② 유럽연방 또는 유럽연합체(Fédération européenne ou l'unité européenne) 창설 문제, ③ 독일 문제(La Question allemande), ④ 경제협력체(une unité economique) 창설 문제.

1) 평화 문제

1943년 모네의 '알제리 구상'은 무엇보다 그것이 '평화 구상'이었다는 점에서 중요하다. 모네가 유럽의 영구적 평화 정착 문제를 심각하게 고심했던 시기는 전쟁이 끝난 시점도 아니고 전쟁의 상흔이 잊힐 시점도 아닌 바로 전쟁이 한창 진행 중일 때였다. 서부전선의 전황이 프랑스의 해방과 궁극적으로는 독일군의 마지막 패배가 곧 다가올 것으로 판단되는 시점에서 모네는 새로운 유럽체제의 필요성을 인식했다. "만약 유럽의 국가들이 권력정치와 경제 보호주의에 의존하여 국가주권 체제를 기반으로 재구성된다면 유럽의 평화는 없을 것이다."[35] 알제리 문서는 이처럼 전후 유럽의 질서가 국가주권 체제를 기반으로 재구성되는 것에 대한 우려에서 시작한다. 전후 유럽의 평화 정착을 위한 모네의 문제의식은 사실 1차 세계대전 이후 베르사유조약의 한계와 문제점에서 시작되었다.

> 만약 유럽의 국가들이 한 번 더 서로에 대항하여 자신을 보호하려 한다면, (…) 유럽 국가들 사이에 군사동맹이 체결될 것이다. 우리는 1919년에 그런 차별을 경험했다. 우리는 결과를 안다. (…) 유럽은 또 한 번 공포 속에서 창출될 것이다.[36]

두 번의 세계전쟁과 깊이 연관된 삶을 살았던 모네[37]에게 유럽의 '평화 정착' 문제는 절박한 핵심 사안이었다. 1943년 알제리 문서에서뿐만 아니라 전후 유럽통합이 가시화되었던 1950~1960년대 문서에서도 모네는 유럽의 평화 정착을 위한 새로운 유럽 질서의 필요성을 강하게 피력하고 있다. 1950년 슈만플랜 서문에서 그는 "세계 평화는 그것을 위협하는 위험 요소들을 제거하기 위한 창조적인 노력 없이는 유지될 수 없다"[38]라고 시작하며 유럽 평화를 위한 공동의 노력을 강조했다. 그리고 1963년에 모네는 "(두 번의 큰 전쟁을 통해) 서구 문명은 몰락했다. 유럽통합 또는 적어도 서양의 통합을 통해 우리는 문명을 구하고 지켜내야 한다"[39]라고 언급했다. 이처럼 평화에 대한 모네의 메시지는 유럽 문명을 지켜내기 위한 절실한 사명감과 당위성을 내포하고 있다.

2) 유럽연방 창설 문제

모네는 이 문서에서 "유럽의 문제를 해결할 분명한 해결책으로 유럽 대륙 모든 국가가 포함된 연방"[40]을 주장하고 있다. 그가 생각하기에 "서구 유럽이 전후에도 분할되어 갈등과 위협이 지속된다면, 유럽은 매우 심각한 상황에 놓이게 될 것"[41]이 분명했기 때문이다. 요컨대 그가 전후 유럽의 평화를 위해서 제시하는 새로운 유럽은 "연방" 또는 "단일체"의 구축이었다. 즉 "유럽연방체"와 같은 공동의 대응을 통해서 전후의 재건 및 평화를 위협할 수 있는 문제들을 해결해나가자는 것이 핵심 내용이다. 이러한 사유는 1950년대까지 지속되었다. "우리는 유럽이 통합되었을 때만 평화를 유지할 수 있다."[42] 유럽연방(Fédération Européenne)이 특히 베르사유조약과 같은 일시적 평화가 아닌 영구적 평화체제를 구축하기 위한 필수사항임을 그는 문서에서 여러 번 강조하고 있다.

당시 모네가 제시한 유럽연방체를 구체적으로 살펴보면 다음과 같다. 모네는 유럽 대륙의 모든 국가가 포함된 유럽연방과 서유럽연방 개념을 동시에 사용하고 있다. 그렇지만 유럽연방을 언급할 때 그는 단호하게 "실제 문자 그대로 말해지는 응집력 있는 정치적 연합체인, 예를 들어 스위스나 미국과 같이 주권 일부를 새로운 체제에 이양하는 것에 동의하는 연방과 패권적 지배의 정당성을 제공하기 위해 어떤 한 정복자가 주장하는 사이비 연방(une pseudo-Fédération)과는 구별한다."[43] 또한 모네는 지역과 성격에 따라 네 가지 차원의 연방체를 제시했다. ① 프랑스-영국 연방, ② 서유럽의 철강산업 연합체, ③ 이탈리아와 에스파냐가 포함된 라틴 블록, ④ 스칸디나비아 국가들 및 스위스가 포함된 연방, 그리고 전쟁이 끝나고 한참 후 만일 독일과의 전쟁에 대한 기억이 잊힐 때 독일이 포함된 연방도 가능할 것이라고 시사했다.

3) 독일 문제

모네가 제시하는 유럽연방체는 또한 독일 문제 및 그것을 해결하고자 하는 의지를 내포하고 있다. '독일 문제'란 본질적으로 독일이 막대한 경제적 잠재력을 통해 유럽에서 헤게모니를 장악함으로써 유럽의 평화를 위협하는 것을 의미했다. 독일 문제는 사실 모네의 전후 문제에서 가장 중요한 핵심 사안이었다.[44] 독일 역사가 그루너(Wolf D. Gruner)에 따르면,

전쟁 초반 모네는 전후 독일 문제와 유럽에서 프랑스의 위치에 대해 심각하게 고민하기 시작했고, 이 같은 고민과 사유는 그의 유럽통합을 위한 활동 전반에 스며들었다고 설명한다.[45] 알제리 문서에서도 전후 독일 문제에 대한 그의 깊은 고민과 문제 해결의 의지가 드러난다. "만일 유럽이 1차 세계대전 이후의 전후질서처럼 독일 문제를 해결한다면 유럽이 또 다른 위기와 긴장 속으로 접어들 수 있다"[46]라고 모네는 여러 번 주장했다. 전쟁의 와중에 모네는 적국인 독일에 대해 전향적으로 생각하기 시작했고, 그가 구상하는 새로운 유럽 질서에 독일이 함께할 수도 있음을 시사했다.

> 만일 독일이 전쟁의 희생자라는 감정으로부터 탈피하여 연방 형식의 유럽 대륙을 새롭게 만들어가는 데 함께한다면 독일의 참여도 가능하다. 그러나 분명한 것은 이 새로운 기획에서 승자와 패자 간의 우열관계를 재정립하는 그런 시도는 없을 것이다.[47]

독일과의 관계를 새로 정립하는 문제에서 모네가 중요하게 인식했던 것은 바로 '평등(l'égalité)'의 문제였다. 문서에서 모네는 독일과 새로운 관계 정립에 있어 "승자도 패자도 없는 동등한 관계"를 여러 번 강조했고, "평화는 차별과 우월이라는 감정으로는 결코 해결될 수 없음"을 여러 번 시사했다. 그는 평등이 사람들 사이에서처럼 국가들 사이의 관계에서도 필수요소라는 것을 깨달았기 때문이다. 1차 세계대전 후 베르사유체제를 통해서 경험했듯이 불평등에 기초한 평화는 결코 좋은 결과를 가져올 수 없다고 그는 판단했다.

우리는 이와 같은 실수를 1919년에 경험한 바 있다. 평화는 승자도 패자도 없는, 다시 말해 동등함을 통해서만 도달할 수 있다.[48]

당시 모네는 이 같은 내용을 담은 문서를 들고 드골을 찾아갔다.[49] 그러나 드골은 모네가 시사한 '동등한 관계를 기반으로 한 독일과 함께하는 미래의 유럽'에 대해 매우 회의적이었다.[50] 전후 독일 문제를 해결하는 데 드골과 모네의 생각이 크게 엇갈렸음을 알 수 있는 부분이다. 독일 문제에 대해 전통적인 '패권주의'로 접근했던 드골은 프랑스 국경이 "라인 경계에 접해 있는 한 프랑스의 안보는 절대로 보장될 수 없다"[51]라고 거듭 강조하며 모네가 제시한 독일과의 협력을 사실상 거부했다. 사실 프랑스의 가장 큰 고통이 라인 경계로부터 온다는 드골의 위기의식은 당시 대부분의 프랑스인들이 느끼는 감정이었다. 1944년 2월부터 프랑스는 본격적으로 서유럽과 전략적이고 경제적으로 긴밀하게 연결되어 있는 라인을 독일제국으로부터 분리하여 독일의 부활 또는 세력화를 막는 것에 집중했다. 일명 '독일의 분할' 정책으로 불리는 이 외교정책의 핵심 목표는 독일 최대 산업지역인 루르를 독일로부터 분리하여 프랑스가 통제하고 관리하는 동시에 독일 최대 지하자원 매장지 중 하나인 자르와 알자스-로렌을 자국에 예속시키는 것이었다.[52] 즉 독일 군수산업 및 경제의 중핵이자 핵심 자원인 석탄과 철강의 생산능력을 제한해 독일을 경제적으로 무력화하는 것이 전후 프랑스의 대독일정책의 큰 기류였다.

하지만 모네는 "(독일)제국의 세력을 약화하기보다 오히려 철강산업 연합체와 같은 유럽적 공간을 창출해 독일 경제의 활용과 독일 문제를 해결"하는 것이 근본적인 방법이라고 주장했다. "만일 라인강 동·서의 갈등과 긴장을 제거하지 않으면, 독일은 또다시 유럽을 제패하고자 하는 야욕을 버리지 못할 것"이라는 게 모네의 판단이었다. 이처럼 모네는 독일을 잠재적 적국이 아닌 협력의 대상이라는 새로운 접근방식으로 독일과의 갈등 문제를 해결하고자 했다. 모네의 이러한 생각은 전후 독일 문제를 다루는 데 있어 일관되게 주장된다. "우리는 현재의 틀에서 독일 문제를 해결하려 해서는 안 된다. 우리는 기본적 사실을 전환함으로써 틀을 바꾸어야 한다." '알제리 구상'에서 모네는 오랜 숙적관계였던 독일과 프랑스의 관계를 재정립하고 독일이 미래의 협력국이 될 수 있음을 강하게 시사하고 있다.

4) 경제협력 문제

전후 독일 문제의 해결과 유럽의 영구적인 평화 정착을 위해 모네가 주목한 구체적인 방법은 경제협력이었다. 모네는 전후 유럽이 주권국가들로 구성되어 보호무역주의가 부활하는 것을 매우 우려했다. 그는 이 같은 주제를 메이어, 알팡, 마졸린, 이르쉬 같은 경제 전문가들과 함께 토론했다. 전후 새로운 유럽 경제 질서를 위해서 "알팡은 단순한 관세동맹을 초월한 유럽경제공동체의 창설을 주장했고,[53] 메이어는 산업적 '로타링기아(Lotharingia)'라는 것에 대해서 깊이 생각했다. 이는 프랑스, 독일, 벨기에에 걸쳐 있는 석탄·철강 생산지역의 단일 경제독립체였다. 특히 보호무역의 부활을 크게 우려했던 모네는 유럽의 자유무역지역 창설에 대해서 깊이 고민했던 흔적이 보인다. "경제적인 측면에서, 유럽통합은 사람과 자본과 상업의 자유로운 이동을 막는 모든 장벽을 없애는 것, (…) 유럽 시장의 통합을 통한 유럽 경제는 유례없는 추진력을 얻게 될 것이다."[54] 이처럼 모네는 추상적인 비전에 머무르지 않고 구체적이고 실용적인 논의를 통해 유럽통합을 달성하고자 했다.

무엇보다 모네가 가장 주목했던 경제통합은 철강산업 연합이었다. 모네는 철강연합체 설립이 유럽통합 추진의 동력을 제공할 뿐만 아니라 특히 자르와 루르 지역을 포함한 프랑스와 독일 간의 영토 분쟁 및 갈등을 제거함으로써 독일 문제를 궁극적으로 해결할 수 있는 방법이라고 생각했다.

> 철강연합은 벨기에, 네덜란드, 룩셈부르크, 라인란트, 자르, 베스트팔렌 등 유럽의 북·서부 국가 및 지역에 이미 존재한다. 이러한 철강연합은 이 지역의 독일 국민과 독일의 자원을 적극적으로 활용할 수 있는 점과 동시에 궁극적으로는 독일 문제를 해결할 수 있다는 점에서 중요한 경제연합체다.[55]

1950년대 슈만플랜의 핵심 내용은 위의 내용을 그대로 담고 있다. 실제로 1950년대 그가 작성해 슈만에게 건넨 문서도 앞서 구체적으로 살펴본 1943년 알제리 문서에서 강조한 내용을 그대로 담고 있다.

> 프랑스와 독일의 석탄·철강 생산 권한을 최고관청과 같은 공동 관리에 맡기는 것은 양국의 갈등의 뿌리를 제거하는 것이며, 더는 양국 간의 전쟁을 상상할 수 없게 만드는 조건이 된다. 이는 무엇보다 유럽의 평화 정착을 위한 토대가 될 것이라고 확신한다.[56]

특히 공동의 이익을 체계화하여 분쟁과 갈등 문제를 해결하고자 했던 모네의 관점과 방법이 잘 나타나는 부분이다. 모네는 프랑스와 독일의 공동 자원이 석탄과 철강이라는 것을 근본적으로 인식하고 있었다. 모네는 이 공동 자원을 기반으로 한 유럽적 경제 공간의 창출이 독일을 견제할 뿐만 아니라 독일 경제의 활용을 높이는 방법이라고 생각했다. 모네는 석탄과 철강 자원을 공동 관리함으로써 프랑스가 독일로부터 석탄을 안정적으로 공급받을 수 있으며, 동시에 독일과의 협력관계를 통해 안보까지 보장받을 수 있다고 생각했다.

위에서 고찰했듯이, 모네의 '알제리 구상'은 전후 유럽의 평화 정착과 독일 문제를 해결하는 문제의식에서 출발하여 유럽연방 및 구체적인 철강연합과 같은 경제협력을 그 해결책으로 제시하고 있다는 점에서 주목할 만하다. 이 문서가 중요한 이유는, 그것이 갈등을 보편적인 이익의 관점에서 총체적으로 해결하는 모네 방식을 구체적으로 제시하고 있기 때문이다. 구체적으로 말해, 모네 방식이란 어제의 적국을 미래의 협력국으로 인식하는 방향 전환을 통해 프랑스와 유럽의 안보이익과 경제이익을 동시에 해결해주는 것이라고 말할 수 있다. 모네의 전기작가 셰릴(Wells Brown Serill)이 모네를 시대의 정황 속에서 문제를 고민하고 해결책을 제시하는 '문제 해결사(The problem solver)'로 지칭하는 이유다.

4. 나오며

《전후 유럽 1945~2005》의 저자 토니 주트(Tony Judt)는 2차 세계대전이 유럽통합의 필요조건을 만들었다고 설명하고 있다. 전쟁의 파괴와 살상이 통합 유럽의 필요성을 강하게 일으켰다고 볼 수 있다. 모네 또한 양차 대전 시기 '유럽 문명의 파괴'를 경험하며 유럽의 항구적 평화 정착을 위한 통합의 필요성을 강력히 주장했다. 그가 직면한 현실은 마치 "유럽이냐 몰락이냐"를 묻는 절박한 질문과도 같은 것이었다. 독일과 프랑스가 서로 총부리를 겨누는 그 순간에 그는 아무도 생각하지 못했던 독일과의 협력 문제에 대해서, 그리고 전후 유럽통합에 대해서 깊이 고심하기 시작했다. 무엇보다 평화에 대한 열망과 구체적이고 실현 가능한 계획을 통해서 이러한 문제를 해결하고자 했다는 점에서 모네의 경험과 문제 해결 방식이 중요하다고 볼 수 있다.

사료를 통해서 알 수 있었듯이, 모네는 1950년 슈만플랜이나 1952년 ECSC를 발표하기 훨씬 이전부터 유럽에 대한 구상을 계속해왔다. 구체적인 구상을 시작한 것은 1943년 알제리에서 CFLN의 구성원으로 활동할 때였다. '알제리 구상'으로 불리는 이 문서에는 독일과의 협력을 통한 번영과 발전의 비전을 구체적으로 기술하고 있다. 그뿐만 아니라 연방체적이고 경제적인 새로운 유럽의 건설을 통해 함께 평화를 구축하고 공생하자는 내용을 핵심으로 담고 있다. '알제리 구상'에 표현되었던 네 가지 핵심 내용을 요약하면 다음과 같다. 첫째, 평화 구축에 대한 염원. 둘째, 영토 분쟁 및 과열 경쟁을 막기 위한 공동 이익의 체계화. 셋째, 어제의 적국을 미래의 협력 대상으로 전환할 수 있는 용기. 넷째, 철강산업연합과 같은 구체적인 경제 계획 등.

대부분의 삶이 유럽 전쟁과 깊이 관련되었던 모네에게 평화 정착 문제는 먼저 해결해야 할 당면과제였다. 1943년 알제리 문서에서뿐만 아니라 전후에 쓴 많은 문서의 서두는 대부분 유럽의 평화 정착에 대한 고민과 염원에서 시작한다. 그는 연방체 창설과 같은 통합 방식을 통해 유럽 평화 문제를 해결하고자 했다. 어떤 이상적이고 유토피아적인 연방체가 아닌 철강연합과 같은 구체적이고 실용적인 경제협력을 통해 유럽의 평화 정착 문제가 해결될 수 있음을 강하게 시사하고 있다. '철강과 같은 산업 분야의 연합을 통해 독일 경제력과 독일 인구를 프랑스와 유럽 경제를 위해 활용하자'라는 모네의 아이디어는 사실 전쟁의 와중에는 그 누구도 생각할 수 없었던 획기적인 사고로 평가할 수 있다. 오늘날 우리가 모네를 '이상주의적 실용주의자'로 명명하는 이유가 여기에 있다.

마지막으로 모네의 '평화 구상'이나 문제 해결 방식이 한반도의 영구적 평화 정착 문제에 주는 시사점을 찾아보고자 한다. 모네는 전후 독일 제국의 세력을 약화하기보다 견고한 연합체를 통해 오히려 독일 경제를 프랑스와 유럽이 활용할 수도 있음을 강하게 시사했다. 오히려 그 방법이 강력한 적대국에 더 잘 저항할 수 있는 길이라고 주장했다. 어제의 적국을 미래의 협력 대상으로 삼을 수 있는 이러한 인식의 전환과 용기가 오늘날 우리에게 가장 필요한 문제 해결의 시작이 아닐까 한다. 모네가 유럽의 위기와 문제들을 공동의 이익을 마련하고 체계화함으로써 해결하려고 했듯이, 평화는 어떤 규제나 압박보다 어떻게 함께 살아갈 것인가를 고민하는 과정에서 구축될 수 있음을 시사하는 대목이다. 한반도의 영구적 평화 정착 및 비핵화 과정에 도움이 되는 모네의 중요성은 여기에 있다.

주

1 Gérard Bossuat & Andreas Wilkens, *Jean Monnet, l'Europe et les chemins de la Paix* (Paris: Publication de la Sorbonne, 1999), p. 15.

2 Philippe Mioche, *Jean Monnet, homme d'affaires à al lumière de nouvelles archives* (Parlement, 2007), p. 55.

3 전간기 또는 양차 대전 시기 모네의 활동에 관해 참고할 만한 간행물로는 다음과 같다. Bossuat & Wilkens, *Jean Monnet, l'Europe et les chemins de la Paix*; Francois Duchêne, *Jean Monnet: The first Statesman of Interdependence* (W. W. Norton, 1994); Gérard Bossuat, *Jean Monnet, Banquier, 1914-1945* (Comité pour l'Histoire Economique et Financière de la France, 2014); Eric Roussel, *Jean Monnet* (Fayard, 1996); Sherrill Brown Wells, *Jean Monnet: Unconventional Stateman* (Lynne Rienner publishers, 2011); Mioche, *Jean Monnet, homme d'affaires à al lumière de nouvelles archives*.

4 Fondation Jean Monnet pour l'Europe(이하 FJME) AMG 5/1/3: Note de réflexion de Jean Monnet (28.04.50); FJME AMG 5/1/5: Note de réflexion de Jean Monnet (03.05.50) [note confidentielle]

5 FJME AMK 116/1/16: Constitution et Action d'un Gouvernement européenn provisoire (19.09.73); Vito Monte, *La Dynamique des communautés européennes: de la coopération politique européenne à l'Acte unique* (Lausanne: Université de Lausanne-Faculté des sciences sociales et politique, 1992), p. 231. 1970년대 들어 모네는 유럽 정치가들의 결속이 중요하다고 판단하고 '유럽임시정부(Gouvernement provisoire européen)' 기획을 준비했으며, 1973년 8월에는 〈유럽임시정부의 구성 및 행동계획(Constition et action d'un gouvernement européen provisoire)〉이라는 문서를 작성했다.

6 FJME AME 33/1/3: Note de réflexion de Jean Monnet (05.08.43); FJME AME 33/2/11: "Je Considère comme admise l'idée de faire l'Europe (…)". (20.08.43); FJME AME 33/2/14: "L'organisation politique et économique de l'Europe occidentale" (La date n'est pas identifiée).

7 모네는 미국과의 긴밀한 협력관계 속에서 유럽통합을 완성하려고 했다. 무엇보다 전후 평화로운 유럽을 건설하기 위해서는 강력한 유럽통합이 달성되어야 하고, 이는 미국의 적극적인 도움과 원조를 통해서 가능하다고 주장했다. 모네와 미국의 정치 엘리트들 간의 소통과 유럽통합에 관해서는 다음의 논문 참조. 김유정, 〈2차 대전 이후 유럽통합에 대한 미국의 이해와 지지: 장 모네(Jean Monnet)와 관계한 미 행정부 관료집단(Think Tank)을 중심으로, 1945-1963〉, 《EU연구》 31호 (2012).

8 김유정, 〈냉전이 선택한 '유럽의 아버지' 장 모네(Jean Monnet)〉, 《역사와 문화》 23집 (2012), 446~447쪽.

9 Eric Roussel, "Les choix français, le rôle de Jean Monnet," in Elisabeth du Réau, *Europe des élites? Europe des peuples?: La construction de l'espace européen 1945-1960* (Paris: Presses de la Sorbonne Nouvelle, 1998), p. 179.

10 Jean Monnet, *Mémoires*, Le Livre de Poche, 1973, p. 423.

11 1933~1934년에 모네는 중국 상하이에 머무르면서 중국개발자금협력(The China Finance Development Corporation, 1934) 창립계획에 참여했다. 1932년 모네는 중국 근대화사업의 고문 역할을 해달라는 재정부 장관(T. V. Soong)의 요청을 수락하고 중국행을 결심했다. 1930년대 중국은 아직 근대적인 의미의 통일된 국가 시스템을 갖추지 못한 매우 혼란스러운 위기 상태였다. 장제스를 수반으로 한 국민당은 내부적으로는 공산당에, 외부적으로는 일본의 제국주의적 침략이라는 이중의 적에 맞서 싸워야 하는 어려움에 직면해 있었다. 이러한 상황을 타개하고 혼란에 빠진 중국에 '국가'라는 상부구조를 만들어내는 것이 바로 장제스에게 맡겨진 역사적 소임이었다. 그가 만들어내야 하는 국가는 아직 중국에 존재한 적이 없는 '근대국가'였다. 이처럼 혼란스러운 역사적 상황 속에서 장 모네와 중국 국민당 수반 장제스의 만남이 이루어졌다. 전간기 중국에서의 활동 또한 모네의 문제 해결 방식을 이해할 수 있는 중요한 부분이나 이 글에서는 다루지 않는다. 모네의 중국 활동에 관한 주요한 사료는 장 모네 재단(Fondation Jean Monnet pour l'Europe, Lausanne)의 AMD(Activities as a financial consultant(1933-1940) Concerning the China Development Finance Corporation, financial assistance to the Chinese government, and the activities of Monnet, Murnane & Co.)를 통해서 구체적으로 알 수 있다.

12 미국의 변호사 출신인 덜레스는 1950년대 모네가 유럽통합을 위해 활동했던 시기까지 긴밀한 관계를 유지했으며, 아이젠하워 행정부(1953~1960)의 유럽통합 지지정책을 이끌었던 중요한 미국인 정치가 엘리트였다. 동시에 아이젠하워 행정부하에 만들어진 중앙정보국(CIA) 국장 앨런 덜레스(Allen Dulles), 저명한 영국의 경제학자 케인스(John Maynard Keynes)와의 만남도 이곳에서 이루어졌다. 이러한 인적 네트

워크는 전후 모네가 어떻게 미국 정치권력의 핵심층과 교류하며 EDC와 관련한 미국의 외교정책 방향을 조율하고, 1957년 로마조약이 성사될 당시 EEC와 EURATOM에 대한 미국의 지지를 이끌어냈는지를 이해할 수 있는 핵심 부분이다. 김유정, 〈유럽통합 과정에 있어서 장 모네와 정책 네트워크〉, 이재승 외, 《지역협력의 조건: 초기 유럽통합의 재고찰과 동북아시아에의 함의》 (KIEP: 대외경제정책연구원, 2015), 72쪽.

13 Monnet, *Mémoires*, p. 121.

14 프랑스 제3공화국 시기 총리와 대통령을 지낸 정치인이다. 1922년 총리 재임 시절, 독일이 베르사유조약에 따른 배상금을 지불하지 못하자 벨기에와 함께 무력을 동원하여 루르 일대를 점령하는 외교적 초강수를 두는 등 반독일 정책을 펼쳤다.

15 상부 슐레지엔과 자르 문제 해결과 관련해서는 장 모네의 자서전 제4장 'La Silésie et la Sarre: l'intérêt commun'에 자세히 설명되어 있다. Monnet, *Mémoires*, pp. 119~126.

16 1942년 11월 북아프리카의 독일군을 포위하기 위해 미군이 주축이 되고 영국군이 소수 포함된 연합군이 비시 프랑스 정부가 1940년부터 통치하고 있던 프랑스령 북아프리카(모로코와 알제리)에 상륙했다. 북아프리카 전역은 아프리카를 거점으로 유럽으로 진입하는 발판을 확보하고자 했던 연합군에게 전략적으로 중요한 전선이었다. 11월 8일 알제리 해안에서 연합군과 비시 프랑스군의 충돌이 불가피한 상황에서 수적으로 열세인 비시 프랑스군이 항복했다. 이로써 연합국은 유럽으로 진격하기 위한 전진기지로서 북아프리카를 점령하게 되었고, 연합군이 프랑스 비시 정부로부터 알제리를 탈환하자 알제리는 자유프랑스운동의 기지가 되었다.

17 카사블랑카 회담은 앞으로의 국제 군사전략을 기획하기 위해 루스벨트, 처칠, 그리고 그들의 군사 보좌관 및 참모총장이 참석한 회의(1943년 1월 12~23일)였다. 스탈린도 회의에 초청되었으나 참석하지 않았다. 회의 내용은 북아프리카 원정을 마친 뒤 시칠리아를 침공하는 결정, 태평양 전장에 대한 병력 할당, 극동지역의 주요 공격선 결정, 독일에 대한 집중 폭격 합의 등 주로 군사적인 내용이었다. 또한 루스벨트와 처칠은 핵폭탄 연구를 논의했다. 그러나 무엇보다 중요한 것은 독일, 이탈리아, 일본에 무조건 항복을 요구한다는 것이었다.

18 FJME AME 25: La Situation de la France Libre avant la Mission de Jean Monnet (position anglo-américaines).

19 FJME AME 25: La Situation de la France Libre avant la Mission de Jean Monnet (position anglo-américaines).

20 FJME AME 25: La Situation de la France Libre avant la Mission de Jean Monnet (position anglo-américaines).

21 FJME AME 25: La Situation de la France Libre avant la Mission de Jean Monnet (position anglo-américaines).

22 André Kaspi, *La Mission de Jean Monnet à Alger, mars-octobre 1943*, Editions Richelieu, 1971, p. 26.

23 이와 관련해서는 김유정, 〈장 모네(Jean Monnet)와 미국 정치 엘리트와의 관계를 통해서 본 유럽 통합사, 1938-1963〉, 《역사문화연구》 42 (2012)를 참조하라.

24 FDR (Franklin D. Roosevelt) 111, Franklin Delano Roosevelt Library, Harry Hopkins Book 330, Bk 7 Post-Casablanca N. Afr., Cable (Robert Murphy to Franklin D. Roosevelt) (06.07.43).

25 Monnet, *Mémoires*, p. 263.

26 Kaspi, *La Mission de Jean Monnet à Alger, mars-octobre 1943*, p. 11.

27 Monnet, *Mémoires*, p. 272.

28 FJME AME 28/1/100: "Note sur les engagements pris pour la Constitution d'une Assemblée National dès la libération de la France," (28.07.43).

29 FJME AME 25: La Situation de la France Libre avant la Mission de Jean Monnet (position anglo-américaines).

30 Monnet, *Mémoires*, p. 289.

31 FJME, AML 311/1, Entretiens de Marc Ulmann, l'Express, avec Jean Monnet, août, 1971.

32 Roussel, *Jean Monnet*, pp. 371~372

33 FJME AME 33: Réflexion sur l'Europe d'après-guerre.: FJME AME 33/1/1: Notes de réflexion de Jean Monnet «Le développement de la guerre est tel…» (05.08.43); FJME AME 33/1/7: «Un relèvement national aussi rapide que possible étant le but à atteindre…» (08.10.43.); FJME AME 33/2/11: «Je considère comme admise l'idée de faire l'Europe… » (20.08.43); FJME AME 33/2/12: «Les condidtions dans lesquelles la France sortira de la guerre…» (23.08.43); FJME AME 33/2/14: «L'organisation politique et économique de l'Europe occidentale» (La date n'est pas identifiée).

34 Monnet, *Mémoires*, p. 423.

35 FJME AME 33/1/4 (05.08.43).

36 FJME AME 33/1/1: Notes de réflexion de Jean Monnet «Le développement de la guerre est tel…» (05.08.43).

37 1차 세계대전 기간의 연합국 군수물자조달위원회 활동, 전간기 국제연맹 활동 그리고

2차 세계대전 기간 알제리에서의 활동 등 60세에 이르기까지 그의 삶은 전쟁 기간과 겹치거나 전쟁과 관련한 활동들로 점철되었다.

38 Monnet, *Mémoires*, pp. 349~341.

39 FJME, AML 191/1: déclaration Jean Monnet à AFP (16.01.63.).

40 FJME AME 33/2/14: «L'organisation politique et économique de l'Europe occidentale» (La date n'est pas identifiée).

41 FJME AME 33/2/14: «L'organisation politique et économique de l'Europe occidentale» (La date n'est pas identifiée).

42 Jean Monnet, «Notes de réflexion de caractère politique» Avril-mai 1952, A l'écoute de Jean Monnet (Lausanne, FJME, 2004), p. 97.

43 FJME AME 33/2/14: «L'organisation politique et économique de l'Europe occidentale» (La date n'est pas identifiée).

44 Monnet, Mémoires, p. 320.

45 Wolf D. Gruner, "La place de l'Allemagne dans l'Europe d'après-guerre selon Jean Monnet (1940-1952)", in *Jean Monnet, l'Europe et les chemins de la Paix* (sous la direction de Gérard Bossuat & Andreas Wilkens, Publication de la Sorbonne, 1999). pp. 113~114.

46 FJME AME 33/2/14: «L'organisation politique et économique de l'Europe occidentale» (La date n'est pas identifiée).

47 FJME AME 33/2/14: «L'organisation politique et économique de l'Europe occidentale» (La date n'est pas identifiée).

48 Monnet, *Mémoires*, p. 410.

49 FJME AME 30/5/3: «Je me permets de soumettre les première réflexions et propositions suivantes, comme suite au Mémorandum distribué par le Général de Gaulle le Lundi…».

50 François Duchêne, *Jean Monnet: The first Stateman of Interdependence* (New York, London: W. W. Norton & Company, 1994), p. 127. 드골은 "독일보다는 베네룩스 3국이나 독일에서 분리된 라인란트 또는 이탈리아, 에스파냐, 스웨덴, 그리고 가능하다면 러시아와 영국이 포함된 경제협력"을 선호했다. Duchêne, *Ibid*.

51 Ernst Weisenfeld, *Quelle Allemagne pour la France?* (Armand Colin, 1989), p. 30.

52 *Ibid*.

53 FJME AME 17/3/5: «Problèmes économiques de l'après-guerre. Un point de vue français». Mémoire de Hervé Alphand et all. (Directeur des Affaires Economique du Comité National Français) (07.42).

54 FJME AME 33/1/4: Note de Jean Monnet (05.08.43).

55 FJME AME 33/2/14: «L'organisation politique et économique de l'Europe occidentale» (La date n'est pas identifiée).

56 FJME AMG 5/1/3: Note de réflexion de Jean Monnet (28.04.50).

참고문헌

1차 사료

FJME AME 17/3/5: «Problèmes économiques de l'après-guerre. Un point de vue français», Mémoire de Hervé Alphand et all. (Directeur des Affaires Economique du Comité National Français) (07.42).

FJME AME 25: La Situation de la France Libre avant la Mission de Jean Monnet (position anglo-américaines).

FJME AME 27/3/20: Memorandum sur "L'unité Française" (19.04.43).

FJME AME 30/5/3: «Je me permets de soumettre les première réflexions et proposition suivantes…» (01.09.43).

FJME AME 33/1/1: Notes de réflexion de Jean Monnet «Le développement de la guerre est tel…» (05.08.43).

FJME AME 33/1/3: Note de réflexion de Jean Monnet (05.08.43).

FJME AME 33/1/4: Note de Jean Monnet (05.08.43).

FJME AME 33/1/7: «Un relèvement national aussi rapide que possible étant le but à atteindre…» (08.10.43.).

FJME AME 33/2/11: "Je Considère comme admise l'idée de faire l'Europe […]" (20.08.43).

FJME AME 33/2/12: «Les condidtions dans lesquelles la France sortira de la guerre…» (23.08.43).

FJME AME 33/2/14: "L'organisation politique et économique de l'Europe occidentale" (La date n'est pas identifiée).

FJME AME 28/1/100: "Note sur les engagements pris pour la Constitution d'une Assemblée National dès la libération de la France" (28.07.43).

FJME AMG 5/1/3: Note de réflexion de Jean Monnet (28.04.50).

FJME AMG 5/1/5: Note de réflexion de Jean Monnet (03.05.50) [note confidentielle].

FJME AMK 116/1/16: Constitution et Action d'un Gouvernement europééenn provisoire (19.09.73).
FJME, AMK C 23/1/145: Lettre de Jean Monnet à George Ball (17.11.61).
FJME, AML 311/1: Entretiens de Marc Ulmann, *l'Express*, avec Jean Monnet, août, 1971.
FJME, AML 191/1: déclaration Jean Monnet à AFP (16.01.63).
FDR (Franklin D. Roosevelt) 111, Franklin Delano Roosevelt Library, Harry Hopkins Book 330, Bk 7 Post-Casablanca N. Afr. Cable (Robert Murphy to Franklin D. Roosevelt) (06.07.43).

2차 문헌

김유정, 〈2차 대전 이후 유럽통합에 대한 미국의 이해와 지지: 장 모네(Jean Monnet)와 관계한 미 행정부 관료집단(Think Tank)을 중심으로, 1945-1963〉, 《EU연구》 31호, 2012.
김유정, 〈냉전이 선택한 '유럽의 아버지' 장 모네(Jean Monnet)〉, 《역사와 문화》 23집, 2012.
김유정, 〈영국이 없는 유럽—1960년대 '프랑스의 유럽'을 위한 드골의 유럽통합 정책〉, 《프랑스사 연구》 36호, 2017.
김유정, 〈장 모네(Jean Monnet)와 미국 정치 엘리트와의 관계를 통해서 본 유럽 통합사, 1938-1963〉, 《역사문화연구》 42호, 2012.
이재승 외, 〈지역협력의 조건: 초기 유럽통합의 재고찰과 동북아시아에의 함의〉, KIEP: 대외경제정책연구원, 2015.

Duchêne, Francois, *Jean Monnet: The first Statesman of Interdependence*, W. W. Norton, 1994.
Du Réau, Elisabeth, *Europe des élites? Europe des peuples?: La construction de l'espace européen 1945-1960*, Paris: Presses de la Sorbonne Nouvelle, 1998.
Gérard, Bossuat, & Wilkens Andreas, *Jean Monnet, L'Euope et les chemins de la Paix*, publication de la Sorbonne, 1999.
Gérard, Bossuat, *Jean Monnet, Banquier, 1914-1945*, Comité pour l'Histoire Economique et Financière de la France, 2014.

Kaspi, André, *La Mission de Jean Monnet à Alger, mars-octobre 1943*, Editions Richelieu, 1971.

Mioche, Philippe, *Jean Monnet, homme d'affaires à al lumière de nouvelles archives*, Parlement, 2007.

Monnet, Jean, *Mémoires*, Le Livre de Poche, 1973.

Monte, Vito, *La Dynamique des communautés européennes: de la coopération politique européenne à l'Acte unique*, Lausanne: Université de Lausanne-Faculté des sciences sociales et politique, 1992.

Roussel, Eric, *Jean Monnet*, Fayard, 1996.

Wells, Sherrill Brown, *Jean Monnet: Unconventional Stateman*, Lynne Rienner publishers, 2011.

Weisenfeld, Ernst, *Quelle Allemagne pour la France?*, Armand Colin, 1989.

10장

윈스턴 처칠과 유럽통합

윤성원

1. 들어가며

2002년 BBC는 영국 국민을 대상으로 설문조사를 실시하여 가장 위대한 영국인 100인(100 Greatest Britons)을 선정했다.[1] 찰스 다윈, 윌리엄 셰익스피어, 아이작 뉴턴 등 업적과 작품을 통해 전 세계에 영향을 미친 훌륭한 위인들이 대거 선정되었다. 그러나 그 100인 중에서도 가장 영국을 위대하게 만든 위인으로 선정된 인물은 바로 윈스턴 처칠이었다. 90세의 일기 동안 장관으로 34년, 의회 의원으로 52년 봉직했으며 영국이 가장 어려웠던 순간인 2차 세계대전과 전후 혼란기에 9년간이나 영국을 이끈 인물이자, 왕립미술원 소속의 화가이자, 2차 세계대전 참전 회고록으로 노벨문학상을 수상하고, 〈다키스트 아워(Darkest Hour)〉를 비롯한 다섯 편의 영화, 그리고 5파운드 지폐를 통해 영국인들에게 여전히 기억되

그림 1 윈스턴 처칠

고 있는 인물….

다양한 수식어만큼이나 처칠에 관한 기록은 여러 일대기를 통해 남아 있다. 그러나 그의 다양한 치적에도 불구하고 유럽통합에 대한 그의 공적은 상대적으로 크게 주목받지 못하고 있다. 설령 알려져 있더라도 혹자는 그를 유럽통합주의자로 평가하는 반면, 혹자는 그를 유럽회의주의자로 평가하는 등 세간의 평가는 극명하게 대비된다. 그러나 처칠은 1930년대부터 다양한 방식으로 유럽의 미래를 고민하고 이를 극복하기 위한 방안을 제시했으며, 정치인으로 활동하는 기간에는 이를 실현하고자 노력했다. 그리고 실제로 다양한 형태의 국가연합체가 처칠의 직접적 혹은 간접적 영향에 힘입어 시도되었다. 그중 현재까지 유지되고 있는 체제도 있다. 그리고 지난 45년간 영국은 유럽연합의 일원으로 활동해왔다. 유럽연합(EU) 홈페이지에는 처칠을 '유럽통합의 아버지(founding father)'로 명명하고 있다.[2]

이 글에서는 처칠이 구상했던 유럽통합의 내용을 살펴보고, 그것이 어떠한 형태로 구현되었는지를 다루고자 한다. 또한 이를 통해 영국이 유럽통합의 맥락에서 취했던 입장들을 함께 파악해볼 것이다. 이는 현재 영국이 유럽연합과 브렉시트 협상을 진행 중인 시점에서 일찍이 영국이 꿈꾸었던 '하나의 유럽' 구상의 의미를 되새겨본다는 점에서 적지 않은 의미를 가진다고 할 수 있다.

2. 처칠의 유럽통합 구상

1) 유럽통합주의자? 유럽회의주의자?

유럽통합에 대한 처칠의 견해에 관해서는 의견이 분분하다. 처칠이 유럽공동체에 가입하는 것 자체를 주저했다는 이유를 들어 많은 학자들은 그를 유럽회의주의자로 평가하고 있다.[3] 2016년 영국의 브렉시트 캠페인 당시 영국독립당(UKIP) 당수였던 나이젤 파라지(Nigel Farage)는 처칠이 유럽통합에 관해 언급한 부분 중 일부를 브렉시트의 당위성을 역설하는 데에 인용한 바 있다.

> 만일 영국이 유럽과 대서양 중 하나를 선택해야만 한다면, 영국은 언제나 대서양을 선택해야 할 것이다.[4]

그러나 기록을 보면 처칠은 이미 1930년부터 하나의 유럽에 대한 구상을 해왔음을 알 수 있다. 1차 세계대전 이후 프랑스와 독일 간의 역사적인 적대관계를 청산하기 위해 체결된 베르사유조약이 사실상 실패로 돌아갔음을 인정하면서 "오랜 증오와 사라진 과거의 압제에 대한 기억을 달래주고, 유럽 내의 이동과 상호 서비스를 활성화하고, 각 나라들이 자국 보호적인 조치들을 보류해두도록 하는 데 도움이 되는 모든 조치들은 그 자체만으로도 바람직"하므로, 그런 의미에서 "하나의 유럽합중국(a United States of Europe) 건설에 대한 생각은 그 자체만으로도 옳다"라고 썼다.[5] 그는 정치적으로는 '유럽합중국' 건설에 방점을 두었고, '유럽' 자체는 경제적 관점에서 바라보았다. 미국이 '과학과 조직화'를 통해 놀라운 경제성장을 구가하고 있는 것을 보면서, 어떻게 하면 '구질서'인 유럽이 '신질서'인 미국을 답습할 수 있을지를 고민했다. 결국 정치적 관점에서는 유럽합중국 건설을, 경제적 관점에서는 미국의 단일시장과 단일 규제를 하나의 대안으로 여긴 것이다.[6] 2차 세계대전 중과 전후 혼란기에 두 차례 총리를 역임하면서 처칠은 그가 구상했던 바를 현실화하기 위해 노력했다. 전쟁 중 총리가 된 처칠은 6개월이 채 지나지 않아 측근들과 유럽의 미래에 대해 의견을 나누었다. 그는 영국을 포함하여 프랑스, 이탈리아, 에스파냐, 프로이센이 유럽의 주요 국가가 될 것으로 보았고, 따라서 이들 국가와 나머지 네 개의 유럽 국가연합체(confederation)가 함께 유럽평의회(Council of Europe)의 일원이 될 것으로 생각했다. 그리고 유럽평의회에는 최고의 사법기구와 통화 문제를 다룰 최고경제위원회(Supreme Economic Council)를 설치해야 한다고 생각했다.[7]

그의 이러한 구상은 아마 전쟁이라는 특수한 상황에서 더 빨리 구체화될 수 있었던 듯하다. 1940년 6월 독일 나치군에 포위된 영국군과 프랑스군을 됭케르크 해변에서 구출하는 데 성공한 직후 처칠은 당시 프랑스 대사관 경제상무관 자격으로 런던에 상주해 있던 장 모네(Jean Monnet)와 만나 프랑스-영국 연합체(Franco-British Union)를 만들기로 합의했다.[8] 당시 독일에게 함락된 프랑스를 구하는 방법은 프랑스와 '영속적인 연합(indissoluble union)'을 만드는 것이라고 생각했다.[9] 이는 프랑스와 영국이 긴밀하게 협력하는 것을 넘어서 하나의 국가를 구성해 국방, 외교, 재정, 경제 분야에서 단일한 정책을 실행하고, 프랑스 국회의원들과 영국의 하원의원들이 함께 공동의회를 구성하자는 내용을 담고 있었다.[10] 이 통합안은 마지막 단계에서 프랑스 국무회의에서 부결되어 실현되지는 못했다. 그러나 "오늘날 세계 역사의 가장 운명적인 순간에 연합왕국과 프랑스 공화국 정부는 영속적인 연합을 결성하여 인류를 기계와 노예의 삶으로

그림 2 1946년 11월 9일 취리히 대학에서 행한 연설을 기념하여 만든 기념판이다. 연설의 제일 마지막 문장을 딴 "유럽이여 일어나라!"라는 글귀가 새겨져 있다. (© Gryffindor/Wikimedia Commons)

전락시키는 어떠한 제도에도 대항하여 정의와 자유를 공동으로 수호할 것임을 선언한다"[11]라는 선언문이 보여주듯이 독일 나치군이라는 공동의 위험 앞에서 프랑스와 영국이 하나가 되어 평화를 수호하자는 매우 파격적인 내용이었다. 하나의 유럽 건설에 대한 지속적인 관심과 고찰이 없었다면 이 같은 파격적인 제안은 불가능했을 것이다.

처칠이 유럽통합주의자임을 가장 잘 보여주는 대목은 1946년 취리히 대학에서 한 연설이다. 그중 가장 핵심이 되는 부분은 다음과 같다.

> 우리는 유럽합중국을 건설해야 한다. (…) 만일 합중국 건설에 참여하지 않거나 참여할 수 없는 유럽 국가가 있더라도, 단결할 수 있는 국가와 단결할 의지가 있는 국가는 모두 힘을 합쳐 단결해야 한다.[12]

전쟁 직후, 게다가 바로 영국을 공격한 나라와 맞대고 있는 장소에서 처칠은 유럽의 미래를 제시해야 했다. 여기서 그는 1930년부터 이미 염두에 두고 있던 '유럽합중국 건설'이라는 파격적인 대안을 대중들에게 공개적으로 발표한 것이다. 이에 덧붙여 그는 "유럽합중국을 건설하는 것만이 수백만의 유럽 시민들이 세상을 살아가는 데 있어 재미와 희망을 가질 수 있는 유일한 방법"이라고 역설하고 "유럽합중국 건설은 바로 시작되어야 한다"라고 피력했다.[13] 이를 위해 영국과 영연방국가들, 미국과 심지어 소련까지도 이 새로운 유럽 건설에 지지자로서 그리고 친구로서 함께할 것임도 강조했다.

이러한 사실들을 종합해보면, 처칠은 기본적으로 통합주의자였음을 알 수 있다. 그러나 이러한 기록에도 불구하고 처칠의 입장에 대해 상반되는 해석이 존재하는 이유는 유럽통합 과정에서 영국이 실제로 어떠한 역할을 할 것인가에 관해 모호한 해석의 여지가 남아 있었기 때문인 것으로 생각된다.

2) 처칠식 유럽통합의 의미

처칠은 전후 유럽통합을 지향하는 정치인들의 회합의 장(場)이었던 '유럽운동(European Movement)'[14]이 설립되는 데 중요한 역할을 했을 뿐 아니라, 초대 공동의장으로 활동하기도 했다.[15] 특히 1948년 유럽 정치인 1000여 명이 참석한 헤이그 회의는 이듬해 유럽평의회의 탄생으로 이어지는 유럽운동의 절정이었다. 당시 '하나의 유럽'에 대한 생각은 소수 엘리트 정치인들만의 의견이 아닌 일반 대중들도 관심을 가지고 있던 이슈였다. 높은 대중적 관심을 반영하기라도 하듯, 헤이그 회의에는 전후 유럽의 평화를 구축하는 데 관심을 가진 각종 단체들이 20개 이상의 나라에서 참석했다.[16] 이들 참석자 중에는 스피넬리(Altiero Spinelli)처럼 유럽연방제(federation)를 주장하는 사람도 있었지만, 대부분은 극단적인 연방제안보다는 유럽 국가들이 긴밀하게 협력하는 민주주의, 정의, 인권 등의 실현 정도를 기대했다. 다만 유럽 전체를 대상으로 하는 것이 이상적이지만, 당시 냉전의 현실로 인해 서유럽과 서독에 국한되는 한계점은 있었다.[17] 유럽운동은 1949년 유럽평의회 설립과 1950년 유럽칼리지(College of Europe) 설립에도 기여한 바 있고, 오늘날에도 유럽통합을 홍보하고 관련 정보를 널리 전파하는 단체로 활발하게 활동하고 있다.[18]

유럽운동에 적극적인 역할을 한 처칠이지만 정작 영국이 통합을 위해 구체적으로 어떻게 관여하고 어떤 역할을 할 것인지에 대해서는 언급하지 않았다. 다만 1948년 웨일스 랜디드노에서 열린 보수당 집회연설에서 영국이 처한 '특별한' 입장에 관해서 밝힌 바 있다.

> 내가 인류의 운명이 바뀌는 이 시점에서 영국의 미래에 대해 전망한다면 자유 국가들과 민주주의 속에 세 가지 범주가 존재하고 있음을 알 수 있다. (…) 첫 번째 범주는 당연히 영연방국가와 대영제국, 그리고 그것들이 구성하는 세계다. 그리고 우리 영국과 캐나다, 영연방과 미국이 중요한 부분을 차지하는 영어권 세계가 그다음이다. 마지막으로는 하나 된 유럽이 있다. 이러한 위대한 세 범주들은 함께 존재하며 만일 서로 엮어져 있다면 어떠한 강력한 힘도 그 엮인 관계를 끊을 수 없다.[19]

처칠은 영국이 맺고 있는 세 가지 관계의 범주를 고려해 통합의 입장과 역할을 취해야 한다고 역설했다. 하나는 '대영제국과 영연방국가들과의 관계'이고, 다른 하나는 영국을 비롯한 캐나다, 영국령, 미국 등을 아우르는 '영어권 국가들과의 관계'이고, 마지막으로 '유럽과의 관계'다. 처칠은 이 '위대한 세 범주(majestic three circles)'에서 영국이 모두 중심적인 위치를 차지하고 있는 만큼 어느 한 범주가 다른 범주를 침해한다거나 저촉되어서는 안 되며, 전체적으로 이 범주들의 균형을 조정하는 중요한 역할을 해야 한다고 주장했다.[20] 대항해시대 이후 영국이 해외로 진출하면서 개척한 식민지들로 구축된 영연방제국은 영국이 매우 자부심을 가지는 역사의 한 부분이었다. 따라서 영국의 외교정책에서 영연방과 미국과의 관계는 항상 우선순위에 있었다. 유럽이 하나가 되어 개별 국가의 주권이 약해진다는 것은 영국의 역사적 자부심에 흠집을 내는 일이기 때문에 국경이 사라지고 하나가 되는 연방주의적 통합이야말로 영국이 가장 원하지 않는 방식이었다. 자국의 주권을 이양한다는 것은 유럽 대륙에서라면 모를까 대영제국에서는 상상하기 힘든 일이었고,[21] 처칠의 생각 또한 이와 별반 다르지 않았던 것으로 보인다.

1949년 11월 처칠이 킹스웨이홀에서 유럽운동에 대해 연설하면서 "영국은 영연방국가들의 동의 없이는 건설 과정에 참여할 수 없으며, (…) 영연방국가들의 이해관계와 영국 자신의 이해관계가 모두 저촉되지 않는 방식으로만 유럽통합에 관여할 수 있다"라고 역설했던 것도 이러한 맥락에서 기인한 것으로 보인다.[22]

앞에서 언급한 1946년 취리히대학 연설도 처칠의 입장에서 해석할 필요가 있다. 그는 유럽의 평화 정착을 염원했고, 영국이 이 일을 담당해야 한다고 보았다.[23] 그리고 그것은 기본적으로 영국을 유럽이라는 범위 밖에 둔 상태에서 독일과 프랑스의 관계 개선을 통해 유럽통합이 진행되도록 하는 방식으로, 여기서 영국은 때로는 방관자로, 때로는 관계 개선의 촉매제 역할을 수행하겠다는 것이었다. 결국 처칠이 염두에 둔 유럽통합은 영국이 배제된 '유럽 대륙의 통합'이었다. 두 번째 총리가 된 후 1953년 5월 하원에서 행한 연설에서 그는 영국과 유럽의 관계에 대해 "우리는 유럽과 함께 있지만 유럽의 일부는 아니다"라고 분명하게 선을 그은 바 있다.[24]

그럼에도 불구하고 처칠은 영국이 유럽에서도 중요한 위치를 차지하고 있는 국가인 만큼, 유럽통합 과정에서 영국이 완전히 배제되어서는 안 된다고 생각했다. 오히려 유럽통합이 성공하기 위해서는 영국이 프랑스와 함께 주도적인 역할을 해야 한다고 생각했다.

> 이번 주 슈만 프랑스 외무장관이 프랑스 의회에서 '영국이 없이는 유럽도 없다'라고 역설했다. 이는 전적으로 옳은 말이다. 그러나 유럽 대륙의 우리 친구들은 불안해할 필요가 없다. 영국은 유럽의 중요한 일부이며, 우리는 유럽의 번영과 영광을 재현하는 데 있어 우리의 몫을 다할 것이다.[25]

유럽석탄철강공동체를 창설하기 위한 논의가 시작될 즈음에 프랑스는 영국 측에 협상에 참여할 것을 요청했다. 그러나 당시 애틀리 정부는 협상 참여의 조건이 유럽공동체의 초국가성을 인정하는 것이라는 모네의 제안에 거부감을 느끼고 협상 참여 제안을 거절했다.[26] 또 다른 이유는 영국의 무역관계 구조에 있었다. 유럽석탄철강공동체는 역외 국가에게는 공동대외관세(Common External Tariff)를 부과하는 단일시장의 설립을 목표로 하고 있었다. 영국이 유럽석탄철강공동체에 가입하게 되면 공동체에 가입하지 않은 다른 나라(예를 들어 영연방국가들)에게는 예외 없이 공동대외관세를 부과해야 하는데, 그렇게 되면 영국이 기존에 유지해오고 있던 자유무역 기조와 양립할 수 없다.[27] 이 때문에 영국은 다른 유럽 국가들처럼 유럽통합에 찬성할 수 없었던 것이다.

애틀리 정부가 참여를 거절한 것에 대해 처칠은 향후 전개될 유럽의 미래에 대한 논의에서 영국이 자국의 입장이나 제안을 전달할 기회조차 놓치게 되어 결국 유럽 내에서 고립을 자초하게 될 것이라며 우려했다.[28]

유럽석탄철강공동체가 창설된 이후에도 영국이 유럽통합에 관여할 기회는 아직 남아 있었다. 그러나 영국은 유럽경제공동체(European Economic Community: EEC) 창설을 위한 목적으로 1955년 6월에 개최될 메시나 회의(Messina Conference)에도 불참했다.

메시나 회의는 1954년 유럽방위공동체를 설립하려던 노력이 프랑스 내 비준 실패로 무산된 이후 새로운 통합의 동력을 살리기 위해 개최되었다. 여기서 논의된 안건은 크게 두 가지였다. 하나는 유럽원자력공동체(EURATOM) 건설이었고, 다른 하나는 관세동맹에 관한 것이었다. 그러나 각 회원국 간 입장 차이가 커서 좀처럼 합의에 이르지 못했다. 프랑스의 경우 유럽원자력공동체 건설에는 찬성했지만 보호주의를 지향하고 있어 관세동맹에는 찬성하지 않았고, 독일은 내부적으로 관세동맹 도입을 둘러싸고 부처 간 대립이 발생했다. 또한 대외무역 의존도가 높은 네덜란드는 자유무역을 위한 경제통합을 전적으로 지지했다. 협상이 난관에 봉착하자 정부 간 협력위원회를 구성하여 후속 회의를 개최하기로 합의하면서 메시나 회의는 마무리되었다.[29]

그해 7월 스파크(Paul-Henri Spaak)를 위원장으로 하는 스파크 위원회가 개최되었다. 이듬해 4월까지 개최된 이 회의는 앞서 언급한 유럽원자력공동체와 관세동맹 의제를 마무리 짓는 자리였다. 앞서 열린 메시나 회의에 참석할 자격이 없었던 영국은 이 회의에는 옵서버 자격으로 참석했는데, 장관들이 참석하는 이 회의에 영국은 실무관료를 배석시켰다. 이때까지만 해도 영국은 뒤늦게나마 6개국의 초국가공동체 설립 과정에 동참할 수 있었다. 그러나 당시 영국은 이들 6개국보다 영연방국가들과 더 활발하게 무역을 하고 있었을 뿐만 아니라 프랑스의 오랜 보호무역주의 성향을 잘 알고 있었기 때문에 6개국 간의 관세동맹 도입 협상이

순조롭게 이루어지지 않을 것으로 판단했다. 이러한 이유들로 인해 스파크 위원회 회의에 대해 적극적인 태도를 보이지 않았을뿐더러 그해 11월부터는 더 이상 회의에 참석하지도 않았다.[30] 이로써 영국은 초기 유럽통합에 관여할 기회를 완전히 놓치게 되었다. 만일 처칠이 건강상의 이유로 1955년 4월에 사임하지만 않았다면 유럽통합의 전개 양상은 지금과 사뭇 달라졌을지도 모른다.[31]

처칠은 사임 이후에도 줄곧 영국 정부가 지금이라도 유럽경제공동체에 가입해야 한다고 피력했다. 1957년 7월 웨스트민스터 센트럴홀에서의 연설이 유럽에 관한 그의 마지막 연설이었다. 처칠은 이 연설에서 6개국(프랑스, 독일, 이탈리아, 베네룩스 3국)이 공동시장의 형태로 유럽경제공동체를 창설하기로 결정한 로마조약의 서명을 환영했다. 그러나 6개국만의 공동시장이 아닌, 모든 유럽 국가가 참여하는 공동시장이 될 때 유럽통합의 진정한 의미가 있으며, 만일 그렇지 않다면 오히려 유럽을 분열시키는 결과를 가져올 것이라고 언급했다.

> 만일 한편으로, 유럽의 무역공동체가 6개국에만 계속 국한된다면, 그 결과는 아예 아무것도 없었을 때보다—우리뿐만 아니라 그들에게도—더 안 좋을 것이다. 그렇게 되면 유럽을 통합하기는커녕 분열시키게 될 것이며, 경제 분야뿐 아니라 다른 분야에도 마찬가지가 될 것이다.[32]

정리해보면, 처칠은 유럽이 단일한 시장을 형성해 무역장벽을 없애고, 과거를 용서하고 화해하는 것, 그리고 현재와 미래에 있을 수 있는 공동의 위험을 대비하는 것에는 기본적으로 찬성했지만, 영국이 영연방국가와의 관계, 미국과의 관계, 유럽과의 관계에서 모두 중요한 위치를 가지고 있기 때문에 이 관계들을 잘 조율해나갈 수 있는 방향으로의 통합을 희망했던 것으로 보인다. 그리고 그가 생각했던 방식은 완전한 하나가 되는 연방제적 통합보다는 각국의 주권과 자율성을 전제로 한 정부 간 협력적 통합에 있었던 듯하다. 그리고 그가 설립에 영향을 미친 유럽 기구들은 오늘날까지도 유럽의 평화와 안보를 유지하는 기구로 존속하고 있다.

3. 처칠의 유럽통합 모델

1) 정치 차원의 모델: 유럽평의회

처칠은 2차 세계대전이 한창 중인 1943년 3월, BBC 연설을 통해 유럽평의회의 설립을 최초로 제안했다.[33] 그리고 이 제안은 실제로 1949년 영국을 비롯하여 벨기에, 덴마크, 프랑스, 아일랜드, 이탈리아, 룩셈부르크, 네덜란드, 노르웨이, 스웨덴 등 10개국을 아우르는 기구의 설립으로 실현되었다. 영국의 주도적인 위상을 반영하듯 런던조약(Treaty of London)에 의해 설립된 유럽평의회는 현재 유럽연합 28개국을 포함한 47개국의 회원국을 거느리고 있으며 인권, 민주주의, 문화 교류 등을 증진하는 데에 역점을 두고 있다. 유럽연합 산하의 기구는 아니지만 인권, 문화, 민주주의와 관련된 활동들은 유럽연합과 연계하여 이루어지고 있다.[34]

유럽평의회 설립 과정에서 가장 민감한 사안이 되었던 문제가 산하기구—자문의회(Consultative Assembly)와 각료위원회(Committee of Ministers)—의 성격 규정에 관한 것이었다. 프랑스는 자문의회가 초국가적 기구이기를 희망했다. 반면 영국은 자문의회가 실권이 거의 없는 국가

그림 3 프랑스 스트라스부르에 위치한 유럽평의회 (© High Contrast/Wikimedia Commons)

간 협의체 기구로 존재하되 각 회원국의 외무장관으로 구성된 각료위원회의 견제를 받는 구조가 되기를 바랐다. 결국 이들 기구의 성격은 영국의 바람대로 규정되어 1949년 5월 유럽평의회의 설립 헌장에도 명시되었다.[35] 자문의회는 현재 의원총회(Parliamentary Assembly)라는 이름으로 바뀌어 회원국 의회 의원들로 구성되어 있다. 이들 기구는 유럽석탄철강공동체의 운영 기구 설립에 상당 부분 영향을 미친 것으로 알려져 있다.[36]

또한 영국 정부는 유럽평의회를 독일과 프랑스의 접경 지역인 스트라스부르에 둘 것을 제안했는데, 이 지역이 양국 간 관계 개선의 상징적인 장소이기도 하거니와 유럽의 주요 수도들로부터 벗어난 곳이어서 영향력 또한 제한적일 수 있다는 계산도 작용한 것으로 보인다.[37] 이 모든 과정은 처칠이 총리로 재임하던 시기에 이루어졌다.

유럽평의회의 설립 목적을 명시한 규약 제1조는 "공통의 유산인 이상과 원칙을 보전 및 실현하고 경제적·사회적 발전을 촉진하기 위한 목적으로 회원국들 간의 하나 됨을 추구한다"라고 명시하고 있다.[38] 유럽평의회는 공동의 가치와 공동의 정치적 결정에 근거하여 서로 협력하며 이러한 관행은 회원국들의 합의에 근거한다. 회원국 수를 감안한다면 유럽연합에 비해 지역적인 기반이 훨씬 넓다고 할 수 있다. 그러나 유럽연합은 회원국들이 권한의 일부를 초국가기구에 이양한 것이지만, 유럽평의회의 결정은 전적으로 회원국 간의 협력과 협의에 의한 것이며 평의회의 결정이 회원국을 구속하지도 않는다.[39]

유럽평의회가 달성한 가장 중요한 성과는 유럽인권조약(European Convention on Human Rights)을 채택한 것이다. 1948년 채택된 유엔 세계인권선언(Universal Declaration on Human Rights)의 영향을 받아 작성된 이 조약은 중동부 유럽 국가의 공산주의 확산을 저지하고 유럽 국가에서의 인권과 정치적 자유를 보호하는 것을 목적으로 한다.[40]

2) 안보 차원의 모델: 북대서양조약기구와 서유럽동맹

전쟁에 수차례 참전한 바 있는 처칠은 유럽의 평화와 안보체제 구축에 특히 관심이 많았다. 그는 2차 세계대전 후 소련 스탈린의 영향으로부터 유럽을 보호하기 위해서는 미국의 지원이 필요하다고 생각했다. 루스벨트, 트루먼 등과 개인적 친분이 있던 처칠은 전후 평화로운 국제질서 수립을 위해 미국과 연대하여 반(反)소련 동맹체제를 구축하고자 했다. 소련이 공산화시킨 동유럽과 서유럽 사이에 '철의 장막'을 구축했다는 유명한 표현은 1946년 미주리에서 행한 연설에서 유래했다. 유럽 안보와 관련하여 처칠은 나토(NATO, 북대서양조약기구) 창설에 큰 영향을 미친 것으로 알려졌다. 실제로 소련의 '철의 장막'으로 인해 동유럽과 서유럽이 분리되고 있는 상황에서 영국이 캐나다, 미국과 이 문제를 긴밀히 논의하고 있던 1948년 초 점심식사 자리에서 처칠이 제안했던 세부적인 내용

들이 이듬해 나토 창설 시 상당 부분 반영되었다고 전해진다.[41]

나토가 창설된 이듬해 8월에 처칠은 스트라스부르에서 한 유럽평의회 연설에서 유럽군의 창설을 주장했다. 이는 6월 한국전쟁이 발발하자 소련이 북한을 지원하여 침략했듯이 유럽도 침략할 수 있겠다는 우려에서 나온 주장이었다. 동독은 이미 소련의 지원을 받아 재무장한 상태였고, 서독의 아데나워 총리 또한 동독에 대항하기 위해 서독도 재무장할 필요가 있다는 인식을 하고 있었다.[42]

> 우리는 (…) 유엔과의 동맹을 재확인할 필요가 있을 뿐만 아니라 우리 스스로가 단일한 명령체계를 따르는 유럽군 창설의 필요성을 즉각적으로 요구함으로써 실제적이고 건설적인 방향을 제시하고 그러한 영예로운 임무를 함께 수행할 필요가 있다.[43]

유럽군 창설안은 유럽평의회의 의원총회에 발의되었고, 각료위원회는 그 안건을 채택했다. 그의 제안안은, 유럽군은 대외적으로는 미국 및 캐나다와 긴밀한 협력관계를 유지하고, 대내적으로는 회원국들이 통제하는 '유럽 국방장관'을 두어 모든 유럽군이 공통으로 그의 지시를 따르도록 하는 명령체계를 구축하자는 내용이다.[44]

그러나 프랑스는 처칠의 주장과는 생각이 달랐다. 처칠이 주장한 협력적 성격의 유럽군대 창설과 달리, 프랑스는 유럽석탄철강공동체와 유사한 초국가적 성격의 군사공동체를 건설하는 것을 선호했다. 프랑스가 처음부터 이것을 원했던 것은 아니었다. 그러나 미국이 서독의 재무장을 찬성하고 재무장한 서독이 나토에 편입되기를 바랐기 때문에 그렇게 될 경우 유럽석탄철강공동체를 통해 통제하고자 했던 독일이 프랑스의 바람대로 통제되기가 어려워질 것을 예상해 다른 방법을 통해 미국을 만족시키고자 했던 것이다. 결국 모네의 노력으로 프랑스 총리의 이름을 딴 플레벤 플랜(Pleuven Plan)이 구상되었고, 이를 바탕으로 '유럽방위공동체 설립을 위한 조약(Treaty establishing the European Defence Community)'이 만들어졌다. 1952년 유럽석탄철강공동체 참여국 6개국은 파리에서 유럽방위공동체(European Defence Community: EDC)를 설립하는 이 구상안에 서명했다. 이들 6개국은 영국에도 참여할 것을 요청했으나 유럽군의 초국가적 성격에 반감을 가진 영국은 참여를 거부했다. 영국이 당시 서유럽의 대표적인 군사대국이었던 만큼 세력 균형을 이루는 데 중요한 역할을 할 수 있을 것으로 기대되었으나 영국의 거부로 인해 유럽방위공동체 추진 동력이 반감되었던 것도 사실이다.[45] 그러나 아이러니하게도 이 조약은 1954년 프랑스 의회의 비준을 받지 못해 발효되지 못했다. 여기엔 시대적 상황 변화가 큰 영향을 미쳤다. 대외적으로는 1953년 스탈린의 사망과 한국전쟁 종식으로 인해 전쟁 확산의 공포가 사라졌기 때문이고, 대내적으로는 유럽방위공동체가 현실화될 경우 초국가적 기구에 의해 프랑스 주권이 침해될 수 있음을 우려한 드골 대통령과 프랑스 민족주의자들의 반대가 극심했기 때문이다.

처칠의 구상안이 유럽 차원에서 '유럽 국방장관'에게 군 지휘권을 부여하는 체제였다면, 유럽방위공동체는 초국가기구에 군 통수권한을 부여하는 만큼 각 회원국의 주권에 영향을 미치는 정도에 차이가 있었다.[46] 유럽방위공동체가 비준 실패로 무효화되면서 유럽 내 공동방위체제는 사실상 처칠의 구상대로 만들어진 나토가 중심 체제가 되었다.

유럽방위공동체의 설립이 무산되자 영국은 브뤼셀조약(Treaty of Brussels)을 개정할 것을 제안했다. 브뤼셀조약은 프랑스와 영국, 베네

그림 4 북대서양조약기구 본부 전경 (© Ad Meskens/Wikimedia Commons)

룩스 3국이 1948년에 서명하여 이들 사이의 군사동맹체제인 서구연합(Western Union)을 탄생시킨 조약이다. 1954년 런던과 파리에서 회의를 열어 서독의 주권을 완전히 보장해주고 영토 점령을 종식하기로 결정했다. 기존의 브뤼셀조약을 개정하여 서독과 이탈리아를 추가함으로써 기존 5개국과 함께 이들 국가를 중심으로 하는 서유럽동맹(Western European Union)이 탄생했다.[47] 서유럽동맹은 각료이사회(Council of Ministers)와 총회(Assembly)로 구성되어 군사, 문화, 교육에 관한 이슈를 논의하는 정부 간 협의체였다. 유럽방위공동체 비준 당시 공동체의 초국가성을 반대했던 프랑스 의회 의원들도 이번에는 거부감을 갖지 않았다. 또한 서독과 이탈리아는 서유럽동맹에 가입하면서 자연스레 나토 회원국이 되었다.[48] 이로 인해 미국이 희망하던 대로 독일의 재무장과 나토 가입이 이루어졌고, 초국가방위체제 설립에 반대했던 프랑스도 만족시킬 수 있었다. 독일 또한 자국의 주권을 온전히 회복할 수 있었다. 이 모든 것은 처칠의 적절한 대응 전략에 의해 가능했던 것이다. 서유럽동맹은 2011년

폐지될 때까지 나토의 틀 안에서 서유럽 국가들 사이에 정부 간 협의기구로서의 역할을 다했다. 현재 나토는 북미 및 유럽 대륙 29개국이 가입한 북대서양 지역의 대표적인 공동방위안보체제로 위상을 떨치고 있다.

4. 나가며

네 권의 역사책[49]을 저술한 역사가이기도 했던 처칠은 그가 전쟁 중에 몸소 겪은 경험과 성찰을 바탕으로 '하나의 유럽'을 구상하기에 이르렀다. 대영제국이 가장 빛나던 시기에 태어나 영국의 영욕(榮辱)을 경험한 처칠은 다시금 과거의 영광을 재현하기 위해 영연방의 관계와 '새로운 질서'로 부상한 미국과의 관계를 소홀히 할 수 없었을 것이다. 그래서 어디까지나 영연방, 미국과의 관계에 해가 되지 않는 범위 내에서 유럽통합의 중심이 되고자 했던 것이다.

그러나 영국이 감당해야 한다고 강조했던 세 범주에서의 균형 잡기가 과연 성공적으로 이루어졌는지에 대해서는 의문의 여지가 있다. 영국이 유럽석탄철강공동체나 유럽경제공동체의 가입을 거부하는 이유로 미국과의 관계를 들었지만, 정작 미국은 영국이 이들 공동체에 일찍이 가입해 영향력 있는 공동체 일원이 되기를 희망했던 것으로 알려져 있다.[50] 특히 케네디 정부 때 대서양 관계를 강화하기 위한 목적으로 '원대한 계획(Grand Design)'을 도입했는데, 이 계획을 구현하는 데 있어 영국이 매우 중요했다. 따라서 영국이 유럽공동체의 일원으로서 그 역할을 해주기를 바랐으며 서유럽의 위상과 영향력을 미국과 동등한 관계로 격상시켜 세계 평화를 구축하는 데 있어 서유럽이 일정 부분 책임을 져줄 것을 기대했던 것이다.[51] 또한 경제적 이익의 측면에서도 단일시장이 형성되면 미국과의 교역이 더 증가하고 투자 기회도 더 많아질 것으로 기대했기 때문에 유럽 내 단일시장의 설립을 누구보다도 찬성했다.[52]

또한 영국은 영연방과의 관계 때문에도 공동체에 가입할 수 없다고 했다. 영연방국가들과의 무역 비중이 6개국과의 무역 비중보다 더 컸기 때문에 만일 영국이 유럽의 단일시장에 편입되어 영연방국가에게 제국특혜관세(Imperial Preference Tariff)[53]를 적용할 수 없게 된다면 그들과의 관계가 어려워질 것이며, 그 결과 자국의 무역도 큰 타격을 입을 것이라고 판단했다. 또 다른 한편으론 유럽경제공동체 출범으로 인해 관세동맹이 체결되면 유럽에 대한 수출이 감소할 것을 우려했다. 이에 유럽경제공동체에 참여하지 않는 여섯 개 국가(노르웨이, 스웨덴, 스위스, 오스트리아, 덴마크, 포르투갈)를 설득해 1960년 스톡홀름 협약(Stockholm Convention)을 체결하여 유럽경제공동체에 대응할 유럽자유무역연합을 창설했다. 그러나 실제 유럽경제공동체와 유럽자유무역연합이 동시에 설립 · 운영된 결과, 영국의 무역 이익이 줄어 경제 상황이 악화되었고 파운드화의 가치 또한 급락했다. 기존의 파운드화의 위상을 유지하기 위해서는 결국 유럽경제공동체로 선회할 수밖에 없었고 1973년 우여곡절 끝에 유럽공동체에 가입했다. 이것만 보아도 당시 맥밀런 정부가 얼마나 안이하게 상황을 판단하고 있었는지를 알 수 있다. 단일시장이 가져올 효과를 단순히 경제적 측면에서만 고려했고, 그 실현 가능성 또한 과소평가한 결과였다.

처칠이 꿈꾸었던 이상은 원대했다. 그러나 그것을 실행하는 방법에서는 지나치게 신중했다. 그가 주장했던 유럽합중국에서 사실상 영국은 빠져 있으며, 통합의 성격에 있어서도 유럽 국가들 간의 긴밀한 협력체 이상의 그 무엇을 의미했는지 또한 알기 어려운 점이 있다.

그가 설립에 영향을 미친 유럽평의회는 인권과 민주주의 등 국가라면 으레 중요시해야 하는 규범적 질서를 논의하는 장(場)에 그치고 있으며 대외적인 위상과 영향력은 유럽연합에 미치지 못하고 있다. 서유럽동맹은 더 이상 존재하지 않으며 유럽의 방위는 아직까지 미국의 보호 우산 아래 놓여 있다. 경제적으로 자유무역을 신봉한 처칠의 집권 기간 동안에는 현실화되지 않았지만 그의 후임이자 정치적 지지자였던 맥밀런(Harold Macmillan) 총리에 의해 설립된 유럽자유무역연합(European Free Trade Association: EFTA)은 회원국 수나 교역 규모 면에서 유럽연합과 큰 차이가 있다. 만일 이러한 기구들이 처칠이 염두에 두었던 통합 운영 방식을 그대로 답습하고 있는 것이라면 사실 영국이 오늘날 유럽연합과 갈등을 빚고 있는 상황이 그리 놀라운 일은 아니다. 다만 영국이 세 범주의 관계 중에서 미국과 영연방과의 관계를 더 우선시했다기보다는 유럽과의 관계를 덜 중요하게 생각했던 것이 아닌가 하는 의구심이 든다. 영국은 유럽연합에 가입한 후에도 줄곧 불편하고 어중간한 관계를 유지해왔으며 이제는 그마저도 끝내려 하고 있다. 앞으로 브렉시트가 현실화되면 영국과 유럽연합의 관계는 새로이 정립될 것이며, 기존에 누구도 미처 생각해보지 않았던 방식으로 유럽 내 질서가 재편될 것이다. 이런 상황에 대해 처칠이라면 어떠한 해답을 내놓았을지는 알 수 없지만 그가 주장했던 유럽합중국의 진짜 모습이 이제부터 본격적으로 전개될지도 모를 일이다.

주

1 "Victory for Churchill as he wins the battle of the Britons", *BBC* (25 November 2002), http://www.bbc.co.uk/pressoffice/pressreleases/stories/2002/11_november/25/greatbritons_final.shtml. (2018. 4. 11. 검색)

2 윈스턴 처칠과 함께 기록된 유럽의 아버지는 콘라트 아데나워(Konrad Adenauer), 조세프 베슈(Joseph Bech), 요한 빌렘 바이옌(Johan Willem Beyen), 알치데 데 가스페리(Alcide De Gasperi), 발터 할슈타인(Walter Hallstein), 시코 만스홀트(Sicco Mansholt), 장 모네(Jean Monnet), 로베르 슈만(Robert Schuman), 폴-앙리 스파크(Paul-Henri Spaak), 알티에로 스피넬리(Altiero Spinelli)이다. 이에 관해서는 다음을 참조하라. https://europa.eu/european-union/about-eu/history/founding-fathers_en. (2018. 4. 9. 검색)

3 John W. Young, "Churchill's 'no' to Europe: the 'rejection' of European Union by Churchill's post-war government, 1951-1952", *The Historical Journal*, 28(4) (Dec. 1985), pp. 923~937; Felix Klos, *Churchill's Last Stand: The Struggle to Unite Europe* (London: I. B. Tauris, 2016).

4 Andrew Grice, "Winston Churchill's grandson: The wartime leader was a founding father of the EU", *The Independent* (22 January 2015), https://www.independent.co.uk/news/uk/politics/winston-churchills-grandson-the-wartime-leader-was-a-founding-father-of-the-eu-9996414.html. (2018. 7. 29. 검색)

5 Hugo Young, *This Blessed Plot: Britain and Europe, From Churchill to Blair* (Woodstock & New York: The Overlook Press, 1998), p. 10.

6 *Ibid*.

7 John Colville, *The Fringes of Power: Downing Street Diaries, 1939-1955* (Hodder & Stoughton, 1985).

8 Avi Shlaim, "Prelude to Downfall: The British Offer of Union to France, June 1940", *Journal of Contemporary History*, 3(9) (Jul. 1974), pp. 27~63.

9 Young, *This Blessed Plot*, p. 12.

10 Shlaim, "Prelude to Downfall", p. 27; "When Britain and France Almost Merged Into One Country," *The Atlantic* (8 August 2017), https://www.theatlantic.com/international/archive/2017/08/dunkirk-brexit/536106. (2018. 6. 9. 검색)

11 House of Commons, "British Offer of Anglo-French Union, June 16, 1940," Parliamentary Debates, Fifth Series, Volume 365, House of Commons Official Report Eleventh Volume of Session 1939-40 (London: His Majesty's Stationery Office, 1940), Columns 701~702, http://www.ibiblio.org/pha/policy/1940/400616a.html. (2018. 7. 31. 검색)

12 The International Churchill https://winstonchurchill.org/resources/speeches/1946-1963-elder-statesman/united-states-of-europe. (2018. 4. 2. 검색)

13 *Ibid*.

14 여기서의 유럽운동은 영국의 유럽운동가들이 만든 단체명을 의미하며, 보통명사의 개념과는 구분됨을 밝힌다.

15 처칠과 함께 공동의장직을 맡은 인물은 프랑스 사회당 출신인 레옹 블룸(Léon Blum), 이탈리아 기독민주당의 알치데 데 가스페리, 벨기에 사회당의 앙리 폴-스파크가 있다.

16 Walter Lipgens, *A History of European Integration. vol. 1: 1945-1947*, The Formation of the European Unity Movement, translated by P. S. Falla & A. J. Ryder (Oxford University Press, 1982).

17 Desmond Dinan, *Europe Recast: A History of European Union* (Lynne Reiner Publishers, 2004), p. 23.

18 유럽운동은 1979년 유럽의회 직접선거 도입에도 중요한 역할을 했다. 유럽평의회는 인권 옹호, 정의구현, 문화 교류, 민주주의 수호 등을 기치로 하여 자체적으로도 유럽연합과 연계하여 활발한 활동을 벌이고 있으며, 유럽칼리지는 유럽연합을 공부하고 연구하는 엘리트 교육기관으로 자리매김했다. 유럽의회 직접선거는 유럽연합의 민주적 정당성을 강화하는 데 크게 기여한 제도다. 유럽운동의 그간의 활동 내역에 관해서는 다음을 참조하라. European Movement International 홈페이지, https://europeanmovement.eu/who-we-are/history. (2018. 6. 10. 검색)

19 Richard Davis, "The Geometry of Churchill's 'Three Majestic Circles': Keystone of British Foreign Policy or trompe l'œil?" in Mélanie Torrent & Claire Sanderson (eds.), *La puissance britannique en question: Diplomatie et politique étrangère au 20e siècle / Challenges to British Power Status: Foreign Policy and Diplomacy in the 20th Century*, Series Enjeux internationaux, 25 (Brussels: Peter Lang, 2013), pp. 79~92, https://winstonchurchill.org/publications/finest-

hour/finest-hour-160/articles-wsc-s-three-majestic-circles. (2018. 6. 11. 검색)

20 *Ibid*.

21 Dinan, *Europe Recast*, p. 24.

22 해당 부분의 텍스트는 다음과 같다. "영국 정부는 영국이 영연방국가들과의 합의 없이는 유럽통합에만 전념할 수 없음을 명확하게 밝힌 바 있다. 우리 모두는 이 말에 동의한다. 한순간이라도 영연방국가들과 이 문제에 대해 논쟁하거나 유럽이 통합되면 그들의 이익 또한 우리의 이익과 못지않게 존재할 것임을 그들에게 확신시켜주기 위해 허비되어서는 안 된다." 이에 관해서는 다음을 참조하라. CVCE, "Address given by Winston Churchill", (London, 28 November 1949), https://www.cvce.eu/content/publication/1999/1/1/ce26cc27-30bc-4ec1-b0df-8a572f3dcc0e/publishable_en.pdf. (2018. 6. 10. 검색)

23 Young, *This Blessed Plot*, p. 17.

24 Jon Danzig, "A revealing deception about Winston Churchill?" (25 January 2015), *The New Europeans*, https://neweuropeans.net/article/604/revealing-deception-about-winston-churchill. (2018. 6. 15. 검색)

25 CVCE, "Address given by Winston Churchill".

26 Dinan, *Europe Recast*, p. 47.

27 David Ramiro Troitiño & Archil Chochia, "Winston Churchill and the European Union", *Baltic Journal of Law & Politics*, 8(1) (2015), p. 64.

28 *Ibid*., p. 71.

29 Dinan, *Europe Recast*, pp. 69~71.

30 Michael Maclay, "Historical Notes: Mr Bretherton's retreat from Europe", *The Independent* (30 August 1999), https://www.independent.co.uk/arts-entertainment/historical-notes-mr-brethertons-retreat-from-europe-1118343.html. (2018. 8. 4. 검색)

31 Troitiño & Chochia, "Winston Churchill and the European Union", p. 71.

32 Danzig, "A revealing deception about Winston Churchill?"

33 Winston Churchill, "Post-War Councils on World Problems: a four year plan for England", Broadcast from London over BBC (21 March 1943), http://www.ibiblio.org/pha/policy/1943/1943-03-21a.html. (2018. 6. 16. 검색)

34 유럽연합에서 사용하는 유럽기(旗)도 1955년 유럽평의회에서 먼저 채택한 것을 1985년에 공식적으로 채택하여 함께 사용한 것이다.

35 Council of Europe, "Statute of the Council of Europe", https://www.ifa.de/

fileadmin/pdf/abk/inter/ec_ets_001.pdf. (2018. 8. 1. 검색)

36 유럽석탄철강공동체의 주요 기구로는 고위관청(High Authority)(오늘날의 집행위원회에 해당), 공동의회(Common Assembly)(오늘날의 유럽의회에 해당), 특별각료위원회(Special Council of Ministers)(오늘날의 유럽연합이사회에 해당), 사법재판소(Court of Justice), 자문위원회(Consultative Committee)(오늘날의 유럽경제사회위원회에 해당)가 있는데, 구성 면에서는 각료이사회와 유럽의회가 특히 유럽평의회의 영향을 받았다고 볼 수 있다. 이에 관해서는 다음을 참조하라. Frederick L. Schuman, "The Council of Europe", *American Political Science Review*, 45(3) (Sept. 1951), pp. 724~740.

37 Dinan, *Europe Recast*, p. 25.

38 원문은 다음과 같다. "The aim of the Council of Europe is to achieve a greater unity between its members for the purpose of safeguarding and realising the ideals and principles which are their common heritage and facilitating their economic and social progress." (Article 1a, Statute of the Council of Europe)

39 유럽평의회 홈페이지 https://www.coe.int/en/web/portal/european-union. (2018. 6. 16. 검색)

40 Clare Ovey & Robin C. A. White, *The European Convention on Human Rights* (Oxford University Press, 2006), pp. 1~3.

41 Jim Norton, "Churchill's plan for Nato was scribbled on a LOO ROLL: US envoy defied PM's ban on note-taking during a boozy lunch by jotting it down in the toilet cubicle", *The Daily Mail* (1 July 2017), http://www.dailymail.co.uk/news/article-4656154/Churchill-s-plan-Nato-scribbled-LOO-ROLL.html. (2018. 6. 17. 검색)

42 Dinan, *Europe Recast*, p. 59.

43 CVCE, "Address given by Winston Churchill to the Council of Europe" (Strasbourg, 11 August 1950), https://www.cvce.eu/content/publication/1997/10/13/ed9e513b-af3b-47a0-b03c-8335a7aa237d/publishable_en.pdf. (2018. 6. 7. 검색)

44 Clarence C. Walton, "Background for the European Defense Community", *Political Science Quarterly*, 68(1) (Mar. 1953), pp. 42~69.

45 Dinan, *Europe Recast*, p. 59.

46 Josef L. Kunz, "Treaty Establishing the European Defense Community", *American Journal of International Law*, 47(2) (Apr. 1953), pp. 275~281.

47 Dinan, *Europe Recast*, p. 61.

48 *Ibid*.

49 처칠이 집필한 역사책은 《Marlborough: His Life and Times》(1933~1938년에 걸쳐 4권으로 출간), 《The World Crisis》(1차 대전에 관한 이야기로 1923~1931년에 걸쳐 총 6권으로 출간), 《The Second World War》(총 6권이며 1948~1953년에 걸쳐 출간. 이 책으로 노벨문학상 수상), 《A History of the English-Speaking Peoples》(1956~1958년에 걸쳐 총 4권으로 출간)가 있다.

50 Dinan, *Europe Recast*, p. 91.

51 US Department of State, *Foreign Relations of the United States, 1961-1963, Vol. 13: West Europe and Canada* (Washington DC: US Government Printing Office, 1994), pp. 275~277.

52 Dinan, *Europe Recast*, p. 71.

53 영연방국가들 간에 일반관세율보다 낮은 특혜관세율을 적용하는 관세혜택을 말한다. 1932년에 도입했고 이를 통해 영국과 식민국가들은 하나의 경제권이 되었는데 2차 세계대전 이후 미국과의 재무협상을 통해 철폐되었다.

참고문헌

Churchill, Winston, "Post-War Councils on World Problems: a four year plan for England", Broadcast from London over BBC, 21 March 1943, http://www.ibiblio.org/pha/policy/1943/1943-03-21a.html. (2018. 6. 16. 검색)

Colville, John, *The Fringes of Power: Downing Street Diaries, 1939-1955*, Hodder & Stoughton, 1985.

Council of Europe, "Statute of the Council of Europe", https://www.ifa.de/fileadmin/pdf/abk/inter/ec_ets_001.pdf. (2018. 8. 1. 검색)

CVCE, "Address given by Winston Churchill", London, 28 November 1949, https://www.cvce.eu/content/publication/1999/1/1/ce26cc27-30bc-4ec1-b0df-8a572f3dcc0e/publishable_en.pdf. (2018. 6. 10. 검색)

CVCE, "Address given by Winston Churchill to the Council of Europe", Strasbourg, 11 August 1950, https://www.cvce.eu/content/publication/1997/10/13/ed9e513b-af3b-47a0-b03c-8335a7aa237d/publishable_en.pdf. (2018. 6. 7. 검색)

Danzig, Jon, "A revealing deception about Winston Churchill?", *The New Europeans*, 25 January 2015, https://neweuropeans.net/article/604/revealing-deception-about-winston-churchill. (2018. 6. 15. 검색)

Davis, Richard, "The Geometry of Churchill's 'Three Majestic Circles': Keystone of British Foreign Policy or trompe l'œil?", in Mélanie Torrent & Claire Sanderson (eds.), *La puissance britannique en question: Diplomatie et politique étrangère au 20e siècle / Challenges to British Power Status: Foreign Policy and Diplomacy in the 20th Century*, Series Enjeux internationaux, 25, Brussels: Peter Lang, 2013, pp. 79~92. https://winstonchurchill.org/publications/finest-hour/finest-hour-160/articles-wsc-s-three-majestic-circles. (2018. 6. 11. 검색)

Dinan, Desmond, *Europe Recast: A History of European Union*, Lynne Reiner Publishers, 2004.

Grice, Andrew, "Winston Churchill's grandson: The wartime leader was a founding father of the EU", *The Independent*, 22 January 2015, https://www.independent.co.uk/news/uk/politics/winston-churchills-grandson-the-wartime-leader-was-a-founding-father-of-the-eu-9996414.html. (2018. 7. 29. 검색)

House of Commons, "British Offer of Anglo-French Union, June 16, 1940", Parliamentary Debates, Fifth Series, Volume 365. House of Commons Official Report Eleventh Volume of Session 1939-40, Columns 701-702, London: His Majesty's Stationery Office, 1940. http://www.ibiblio.org/pha/policy/1940/400616a.html. (2018. 7. 31. 검색)

Klos, Felix, *Churchill's Last Stand: The Struggle to Unite Europe*, London: I. B. Tauris, 2016.

Kunz, Josef L., "Treaty Establishing the European Defense Community", *American Journal of International Law*, 47(2), April 1953, pp. 275~281.

Lipgens, Walter, *A History of European Integration. vol. 1: 1945-1947, The Formation of the European Unity Movement*, translated by P. S. Falla & A. J. Ryder, Oxford University Press, 1982.

Maclay, Michael, "Historical Notes: Mr Bretherton's retreat from Europe", *The Independent*, 30 August 1999, https://www.independent.co.uk/arts-entertainment/historical-notes-mr-brethertons-retreat-from-europe-1118343.html. (2018. 8. 4. 검색)

Norton, Jim, "Churchill's plan for Nato was scribbled on a LOO ROLL: US envoy defied PM's ban on note-taking during a boozy lunch by jotting it down in the toilet cubicle", *The Daily Mail*, 1 July 2017, http://www.dailymail.co.uk/news/article-4656154/Churchill-s-plan-Nato-scribbled-LOO-ROLL.html. (2018. 6. 17. 검색)

Ovey, Clare, & Robin C. A. White, *The European Convention on Human Rights*, Oxford University Press, 2006.

Schuman, Frederick L., "The Council of Europe", *American Political Science Review*, 45(3), September 1951, pp. 724~740.

Shlaim, Avi, "Prelude to Downfall: The British Offer of Union to France, June 1940", *Journal of Contemporary History*, 3(9), July 1974, pp. 27~63.

The International Churchill Society, https://winstonchurchill.org/resources/

speeches/1946-1963-elder-statesman/united-states-of-europe. (2018. 4. 2. 검색)

Troitiño, David Ramiro, & Archil Chochia, "Winston Churchill and the European Union", *Baltic Journal of Law & Politics*, 8(1), 2015, pp. 55~81.

US Department of State, Foreign Relations of the United States, 1961-1963, Vol. 13: West Europe and Canada, Washington DC: US Government Printing Office, 1994, pp. 275~277.

"Victory for Churchill as he wins the battle of the Britons", *BBC*, 25 November 2002. http://www.bbc.co.uk/pressoffice/pressreleases/stories/2002/11_november/25/greatbritons_final.shtml. (2018. 4. 11. 검색)

Walton, Clarence C., "Background for the European Defense Community", *Political Science Quarterly*, 68(1), March 1953, pp. 42~69.

Young, Hugo, *This Blessed Plot: Britain and Europe, From Churchill to Blair*, Woodstock & New York: The Overlook Press, 1998.

Young, John W., "Churchill's 'no' to Europe: the 'rejection' of European Union by Churchill's post-war government, 1951-1952", *The Historical Journal*, 28(4), December 1985, pp. 923~937.

11장

연방주의자 알티에로 스피넬리의 정치사상과 공헌

김종법

1. 스피넬리의 삶과 사상적 기원[1]

알티에로 스피넬리는 1907년 로마에서 태어났다. 외교관 아버지를 따라 이탈리아왕국의 부영사로 재직했던 브라질 캄피나스에서 다섯 살까지 아동기를 보냈다. 아버지가 외교관을 그만두고 사업가의 길을 걷게 되자, 이탈리아로 돌아왔다. 스피넬리는 고전 라틴어를 비롯해 그리스어와 독일어 및 프랑스어에 능한 학생이었다.

그는 당시 사회가 갖고 있던 모순을 타파하기 위해 공산주의에 매력을 느껴 열일곱 살 되던 해인 1924년에 공산당(PCI)에 입당했다. 공산당원 활동은 당시 이탈리아를 통치하던 파시스트 정권에 의해 탄압받았고, 결국 그는 1927년 반파시스트 혐의로 체포되어 16년형을 언도받고 1943년까지 수감과 유형 생활을 했다.

그는 감옥에서 헤겔과 마르크스의 저작들을 접하며 공산주의 사상의 근원적 문제와 고민들을 해결하고자 했다. 그러나 그는 공산주의 사상보다는 현재의 위기와 대안 사상을 찾기 위한 노력을 경주했다. 이런 이유로 스피넬리는 공산당 지도부와 노선과 당 운영 방향 등을 놓고 갈등을 빚었고, 결국 1937년 3월 12일 "이념 전환과 소부르주아 추종"을 구실로 공산당에서 제명당했다. 이후 그는 자유롭게 공부를 할 수 있었고, 이념에 경도되지 않은 채로 이탈리아 역사와 사상을 탐독했다. 이 시기 크로체(Benedetto Croce)의 《이탈리아 통일운동사》와 파비에티(Renato Fabietti)와 볼페(Gioacchino Volpe) 등의 책을 읽었다. 또한 이탈리아 자본주의 체제를 설명하는 경제 관련 전문서적들을 읽으면서 체제와 시스템에도 관심을 기울였다. 이 시기 그는 파시즘 체제와 나치즘 체제의 기반을 닦은 사회학자들, 파레토(Vilfredo Pareto), 미헬스(Robert Michels), 모스카(Gaetano Mosca)의 저서들을 읽고, 히틀러 자서전도 읽었다. 또한 인접 국가들인 프랑스, 독일, 영국, 에스파냐, 그리고 미국에 대한 지식도 쌓아나갔다.[2]

다양한 공부에 몰두하던 스피넬리가 새로운 인생 전환점을 맞은 것은 파시스트 정부가 반파시스트 운동가들을 벤토테네로 이감하기로 결정한 1939년이었다. 공산당에서 제명당했지만 스피넬리 역시 일군의 반파시스트 활동가들과 함께 벤토테네로 옮겨졌다. 1937년부터 1943년까지의 유형 기간 동안 스피넬리는 새로운 사상과 운동의 방향을 설정하는 데 성공했다. 자유롭고 통합된 유럽을 지향하는 유럽연방주의운동(MFE)이 출범한 것이다. 이 시기 스피넬리의 사상적인 전환에 가장 중요한 전기를 마련해준 사람이 바로 에르네스토 로시(E. Rossi)였다.

스피넬리는 로시를 통해 그동안 천착하고 있던 학문의 방향을 재정립하고 칸트, 크로체, 모스카, 파레토, 니체와 영국 연방주의자들의 저술을 좀 더 깊이 연구했다. 특히 1930년대 영국의 연방주의자인 로빈스(L. Robbins)의 책을 통해 유럽이라는 의미와 연방주의 시스템에 대한 경제학적 이해를 더하게 되었다. 두 사람의 학문적인 공동 작업은 1941년에 작성된 벤토테네 선언서(Manifesto di Ventotene, 정확한 명칭은 '자유롭고 통합된 유럽, 마니페스토 프로젝트(Per un'Europa libera e unita. Progetto d'un manifesto)')의 근간을 이루고 있으며, 유럽 문명의 부흥을 위해 유럽연방주의라는 사상을 정립하는 토대를 제공했다. 스피넬리의 절친이던 콜로르니(E. Colorni)가 참여하면서 만들어진 이 선언서는 초안이 발표된 이후 지속적으로 수정과 보완을 거쳐 1944년에 콜로르니의 편집과 스피넬리가 쓴 두 편의 비평과 함께 완성된 편집본으로 출간되었다.

선언서의 내용을 간략하게 정리하면 다음과 같다.[3] 첫째, 선언서의 연방주의는 칸트의 자유와 평화 개념, 그리고 해밀턴(Hamilton)의 연방주의 이론에 영향을 받았다. 둘째, 진보정당과 수구정당을 가르는 노선 차이는 민주주의의 주류나 비주류 혹은 사회주의 주류 혹은 비주류의 문제라기보다는 국가권력의 형태와 획득을 위해 지배세력과의 투쟁 속에서 지향하는 새로운 본질을 어떻게 설정하느냐의 문제다. 셋째, 그러나 가장 중요한 것은 민중의 힘으로 국가권력을 획득하고 이를 국제적 통합을 실현시키는 도구로 삼는 것이다. 넷째, 기존 정당과는 다른 새로운 정당을 설립하고 국가권력을 획득하는 것은 연방국가를 탄생시키기 위한 목적에 부합하도록 모든 국가에서 민중의 힘을 동원하는 운동이 필요하다. 다섯째, 연방국가를 위한 수단과 방식에서 개별 국가의 독립성을 저해하지 않는 상태에서 공통의 이해를 증진시키고 유지하는 개별 연방국가 형태로 진행한다.

이러한 선언서를 바탕으로 1943년 유럽연방주의 운동을 제안했다. 운동의 방향과 관련하여 한 가지 특이한 점은 사회주의를 바탕으로 하는 유럽 혁명을 제안했다는 것이다. 특히 기존의 사회적 특권과 불평등을 해소하기 위한 새로운 유럽 사회는 사회주의 혁명을 제시했다는 점에서 스피넬리, 로시, 콜로르니의 이념이 여전히 사회주의를 고수하고 있다는 것을 보여준다. 또한 인간적인 삶을 강조하고 사회적 연대를 통해 실현하고자 하는 새로운 사회의 열망은 노동자 계급 및 사회주의와 밀접한 관계를 가져야 한다고 주장했다.

선언서의 내용을 통해 유추할 수 있는 스피넬리의 사상에 대해 이선필은 다음과 같이 정리하고 있다.[4]

> 스피넬리의 연방주의 사상의 핵심은 크게 두 부분으로 구분할 수 있다. 하나는 '민족국가의 위기'에 관한 것이고 다른 하나는 '유럽의 평화를 위한 유럽연방의 건설'이라는 부분이다. 벤토테네 선언서는 이 두 가지 사상을 잘 압축해 놓은 유럽연방주의 운동의 지침서이다. 그는 민족독립의 이데올로기가 진보를 위한 자극이 되었고 편협한 지방근성을 극복하게 해주었으며, 사람과 상품의 자유로운 이동을 가능하게 해주었지만, 전체주의 국가를 형성하게 했고 종국에는 전쟁으로까지 몰고 가 자본주의적 제국주의의 씨앗이 되었다고 지적한다. '민족'은 다른 민족에게 줄 피해를 생각하지 않고 오로지 자신만의 생존과 발전을 생각하는 신성한 존재가 되었다고 전제하고, 절대 국가주권이 각각의 민족에게 지배의 욕구를 주었고, 이러한 지배의 욕구는 다른 강력한 국가의 지배에 의하지 않고는 결코 사라지지 않는다고 보았다. 국가와 시민 간의 관계에 대해서도 그는 국가는 시민들의 지배자가 되었고, 이 속에서 개인의 자유는 무가치한 것이 되었다고 판단하였다. 그는 계속해서 계속된 전쟁은

사람들로부터 가족, 직장, 재산을 앗아갔고, 때때로 아무런 이유 없는 희생을 요구하였다고 지적하였다. 이렇게 스피넬리는 개인의 자유를 보장하기 위해 형성된 국가가 전쟁을 통해서 오히려 그것을 침해하고 파괴하는 속성을 가진다고 판단했다. 스피넬리는 이렇게 유럽을 전쟁으로 몰고 간 원흉을 제국주의와 파시즘으로 파악하고, 이러한 현상은 '민족국가의 위기'로부터 나온다고 생각했다. 국가(state)와 민족(nation)이 결합된 민족국가는 내부에서는 권위주의적 경향을 불러일으키며, 외부적으로는 국가주권의 존재 때문에 공격적 경향을 만든다고 생각했다. 결국 전쟁의 원인은 국가주권이고, 이러한 국가주권으로 이루어진 국가체제를 통치할 수 없는 국제적 무질서 상태이다. 파시즘은 이러한 무질서한 국가체제 속에서 다른 국가들을 통합해 끊임없이 경제적 공간을 확대하고자 하기 때문에 결국은 전쟁으로 귀결되는 민족국가의 역사적 전개 과정에서 마지막 단계에 있다.

스피넬리의 두 번째 핵심 사상은 국제적 무질서와 평화를 보장하기 위한 수단으로서의 유럽연방이다. 이는 곧 전쟁으로 이끌 수밖에 없는 유럽의 주권 민족국가 체제를 어떻게 평화로운 국제체제로 바꿀 것인가에 관한 문제이다. 즉, 전쟁 이후에 민족국가 체제에 기초한 유럽의 세력 균형 체제가 복구될 것이므로 또다시 전쟁의 불씨를 가지게 될 것이 명백했다. 따라서 유럽이 주권 민족국가 체제로 복귀하는 것을 막는 것이 곧 평화를 위한 보장이 될 것이라고 진단했다. 그에게 있어서 이 보장은 바로 보다 민주적이고 평화로운 국가체제를 의미하는 연방주의였다. 그의 이러한 유럽연방 사상은 벤토테네 감옥에서 읽은 미국의 연방주의에 관한 저작들로부터 나왔다. 그는 미국의 역사는 국가주권은 분열만을 가져왔고, 평화는 제한적이지만 실질적 힘을 가진 연방 정부가 형성되었을 때 이루어진다는 것을 보여준다고 파악했다.[5]

그러나 몇 가지 측면에서 스피넬리의 초기 사상을 개념과 내용 면에서 숙고해볼 필요가 있다. 첫째는 '민족국가의 위기'라는 스피넬리의 국가 개념의 문제다. 동양에서는 민족이라는 개념이 일반적이고 그 의미나 사용이 보편적이다. 그러나 유럽, 특히 이탈리아에서 민족이라는 개념과 의미는 일반적이지도 보편적이지도 않다. 이탈리아의 경우 민족 개념에 대한 치열한 논쟁이 전개되었으며, 통일국가의 등장이 독일이나 다른 유럽 국가들과도 차이가 있는 경로와 과정을 갖고 있기 때문이다. 오히려 근대적 의미에서의 '국민'에 대한 규정과 개념을 비교하여 접근할 필요가 있다. 이탈리아 파시즘은 민족 개념을 위해 국가를 이용했고, 이탈리아의 정체성을 고대 로마제국과 통일된 민중으로서 이탈리아인이라는 개념을 활용했다. 결국 스피넬리의 '민족국가의 위기'는 근대 이탈리아 국민국가 형성의 비정상적인 경로에서 바람직한 근대 이탈리아 성립의 위기를 지적하고 있다고 볼 수 있다.

둘째는 자유로운 연방주의 개념이다. 전술했듯이 로시, 스피넬리, 콜로르니의 벤토테네 선언서의 주요 내용은 국가권력의 기반이 사회주의와 노동계급 등에서 출발해야 한다고 주장하고 있다. 이는 연방주의의 방점이 통일이 아니라 각 개별 국가의 국민의 독립성을 보장하면서 노동자라는 계급성을 통한 통합의 의미로 해석할 수 있다. 단순히 선언서의 내용만으로 스피넬리의 사상을 규정할 수는 없지만, 1944년에 출간된 두 편의 비평에서도 이러한 주장을 펼치고 있다는 점에서 스피넬리의 사회주의적 이념이 완전히 돌아섰다고 보기는 어렵다.

셋째는 국가권력의 성격이나 쟁취를 혁명적인 방식을 통해 실현할 수 있는 것으로 파악하고 있다는 사실이다. 민중의 의지와 힘의 구현체를 국가의 성격으로 보고 있다는 점에서 이탈리아 연방주의의 사상적 흐름에서 벗어나지 않고 있다는 점이다. 더군다나 선언서에서 말하는 유럽 연방주의의 기원 역시 이탈리아 통일운동 시기에 등장했던 마치니의 유럽통합 사상과 그다지 다르지 않다는 점에서 연방주의 사상의 기원을 고민할 필요가 있다.

따라서 스피넬리의 연방주의 사상과 이념을 좀 더 입체적이고 총체적으로 비교하기 위해서는 이탈리아 연방주의 사상의 기원과 유럽통합에 대한 이전의 주장 등을 추적할 필요가 있다. 이를 위해 다음 장에서는 이탈리아 연방주의의 기원과 사상적인 흐름을 살펴보고자 한다.

2. 이탈리아 연방주의와 유럽통합 사상의 기원

중세 이후 오랫동안 분열되었던 이탈리아가 하나의 왕국으로 재통일된 것은 1861년이었고, 1870년 프로이센-프랑스전쟁 이후 로마를 회복하면서 완전한 통일을 이룩했다. 흔히 리소르지멘토라고 하는 이탈리아 통일 과정에서 등장했던 수많은 사상과 흐름은 세 가지 방향으로 정리할 수 있다. 혹자는 더 다양한 흐름으로 분류하기도 하지만 세 가지 흐름으로 보는 것이 일반적이다. 프랑스혁명 이후에 자유주의와 민족주의자들이 중요한 사상적 흐름을 지배했지만, 왕정복고로 인해 군주제가 주요한 흐름으로 동참했고, 이후에는 이들 세 흐름들이 정치적 지향과 통일운동의 주류로 작용했다.

하나는 마치니가 주도했던 공화주의를 지향하는 다소 급진적인 성향의 정치가 및 사상가들이었고, 둘째는 입헌군주제를 지향하는 자유주의 계열의 정치가와 사상가들이었으며, 세 번째는 권력 분점과 이탈리아의 지역 다양성을 인정하고자 하는 정치가 및 정치 사상가들이 지향하는 연방주의가 그것이었다. 리소르지멘토의 해석과 관련된 이 문제는 후대의 역사 비평가들에게도 많은 과제를 남겼다. 특히 연방주의에 대한 해석 문제와 내용은 스피넬리에게 큰 영향을 미쳤을 것으로 추정된다.

스피넬리가 1927년과 1937년 사이 읽은 다양한 서적 중에서 이탈리아 통일운동 관련 서적이 상당 부분을 차지하고 있다는 점, 그리고 리소르지멘토 시기의 운동 방향에 대한 카부르나 크로체의 시각을 접했다는 점에서 스피넬리 연방주의 사상의 이탈리아적 기원으로 해석할 수 있을 것이다. 여기서는 두 가지 점에서 스피넬리와의 연관성을 살펴보고자 한다. 하나는 급진적 자유주의자들이 주장했던 연방주의이고, 다른 하나는 마치니의 유럽통합 사상이다.

먼저 급진적인 이탈리아 연방주의는 리소르지멘토 시기 통일운동의 방향을 두고 자유주의자들 사이에서 분리된 흐름이다. 이러한 흐름은 리소르지멘토 시기 주류로 등장한 일단의 자유주의자들 중에서 온건파와 급진파가 나누어지는 과정에서 발생했다. 이 과정에서 카타네오(Carlo Cattaneo)와 페라리(Andrea Ferrari) 등의 급진파를 중심으로 이탈리아의 지리적이고 역사적인 배경을 고려하여 연방주의를 정치적 방향과 운동으로 내세웠다. 1830년대부터 시작된 이 흐름은 통일에 이르는 1870년까지 이탈리아의 세 가지 주요한 정치적 흐름의 하나가 되었다.[6]

이탈리아 연방주의는 기본적으로 두 가지 방향성이 혼재되어 있다. 이 시기 가장 대표적인 연방주의 주창자들은 카타네오와 페라리, 그리고 피사카네(Carlo Pisacane)다. 피사카네가 보다 사회적인 문제에 관심을 갖는 급진적 성향인 데 반해 카타네오와 페라리는 이탈리아의 지역적 분할과 역사적 경험을 고려한 연방주의를 주창했다. 피사카네는 리소르지멘토 시기 이탈리아의 급진 자유주의를 대표하는 사상가다. 마치니의 공화주의 주창자들과 온건 자유주의자들 사이에서 대립하고 있던 정치적 지향점의 대안을 제시하고 민중의 문제를 먼저 해결하고자 했다. 이를 위해 그는 통일의 주체로서 민중을 제시하고, 이탈리아의 독특한 지역적 특성을 감안한 연방주의를 주창했다.[7]

이에 반해 카타네오는 사회 구성에서 세 가지 차원의 체계와 분야를 연계시켜 설명하고 있다. 경제체계와 법률적 · 제도적 체계 및 문화와 윤리 분야의 결합으로 사회가 구성된다고 주장했다.[8] 그는 이탈리아 중산계층의 대표적 지식인으로서 이탈리아 국민을 중시하는 국가주의적인 통일보다는 지역과 계층에 맞는 통일, 즉 연방주의적 통일을 주장했다. 그는 국가주의 운동이 필연적으로 경제적 · 행정적으로 사회적 불평등을 야기할 것이라고 생각했다. 이는 그의 연방주의가 갖는 이론상이나 적용 면에서의 탁월함에도 불구하고 민중적인 지지를 받지 못했던 원인이었다.

또 한 사람의 연방주의자 페라리는 실증주의자로 역사 속의 경험들을 통해 혁명에 이르는 방법을 찾으려 했다. 그 과정에서 이탈리아에 가장 적합한 정체로서 연방주의를 주창했고, 많은 후학들을 배출하여 이탈리아 연방주의 지지자들을 길러냈다.[9]

그러나 통일의 주도권은 온건파 자유주의자들에게 넘어갔고, 결국 카보우르와 다젤리오 등이 주장하던 입헌군주제의 이탈리아왕국이 탄생했다. 통일 이후에도 연방주의의 흔적은 여전히 남아 있었고, 역사학자인 무라토리(Muratori)나 개혁적 법학자인 베카리아(Beccaria) 등으로 이어졌다. 이탈리아반도의 통일이 곧 사회적 · 정치적 통합이 아니었다는 사실은 여러 사회 문제들이 해결되지 않은 채로 여러 개의 이탈리아가 하나의 왕국 아래 존재하게 되었다는 것이다.

연방주의가 다시 한 번 정치적으로 국민의 관심을 받게 된 것은 2차 세계대전이 끝난 뒤였다. 패전국이었던 이탈리아는 나라의 정체를 결정하기 위한 국민투표를 실시했다. 1946년 6월 2일 국회의원 선거와 동시에 이탈리아 정치사에서 최초로 입헌군주제와 공화제를 국민의 손으로 직접 결정하는 선거가 치러졌다. 공화제는 1271만 7923표(54퍼센트), 입헌군주제는 1071만 9284표(약 200만 표 뒤진 46퍼센트)의 찬성표를 얻었다.[10] 이렇게 해서 이탈리아공화국이 탄생했지만 여전히 해결해야 할 문제는 남아 있었다. 특히 북부가 주로 공화제에 찬성했던 데 비해 남부는 입헌군주제를 선호했고, 이는 연방주의 전통이 북부에 여전히 강하게 남았다는 점 이외에도 남과 북의 인식과 정치적 견해가 상당히 다르다는 사실을 증명하는 것이었으며, 중앙권력과 지방권력의 배분이나 국가 안에서의 조화가 커다란 정치적 문제로 남게 되었음을 의미했다.

이러한 연방주의의 흔적과 흐름이 스피넬리의 연방주의 사상에 상당한 영향을 끼쳤으리라 충분히 설명할 수 있다. 또한 이러한 연방주의 사상 이외에도 마치니가 주장했던 유럽통합 사상 역시 스피넬리에게 영향을 미쳤을 것으로 판단할 수 있다. 이탈리아 통일운동의 사상적 토대를 제공했던 마치니는 오랜 망명생활과 해외생활을 통해 유럽통합의 단초를 제공했다. 특히 마치니가 제시한 방식과 내용은 유럽통합의 기원과 통합의 합리적인 방식을 제공했다고 볼 수 있다.

마치니는 단테, 셰익스피어, 바이런 등에게서 문학적·사상적 영향을 받았다. 단테로부터 인간의 통일과 법의 통일에 대한 개념, 뜨거운 애국심, 세계의 운명을 이끌 지도자로 운명 지어진 이탈리아와 로마에 대한 신념, 통일 이탈리아에 대한 열망, 종교적이고 도덕적인 선과 신앙의 힘 등에 대한 수많은 단서들에서 사상적 영감을 얻었다. 독일의 괴테나 실러, 헤르더 등에게도 깊이 매혹되었다. 특히 헤르더로부터 인생에 관한 정신적 개념이나 영혼의 불멸사상, 인류 진보 이론, 신의 역사에 대한 인간의 동참을 배우거나 확인했다. 이탈리아인들 가운데서는 브루노(Giordano Bruno)와 비코(Giambattista Vico) 및 마키아벨리 등의 사상가와 알피에리(Vittorio Alfieri)나 포스콜로(Ugo Foscolo) 등의 근대 문학가들에게 많은 영향을 받았다.

이탈리아 통일운동 과정에서 마치니는 1831년 '청년이탈리아당'이라는 비밀결사를 조직했다. 이 당은 이탈리아 '민중'에 의한 공화국 수립이라는 정치적 목적을 분명하게 내세웠다. 이는 분열되어 있던 이탈리아 민족주의자들에게 통합의 계기를 제공했다. 중세의 분열 상태를 극복하지 못한 이탈리아의 정치적 상황은 마치니에게 통일에 대한 열망을 심어주었고, '청년이탈리아당'은 그의 발걸음의 시작이었다.

마치니는 새로운 운동의 원천을 신과 민중에게서 구했다. 새로운 조직체를 '민족종교'라는 목표 아래 당의 임무를 '신도이자 사도로서 수행해야 할 임무'로 규정했다. 이와 함께 사회개혁이라는 부수적 목표를 제공했다. 구현해야 할 정치적 현안은 공화주의와 이탈리아 통일이었다. 마치니와 당원들의 열화 같은 활동으로 세를 확장하던 청년이탈리아당은 1833년에 이르면 무려 5만에서 6만 명에 이르는 당원을 확보하게 되었고, 이들은 통일 후에도 이탈리아의 지식인들과 지도자로서 활동하게 된다. 이 시기에 입당한 유명한 지도자 중의 한 사람이 바로 가리발디(Giuseppe Garibaldi)였다.

마치니는 마르세유를 떠나 스위스에서 이탈리아 혁명을 기도했지만, 실패로 돌아갔다. 스위스 체재 기간 중에 발간했던 《청년 스위스》지로 인해 마치니는 스위스 의회로부터 영구추방이 결정되었지만, 그의 사상은 1948년 스위스 헌법에 반영되었다. 또한 이 시기 이탈리아인, 독일인, 폴란드인으로 구성된 17명의 망명자들과 함께 《청년유럽협약》을 작성하여 서명한 것은 근대 유럽통합운동의 시발점으로 평가할 수 있다. 실질적인 유럽의 다양한 구성원들과 유럽통합의 기초가 될 수 있는 청년들의 유럽을 구상했다는 사실에서 마치니의 활동과 유럽통합 구상의 의도를 이해할 수 있다.

더군다나 마치니는 1837년 런던에서 망명생활을 하면서 마르크스주의와 사회주의 사상을 접했다. 이 시기 마치니는 마르크스주의와 사회주의 사상에 영향을 받아 혁명운동의 주체가 노동운동 계급이 되어야 한다고 생각했다. 그럼에도 불구하고 이 운동이 새로운 사회를 위한 계급운동으로 나아가지는 않았다. 1847년 청년이탈리아당의 재건기구 성격의 '인민국제동맹'을 창설한 것은 그러한 입장의 반영이었다. 마치니의 이러한 사상의 흐름은 유럽의 평화를 위한 방식으로 결속과 협력을 통한 새로운 유럽의 통합을 지향했다는 사실을 보여준다. 결국 이러한 마치니의 사상이 스피넬리의 리소르지멘토 관련 연구에서 어느 정도 영향을 미쳤을 것으로 생각할 수 있다.

스피넬리가 자신의 연방주의나 유럽통합 사상이 이탈리아의 연방주의와 마치니의 유럽통합 사상과 연관성이 있다는 것을 스스로 밝힌 글은 없다. 그러나 간접적으로 리소르지멘토 연구와 분석을 통해 자신의 연방주의가 기존 연방주의 연구로부터 상당히 영향을 받았다는 점을 밝히고 있다는 점에서 좀 더 정교한 분석과 연구가 필요하다.

3. 유럽통합을 위한 준비와 노력

스피넬리는 벤토테네 선언 이후 보다 구체적인 유럽통합을 위한 현실적인 노력을 경주했다. 1943년 석방 이후 그는 스위스로 건너가 구체적이고 실질적인 연방체를 구현하기 위한 계획을 실천하는 행동주의자가 되었다. 그의 이러한 행동주의자의 모습은 2차 세계대전 이후 이탈리아에서 연방주의를 위한 정치적 공간을 만드는 데 많은 기여를 했다. 그는 스위스와 프랑스 그리고 짧은 미국 방문 등의 경험을 통해 연방주의 운동의 구체화를 구상했다.

가장 먼저 구체적인 계획을 실천하고자 했던 것은 이탈리아와 유럽 정당의 설립과 운동의 조직화였다. 그러나 그의 시도는 실패했다. 여러 가지 원인이 있었지만, 활동 지역이 외국인 스위스였다는 점과 이탈리아 내부적으로는 국가 형태를 결정하기 위한 국민투표를 앞두고 있었다는 점이다. 이러한 한계로 인해 유럽통합이나 연방주의 강령을 내세우고 있던 정당이 성공할 수 있는 여건이나 환경이 조성되지 않았다. 그럼에도 스피넬리는 피렌체에서 유럽연방주의협회(AFE)를 로시와 함께 창설했다.

스피넬리의 연방주의 주장과 유럽통합 방향의 결합은 2차 세계대전 이후 유럽의 상황이 미국의 개입으로 인해 발생한 두 가지 사건과도 연관성을 갖는다. 마셜플랜과 나토 설립은 경제와 국방이라는 중요한 영역에서 유럽 국가들의 통합과 공동 관리의 필요성을 확인시켜주었다. 종전 이후 국가 중심의 유럽통합과 협력 방식에 대해 스피넬리는 동의하지 않았다. 그는 인민 대중에 의한 아래로부터의 통합이 바람직하다는 입장을 오랫동안 견지했고, 이를 위해 새로운 원칙을 제시했다. 국가가 주도하고 기존 정치권력에 의한 국제적 협력이나 통합은 진정한 통합을 이룰 수 없다고 생각했기 때문이다.

스피넬리가 다른 연방주의자들과 다른 방식으로 유럽통합을 주장했던 원칙은 입헌주의(Costituzionalismo)였다. 입헌주의에 대한 스피넬리의 원칙은 이미 벤토테네 선언서에서 표명되었다. 해밀턴의 연방주의에 영향을 받은 스피넬리는 1787년 미합중국 탄생의 입법적 근거인 필라델피아 헌법제정회와 유사한 방식으로 유럽연합을 만들 수 있다고 생각했다. 여기서 스피넬리 연구자들 사이에서 논란이 되는 것이, 기능주의의 관점에서 국제적 기구를 통해 유럽연합을 형성하자는 주장과 탈국가주의에 의한 유럽연방주의를 주장하는 논의 간의 충돌이다. 스피넬리는 기능주의의 관점에서 유럽연방을 형성할 수 있을 것으로 보지 않았다. 그는 필요에 의한 기구 간 연합이나 기능적 기구의 설립을 통해서는 인민 대중에 의한 아래로부터의 통합을 이룰 수 없다고 생각했다.

스피넬리가 제안한 유일한 유럽연합의 기구는 제헌의회 형태의 유럽인민평의회(Congresso del Popolo Europeo)였다. 유럽 국가들의 국민 모두의 이해와 이익을 반영하고 민주적인 방식으로 유럽연방에 대한 합의를 도출할 수 있는 제도가 유럽인민평의회라고 생각했던 것이다. 스피넬리는 인민평의회에서 유럽통합에 더 호의적이라고 할 수 있는 인민들의 의사와 이해를 반영한 '유럽헌법'을 제정하는 것이 가장 바람직한 유럽연방 설립의 구체적인 방법이라고 인식했다. 그것은 민중의 의지에 의해 정치권력이 형성되어야 한다는 초기 스피넬리의 사상과 부합하는 것이었다. 실제로 그는 이미 존재하는 유럽석탄철강공동체(ECSC) 자문회의를 제헌의회로 전환하려고 했으나 실패했다.

스피넬리의 유럽연방을 위한 다양한 시도들이 현실적으로 실패하면서,

그의 유럽연방을 위한 구체적 행동은 정치적 영역과 공간을 확보하는 방식으로 전환했다. 1960년대 스피넬리는 이탈리아 정부의 자문역을 맡으면서 로마국제관계연구소를 설립했다. 유럽은 EEC를 실현했고, 스피넬리는 유럽연방에 동조하는 일군의 이탈리아사회당 소속의 당원 및 의원들과 보조를 맞추었다. 이탈리아사회당의 이념을 어떻게 규정할 것인가의 문제는 다소 복잡한 기준과 엄격한 조건이 필요하지만, 이 시기 이탈리아사회당은 집권 여당의 연정 파트너였다.

1963년 12월 비토렐리(Paolo Vitorelli)부터 자가리(Mario Zagari)에 이르기까지 많은 이탈리아사회당원과 함께 유럽민주주의제안센터(Cide)를 만든 것도 스피넬리의 정치 공간과 영역 확대를 위한 전략이었다. 스피넬리는 사회당 출신 유력 인사들과 교류하면서 외교안보 분야의 정책 수립에 일조했다. 특히 그는 새롭게 설정되고 확산되는 유럽공동체에서 이탈리아의 입장을 반영할 수 있는 정치적 역량을 가진 인물로 평가되었다. 이 시기에 가장 활발하게 교류했던 인물이 당시 외무부 장관이었던 사회당 좌파 계열의 넨니(Pietro Sandro Nenni)였다. 넨니와의 교류를 통해 스피넬리의 유럽연방을 위한 실천적이고 구체적인 준비가 진행될 수 있었다.

1970년부터 1975년까지 유럽위원회 위원(Commissario europeo)으로 지명된 것은 스피넬리의 철저한 준비 덕분이었다. 1927년 6월 파시스트 정권에 의해 수감된 이후 43년 만에 자신이 원하는 유럽통합 기구의 위원이 될 수 있었던 것은 일생 동안 유럽연방이라는 목표를 향해 매진한 결과였다. 사회당의 지명을 받아 유럽위원회 위원이 되었으며, 스피넬리에게 유럽위원회 위원은 유럽연방을 구축하기 위한 가장 효율적이고 효과적인 수단이었다. 이러한 준비는 1979년 이탈리아공산당(PCI)의 후보명부 안에 입후보되어 유럽의회 의원 선출로 이어졌다. 1979년 최초로 실시된 유럽의회 의원선거는 스피넬리가 그동안 주장했던 유럽인의 직접선거에 의한 의회 구성이라는 일관된 생각을 구체화해주었다. 스피넬리의 유럽의회 의원 선출은 스피넬리의 유럽연방주의 시각을 더욱 확고하게 확인시켜준 사건이었다.

유럽연방을 위한 날개를 단 스피넬리는 이를 계기로 1980년 유럽의회 의원들과 함께 '악어클럽(Club del Coccodrillo)'이라는 유럽연방주의자들의 모임을 출범시켰다. 유럽의회 내의 공식적인 의원 모임을 통해 스피넬리는 연방주의 운동과 행동을 더욱 가속화할 수 있었다. 악어클럽은 의회 내에서 새로운 유럽조약을 탄생시키는 데 커다란 영향을 미쳤다. 특히 유럽헌장(유럽헌법)을 준비하는 데 동력을 제공했으며, 1984년 유럽의회에서 '스피넬리 계획(Il Piano Spinelli)'을 기획하여 발표하는 원동력이 되었다.

1984년 2월 4일 유럽의회에서 채택된 스피넬리 계획은 유럽연합의 제도 협약 프로젝트였다. 이 계획에 따라 1986년 유럽단일의정서가 마련되었다. 따라서 스피넬리 계획은 내용적인 측면에서뿐만 아니라 유럽연합이 탄생하는 기반과 토대를 구축한 위대한 계획이었다. 스피넬리는 당시 미테랑 프랑스 대통령을 설득하고 주변의 반대를 무마하면서 유럽단일의정서의 초석인 '스피넬리 계획'을 입안하여 실행했다. 스피넬리 계획의 주요 내용은 곧바로 실현되지는 못했지만, 훗날 유럽헌장의 중요한 기준과 원칙을 제시한 것으로 평가받는다.

스피넬리가 제안했던 유럽연합조약안(Draft Treaty on European Union)은 유럽의회의 승인을 받았음에도 당면한 두 가지 문제로 인해 사장될 수밖에 없었다. 유럽의회의 권한 강화나 유럽연방으로 개별 국가의 권한을 이양하는 내용을 담은 '스피넬리 프로젝트'는 유럽이사회의 반대로 폐기되고 만다. 그러나 유럽연합의 통합성이 가속화되면서 폐기되었던 스피넬리의 계획안은 다시금 많은 연방주의 유럽통합 지지자들에게 관심을 불러일으켰다.

실제로 2007년(Paolo Ponzano)과 2014년(M. C. Yildirim)에 스피넬리 프로젝트의 채택과 반영을 요구하는 비평들이 세미나와 저널에 발표되었다. 특히 폰자노는 세미나에서 발표한 글에서 스피넬리 프로젝트의 핵심적인 요소로 다음과 같은 내용을 정리했다.[11]

첫째, 스피넬리에 의해 제안된 방식의 적용. 둘째, 스피넬리가 제안한 유럽통합 기구의 적용. 셋째, 정치적인 통합과 협력을 위해 현재 존재하고 있는 다양한 형태의 기구들의 한계와 역할 정리. 넷째, 유럽 시민의 자격 확정. 다섯째, 유럽 시민의 기본권 천명. 여섯째, 회원국과 관련한 규정의 명확화(특히 제재 규정 등). 일곱째, 유럽이사회의 공식 기구화. 여덟째, 유럽연합 행동 수단 규정. 아홉째, 보충성의 원리[12] 규정. 열 번째, 유럽의회와 이사회의 공동입법권의 명문화. 열한 번째, 집행위원회의 역할 규정. 열두 번째, 각료이사회의 규정. 열세 번째, 다수결 투표 제도에 대한 확인 등이다.

이러한 주장이나 재논의의 의미는 스피넬리가 제안했던 유럽연방의 많은 규정과 내용들이 현재의 유럽헌장과 유럽연합 작동 체계에서 반영되었다는 것을 의미한다. 스피넬리가 1984년 유럽의회에서 제안한 스피넬리 프로젝트는 유럽통합의 진전과 구체화에 큰 의미를 부여하고 있다. 결국 그의 사상과 연방주의의 원칙은 현재 유럽연합의 작동 체계와 헌정주의 원칙에 상당한 영향을 주었다고 평가할 수 있다.

4. 스피넬리 연방주의와 헌정주의 사상의 현대적 의미

스피넬리의 사상과 연방주의를 분석하고 연구했던 이들은 스피넬리 연방주의 원칙과 의미를 다음과 같이 해석한다.[13]

유럽통합에 끼친 영향을 연구하는 연구자들이 하나같이 강조하는 점은 그가 연방주의를 정치사상에서 명확한 정치적 프로그램을 가진 행동으로 변화시켰다는 것이다.[14] 즉, 그는 유럽연방(United States of Europe)을 유럽이 지향해야 할 목표로 설정함과 동시에 이것을 이루기 위한 정치적 프로그램을 가지고 자신이 스스로 정치적 행동의 중심에 서서 투쟁했다. 이탈리아의 유럽통합사 전문가인 레비(Lucio Levi)는 스피넬리를 단순히 연방주의 주창자로 보는 것으로는 충분치 않다고 지적하면서 "새로운 정치조직의 설립자"로서 헤겔의 "역사적 인물(historical man)"에 비유한다.[15] 그의 지적처럼 1941년 벤토테네 선언서 작성에서부터 시작해 1986년 사망할 때까지 그는 유럽연방이라는 신념을 가지고 그 신념을 이루기 위해 항상 유럽통합 전선에 서 있었다. 이처럼 스피넬리의 연방주의 활동의 진정한 면은 명확한 전략과 전술을 가지고 유럽연방 투쟁에 임했다는 점이다. 사실 민족국가 체제에 대한 대안으로서의 유럽통합이라는 주제는 이미 많은 연방주의자들이 제시했던 것이었다.[16]

자율적 연방주의 운동의 동원: 입헌주의를 유럽연방의 실현을 위한 대전략으로 상정했다면, 스피넬리는 헌법 제정을 성취해내기 위한 방법으로 다양한 전술을 제시하고 스스로 행동했다. 이 전술들은 유럽통합을 위한 전위대로서 국가와 이념으로부터 자유로운 ① 연방주의 운동의 조직, ② 기능주의의 한계와 모순을 이용, ③ 유럽통합에 호의적인 정치 지도자의 이용으로 구분될 수 있다.

자율적 연방주의 운동조직의 동원이라는 테마는 잠시의 중단 기간이 있었지만, 스피넬리가 연방 활동을 시작한 이후부터 계속해서 지지했던 방법이었다. 이러한 유럽연방 운동의 자율적 속성은 유럽의 국가 정부가 한편으로는 그 속성 때문에 유럽통합에 대한 장해물이 되기도 하고, 다른 한편으로는 유럽통합을 위한 수단이기도 할 수 있다는 스피넬리의 관찰로부터 나온다. 스피넬리는 강압이나 아래로부터의 혁명 등 무력을 동원한 유럽통합에 대해서는 반대했다. 대신 그는 민주적인 방법에 의한 연방주의 혁명(federalist revolution)을 제시했다. 이것은 각각의 민주정부들이 자유로운 결정에 의해 연방에 이르는 것을 의미했다. 즉, 앞에서 지적했던 것처럼 국가 정부들이 제헌의회를 소집하고 작성된 헌법을 비준할 때 비로소 민주적인 연방주의 혁명이 일어났다고 할 수 있다.

스피넬리는 연방 투쟁의 어려움은 그것이 이미 존재하는 권력의 획득이 아니라, 주권을 초국가적 권위체에 이양함으로써 새로운 주권의 형성을 목표로 한다는 사실에 있다고 파악했다. 따라서 연방 투쟁이 극복해야 할 목표는 국가주권으로부터 이득을 얻는 정치계급, 관료, 군인, 경제사회 집단 등 주권을 소유하는 집단들이 시도하는 형태의 유럽통합에 저항하는 것이다. 따라서 국가주권을 극복하기 위한 조건은 유럽연방을 유일한 목표로 설정하고 이것에 호의적인 세력들을 결집시킬 정부와 정당들로부터 자유로운 정치적 주체를 형성하는 것이다. 그는 이러한 정치적 주체는 정치적 성향을 떠나서 유럽통합에 호의적인 모든 사람들을 통합해야 하므로 정당이 아니고 운동(movement)이어야 한다고 생각했다. 그리고 이 운동단체는 초국가적 구조를 가져야 한다고 제시했다. 마지막으로 여론과 직접 관계를 설정해야 하고 그것을 정부들에 영향력을 행사하기 위해 동원해야 한다고 명시했다.[17]

인용문의 내용을 간단하게 정리하면 다음과 같은 스피넬리 사상과 영향으로 정리될 수 있다. 첫째, 기존의 연방주의 주장자들과는 다르게 스피넬리의 유럽연방주의는 구체적이고 명확한 프로그램을 가졌다는 점이다. 둘째, 스피넬리의 연방주의의 이데올로기적인 지향점은 자율적 연방주의라는 자유주의적 이데올로기에 입각한 연방주의 성격이라는 점이다. 셋째, '민족국가의 위기'를 통해 표출된 운동(Movimento)의 방식에 따라 입헌주의에 입각한 유럽연방을 구체화했다는 점이다.

그러나 스피넬리가 일생 동안 실천을 통해 구현했던 정치적 활동의 궤적을 추적해보면 기존 연구와는 다른 점들을 몇 가지 발견할 수 있다. 첫째, 자유주의에 기반한 자율적 연방주의라는 스피넬리의 연방주의 성향은 이탈리아의 지적 전통이나 스피넬리가 옥중에서 읽은 책들을 고려한다면 보다 진보적이고 사회주의적 기반의 연방주의로 볼 수 있다는 점이다. 유럽위원회 위원으로 선출되었을 당시나 유럽의회 의원으로 당선되었을 때도 이탈리아사회당이나 이탈리아공산당 소속이었다는 점은 스피넬리가 여전히 사회주의적 성향을 지향했다고 볼 수 있다. 특히 벤토테네 선언에서 밝히고 있듯이 노동자 계급을 중심으로 아래로부터의 혁명을 통한 국가권력의 획득이나 개별 국가의 의회와 시민사회 등의 참여를 통해 유럽통합 관련 사안들을 논의하고 결정하는 방법을 활용하고자 했다. 이를 통해 스피넬리의 사상적 근원을 이해할 수 있다. 따라서 스피넬리의 이념과 사상적 근원은 자유주의라기보다는 사회주의 혹은 사회민주주의에 더 가깝다고 볼 수 있다.

둘째, 스피넬리가 개별 국가 간의 권한 이양과 상호 협력을 통한 연방주의 모델을 제시했다는 사실은 유럽적인 연방주의보다는 미국적인 연방주의를 주장한 것으로 평가할 수 있다. 특히 그가 해밀턴의 연방주의 이론을 통해 필라델피아 연방 제헌의회에서 입헌주의 모델을 추구했다는 점은 그의 유럽연방 구상이 미국형 연방주의 모델에 더 가깝다는 것을 보여준다. 이는 벤토테네 선언에서 제시된 연방주의 원칙과 기준 분석, 그리고 유럽연방에서 구성원의 직접 선출에 의한 유럽의회의 중요성을 강조했던 점을 본다면 유럽연합의 연방주의적 성격 분석과 다소의 차이가 존재한다고 볼 수 있다.

셋째, 스피넬리의 연방주의에 대한 필요성이 '민족국가의 위기'에서 출발한 것이며, 궁극적으로 민족국가 간의 전쟁을 피하기 위해 평화로운 연방체를 형성해야 한다는 주장은 민족국가와 1920년대 파시즘 체제에 대한 스피넬리의 오판에서 비롯된 것으로 판단할 수 있다. 민족에 대한 해석의 문제나 당대 파시즘 체제 분석 문제는 당시의 사회주의자들에게 쉽게 발견할 수 있는 실수이자 오판이었다. 무솔리니가 사회당 기관지 편집장 출신이라는 점과 초기 파시즘 강령이 사회주의적 성향을 표명했다는 점에서 이는 충분히 나타날 수 있는 오류였다. 따라서 스피넬리의 연방주의 주창의 근거이자 목적이 잘못되었다기보다는 당대 상황과 국제적 환경에 대한 오판 가능성이 매우 높았다고 판단할 수 있다.

넷째, 스피넬리의 민주주의에 대한 해석과 분석은 직접민주주의의 하나인 숙의민주주의로 해석할 수 있다는 점이다. 특히 대중(popolo)정당과 대중의회 그리고 시민의 참여라는 아래로부터의 직접적인 민주적 참여에 의해 민주주의를 실현해야 한다는 생각은 현대적 의미에서의 숙의민주주의 문제로 해석할 수 있다. 다시 말해 유럽헌장을 통해 유럽연합의 중추적인 기구를 확정하고 실현시키자는 것이다. 더군다나 스피넬리는 이를 실현하기 위한 토대를 "정당이 아닌 운동(movement)을 통해 구축되어야 한다고 생각했다. 그리고 이 운동단체는 초국가적 구조를 가져야 한다고 주장했다. 마지막으로 여론과 직접 관계를 설정해야 하고 그것을 정부들에 영향력을 행사하기 위해 동원해야 한다고 명시했다"[18] 유럽연방주의운동(MFE) 단체의 설립이나 이후 스피넬리가 주도하고 조직한 모든 형태의 유럽연방주의 조직 역시 이러한 기본적인 틀에서 벗어나지 않는다는 점에서 직접민주주의 요소를 포함하고 있다고 분석할 수 있다.

스피넬리의 연방주의 사상과 영향은 현재 유럽연합 형태와 기능을 볼 때 많은 참조 사항이 존재한다는 것으로도 확인할 수 있다. 이는 대부분의 스피넬리 연구자들이 공통적으로 지적하는 점이다. 유럽통합의 역사에서 이탈리아인들의 유럽연합에 대한 공헌과 영향력은 제한적인 것으로 해석되고 있다. 주로 프랑스와 독일 그리고 영국과 같은 국가의 중요성을 강조하고 있지만, 스피넬리를 비롯한 이탈리아의 유럽통합론자들 역시 사상적인 측면에서 유의미한 공헌을 하고 있다. 데 가스파리 이후 스피넬리, 알베르티니, 그리고 프로디와 같은 이들이 유럽통합에 쏟은 공헌은 결코 작지 않다. 따라서 이탈리아의 입장에서 유럽통합을 바라보았던 지도자 혹은 이론가들에 대한 지속적인 분석 작업이 필요하다는 의견을 결론에 갈음하면서 글을 마치고자 한다.

주

1 이 글은 다음의 졸고를 책의 형식과 내용에 맞게 수정하고 편집한 것이다. 김종법, 〈유럽연합 헌법 제정을 위한 여정: 연방주의자 스피넬리의 정치사상과 공헌〉, 《한국지방정치학회보》 제9권 제2호 (한국지방정치학회, 2019).

2 Graglia Piero, *Altiero Spinelli* (Bologna: il Mulino, 2008), pp. 74~83.

3 자료 출처는 다음의 사이트를 활용했다. https://it.wikipedia.org/wiki/Manifesto_di_Ventotene. (2018. 9. 5. 검색)

4 이선필, 〈유럽연방을 위한 알티에르 스피넬리의 유럽통합 사상과 전략: 스피넬리의 입헌적 접근을 중심으로〉, 《아태연구》 제16권 제1호 (2009).

5 Altiero Spinelli, "The 'Ventotene Manifesto'", Walter Lipgens & W. Loth (eds.), *Documents on the History of European Integration*, vol. I (Berlin/New York: Walter de Gruyter, 1985), pp. 471~484.

6 이러한 흐름에 대한 설명은 다음의 자료를 참조하라. L. Salvatorelli, *Il pensiero politico italiano dal 1700 al 1870* (Torino; Einaudi, 1975), pp. 228~336; L. Salvatorelli, *Sommario della storia d'Italia* (Torino; Einaudi, 1969), pp. 412~442; G. M. Bravo, & C. Malandrino. *Il pensiero politico del Novecento* (Piemme; Alessandria, 1994), pp. 189~215.

7 Nello Rosselli, *Carlo Pisacane nel Risorgimento italiano* (Torino: Einaudi, 1977).

8 Galasso Giuseppe, *Cattaneo* (Bologna: il Mulino, 1962), 8.

9 Luigi Salvatorelli. *Il pensiero politico italiano dal 1970 al 1870* (Einaudi: Torino, 1975), pp. 337~366.

10 공화국 초대 대통령은 엔리코 데 니콜라(Enrico De Nicola)였으며, 1946년 6월 28일 출범했다. 또한 동시에 실시된 국회의원 선거에서도 기민당(DC)이 35.2퍼센트, 이탈리아사회당(PSI)이 20.7퍼센트, 이탈리아공산당(PCI) 19퍼센트를 획득함으로써 제헌의회에서도 총 557명 중에서 약 75퍼센트에 달하는 426명의 의원들을 세 개의 당에서 점유했다. Federico Chabod, *L'Italia contemporanea*(1918~1948), (Torino; Einaudi, 1961), pp. 144~157.

11 Paolo Ponzano, "IL TRATTATO "SPINELLI" DEL FEBBRAIO 1984: L'AVVIO DEL PROCESSO DI COSTITUZIONALIZZAZIONE DELL'UNIONE EUROPE" (2007), pp. 3~6.

12 보충성의 기본 원리는 개인, 주 및 사회의 기본적인 분할에 기초하고 있다. 보충성의 고전적 개념 정의는 가톨릭의 사회 문제에 대한 가르침에서 발견된다: "사회나 국가의 도움 없이 자신이 할 수 있는 데까지 자신에 관계된 일은 스스로 처리하라. 사회는 다만 보충적으로만 개입한다." 이런 원리는 국가의 계층적인 구조에도 적용된다. (…) 일련의 법들은 "공평한 평등분배"를 하도록 하며, 문제가 되는 지역에 대한 지원을 강화한다(박응격 외, 2006, 《서구연방주의와 한국》 (인간사랑, 2006), 39~40쪽).

13 이선필, 앞의 글 재인용.

14 Norberto Bobbio, "Il Federalismo nel dibatito politico e culturale della Resistenza", Sergio Pistone (ed.), *L'idea dell'Unificazione Europea dalla Prima alla Seconda Guerra Mondiale* (Torino: Einaudi, 1975), pp. 221~236; Lucio Levi, *Altiero Spinelli and Federalism in Europe and in the World* (Milano: Franco Angeli, 1990), pp. 10~11.

15 Lucio Levi, "Altiero Spinelli, Founder of the Movement for European Unity", *The Federalist Debate* (Year II. No. 3, 4, 2007).

16 Robins Lionel, *Il Federalismo e l'Ordine Economico Internazionale* (Bologna: Il Mulino 1985).

17 Sergio Pistone, "Altiero Spinelli and the Strategy for the United States of Europe", Lucio Levi (ed.), *Altiero Spinelli and the Federalism in Europe and in the World* (Milano: Franco Angeli, 1990), pp. 133~140.

18 *Ibid*. pp. 12~13.

참고문헌

이선필, 〈유럽연방을 위한 알티에르 스피넬리의 유럽통합 사상과 전략: 스피넬리의 입헌적 접근을 중심으로〉, 《아태연구》 16권 1호, 2009.

AA.VV. a cura di Farnetti Paolo, *Il sistema politico italiano*, Bologna: Il Mulino, 1973.

Bobbio, Norberto, "Il Federalismo nel dibatito politico e culturale della Resistenza", S. Pistone (ed.). *L'idea dell'Unificazione Europea dalla Prima alla Seconda Guerra Mondiale*, Torino: Einaudi, 1975, 221-236.

Bravo, Gian Mario & Malandrino Corrado, *Il pensiero politico del Novecento*, Piemme: Alessandria, 1994.

Chabod, Federico, *L'Italia contemporanea (1918~1948)*, Torino: Einaudi, 1961.

Garrone, Aessandro Galante, *I radicali in Italia (1849-1925)*, Milano: Garzanti, 1973.

Graglia, Piero, *Altiero Spinelli*, Bologna: il Mulino, 2008.

Levi, Lucio, *Altiero Spinelli and Federalism in Europe and in the World*, Milano: Franco Angeli, 10-11, 1990.

Levi, Lucio, "Altiero Spinelli, Founder of the Movement for European Unity", *The Federalist Debate*, Year II. No. 3, 4. 2007.

Lionel, Robins, *Il Federalismo e l'Ordine Economico Internazionale*, Bologna: Il Mulino, 1985.

Mantelli, Barbara, *La nascita del fascismo*, Milano: Fenice 2000, 1994.

Pistone, Sergio, "Altiero Spinelli and the Strategy for the United States of Europe", Lucio Levi. *Altiero Spinelli and the Federalism in Europe and in the World*, Milano: Franco Angeli, 1990, 133-140.

Rosselli, Nello, *Carlo Pisacane nel Risorgimento italiano*, Torino: Einaudi, 1977.

Salvadori, Massimo, *Il mito del buongoverno*, Einaudi: Torino, 1981.

Salvatorelli, Luigi, *Il pensiero politico italiano dal 1970 al 1870*, Einaudi: Torino,

1975.

Salvatorelli, Luigi, *Sommario della storia d'Italia*, Torino: Einaudi, 1969.

Spinelli, Altiero, "The Ventotene Manifesto", Walter Lipgens/W. Loth. *Documents on the History of European Integration*, Vol. I. Berlin/New York: Walter de Gruyter, 1985, 471-484.

Yildrim, Mehmet C., "Il "Progetto Spinelli" e la sua eredità", *IL FEDERALISTA*, Anno LVI, Numero 1-2, 2014.

12장

드니 드 루즈몽의 문화적 유럽통합 운동

윤석준

1. 들어가며[1]

드니 드 루즈몽(Denis de Rougemont, 1906~1985)은 스위스 태생의 사상가이자 작가로서, 유럽 대륙에서 20세기를 대표하는 지식인 중 한 명으로 평가받고 있다. 그는 다양한 주제를 다룬 40여 개의 작품들과 수많은 기고문을 남겼는데, 대중에게는 1939년에 출판된 《사랑과 서양(L'Amour et l'Occident)》의 저자로 널리 알려져 있다.[2] 트리스탕과 이죄(Tristan et Iseut)의 신화로부터 출발해 정념과 사랑을 화두로 유럽의 정체성을 규명하고자 한 이 작품은 유럽은 물론 특히 북미권에서 큰 호평을 받았다. 그러다 보니 유럽통합 사상가로서 그의 사유의 궤적과 유럽통합 운동가로서 그의 역할과 공헌은 그 한 권의 명작에 가려 오히려 주목받지 못하는 경우가 종종 있었다.[3] 하지만 유럽학 연구자들은 그가 1940년대부터

1960년대까지 유럽통합의 여명기에 기여한 위대한 지적·실천적 공헌들을 기리며, 그를 '유럽(통합)의 아버지들 중 한 명'이라는 별칭으로 기록해왔다.[4]

드니 드 루즈몽의 사상과 활동이 유럽통합사에서 특히 중요한 의미를 갖는 것은 양차 세계대전 전후 유럽통합의 흐름이 태동하던 시기부터 '문화적 유럽통합'의 중요성을 지속적으로 강조해왔기 때문이다. 그는 1948년 헤이그 회의를 분기점으로 본격화된 다양한 유럽통합의 흐름들 속에서 정치 및 경제적 통합에 초점을 맞춘 로베르 슈만(Robert Schuman)이나 장 모네(Jean Monnet) 같은 인물들이 가졌던 시각에 동의하지 않았다. 그 대신 문화적 통합에 초점을 맞추어 유럽성(Europeaness)이라는 정체성을 역사와 문학 속에서 찾아나가고, 이를 현재적으로 재구성하는 것이 중요하다고 보았다. 이처럼 차별화된 유럽통합의 사상가이자 운동가로서 드니 드 루즈몽에 대한 재조명은 그의 탄생 100주년인 2006년 전후로 본격화되었는데 스위스, 프랑스, 에스파냐, 이탈리아, 영국 등 유럽의 여러 국가들에서 정치학, 역사학, 철학, 문학 등 다양한 학문 분야의 연구자들이 그의 사상을 재조명하기 위해서 다양한 연구 성과들을 내놓았다.[5]

그러나 드니 드 루즈몽이 이렇게 탄생 100주년의 시점에 본격적인 재조명을 받게 된 배경에는, 2005년 유럽헌법조약이 프랑스와 네덜란드의 국민투표에서 시민들의 동의를 받지 못하면서 유럽통합의 위기가 커진 국면도 영향을 미쳤다. 마스트리히트조약 이후 연합을 넘어 사실상 연방이라는 '오래된 미래'를 실현시키려던 야심 찬 시도는 좌절되었고, 유럽통합을 주도하고 지지하던 사람들은 근본적인 문제에 대한 성찰의 시간을 갖게 되었다. 이 과정에서 유럽통합을 보다 심화시키기 위해서는 정치적 혹은 경제적 통합만으로는 한계가 있다는 문제의식이 대두되었고, 그러한 귀결점으로 문화적 통합의 중요성이 부각되면서 이 문제에 대해 사실상 선구자적 역할을 했던 드니 드 루즈몽에 다시 주목하게 된 것이다.[6] 그가 반세기나 앞서 이미 문화가 유럽통합 동력의 결정적 역할을 할 수 있음을 강조했기에, 자크-앙드레 츄미(Jacques-André Tschoumy)는 "드니 드 루즈몽은 오늘의 인물이고, 그의 사상은 놀라운 현안(懸案)이다"라고 평가했다.[7]

이에 이 글은 드니 드 루즈몽이 양차 세계대전 전후로 사상적 흐름과 실천적 운동을 주도해왔던 '문화를 통한 유럽통합'에 대한 이해를 제공하는 데 그 목적이 있다. 이를 위해 우선 드니 드 루즈몽의 청소년기부터 청년시절까지의 삶을 연대기적으로 상세히 소개하면서 유럽연방주의의 선구자로서 그의 사상적 배경과 토대를 소개하고자 한다.

이 글의 초반부에서는 양차 세계대전이 끝나기 이전인 1900년대 초반부터 1940년대 중반까지 그가 성장한 배경과 젊은 시절 삶의 궤적을 중심으로 그의 유럽에 대한 고민의 발전과 성찰에 대해서 우선 살펴보고자 한다. 그리고 후반부에서는 양차 세계대전이 끝난 이후 그가 본격적으로 주장해온 유럽통합에서 문화의 역할에 대한 그의 사상적 궤적을 이해하고, 그에 기반한 그의 여러 활동 및 업적들을 살펴보기로 한다. 특히 스위스 레만호 지역을 중심으로 교육과 과학이라는 영역에 초점을 맞춰 문화적 유럽통합을 구체화시킨 노력들을 재조명하고자 한다.

2. 드니 드 루즈몽이 주도한 '문화적 유럽통합' 구상의 배경

1) 유럽 문화의 교차로에서 성장한 청년

드니 드 루즈몽은 1906년 9월 8일 스위스 뇌샤텔 칸톤에 있는 쿠르베라는 작은 마을의 사제관에서 태어났다. 그의 아버지 조르주 드 루즈몽(George de Rougemont)은 뇌샤텔의 부르주아지 가정 출신의 개신교 사제였다. 드니 드 루즈몽은 어릴 때부터 사제이자 종교운동가였던 아버지로부터 많은 영향을 받았다. 그의 아버지는 목회 사역의 방향을 "대중 사회에서 교육적 활동을 수행하고 현대 세계의 현실주의자들에 의해 발생한 사회적 악에 맞서 싸우는 사회 기독교 운동"으로 설정했는데, 이것은 드니 드 루즈몽이 청소년기부터 '기독교청년연합(Unions chrétiennes de jeunes gens)'이라는 개신교 청소년 운동에 열심히 참여한 배경이 되었다.[8] 그는 이 개신교 청소년 운동에 적극적으로 참여하면서 공동체 생활과 조직적 운동의 교훈들을 배우기 시작했다. 종교운동가였던 아버지로부터 받은 이러한 영향은 나중에 드니 드 루즈몽이 전체주의의 부상에 맞서고, 평화와 번영의 유럽통합을 위한 단순한 사상가에 머무르지 않은 실천적인 운동가로 성장하게 된 중요한 배경이 된다.[9]

그는 1925년에서 1930년 사이 뇌샤텔대학에서 프랑스 문학, 독일 문학, 역사학, 심리학, 철학 등 인문학을 공부했다. 그가 당시 뇌샤텔대학의 인문학부에서 보낸 시간은 다양한 학문적 자극을 통해서 '유럽'이라는 것에 대한 고민으로 진정한 '지적 비등점(une véritable effervescence intellectuelle)'에 이를 수 있는 기회였다. 그는 그곳에서 장 피아제(Jean Piaget)의 심리학 세미나에 참여했으며, 막스 니더만(Max Niedermann)이 개설한 페르디낭 드 소쉬르(Ferdinand de Saussure)의 언어학 강의를 들었다. 그리고 그는 뇌샤텔대학 재학 기간 중 오스트리아 빈대학교에 교환학생으로 가서, 후고 폰 호프만스탈(Hugo von Hofmannsthal)과 같은 비엔나학파의 거장들로부터 학문적 세례를 받았다.[10] 또한 그는 뇌샤텔대학 재학 중에 오스트리아는 물론 독일, 이탈리아, 헝가리 등의 다양한 유럽 국가들을 여행했다. 젊은 시절 다양한 유럽 국가들을 여행하면서 성장했던 경험은 네 개의 언어 및 문화권이 공존하는 스위스에서의 경험에 더해져서 '문화적 다양성 속에 존재해온 하나의 유럽'이라는 유럽의 정체성에 대해 고민하는 배경이 된다.

이렇게 여러 유럽 국가들을 여행하면서 20대를 보낸 청년 드니 드 루즈몽은 이러한 경험들과 사색들에 기반하여 《프러시아의 성(Château en Prusse)》(1926), 《수상 발코니(Le balcon sur l'eau)》(1928), 《궁전에서의 차 한 잔(Une tasse de thé au palais)》(1928), 《헝가리 여행(Voyage en Hongrie)》(1929), 《중부 유럽의 감흥(Le sentiment de l'Europe centrale)》(1932) 등의 에세이들을 발표하게 된다.[11] 그는 이러한 글들에서 현재의 유럽을 낭만적 관점으로 묘사하면서 미래의 유럽에 대한 비물질주의적인 전망을 발전시킨다. 그는 "미국으로부터 도망쳐 빈에 왔다"라는 표현으로 자신의 오스트리아 유학 시절을 규정할 정도로, 당시 미국에 의해 구현된 자본주의 및 생산주의 문명에 의해 야기된 가치의 문제(des problèmes de valeurs)를 비판적으로 성찰했다.[12] 이러한 20대의 성찰은 향후 '인격주의(le Personnalisme)'의 한 흐름을 이끌면서 유럽통합에서 문화의 역할이 가장 중요하다는 생각을 발전시키는 데 많은 영향을 주게 된다.

2) '인격주의자'의 탄생

1930년 뇌샤텔대학에서 문학 학사학위를 마친 드니 드 루즈몽은 개신교 계열의 출판사인 '즈세르(Je Sers)'의 편집인을 맡으면서 스위스를 떠나 프랑스 파리에 정착하게 된다. 그는 2차 세계대전이 발발한 1939년까지 파리에 머무르면서, 여러 유명 작가들 및 지식인들과 인연을 맺게 된다. 특히 에마뉘엘 무니에(Emmanuel Mounier), 아르노 당디외(Arnaud Dandieu), 로베르 아롱(Robert Aron), 앙리 다니엘-롭(Henri Daniel-Rops), 알렉상드르 마크(Alexandre Marc) 같은 작가들과 함께 '인격은 공동체적인 요소를 지닌 개인이자 관계적인 존재'라는 인식을 공유하는 인격주의(Personnaliste)의 창시자 중 한 명이 된다.[13] 1930년대 프랑스 언어권의 젊은 지식인들을 매혹시켰던 인격주의는 하나의 철학 사조이자 사회운동으로서, 당시 유럽의 문명 위기에 대한 두려움에서 기인한 것이었다. 한편으로는 파시스트, 공산주의 및 민족주의 운동의 부상에 직면하고, 또 다른 한편으로는 자유주의적이고 유물론적이며 개인주의적인 자본주의의 부상에 직면하면서, 인격주의자들은 이 두 진영이나 흐름 그 어느 것도 그들의 생각을 대변할 수 없었기 때문에 그 대안으로서 인간 주변의 사회를 가치에 기반해 재건하기 위한 휴머니스트 프로젝트를 제안한 것이 바로 '인격체(la Personne)'였다.[14]

드니 드 루즈몽은 1934년에 인격주의를 표방하는 두 그룹의 출범에 참여하여 《여기 지금(Hic and Nunc)》, 《새 질서(New Order)》, 《정신(Esprit)》 같은 다양한 학술 및 문예지에서 공동 작업을 수행한다. 그리고 인격주의로부터 영감을 강하게 받은 1930년대 내내 그는 《인격체의 정치(Politique de la Personne)》(1934),[15] 《손으로 생각하기(Penser avec les Mains)》(1936)[16] 등의 작품을 쓰게 된다. 이와 함께 드니 드 루즈몽은 유럽에 대한 성찰을 계속 이어가면서 《일자리 없는 지식인의 지적 기록(Journal d'un Intellectuel en chômage)》(1937),[17] 《독일 일기(Journal d'Allemagne)》(1938)[18] 등의 저술로 그의 사상을 심화시킨다. 사실 그의 대표작인 《사랑과 서구(L'Amour et l'Occident)》(1939)도 그가 파리에 체류하는 동안 인격주의자로서 활동하는 기간에 구상된 작품이다. 그러나 그는 2차 세계대전이 발발하자 스위스 군대에 입대하기 위해 1939년 파리를 떠나게 되었고, 1940년 6월에는 테오필 스페리(Théophile Spoerri) 교수와 함께 유럽 대륙에서의 파시즘 부상에 맞서 싸울 스위스 저항 그룹인 고다드 연맹(La Ligue du Gothard)을 결성한다.[19]

드니 드 루즈몽은 〈고다드 연맹이란 무엇인가?(Qu'est-ce que la Ligue du Gothard?)〉라는 선언문을 통해서, 이 운동 근저의 두 가지 원칙을 제시한다. 첫째는 스위스연방의 결성 가치인 연방주의를 수호하는 것이었고, 둘째는 적극적인 중립주의의 구현을 통해서 전체주의적 이데올로기에 저항하는 것이었다. 그래서 1940년 6월 15일 독일군이 파리에 입성하자, 그는 고다드 연맹의 두 가지 원칙의 연장선상에서 《로잔 가제트(la Gazette de Lausanne)》라는 신문의 6월 17일자에 "이 시간 파리에서는"으로 시작하는 글을 기고하게 된다.[20] 이 글은 곧바로 스위스에서 커다란 논쟁을 불러일으키게 된다. 그러나 당시 독일군의 스위스 점령을 걱정하고 있던 스위스연방정부는 이 문제로 독일을 자극하고 싶지 않았고, 결국 드니 드 루즈몽을 외국 국가원수를 모독했다는 이유로 15일 동안 군사감옥에 가두어둔다.[21] 그리고 이어서 그는 사실상 반강제적으로 스위스연방정부에 의해 미국으로 보내진다. 공식적으로는 스위스에 대한 강연을 하러 미국에 간 것이었지만, 실제로는 스위스연방정부가 우려하는 행동을 하지 못하게 하려는 목적의 반강제적인 망명생활이었다.

3) '새로운 유럽'의 구상

드니 드 루즈몽의 미국 망명생활은 2차 세계대전이 끝날 때까지 계속된다. 그는 이 기간 중 젊은 시절부터 발전시켜왔던 성찰의 단초들을 모아 하나의 의미 있는 구상을 완성하게 된다. 그것은 바로 '새로운 유럽의 구상(Concevoir une nouvelle Europe)'이었다. 그는 뉴욕 근교에 정착한 후 뉴욕 고등교육 자유학교(Ecole libre des hautes études à New York)라는 일종의 프랑스 망명대학에서 강의를 하면서, 몇 편의 저술을 집필하게 된다. 그중 《악마의 몫(La part du diable)》(1942)은 현대 세계의 혼란이라는 주제를 다루면서 특히 유럽의 전체주의와 물질주의에 대한 심도 있는 성찰을 제시한다. 그리고 그는 미국에서 바라보게 된 유럽의 운명에 대해 의문을 제기하면서, 서로의 다름에 대해서만 너무 집착하고 있는 유럽 대륙에 있어서는 오히려 서로의 닮음에 기반한 단결 혹은 통합이 필요하다고 생각하게 된다. 이후 그는 한 스위스 방송과의 인터뷰에서 이러한 생각을 다음과 같이 이야기한다.

> 미국인들의 눈으로 우리 유럽 대륙을 바라보면, 사실 미국인들에게는 스위스인, 스웨덴인, 이탈리아인, 에스파냐인 모두 전혀 차이가 없게 인식되고는 합니다. 우리는 그들에게 모두 유럽인입니다. (…) 이렇듯 한 발자국만 뒤로 물러서서 우리를 바라보면, 그때 우리는 유럽의 정체성이라는 심오한 단위를 볼 수 있게 됩니다.[22]

그는 이러한 사상의 연장선상에서 이후에 "유럽은 지금의 국가들보다 훨씬 오래된 것이다(l'Europe est beaucoup plus ancienne que ses nations)"라는 주장을 하게 된다.[23] 따라서 다소 역설적일 수도 있지만, 그의 유럽에 대한 구상은 과거 그가 비판하던 미국이라는 국가에서 망명생활을 한 덕분에 가능했다고 할 수 있다. 2차 세계대전이 끝나고 1947년 유럽으로 돌아온 그는 그동안 발전시켜온 유럽에 대한 성찰을 유럽연방주의 운동과 유럽통합 건설 운동에 참여하는 것으로 승화시켜낸다. 그러나 그가 건설하고자 하는 유럽은 당시 로베르 슈만이나 장 모네와 같은 유럽통합론자들이 생각했던 것과는 상이했다. 드니 드 루즈몽의 관점에서 유럽의 통합은 정치적이거나 경제적인 측면보다는 문화적인 측면을 중심으로 진행되어야 한다는 것이었다. 그에게 유럽통합이라는 토대를 구성하는 견고한 정체성의 핵심은 바로 문화이고, 그것 없이 정치적이고 경제적인 이해관계에 기초해 이루어지는 유럽통합은 결국 변동성이 심할 수밖에 없는 것이었다.

드니 드 루즈몽은 문화란 "인간이 자연에 추가하는 모든 창조물, 기술, 사회적 행동을 지칭하는 것"이라고 정의한다.[24] 그는 문화적 다양성을 존중하면서 유럽이 갖는 공통의 문화를 구상하는 방법의 문제가 여전히 해결해야 할 과제로 남아 있다는 점에 주목한다. 그리고 유럽의 정체성은 각국이 가지고 있는 인식에 따라 달라지는 문화의 다양성에 근거한다고 다음과 같이 설명한다.

> 보통 프랑스인들에게 문화는 글을 익히고 활용하는 것을 의미하고, 영국인들에게는 개별적으로 습득한 지식을 동화시키고 그의 마음과 그의 취향을 다듬는 것을, 독일인들에게는 본능을 통제하고 성격을 형성하면서 경제 및 사회제도의 원활한 운영을 보장하는 것을 의미한다. 최악의 경우로 약간 우스꽝스럽게 이야기하더라도, 프랑스인들에게 문화는 소설을 읽는 것이고, 영국인들에게 문화는 미술작품을 대하는 일이며, 독일인들에게 문화는 기술을 작동하게

만드는 일이다.[25]

누구든지 유럽 문화에 참여하기를 원한다면 먼저 이 문화를 전달한 하나의 공동체에 통합되어야 하며, 그것에 현실, 창조, 의미의 조건을 부여해야 한다. (…) 좋은 유럽인이 된다는 것은 유럽 문화의 그 풍부한 다양성에서 하나의 위대한 통일체에 참여하는 것이다.[26]

3. 드니 드 루즈몽이 주도한 '문화적 유럽통합' 운동의 전개

1) 연방주의자들의 운동

드니 드 루즈몽은 1948년 5월 헤이그 회의(혹은 헤이그 유럽회의)에서 그가 미국 망명생활 동안 키워왔던 유럽에 대한 성찰을 처음으로 구체화해 보여주기 시작한다. 헤이그 회의는 이후 1948년 11월에 유럽통합운동 조정국제위원회(Comité international de coordination des mouvements pour l'unité européenne)가 탄생하게 된 토대를 만들어준 자리로서, 이를 통해 유럽연방연합(l'Union des Fédéralistes Européens: UEF), 연합유럽운동(le United Europe Movement: UEM), 유럽의 사회주의적 합중국을 위한 운동(le Mouvement pour les États-Unis socialistes d'Europe), 신국제연합(les Nouvelles équipes internationales) 같은 다양한 유럽통합 운동의 흐름들이 하나로 결집하게 된다. 그러나 유럽통합, 혹은 하나 된 유럽이라는 전망을 공유하고 있음에도 불구하고, 이들 운동의 흐름들 사이에는 상당한 이데올로기적 간극이 존재했다. 연방주의자들(les fédéralistes)은 유럽 차원에서 주권을 공유하는 것을 통해서 유럽연방을 형성하고자 했지만,

연합주의자들(les unionistes)은 정부간주의적 협력에 기반한 국가연합을 지향했다.[27]

당시 윈스턴 처칠은 그의 유명한 1946년 취리히 연설에서 주창한 '유럽합중국(les Etats-Unis d'Europe)'으로 대변되는 연합유럽운동(UEM) 중심의 연합주의 운동을 이끌고 있었던 데 반해, 드니 드 루즈몽을 비롯한 대부분의 프랑스어권 통합론자들은 1946년 유럽연방연합(UEF)을 창설해서 이것을 중심으로 연방주의 운동을 진행하고 있었다.[28] 처칠이 명예위원장을 맡고 있던 헤이그 회의는 전후 이러한 두 가지 상반된 유럽통합의 사상과 운동의 흐름들을 하나로 모아내는 첫 번째 자리였다.[29] 헤이그 회의는 1948년 5월 7일부터 10일까지 개최되었는데, 당시 유럽 전역에서 온 참가자들과 북미권에서 온 참관인들 모두 합쳐 750명 이상이 참석한 성공적인 자리가 되었다. 헤이그 회의 준비위원회는 개최 목적에 대해서 "유럽의 민주적인 역량을 모아 유럽공화국을 건설한다는 공통 목표를 형성하고, 이에 대한 국제사회의 여론을 환기시키기 위해서"라고 밝혔다.[30]

헤이그 회의는 정치 분과, 경제/사회 분과, 문화 분과 등 세 가지 위원회를 중심으로 개최되었는데, 문화 분과는 처음부터 정치 분과 및 경제/사회 분과와 대등한 위상으로 구성되었다. 문화 분과에서는 드니 드 루즈몽이 "인간의 자유로운 운동을 위해 전면적으로 만들어진 통합된 유럽"을 요구하는 최종 선언의 집필자로서 주목할 만한 역할을 수행했다. 헤이그 회의의 각 분과들에서 논의되었던 안건들을 구체적으로 살펴보면, 다른 분과들보다도 문화 분과에서 가장 다양하고 활발한 논의가 전개되었다는 것을 알 수 있다. 문화 분과에서는 기본권 헌장 채택은 물론 유럽아동청년문화센터 설립이 결의되었고, 그 외에도 다양한 주제들이 논의되어 향후 현실화되었다. 예를 들어 유럽문화센터(le Centre Européen de la Culture: CEC), 유럽칼리지(Le Collège d'Europe), 유럽평의회 의회(l'Assemblée Parlementaire du Conseil de l'Europe), 유럽인권조약(la Convention Européenne des Droits de l'Homme: CEDH) 등이 헤이그 회의 문화 분과의 논의 결과로 추후 점진적으로 현실화된 것들이다.[31]

2) 문화를 통해 건설하는 하나의 유럽

드니 드 루즈몽은 헤이그 회의의 성공에 힘입어 본격적으로 문화를 중심으로 한 유럽통합 운동에 매진하게 된다. 그 중심지는 로잔과 제네바로 이어지는 레만호를 중심으로 한 스위스의 프랑스어권 지역이었다. 그곳은 그의 고향이기도 했지만, 무엇보다도 프랑스어권, 독일어권, 이탈리아어권이 만나는 문화접경 지역이었기 때문에 다양성과 개방성이 보장되었다. 그는 1949년 12월 8일부터 12일까지 로잔에서 유럽문화회의(la conférence européenne de la culture)를 조직했고, 라울 도트리(Raoul Dautry), 에티엔 길슨(Etienne Gilson), 데이비드 로셋(David Rousset) 등 헤이그 회의 문화 분과에 참여한 인사들 다수가 이곳에 모여 구체적인 논의를 이어나갔다. 당시 이들의 관심은 교육과 연구에 초점이 맞추어져 있었는데, 이 회의에서는 구체적으로 유럽통합을 위한 교육의 방향이 세 가지로 제시되었다. 첫째는 대학들에 유럽에 대한 교육을 위한 석좌교수직을 설치하고, 둘째는 학생들에게 개별 국가 교육 프로그램과 유럽 차원 교육 프로그램을 자유롭게 선택할 수 있게 하는 것이며, 셋째는 유럽의 다양한 대학들 중 다른 나라 대학들에서 한두 학기 교환학생으로 수학할 수 있게 한다는 구상이었다.[32]

그리고 이러한 유럽 차원의 교육 및 연구를 구체화시킬 허브로서 1950

년 10월 7일 제네바에 유럽문화센터가 설립되었다. 유럽문화센터는 소위 '루즈몽 방식(Rougemont method)'이라고 불리는 유럽통합을 위한 네트워크 구성을 촉진하는 역할에 주안점을 두고 운영되었다. 드니 드 루즈몽은 유럽문화센터를 문화, 과학, 예술 등 다양한 분야의 유럽 차원의 협력적 네트워크가 구성되는 장으로 활용한 것이다. 이러한 협력의 중심에서 유럽문화센터는 제네바를 중심으로 다양한 문화, 과학, 예술, 교육, 연구기관들의 탄생을 촉발하게 된다. 그중 가장 대표적인 것들이 바로 유럽문화재단(la Fondation Européenne de la Culture: FEC), 제네바대학 유럽학연구소(l'Institut universitaire d'études européennes de l'Université de Genève: IEUG), 유럽원자력연구기구(l'Organisation européenne pour la recherche nucléaire: CERN)이다.

유럽문화재단(FEC)은 드니 드 루즈몽이 로베르 슈만과 함께 주도해서 1954년에 세운 것으로, 다양한 유럽 차원의 교육 및 문화 협력 프로그램들을 지원해왔다. 그리고 이러한 경험을 바탕으로 1987년부터 1995년까지 에라스무스 교환학생 프로그램의 시범 운영을 맡아 성공적으로 해냄으로써, 오늘날 에라스무스 플러스 프로그램이 운영되는 토대를 만들었다. 또한 제네바대학 유럽학연구소(IEUG)는 드니 드 루즈몽이 주도하여 1963년에 세운 것으로, 이는 유럽 대학 내에 설치된 최초의 유럽학(Études européennes) 연구 및 교육기관이다. 그는 1978년에 은퇴할 때까지 제네바대학 유럽학연구소 소장직을 맡아 직접 운영했으며, 1985년 사망할 때까지도 이곳에서 명예교수로서 유럽통합 사상과 연방주의 역사를 직접 가르쳤다. 이러한 헌신적인 노력의 결과로 이곳은 비유럽공동체 회원국인 스위스에 위치해 있음에도 불구하고 학제 간 연구로서의 유럽학 연구 및 교육을 선도해왔으며, 특히 유럽 문화 및 연방주의 연구와

교육의 중심으로서 수많은 유럽통합론자들을 배출해왔다.[33]

3) 원자력의 평화적 이용

드니 드 루즈몽이 문화적 유럽통합이라는 맥락에서 발전시켜온 또 하나의 중요한 흐름은 '원자력의 평화적 이용'이다. 그는 미국 망명 기간 동안 2차 세계대전 종전의 결정적인 계기가 된 1945년 8월 히로시마와 나가사키에 대한 원자폭탄 투하 소식을 듣고 상당한 충격을 받았다. 이에 그로부터 1년여간의 사색을 모아 1946년 9월에 《원자폭탄에 대한 편지들(les Lettres sur la bombe atomique)》(1946)이라는 에세이를 뉴욕과 파리에서 동시 출간한다.[34] 그는 이 책에서 핵무기의 등장이 가져온 변화는 단순히 고전적인 전쟁이 더 이상 유효하지 않다는 군사전략적 교훈에 머무르는 것이 아니라, 주권국가를 중심으로 구성된 기존의 세계질서에 근본적인 의문이 제기되는 대전환의 의미를 갖는다고 주장한다. 그리고 이러한 혁명적인 변화에 대응하기 위해 궁극적으로 민족국가 단위들을 완전히 넘어서는 지구적 연방(une Fédération mondiale)의 출현이 필요하다고 본다.

당시 이러한 문제의식 속에서 미국 망명생활을 정리하고 유럽으로 돌아갈 준비를 하던 드니 드 루즈몽은 1947년에 당시 프린스턴대학교에 있던 아인슈타인(Albert Einstein)과 의미 있는 만남을 갖게 된다.[35] 아인슈타인이 《원자폭탄에 대한 편지들》을 감명 깊게 읽고 나서 그와 대화를 나누고 싶다며 자택으로 초대해서 성사된 만남이었다. 일찍이 아인슈타인은 나치 독일의 원자폭탄 개발 가능성을 우려하여 미국 정부에 원자폭탄 선제 개발의 필요성을 권고한 바 있었는데, 이것을 계기로 미국의 원자폭탄 개발 계획인 소위 맨해튼 프로젝트(Manhattan Project)가 비밀리에 시작되었다. 그러나 히로시마와 나가사키에 실제로 원자폭탄이 떨어지자, 아인슈타인은 자신이 결과적으로 대량살상 무기의 등장에 기여했다는 죄책감과 함께, 원자력을 평화적으로 이용하는 방안에 대한 여러 가지 고민을 심화시키던 중이었다. 이러한 상황에서 루즈몽의《원자폭탄에 대한 편지들》에 담긴 성찰들은 아인슈타인의 당시 고민들과도 완전히 일치하는 것이었고, 이러한 교류를 통해서 아인슈타인은 루즈몽으로부터 그리고 루즈몽은 아인슈타인으로부터 영향을 받게 된다.

이러한 맥락에서 아인슈타인과의 만남 이후 유럽으로 돌아온 루즈몽이 전개한 문화적 유럽통합 운동에서는 원자력의 평화적 이용이 중요한 부분을 차지하게 된다. 루즈몽은 1949년 12월에 로잔에서 개최된 '유럽문화회의(la conférence européenne de la culture)'에 노벨 물리학상을 수상한 프랑스 물리학자 루이 드 브로리(Louis de Broglie)를 초청하고, 그가 원자력의 평화적 이용을 위한 유럽 차원의 협력을 주도할 수 있도록 논의의 장을 마련한다. 그리고 여기에 프랑스 원자력에너지위원회 사무총장을 역임하게 될 라울 도트리가 힘을 보태면서 오늘날 일반적으로 유럽입자물리연구소라고 불리는 유럽원자력연구기구가 탄생하게 된다.[36] 1954년에 스위스와 프랑스 국경지역에 설립된 유럽원자력연구기구는 원자력의 평화적 이용이라는 원칙에 기반하여 유럽 지역 원자력 연구자들 간의 협력을 위한 핵심 기관이자 오늘날 세계 최대의 입자물리학연구소로서 그 역할을 수행해오고 있다.

4. 나오며

드니 드 루즈몽은 유럽통합 운동이 본격적으로 태동하던 양차 세계대전 직후부터 유럽 문화에 기반한 통합을 선도적으로 주장하며 그와 관련된 사상 및 운동의 흐름을 주도했던 지식인이다. 그의 이러한 사상 및 운동의 배경은 그가 성장한 스위스라는 다양한 문화가 공존하던 곳에서의 개인적 경험과 양차 세계대전 기간 동안 전체주의에 저항한 문인들의 집단적 경험에 기반한다. 특히 2차 세계대전이 끝나기 전까지 미국에서 망명생활을 하면서 그는 유럽 대륙으로부터 한 발자국 떨어져 그전과는 다른 시선으로 유럽을 바라보기 시작했고, 그러한 과정을 통해 유럽통합의 필요성에 대한 확신을 키워갔다. 구체적으로 유럽통합은 문화적 다양성에 기반하면서도 공통된 정체성에 기여하는 유럽 문화를 바탕으로 이루어져야 한다고 생각했으며, 그러한 과정에서 유럽 국가들 간 교육, 문화, 과학 분야의 연구 및 교육 협력이 무엇보다도 중요하다고 생각했다.

그가 양차 세계대전 기간 동안 발전시켜온 이러한 생각들은 세계대전이 끝나면서 하나둘씩 본격적으로 구체화되었고, 그 결과 스위스 레만호를 중심으로 유럽 문화에 대한 교육 및 연구 그리고 원자력의 평화적 이용을 위한 과학 협력에 있어 중요한 성과들을 남기게 된다. 그러나 그는 1980년대 이후 유럽통합이 본격적으로 심화 및 확대되는 과정에서 유럽 각국의 통합론자들 사이에서도 점차 그 이름이 잊혀갔다가, 2000년대 들어와 유럽통합이 정체 및 위기를 맞이하면서 다양한 반성과 성찰 속에서 그의 이름이 다시 호명되어 재조명을 받기 시작했다. 유럽통합의 역사를 정치 및 경제 중심의 통합으로 보는 주류적 관점들 속에서 그가 이미 반세기 앞서 주장해온 문화적 통합의 중요성은 오늘날 유럽통합에서 매우 중요한 의미를 갖고 있다. 이민자 및 난민 문제, 브렉시트, 유럽회의주의 및 극우정당의 급부상 등 오늘날 유럽이 고민하고 있는 여러 현안들에 대한 해답을 찾는 과정에서 드니 드 루즈몽이 강조해온 문화적 유럽통합은 지금의 위기와 도전을 극복하는 데 필요한 하나의 실마리를 제공해줄 수 있을 것이다.

주

1 이 글은 2019년《통합유럽연구》제10권 1집(통권 제19호)에 실린 필자의 논문〈유럽 문화에 기반한 통합운동의 선구자: 드니 드 루즈몽〉을 수정 및 보완한 것이다.

2 Denis de Rougemont, *L'Amour et l'Occident* (Plon, 1939).

3 Edward Ousselin, "Institutionalizing the Dream—Denis de Rougemont", *The Invention of Europe in French Literature and Film* (Palgrave Macmillan, 2009), p. 137.

4 Dusan Sidjanski & Denis de Rougemont, *un Suisse parmi les Pères de l'Europe—Conférence organisée par l'Alliance française de Berne* (Schulwarte, 2007).

5 Stenger Nicolas, *Les intellectuels et l'identité européenne en débat. Le parcours et l'œuvre de Denis de Rougemont* (Thèse de doctorat en Histoire contemporaine, Université de Genève et Université de Paris VIII, 2010); Eric Santschi, *Par-delà la France et l'Allemagne: Gonzague de Reynold, Denis de Rougemont et quelques lettres suisses face à la crise de la modernité* (Thèse de doctorat en sciences humaines, Université de Neuchâtel, 2007); Anne-Caroline Graber, *Denis de Rougemont: une philosophie politique et une pensée européenne pour éclairer notre temps* (Thèse de doctorat en Science politique, Université de Neuchâtel, 2007); Patrick Leuzinger, Substitution mythique et vérité historique: le cas Denis de Rougemont: étude critique sur une révolution tentée en 1940, sa préparation doctrinale et ses interprétations ultérieures (Thèse de doctorat en Lettres, Université de Genève, 2007); Cristina Maria Dogot, *L'approche fédéraliste comme fondement intellectuel du processus de construction européenne* (Thèse de doctorat en science politique, en co-tutelle avec Université de Marne-la-Vallée et Universitatea Babeş-Bolyai Cluj-Napoca, Roumanie, 2007); Emmanuelle Hériard Dubreuil, *The personalism of Denis de Rougemont: spirituality and politics in 1930s Europe* (Thèse de doctorat en Histoire, University of Cambridge, 2005); Maike Buss, *Intellektuelles*

Selbstverständnis und Totalitarismus Denis de Rougemont und Max Rychner—zwei Europäer der Zwischenkriegszeit, Zugl (Thèse de doctorat. Hannover Universuty, 2005); Undine Ruge, *Die Erfindung des "Europa der Regionen": Kritische Ideengeschichte eines konservativen Konzepts* (Thèse de doctorat en Sciences politiques, Georg-August-Universität Göttingen, 2003); Bruno Ackermann, *Denis de Rougemont ou La conscience d'une époque: biographie intellectuelle et journal non intime* (Thèse de doctorat en Lettre, Universite de Lausanne, 1995).

6 Jacques-Andre Tschoumy, "L'unité, la diversité et le pacte", *Denis de Rougemont, Aujourd'hui* (Editions L'Age d'Homme, 2007), pp. 11~15.

7 Jacques-André Tschoumy, "Introduction", *Denis de Rougemont, Aujourd'hui* (Editions L'Age d'Homme, 2007), pp. 7~10.

8 Bruno Ackermann, *Denis de Rougemont: une biographie intellectuelle* (Labor et Fides, 1996), pp. 64~65.

9 *Ibid.*, pp. 70~71.

10 Bruno Ackermann, *Denis de Rougemont: de la personne à l'Europe* (l'Âge d'homme, 2000), pp. 18~21.

11 Denis de Rougemont, *Le Paysan du Danube* (Payot, 1932); Denis de Rougemont, *Journal d'une époque (1926-1946)* (Gallimard, 1968), pp. 11~86.

12 Ackermann, *Denis de Rougemont*, pp. 138~139.

13 Emmanuel Mounier, *Manifeste au service du personnalisme* (Aubier-Montaigne, 1936).

14 François Saint-Ouen과 Bruno Ackerman에 따르면 '인격적 자아(la Personne)'는 동료들 없이는 존재할 수 없기에 단순히 개인으로 치환되지 않는다. 그것은 집단과 연결되어 있으며, 그러므로 단순한 자유로움뿐만 아니라 타인에 대한 책임도 있는 것이다. 다시 말해 '인격적 자아'는 개인으로서 구별되는 동시에 시민으로서 집단에 연결되어 있으며, 개인으로서 자유로운 동시에 시민으로서 책임도 있다.

15 Denis de Rougemont, *Politique de la personne, problèmes, doctrines et tactique de la Révolution personnaliste* (Éditions "Je sers", 1934).

16 Denis de Rougemont, *Penser avec les mains* (A. Michel, 1936).

17 Denis de Rougemont, *Journal d'un intellectuel en chômage* (A. Michel, 1937).

18 Denis de Rougemont, *Journal d'Allemagne* (Gallimard, 1938).

19 Denis de Rougemont, *Qu'est-ce que la Ligue du Gothard?* (La Baconnière, 1940).

20 Denis de Rougemont, "À cette heure où Paris…", *Gazette de Lausanne* (17 juin 1940), p. 1.

21 Kristina Schulz, "Neutralité et engagement: Denis de Rougemont et le concept de 'neutralité active'", *A contrario*, 4 (2006), pp. 57~70.

22 Emission: Voix au chapitre, TSR Archive, 1976.04.05 diffusé, 13:38. https://www.rts.ch/archives/tv/culture/voix-au-chapitre/3447456-europeen-convaincu.html. (2019. 10. 31. 검색)

23 Denis de Rougemont, *Vingt-huit siècles d'Europe* (Payot, 1961), p. 7.

24 "Contribution de Denis de Rougemont à la Charte culturelle européenne, Archives du Conseil de l'Europe" (Désormais Arch. CE), *CDCC* (80) 8, pp. 62~63; Cité dans un ouvrage de Viviane Obaton, *La promotion de l'identité culturelle européenne depuis 1946* (Institut européen de l'Université de Genève, 1997), p. 8.

25 *Ibid*.

26 Denis de Rougemont, *Fédéralisme culturel: suivi des allocutions prononcées lors des cérémonies du 25e anniversaire de l'Institut neuchâtelois* (Éditions de la Baconnière, 1965), p. 20.

27 Antonin Cohen, "De congrès en assemblées. La structuration de l'espace politique transnational européen au lendemain de la guerre", *Politique européenne*, 18 (hiver 2006), pp. 105~125.

28 1946년 9월 취리히 연설에서 윈스턴 처칠은 "우리는 '유럽합중국(Etats-Unis d'Europe)'을 건설해야 합니다"라는 유명한 표현을 처음으로 사용한 것으로 잘 알려져 있다. 하지만 실제로 '유럽합중국'이라는 표현은 1849년 빅토르 위고(Victor Hugo)가 파리국제평화회의에서 가장 먼저 사용했다.

29 CVCE, "Le congrès de l'Europe à La Haye (7-10 mai 1948)", European NAvigator. Étienne Deschamps. https://www.cvce.eu/obj/le_congres_de_l_europe_a_la_haye_7_10_mai_1948_introduction-fr-b7d8de79-1341-4bb5-bf33-830c7c2bb847.html. (2019. 10. 31. 검색)

30 CVCE, "Mémorandum sur la préparation du congrès de La Haye (22 janvier 1948)", European NAvigator. Étienne Deschamps. https://www.cvce.eu/obj/memorandum_sur_la_preparation_du_congres_de_la_haye_22_janvier_1948-frd7c40b56-aab4-478a-999f-6dcf23e90f37.html. (2019. 10. 31. 검색)

31 CVCE, "La commission culturelle", European NAvigator. Étienne Deschamps. https://www.cvce.eu/obj/la_commission_culturelle-fr-ac15906e-218b-437d-adb8-3fe3c4b67b36.html. (2019. 10. 31. 검색)

32 Jean-Marie Palayret, *A University for Europe: Prehistory of the European University Institute in Florence (1948-1976)* (Presidency of the Council of Ministers: Department of Information and Publishing, 1996), pp. 21~23; 이는 사실상 오늘날 장 모네 프로그램(Jean Monnet actions)과 (구)에라스무스 프로그램을 포괄하는 에라스무스 플러스 프로그램(Erasmus+Programme)의 모태라고 할 수 있다.

33 이곳에서 배출한 가장 대표적인 통합론자 중 한 명이 2004년부터 2014년까지 유럽연합 집행위원장을 맡았던 호세 마누엘 바로소(José Manuel Durão Barroso)다.

34 Denis de Rougemont, *Lettres sur la bombe atomique* (Gallimard, 1946).

35 Ackermann, *Denis de Rougemont*, p. 787.

36 Claud Haegi, "Un Plaidoyer Pour L'innovation", *Thorium Energy for the Pour World* (Springer, 2016), p. 5.

참고문헌

Ackermann, Bruno, *Denis de Rougemont ou La conscience d'une époque: biographie intellectuelle et journal non intime*, Thèse de doctorat en Lettre, Universite de Lausanne, 1995.

Ackermann, Bruno, *Denis de Rougemont: une biographie intellectuelle*, Labor et Fides, 1996.

Ackermann, Bruno, *Denis de Rougemont: de la personne à l'Europe*, l'Âge d'homme, 2000.

Buss, Maike, *Intellektuelles Selbstverständnis und Totalitarismus Denis de Rougemont und Max Rychner—zwei Europäer der Zwischenkriegszeit*, Thèse de doctorat. Hannover Universuty, 2005.

Cohen, Antonin, "De congrès en assemblées. La structuration de l'espace politique transnational européen au lendemain de la guerre", *Politique européenne*, 18, hiver 2006, pp. 105-125.

Dogot, Cristina Maria, *L'approche fédéraliste comme fondement intellectuel du processus de construction européenne*, Thèse de doctorat en science politique, en co-tutelle avec Université de Marne-la-Vallée et Universitatea Babeş-Bolyai Cluj-Napoca—Roumanie, 2007.

Dubreuil, Emmanuelle Hériard, *The personalism of Denis de Rougemont: spirituality and politics in 1930s Europe*, Thèse de doctorat en Histoire, University of Cambridge, 2005.

Graber, Anne-Caroline, *Denis de Rougemont: une philosophie politique et une pensée européenne pour éclairer notre temps*, Thèse de doctorat en Science politique, Université de Neuchâtel, 2007.

Haegi, Claud, "Un Plaidoyer Pour L'innovation", *Thorium Energy for the Pour World*, Springer, 2016.

Leuzinger, Patrick, *Substitution mythique et vérité historique: le cas Denis de Rougemont: étude critique sur une révolution tentée en 1940, sa préparation doctrinale et ses interprétations ultérieures*, Thèse de doctorat en Lettres, Université de Genève, 2007.

Mounier, Emmanuel, *Manifeste au service du personnalisme*, Aubier-Montaigne, 1936.

Nicolas, Stenger, *Les intellectuels et l'identité européenne en débat. Le parcours et l'œuvre de Denis de Rougemont*, Thèse de doctorat en Histoire contemporaine, Université de Genève et Université de Paris VIII, 2010.

Obaton, Viviane, *La promotion de l'identité culturelle européenne depuis 1946*, Institut européen de l'Université de Genève, 1997.

Ousselin, Edward, "Institutionalizing the Dream—Denis de Rougemont", *The Invention of Europe in French Literature and Film*, Palgrave Macmillan, 2009.

Palayret, Jean-Marie. *A University for Europe: Prehistory of the European University Institute in Florence (1948-1976)*, Presidency of the Council of Ministers: Department of Information and Publishing, 1996,

Rougemont, Denis de, *Le Paysan du Danube*, Payot, 1932.

Rougemont, Denis de, *Politique de la personne, problèmes, doctrines et tactique de la Révolution personnaliste*, Éditions "Je sers", 1934.

Rougemont, Denis de, *Penser avec les mains*, A. Michel, 1936.

Rougemont, Denis de, *Journal d'un intellectuel en chômage*, A. Michel, 1937.

Rougemont, Denis de, *Journal d'Allemagne*, Gallimard, 1938.

Rougemont, Denis de, *L'Amour et l'Occident*, Plon, 1939.

Rougemont, Denis de, *Qu'est-ce que la Ligue du Gothard?*, La Baconnière, 1940.

Rougemont, Denis de, "À cette heure où Paris…", *Gazette de Lausanne*, 17 juin 1940.

Rougemont, Denis de, *Lettres sur la bombe atomique*, Gallimard, 1946.

Rougemont, Denis de, *Vingt-huit siècles d'Europe*, Payot, 1961.

Rougemont, Denis de, *Fédéralisme culturel: suivi des allocutions prononcées lors des cérémonies du 25e anniversaire de l'Institut neuchâtelois*, Éditions de la Baconnière, 1965.

Rougemont, Denis de, *Journal d'une époque (1926-1946)*, Gallimard, 1968.

Ruge, Undine, *Die Erfindung des "Europa der Regionen", Kritische Ideengeschichte eines konservativen Konzepts*, Thèse de doctorat en Sciences politiques, Georg-August-Universität Göttingen, 2003.

Santschi, Eric, *Par-delà la France et l'Allemagne: Gonzague de Reynold, Denis de Rougemont et quelques lettres suisses face à la crise de la modernité*, Thèse de doctorat en sciences humaines, Université de Neuchâtel, 2007.

Schulz, Kristina, "Neutralité et engagement: Denis de Rougemont et le concept de 'neutralité active'", *A contrario*, 4, 2006, pp. 57~70.

Sidjanski, Dusan, *Denis de Rougemont, un Suisse parmi les Pères de l'Europe—Conférence organisée par l'Alliance française de Berne*, Schulwarte, 2007.

Tschoumy, Jacques-Andre, *Denis de Rougemont, Aujourd'hui*, Editions L'Age d'Homme, 2007.

13장

빌리 브란트의 망명 시기 유럽연방주의 사상과 구성주의 시각

노명환

1. 머리말

이 글에서 필자는 나치에 저항하면서 노르웨이에서 망명생활을 하던 20대 청년 브란트가 다듬어간 유럽연방주의 사상을 오늘날의 구성주의 시각에 초점을 맞추어 조명해보고자 한다. 물론 그는 1940년 4월 노르웨이가 나치 독일에 의해 점령되자 다시 스웨덴으로 망명하여 유럽연방주의 사상을 계속 다듬어갔다. 그러나 이 글에서는 2차 세계대전 발발 직후에 그가 개진한 노르웨이 망명 시기의 유럽연방주의 사상을 이해하는 데 초점을 맞춘다. 2차 세계대전이 끝나가는 시기를 중심으로 한 스웨덴 망명기의 유럽통합 사상에 대해서는 다른 연구에서 수행하기로 한다.

망명 시기에 전개된 그의 유럽연방주의 사상에 대해서는 국제적으로도 수행된 연구가 많지 않고 국내에서는 전무하다. 필자가 보기에 그가 망명생활 이후 서베를린 시장 그리고 서독의 총리로서 체계화하고 실천한 동방정책을 이 망명 시기의 유럽연방주의 사상과 연계하여 설명하는 것은 매우 의미 있다. 왜냐하면 망명 시기에 정립된 그의 이 연방주의 사상은 전후에 서베를린과 서독의 정치가로서 동방정책을 추진하던 시기는 물론 그가 생을 마감하기까지의 여러 정치활동에 이르러 일관되게 심화되고 체계화되면서 실천되었기 때문이다. 다시 말해 그의 망명 시기에 다듬어진 유럽연방주의 사상은 그의 일생을 통해 정치적·정책적 사유의 근본 바탕으로 작용했다. 그런데 이렇게 중요한 관점의 영역에 대한 연구가 국제적으로도 많지 않고 국내에서는 전무하다는 것은 필자를 비롯하여 브란트와 그의 정책을 연구하는 학계가 크게 반성해야 할 점이라고 생각한다. 물론 이 망명 시기에 정립된 그의 유럽통합 사상이 일관되게 그의 서유럽 정책, 동방정책과 그 이후의 활동에 이르기까지 작용했다고 보는 것에 대해 우려의 목소리도 크다. 브란트 연구 전문가인 히펠(Claudia Hiepel)은 '합목적적인 관점의 위험성(die Gefahr einer teleologischen Betrachtungsweise)'[1]에 대해 경고하기도 한다. 그러나 히펠은 이렇게 경고하면서도 이 시기 브란트의 유럽에 대한 이해(Europakonzeption)의 중요성을 강조하고 있으며 후기의 정책들과 연계하여 분석하고 있다.

망명 시기 그의 유럽연방주의 사상의 핵심은 유럽의 국가들이 안고 있는 문제들을 국가 차원이 아닌 유럽 차원에서 해결하는 것에 놓여 있었다. 이를 실현하기 위해 그는 연방주의 유럽통합의 방안에 몰두했고 기존의 사상들을 역사적으로 연구·검토했다. 여기에서 필자가 주목하는 것은 당시 여타의 유럽연방주의자들과 마찬가지로 그 또한 유럽연방주의 실현을 위해 각 국가 국민의 정체성에서 유럽인의 정체성이라는 정체성의 새로운 구성을 사유하고 있었다는 점이다. 즉 그의 유럽연방주의 사상은 오늘날의 관점에서 보면 기능적 차원만이 아니라 구성주의적 시각을 보다 강하게 담고 있었다. 이는 그가 나치 체제와 2차 세계대전의 원인을 왜곡된 민족주의와 자본주의, 그리고 제국주의에서 찾고, 이에 대한 반성으로서 유럽연방주의의 가치를 깊이 숙고하게 된 것과 궤를 같이 한다고 볼 수 있겠다. 그는 강대국의 전쟁 목적을 일방적인 민족주의 및 제국주의에 의한 국가 이익의 추구로 보고 유럽통합의 목적을 평화와 민주주의로 보았다. 이러한 측면은 오늘날의 구성주의 이론의 시각에서 조명할 가치가 특히 크다고 하겠다. 브란트의 것뿐만 아니라 전체적으로 볼 때 연방주의 유럽통합 사상에서 가장 큰 가치는, 그것이 정체성 구성에 관한 발상의 전환을 내포하고 있다는 점이다. 국가 정체성을 유럽 정체성으로 새롭게 구성함으로써 기존의 국가 간 이해관계의 성격과 질, 그리고 틀을 유럽 차원에서 새롭게 구성되도록 하고자 했다. 이렇게 정체성의 새로운 구성이 추구됨으로써 상대 국가를 적으로 규정하면서 자국의 정체성을 구성하고 강화하는 이러한 구조로부터 상대와 내가 변증법적으로 통합되어 '우리'라는 개념에서 자국의 이해관계의 성격과 위치를 새롭게 설정할 수 있었다. 즉 '내' 국가라는 국가적인 정체성을 넘어서 '우리'라는 유럽적 차원의 정체성을 가질 때 유럽 내 국가 간에 적대관계를 우호관계로 새롭게 구성하고 그에 따라 유럽 공동의 이익을 자국의 진정한 이익으로 새롭게 설정할 수 있었다. 이것이 국가 간의 문제들을 유럽적인 차원에서 해결하려 했던 사유의 핵심이다. 이러한 관점에서 필자는 브란트의 유럽연방주의 사상뿐만 아니라 유럽통합사를 구성주의 시각에서 볼 수 있어야 한다는 점을 강조한다.

망명 시기 그의 유럽연방주의 사상을 정확히 이해하기 위해서 필자는 그가 '연방주의 유럽통합 사상의 역사를 어떻게 이해하는지' 그리고 '브란트 자신의 독자적인 관점은 무엇인지'를 가능한 한 그의 글들을 직접 인용하면서 해석·설명하고자 한다. 인용문을 많이 게재하는 것은 되도록 필자의 해석을 줄이고 브란트 본래의 사유와 시각을 직접적으로 독자들에게 소개하고자 함이다. 인용의 대상이 되는 그의 이 시기의 유럽연방주의 사상은, 특히 1939년 12월 28일 노르웨이에서 《베르겐의 노동자 신문(Bergens Arbeiderblade)》에 기고한 노르웨이어로 작성된 기사인 〈유럽합중국의 꿈(Der Traum von Europas Vereinigten Staaten)〉, 그리고 1940년 4월에 집필한 《강대국들의 전쟁 목표와 새로운 유럽(Die Kriegsziele der Großmächte und das neue Europa)》[2]이라는 저서에 잘 나타나 있다. 이외에도 그의 다른 저작들과 근자에 출간된 이에 관한 연구서들을 분석적으로 살펴본다. 이 분야에 대한 근래의 가장 정열적인 연구자로는 히펠(Claudia Hiepel)과 로렌츠(Einhart Lorenz)[3]를 꼽을 수 있다. 물론 이들의 저작이 브란트의 사상을 구성주의 시각에서 논하고 있는 것은 아니다. 이 주제는 필자가 개척해가는 분야라 할 수 있겠다.

브란트는 고향 뤼베크에서 소년 시절을 보낼 때부터 이미 민족국가 질서에 대해 회의적으로 사고하기 시작했다고 여러 저작에서 밝히고 있다.[4] 망명 시기 그는 다른 여러 유럽의 국가들에서 온 망명 인사들, 특히 사회주의 내지는 사회민주주의 정치 성향의 저항 투쟁가들을 만날 수 있었다. 그들과 교류하면서 유럽의 평화를 위한 방법으로서 유럽통합의 방안에 대해 더욱 깊이 숙고할 수 있었던 것이다.[5]

필자는 이러한 연구를 통해 동아시아 공동체 논의와 한국의 통일 문제 해결에 있어서 브란트의 유럽연방주의 사상이 내포하는 구성주의 시각을 잘 이해하고 활용할 필요성을 강조한다. 기능주의적 사고의 한계를 벗어나 그 위에 구성주의적 사고를 변증법적으로 도입해야 할 필요성을 역설하고자 한다.

2. 연방주의 유럽통합 사상에 대한 브란트의 이해와 그 이해의 틀

브란트는 1939년 12월 28일, 《베르겐의 노동자 신문》에 기고한 〈유럽합중국의 꿈〉에서 연방주의 유럽통합 사상의 역사를 정리하고 있다. 여기에서 그가 정리한 내용을 구체적이고 상세한 인용들을 통해 '그가 어떤 사상가에게 우선적인 의미를 부여하고 있는지', 그리고 '연방주의 사상의 흐름을 어떻게 이해하고 있는지'를 살펴보자. 그의 연방주의 유럽통합 사상사에 대한 역사적 검토는 벨러스(John Bellers), 피에르(Abbé Saint Pierre), 생시몽(Saint-Simon), 노동자운동(Arbeiterbewegung)의 반제국주의 평화운동 그리고 동시대에 활동하던 영국의 '연방연합(Federal Union)' 단체에 속하는 연방주의자들에 집중되어 있다. 그는 근본적으로 전쟁의 원인을 국가주의, 자본주의, 그리고 제국주의에서 찾는다. 그는 제국주의를 제민족의 자율권을 무시하는, 국가를 단위로 하는 자본주의 체제로 이해했다. 그는 연방주의 유럽통합 사상의 역사에서 이러한 전쟁의 원인 분석에 대한 정당성을 확인한다. 그는 유럽노동자운동의 연방주의 유럽통합 사상의 의의를 크게 강조했다. 이의 연장선상에서 그는 노동운동과 친연성을 갖는 영국의 '연방연합' 조직의 유럽연방주의 사상에 주목했다.

브란트는 유럽연방주의 사상의 역사를 200년으로 잡고 그 체계적인 출발점을 벨러스와 피에르의 것으로 이해했다.

유럽합중국의 주창은 새로운 것이 아니다. 그것은 오랜 역사적 발전 속에서 다듬어져 왔다. 중세 말엽 이래로 파괴적인 전쟁에 대한 반성과 대응이 유럽 연방의 꿈을 잉태하게 했다. 우리는 공동의 유럽기구 창설을 위해 제시된 두 가지 제안을 살펴볼 필요가 있다. 이 제안들은 200년 전에 만들어졌다.[6]

그는 유럽통합안이 전쟁의 경험과 영구평화의 갈구라는 인간의 욕구와 직결되어 있음을 간파하고 이러한 측면을 유럽통합 사상의 등장 배경으로서 강조했다. 이러한 측면에 대해서는 다음 절에서 '역발상의 구성주의'라는 개념으로 좀 더 자세히 설명할 것이다. 브란트는 벨러스의 유럽통합안도 전쟁, 즉 '에스파냐 왕위 계승전쟁'(1701~1714)과 '북방전쟁'(1700~1721)을 경험하는 가운데 책으로 출간되었다는 사실에 주목했다. '에스파냐 왕위 계승전쟁'은 유럽의 주요 열강들이 힘을 합쳐 프랑스가 에스파냐의 왕위를 계승하려는 것을 막은 전쟁이었고, '북방전쟁'은 러시아와 스웨덴이 발트해의 주도권을 장악하기 위해 벌인 전쟁이었다.

1710년 영국에서 퀘이커교도인 벨러스가 《유럽 국가들의 연합》이라는 책을 발간했다. 그는 1725년 사망했다. 이때는 에스파냐 왕위 계승전쟁과 북방전쟁 이후의 시기였다.[7]

브란트가 보기에 이 저작에서 벨러스는 스위스와 네덜란드를 모델로 구체적인 연방주의 유럽통합안을 제시했다.

벨러스는 스위스와 네덜란드연방공화국들을 새로운 유럽을 위한 모델로서 제시했다. 그는 유럽을 100개의 칸톤(Kantone) 혹은 구역(Bezirke)들로 나눌

> 것을 제안하고 각 칸톤 혹은 구역은 공동의 원로원(Senat)에 한 명의 대표를 보낼 것을 제안했다. 각 구역은 또한 일정 수의, 예를 들어 1000명의 무장한 군인들을 소유할 수 있도록 하자고 했다. 이 군인들은 공동의 원로원에 파견된 각 대표의 휘하에 있어야 했다. 그리고 동시에 각 국가의 전쟁 능력을 제한해야 한다고 주장했다. 벨러스는 이렇게 하여 원로원에서의 과반수가 항상 군사적 우위를 확보할 수 있다고 내다보고 그를 통해 권위를 확보할 수 있다고 생각했다.[8]

브란트는 영국의 벨러스 다음으로 프랑스의 피에르의 연방주의 사상에 주목했다. 피에르의 사상도 에스파냐 왕위계승 전쟁과 북방전쟁 기간에 책으로 출판되었다. 브란트는 피에르가 유럽의 영구적인 평화공동체를 창설하기 위해 고심했음을 드러내고 있다.

> 프랑스에서도 유사한 사상들이 전개되었다. 사제인 피에르는 1712~1716년 사이의 기간에 영구평화를 위한 구상을 담은 세 권으로 된 거대한 저작을 완성했다. 거기에서 그는 유럽의 국가들이 영구적인 평화공동체로 통합되어야 한다고 주장했다.[9]

그런데 브란트는 피에르의 유럽통합 사상이 특히 프랑스의 계몽주의 사상가들에 의해 수용됨으로써 더 큰 의미를 가졌다고 보고 있다. 다음의 인용문을 볼 때 이는 유럽통합 사상이 학문적으로 널리 확산되는 데 크게 기여했다고 파악한 것으로 보인다. 브란트는 또한 영구평화를 위한 방안으로 당시 지식인들이 유럽통합에 깊은 관심을 가졌다고 보았다. 그는 다음의 사실이 이러한 시대의 특징을 드러낸다고 파악했다.

유명한 계몽주의 사상가들, 볼테르, 루소, 디드로 등은 피에르의 제안을 적극 수용했다. 프랑스 아카데미가 1760년대 '국가들에게 보편적인 평화를 위해 국가들이 통합될 수 있다는 점을 제시하는' 최고의 저작을 선발하기 위한 대회 개최를 공지했다는 것은 시대의 특징을 잘 나타내주는 측면이었다.[10]

브란트가 볼 때 유럽통합 사상은 프랑스 혁명과 함께 일대 전기를 맞았다. 사람들은 자유와 민주주의 가치를 실현하기 위해 유럽연방주의가 실현되어야 한다고 보았던 것이다. 그러나 이는 나폴레옹에 의해 악용되었다.

프랑스혁명과 함께 '유럽의 민주주의 국가들의 자유연방'에 대한 희망이 부풀었다. 나폴레옹은 이러한 연방주의 사상을 악용했는데, 유럽에서 영구평화는 프랑스의 통치 아래 통합됨으로써 가능하다고 주장했다.[11]

브란트는 나폴레옹 시대가 끝난 직후 등장한 생시몽의 연방주의 유럽통합안에 다음과 같이 크게 주목했다.

그러나 나폴레옹 전쟁이 끝나고 1814년 빈 회의가 개최되는 시기에 유럽 국가들의 통합에 관한 새로운 책이 발간되었다. 이 책을 발간한 사람은 프랑스의 공상적 사회주의자 생시몽이었다. 이 책의 제목은 매우 길었는데, 《유럽 사회의 새로운 질서에 관하여, 혹은 유럽의 민족들이 하나의 정치적 기구 안에서 통합되는 그러면서도 각 민족들의 국가적 독립을 유지시키는 그 필연성과 수단에 관하여》였다.[12]

브란트가 포착하여 전해주는 바에 따르면 생시몽은 오늘날의 이론적인 개념의 구성주의 시각을 가졌다고 볼 수 있다. 그에 따르면 생시몽은 유럽의 정체성, 즉 유럽의 애국심(europäischer Patriotismus) 구성을 강조했다.

> 생시몽은 유럽 국제공동체(Völkergemeinschaft)를 창출하고자 했다. 각 국가의 민족의식에 대한 보완으로서 유럽의 애국심을 구성해내는 것을 이 국제공동체 창출의 전제조건으로 여겼다. 생시몽에 따르면 이 유럽 국제공동체는 각 국가의 정부들이 아닌 유럽의회에 의해 지도되고 의원들은 유권자들에 의해 직접 선출되어야 했다. 유권자 100만 명을 단위로, 즉 매 100만 명마다 한 명의 사업가, 한 명의 학자, 한 명의 행정공무원, 한 명의 법조 공무원을 선출해야 했다. 여기에 더해 각 정부들과 왕실의 대표들로 이루어진 상원(Oberhaus)이 들어서야 했다.[13]

다음 절에서 살펴보듯이 브란트는 구성주의 시각으로 해석될 수 있는 유럽통합안을 가지고 유럽 국가들 간의 문제를 유럽적인 차원에서 풀고자 했다. 이는 위에서와 같이 일정 부분 브란트가 생시몽 사상의 영향을 받았을 것이라는 관점을 갖게 해준다.

그런데 브란트에 따르면 생시몽은 당시 일반 사람들이 이해하지 못하는 연방주의 유럽통합의 사상만을 발전시켰을 뿐 실질적인 유럽통합 운동을 전개하지는 못했다. 실질적인 운동은 빅토르 위고(Victor Hugo)에 이르러서 시작되었다.

> 그러나 생시몽은 시대를 앞서간 선각자였다. 19세기에 유럽은 많은 민족들

사이의 그리고 왕조들 사이의 전쟁을 겪어야 했다. 한 세기 전에 성장했던 시민들에 의한 평화운동은 다시금 유럽 국제연맹과 유럽합중국의 꿈으로 자리 잡았다. 1849년 파리에서 개최된 평화회의에서 위대한 프랑스 작가 위고는 유럽합중국의 건설을 주창했다.[14]

그런데 브란트는 유럽통합 사상사에서 유럽연방주의 운동을 실현하기 위해 노동자 운동이 담당했던 역할에 크게 주목했다. 그는 노동자 운동이 전쟁의 원인으로서 국가주의 시스템과 자본주의, 즉 국가를 단위로 하는 자본주의에 있다고 인식했음을 강조한 것으로 보인다. 국가를 단위로 하는 자본주의는 제국주의를 의미하는 것으로 노동자 운동이 전개한 연방주의 유럽통합 운동은 반제국주의 평화운동이었다. 그는 연방주의 유럽통합 사상사에서 제국주의에 반대하여 유럽통합 운동을 전개한 노동자 운동의 기여를 대단히 높이 평가한 것으로 파악된다.

같은 시기에 현대 노동자 운동이라는 하나의 새로운 사회적 요소가 성장했다. 전쟁에 반대하는 노동자 운동의 투쟁 목표는 군비 축소와 국제 분쟁의 해결을 위해 조정 역할과 국제재판을 활성화하는 것뿐만 아니라, 또한 동시에 민주주의 국가들의 조직적인 협력을 통해 작은 국가들로 이루어진 유럽의 체제를 극복하는 데 있었다. 사람들은 위에서 말한 벨러스, 피에르, 생시몽의 사상들의 실천에 방해가 되었던 것이 왕권 귀족만이 아니라 자본주의 돈의 지배였다는 사실을 깨달았다. 자본주의 돈의 지배가 세계를 그리고 유럽 대륙을 제국주의 강대국들의 전쟁으로 몰아넣었다. 제국주의 정책의 극복과 각 국가 사회에서의 민주주의 발전은 새로운 유럽 질서의 실현을 위한 전제조건이었다.[15]

이러한 관점은 당시 그의 정치적 입장과 일치하는 것으로 그가 파악했을 가능성이 높다. 그는 나치 체제 등장의 원인과 전쟁의 원인에 대한 진단 그리고 자유와 평화를 위한 대안으로서 연방주의 유럽통합이라는 자신의 사유가 이러한 노동자 운동의 연장선상에 있다고 생각했다. 필자가 앞으로 인용하고 설명하는 바처럼 그가 그의 시대에 전개된 영국 노동자 운동의 유럽연방주의 운동에 대한 분석도 같은 궤적 속에서 행했을 것으로 추측된다.

브란트는 1차 세계대전을 제국주의 세계전쟁으로 규정하고, 앞에서 설명한 노동자 운동 차원의 유럽연방주의 해법으로 전후의 신질서를 수립해야 했다고 보았다. 전쟁 때 평화에 대한 갈구가 더욱 커지는 만큼 그는 비극적인 세계전쟁을 계기로 신질서를 수립할 기회를 맞을 수 있다고 생각했다. 그는 이러한 측면을 노동자 운동의 유럽통합 주창자들이 내다본 것에 주목하고 있다. 이는 전쟁을 통해 사람들이 평화의 가치와 이를 실현하기 위한 수단으로서 유럽통합의 의미를 새롭게 깨닫고, 이러한 방향으로 자신들의 세계관을 새롭게 구성해나감을 뜻한다고 하겠다. 사람들의 정체성이 새롭게 구성됨을 의미했다. 그래서 노동자 운동도 세계 평화를 위한 진정한 국제연맹의 설립을 주창했다고 보고 있다.

> 1914~1918 제국주의 세계전쟁 동안 공동의 유럽 기구에 대한 요구들이 다시금 강하게 주요 이슈로 등장했다. 이 전쟁은 세계를 포괄하는 차원의 성격을 가졌고, 그래서 많은 사람들은 이 전쟁이 끝나면 세계를 포괄하는 국제연맹이 창설될 수 있을 것이라고 생각했다. 1917년 스톡홀름에서 발표된 노동자 운동의 스칸디나비아-네덜란드 협력위원회의 선언문에서 국제연맹의 설립을 주창하는 구호가 열세 번째로 들어섰다.[16]

그런데 그에 따르면 실제에 있어서 불완전한 국가 간 협의체인 국제연맹의 해법이 시도되었으며, 이는 더욱 왜곡된 민족주의 그리고 제국주의의 형태인 파시즘, 나치즘 체제의 등장과 2차 세계대전의 발발을 막지 못했다.

> 몇 달 후 윌슨 미국 대통령이 상원 연설에서, 그 유명한 14개 조항의 마지막 조항을 통해 전쟁 후 국제연맹을 창설할 것을 제안했다. 승전국들은 이 조항을 전쟁이 끝나고 평화가 찾아왔을 때 베르사유조약을 통해 수용했다. 그런데 중앙 동맹국들(Mittelmächte)은 제네바의 이 새로운 기구로부터 제외되었다. 미국은 가입하지 않았다. 국제연맹은 세계를 포괄하는 기구가 전혀 되지 못했다. 그렇다고 공동의 유럽 기구의 방향으로의 진정한 행보를 이루는 것도 아니었다. 서방 강대국들이 국제연맹에서 지배적인 위치를 차지했다. 각자의 강대국들은 국제적인 합법 조직을 설립하기 위해 자국의 권리를 양도할 준비가 되어 있지 않았다. 반동의 독재국가들이 그들의 길을 가면서 국제연맹에 대해 더 이상 신경 쓰지 않게 되었다. 서유럽의 민주주의 국가들의 지도자들은 국제연맹의 실패를 각인시키는 실수를 저질렀다.[17]

브란트에 따르면 국제연맹이 출범하는 시점에 범유럽(Pan-Europa)운동이 실효성 있게 전개되어 국제연맹 내부에서도 이의 가치를 인지했으나 실현되지 못했다. 그러나 범유럽운동의 대의는 전쟁을 겪은 유럽인들에게 강한 호소력을 가졌기 때문에 히틀러의 나치즘 세력과 스탈린의 독재 공산주의 체제도 이를 이용했다.

국제연맹의 경험은 유럽의 국제공동체에 대한 토론을 부활시켰다. 1920년대에 범유럽운동은 많은 지지자들을 얻었다. 프랑스 외무부 장관 브리앙(Aristide Briand)은 국제연맹에서 범유럽운동의 제안들을 검토하는 위원회의 의장이 되었다. 이 작업의 결과는 어떤 결실도 맺지 못했지만 범유럽운동의 가치는 여전히 커서 독재자들이 이를 악용하기 시작할 정도였다. 나치주의자들은 독일의 지배 아래 통합된 새로운 유럽의 질서에 대해 선전했다. 볼셰비키들은 소련유럽(Sowjeteuropa)의 구호를 확산시키기 시작했다.[18]

브란트에 따르면 그럼에도 불구하고 범유럽운동의 가치는 국제연맹의 대안으로서 연방주의 유럽통합을 기점으로 세계를 연방으로 조직해내야 한다는 합의를 도출하게끔 했다.

미래의 민주적인 평화의 기초를 다지고자 하는 모든 사람들은 범유럽운동을 진지하게 검토할 필요성을 강하게 인색했다. 국제연맹을 새롭게 재조직해야 한다고 주장하는 사람들은 유럽 국가들 사이의 새로운 질서를 수립하는 것이 폭넓은 국제적인 합법 기구를 설립하기 위한 중요한 전제조건이라는 점을 인정하기 시작했다.[19]

그리하여 히틀러가 도발한 전쟁 속에서 히틀러 체제를 붕괴시킬 목적으로 연방주의 유럽통합 운동이 크게 논의되었다. 영국과 미국에서 이러한 논의가 활발히 이루어졌는데 미국 기자인 스트레이트(Clarence Streit)는 즉시 국가들의 연합을 설립할 것을 주창하는 책을 썼고, 이 책은 큰 반향을 일으켰다.

전쟁의 목적에 대한 국제 토론은 전쟁 전에 이미 시작되었다. 전쟁이 발발했음에도 불구하고 이 논의들은 멈추지 않았다. 영국과 미국의 거의 모든 신문과 잡지들에서 이 논쟁이 다루어졌다. 전쟁과 평화의 목적에 관한 저서들의 작은 도서관이 만들어질 정도였다. 전쟁 전에 이미 미국 기자인 스트레이트의 책이 출간되었다. 그는 세계의 민주주의 국가들의 연합(Union)을 주창했다. 그가 말하는 이들 민주주의 나라들은 미국, 영국, 프랑스, 벨기에, 네덜란드, 스위스, 덴마크, 노르웨이, 스웨덴, 핀란드, 캐나다, 오스트레일리아, 뉴질랜드, 아일랜드였다. 그에 따르면 각 국가들은 자신들의 자치권을 포기하지 않으며 각 구성원은 공동의 시민권, 공동의 방위권, 공동의 외교정책, 관세장벽 없는 경제협력, 공동의 화폐제도, 공동의 우편 및 커뮤니케이션 제도를 갖게 된다. 이 연합체는 스트레이트의 견해에 따르면 구성원들이 직접 뽑은 의회에 의해 통치된다.[20]

브란트가 가장 중요하게 주목한 연방주의 유럽통합 운동은 그의 망명 시기에 영국에서 전개된 것이었다. 영국의 노동자 운동 그리고 특히 많은 노동당 관련 지식인들과 정치가들이 연방연합이라는 단체를 조직하여 유럽통합 운동을 체계적으로 전개했다. 이를 브란트는 앞에서 설명한 대로 노동자 운동의 반제국주의 평화운동과 맥을 함께하는 것으로 보았던 것 같다. 이 운동은 당시의 브란트와 깊은 정치적 친연성을 보여주었을 것으로 생각된다. 다음 절에서 설명하겠지만 그의 연방주의 유럽통합 방안들은 당시 영국의 제안들과 많은 유사성을 보인다. 그는 영국의 이러한 운동에서 많은 영향을 받았음을 시사하고 있다. 브란트가 보기에 그들은 앞에서 언급된 스트레이트의 제안이 실현되기 어렵다고 보고 우선 유럽통합에 초점을 맞추고 단계별로 세계 통합을 추구했다.

연합과 연방의 사상은 특히 영국의 국가들의 공동체(britische Staatengemeinschaft)에서 큰 반향을 일으켰다. 영국에서는 연방연합이라는 조직이 창립되기까지 했다. 스티드(Wickham Steed), 콜(G. D. H. Cole) 교수, 니컬슨(Harold Nicolsen), 그리고 그린우드(Arthur Greenwood) 같은 사람들이 저서와 팸플릿들에서 연방주의 유럽통합의 필요성을 설파했다. 전체적으로 보아 그들은 공통적으로 스트레이트의 제안은 실현 가능성이 낮다고 보았다. 그들은 세계평화를 담지하기 위한 통합이 먼저 유럽에서 시작되어야 한다고 주장했다. 그들은 유럽에서 이 통합을 통해 무엇보다도 먼저 유럽 위기의 근본적인 원인의 하나인 통상 관계 그리고 여타의 경제 문제들을 해결해야 한다고 보았다. 이러한 논의들을 통해 유럽통합 사상은 구체적인 내용을 갖추게 되었다. 그리하여 유럽통합 사상은 더 이상 꿈이 아닌 현실의 문제로 자리 잡게 되었다. 그러나 사람들은 또한 유럽 국가들의 통합이 전쟁 후 단숨에 이루어지지 않을 것이라는 점을 분명히 깨닫고 있었다. 사람들은 서방 강대국들 사이의 정치, 군사, 경제 측면에서 긴밀한 협력이 유럽연방을 이루는 첫 번째 단계라고 보고 있다.[21]

위의 인용문에서 언급되는 '영국의 국가들의 공동체'는 잉글랜드, 스코틀랜드, 아일랜드, 웨일스로 이루어진 영국을 말하는 것으로 생각된다.

3. 브란트의 연방주의 유럽통합 사상과 구성주의 시각

앞에서 설명한 연방주의 유럽통합 사상사에 대한 분석에 기초를 둔 브란트 자신의 고유한 연방주의 유럽통합 사상과 방안은 1940년 4월에 집필한《강대국들의 전쟁 목표와 새로운 유럽(Die Kriegsziele der Großmächte und das neue Europa)》이라는 책에 잘 나타나 있다.[22]

필자가 보기에 브란트의 연방주의 사상의 핵심은 전체와 부분, 부분과 부분을 변증법적인 조화 속에서 생각하는 그의 사유체계에 기초하고 있다.

> 민주주의 국가에서 개인의 자유가 사회의 이익과 조화를 이루어야 하듯이, 개별 국가들은 그 국가가 속한 커다란 공동체의 한 구성 인자라는 사실을 명심하는 가운데 결정들을 내려야 한다.[23]

그리하여 그는 다음과 같은 안보관을 발전시켰다.

> 안보를 추구하는 데 있어서 공동의 안보 개념이 가장 우선적인 원칙으로 자리 잡아야 한다.[24]

보통 우리가 안보를 논하고 추구할 때는 적(敵)을 혹은 문제나 범죄를 일으킬 수 있는 어떤 상대를 상정하여 나를 또는 우리를 지키기 위한 노력을 한다. 그런데 위에서 보듯 브란트는 공동의 안보 개념을 최우선 원칙으로 제시하고 있다. 필자가 보기에 이는 '나와 적 또는 나와 상대방과의 관계를 변증법적으로 조화시켜 우리라는 의식을 구성해낼 때만 싸움과 분규를 막고 공동의 선을 구성해낼 수 있는 최선의 안보를 확보할 수 있다'는 논지다. 브란트의 개념에서 적 혹은 적으로서의 상대란 존재하지 않는다. 피상적으로는 적으로 보인다 해도 그것은 나와의 관계에 있어서 변증법적으로 새로운 차원의 우리로 승화시킬 수 있는 대상이다.

이러한 논리에 따르면 이 같은 상호 구성 과정은 끝없이 이어질 것이다. 즉 공동의 안보 개념은 공동이라는 단위 또는 차원을 달리하면서 끝없이 새롭게 구성된다. 브란트의 이러한 공동의 안보 개념은 정체성이 새롭게 구성되면 이해관계도 새롭게 설정된다는 현대 구성주의 이론을 안보의 순기능적인 측면에서 그대로 반영하는 것이라고 생각한다. 이는 마치 우주 질서는 서로 다른 것을 상징하는 음(陰)과 양(陽)으로 되어 있고 음과 양이 끝없는 상호작용을 통해 변증법적인 조화를 이루어 오행(五行)을 만들어가면서 기(氣)의 작동을 가능하게 하고 이 기는 우주의 근본 존재인 이(理)와 조화를 이루는 동양의 성리학적 세계관과 닮아 있다. 이는 서로 대립되는 존재들이 서로 끊임없이 변증법적으로 상호작용하는 가운데 새로운 것을 구성해내면서 순환하는 우주의 질서를 말하는 것 같다. 공동의 안보 개념을 그는 구체적으로 유럽통합의 필요성과 연계하여 다음과 같이 설명한다.

> 오로지 유럽적인 차원의 협력적 해결책만이 한편으로 각 국가들의 안보 필요성과 다른 한편으로 유럽 전체의 경제적 · 사회적 · 문화적 발전의 지속 필요성 사이에 내재된 오래된 대립관계를 해소할 수 있다. 제국주의 이해관계는 이러한 대립관계를 극복하는 것을 어렵게 한다. 따라서 제국주의 이해관계가 제거되면 실효성 있는 공동의 유럽 기관과 각국의 독립성이 쉽게 조화를 이룰 수 있을 것이다. 그렇게 되면 국가주권 문제가 더 이상 공동체 전체의 결정적인 이익을 위해 극복하기 힘든 방해물이 되지 않을 것이다. 이러한 경우 각 국가 주권을 유럽 공동의 이해관계에 부합시킨다고 해서 각 국가의 자유와 독립이 훼손되지는 않을 것이다.[25]

이러한 공동의 안보 관점에서 유럽통합의 의의를 제시하는 그의 다음 언급은 대단히 의미심장하다.

> 유럽통합에 대한 요구는 자신의 안보가 다른 사람에 대항한 싸움을 통해서만 확보될 수 있다는 원시적인 관점에서 벗어나야 한다는 사상을 내포한다. 더 견고한 안보는 모든 국가들의 생존권과 생활에 대한 이해관계를 존중하는 민족들 사이에서만 가능하다.[26]

필자는 이 인용문이 브란트의 연방주의 유럽통합 사상의 핵심이라고 보며, 후에 그가 동방정책을 구상하는 데도 기초로 작용했다고 생각한다. 이러한 관점은 예를 들어, 헌팅턴이 문명충돌론에서 보인 관점과 극명한 대조를 이룬다.[27]

이는 앞 절에서 소개했듯이 브란트가 주목했던 영국 연방주의자들이 히틀러 체제를 일소하고 민주화된 독일과의 화해를 통해 새로운 유럽을 구성하려는 뜻과 일치한다고 볼 수 있다. 이와 관련하여 앞 절에서 보았듯 브란트가 대표적인 영국의 '연방연합' 구성원이면서 연방주의자로 활동한 대표자 중의 한 사람으로 거론했던 스티드의 관점 중 한 측면을 보면 다음과 같다.

> 히틀러, 나치 조직원들, 그리고 나치 제도를 완전히 청산하고 나서 대의제 민주주의에 기초한 정부를 독일에서 수립해야 한다. 히틀러리즘이라고 하는 현재의 적들에 대항해서 싸우는 연합체의 국민들 사이에 연방 혹은 연방연합이 시작되어야 한다. 가능하다면 전쟁 중에 시작될 수 있으면 좋다. 대의제 민주주의 제도를 갖춘 독일과 평화협정을 체결한 후에 독일인들이 이 연방으로

수용되어야 한다. 독일인들이 내부의 질서를 지킬 수 있을 정도의 수준으로만 무장을 갖추고 나머지는 모두 무장해제를 해야 한다. 인종, 계급, 신념으로 인한 차별 없이 개인의 자유와 권리가 보장되는 제도를 확립했을 때, 독일은 정치적 연합으로서 혹은 독일 국가들의 하부 연합으로서 이 연방에 가입할 수 있다.[28]

또한 앞 절에서 본 바와 같이 브란트가 스티드와 함께 영국 연방주의자로 거론한 콜 교수의 관점을 보면 아래와 같다.

우리는 완전히 독립적인 작은 국가들로 이루어진 유럽의 시대가 끝났다는 것을 인정해야 한다. 우리는 또한 우리 앞에 놓여 있는 유일한 대안은 국가적 자치가 유럽 공동의 책임 및 보편적 규범과 조화를 이루는 연방유럽을 창설하는 것이라는 점을 인정해야 한다. 그렇지 않으면 우리는 유럽 대륙이 강대국들에 의해 지배되는 세력 범위로 쪼개져서 또다시 각자 다음 전쟁을 준비하게 된다는 점을 직시해야 한다.[29]

유럽연방을 창설하는 데 있어서 기능적 협력과 함께 유럽적 차원으로 정체성의 새로운 구성이 기초가 되어야 함을 콜 교수는 다음과 같이 설파했다.

더욱이 그들은 적극적으로, 특별히 그들의 경제 문제에 있어서 협력할 준비가 되어 있어야 한다. 사람들의 마음에 유럽연방에 대한 충성심의 감정을 뿌리내리게 하는 모든 노력을 경주해야 한다. 이러한 감정이 다른 국가들과 구별되는 자신들의 국가에 대한 협소한 애국심과 충돌을 일으키는 순간에도 그렇게 해야 한다.[30]

유럽연방에 대한 충성심을 강조하는 이러한 관점은 앞 절에서 본 생시몽의 방안과 유사하며 유럽의 통합에서 새로운 정체성 구성을 강조하는 오늘날의 구성주의 시각을 잘 보여준다고 하겠다. 이러한 구성주의 시각은 당시 전쟁의 목적이 당시의 적인 독일을 패퇴시키는 데만 있는 것이 아니라, 보다 근본적으로는 전쟁 후에 민주화된 독일과 변증법적으로 통합되어 유럽연방을 구성하는 데 있다는 다음과 같은 논지에서도 잘 나타난다.

> 따라서 우리의 전쟁 목적은 단순히 전쟁 승리이거나, 독일의 군사적 중요성을 축소시키는 것일 수 없다. 우리와 독일인들 그리고 모든 다른 유럽인들은 새로운 유럽 제도를 창출하는 데 있어서 진정한 마음으로 함께 협력해야 한다. 그렇지 않으면 그것은 창출될 수 없으며 더 많은 전쟁을 유발하게 될 것이다.[31]

그래서 당시와 같은 비극을 반복하지 않고 영구평화를 구축하기 위해 비극의 원인의 현상으로서 히틀러 체제만을 바라볼 것이 아니라 그것을 가능하게 했던 전체적인 구조와 맥락을 직시하고 이를 근원적으로 바꾸어야 한다고 보았다. 여기에 유럽인으로 '우리'라는 개념의 새로운 탄생을 강조하고 있다.

> 우리는 히틀러를 전쟁의 원흉으로 비난할지 모른다. 그러나 우리 스스로에게 이렇게 묻는 것이 또한 현명한 일이 될 것이다. 히틀러가 어떻게 해서 권력의 자리에 오르고 유럽을 황폐화시킬 수 있었는지를. 우리의 전쟁 목적은 단지 히틀러주의를 패퇴시키는 데 있는 것이 아니라 히틀러주의가 불가능하게 되는 그러한 새로운 세상을 만드는 데 있다. 이를 위해서는 우리의 이름으로 자행

된 과거의 미련함을 절실히 인식하고 반성해야 한다.[32]

브란트가 그의 글에서 언급하지는 않았지만 당시 영국의 연방주의자로서 명성을 날렸던 로빈스(Lionel Robbins)의 글을 보면 유럽의 평화와 독일 문제를 해결하기 위해서 이러한 구성주의적 유럽연방의 창출 필요성을 주창하고 있음을 잘 알 수 있다. 그의 〈국제 갈등의 원인(The Cause of International Conflict)〉이라는 글에서 발췌해보면 다음과 같다.

독립적인 주권이 제한되어야 한다. 다양한 민족국가들의 시민들로써 서로 대립하는 정책들로 인한 갈등의 위험을 줄일 수 있기를 희망한다. (…) 법과 질서의 국제적인 틀(international framework)이 있어야 한다. (…) 지금 전쟁이 일어났고 평화스러운 발전의 모든 희망이 산산조각이 나버렸다. 이 전쟁의 끝이 혼돈의 상태가 되지 않도록 하기 위해서 연방주의 유럽통합의 필요성은 더욱 커졌다. 우리는 독일인들과 싸우고 있다. 유럽의 문명이 소멸하지 않기 위해서는 독일인들을 지배하고 있는 폭정을 파멸시켜야 한다. 역사와 예술에 대한 감각을 가진 누구라도 유럽 안에 독일 문제가—자치의 무능력, 포악성과 사디즘의 경향, 살인의 충동에 대한 열광, 도덕 불감증, 정신적 불안감, 죽음의 충동에 대한 동기가 존재한다는 것을 부인하지 않을 것이다. 이 문제는 프로이센의 등장 이래로 반복적으로 유럽의 평화와 자유를 위협해왔다. 그러나 그들은 우리의 문명의 일부다. 독일이 완전히 건강해지기 전에는 유럽의 완전한 건강도 없다. 어떻게든 우리는 독일 정신(German Gesit)이 유럽을 위해 그것의 최악이 아닌 최상을 할 수 있는 유럽의 틀을 짜야 한다. 엄격한 통제를 통한 평화는 의미가 없다. 나치는 제거되어야 한다: 그러나 우리는 독일인들을 영원히 지배할 수 있는 힘도 뜻도 가지고 있지 않다. 우리 현재의 싸움에 대한 결과로서 가장 적합한 것은 현재 흘리고 있는 피를 보다 값지게 하는 일이다. 그것은 이 위대한 국민이 악마의 근성을 벗고 자유롭고 평등한 유럽 합중국(United States of Europe) 시민으로 새롭게 구성되도록 하는 데 있다.[33]

이는 유럽공동체를 설립하고 공동체 속으로 독일을 끌어들여 독일 문제를 해결하겠다는 뜻이다. 이에 호응하여 전후에 아데나워의 서유럽 통합정책, 브란트의 동방정책이 추진되었다. 독일 스스로 유럽공동체로 들어가 성실한 구성원이 되어 독일의 과거를 청산해야 했다. 또한 이러한 유럽공동체가 냉전의 구조 안에서 서유럽에 국한되어 있는 것을 극복하면서 전체 유럽을 포괄하는 공동체가 되게 해야 했다. 그러한 과정에서 분단된 독일 문제를 해결하고자 했다. 여기에서 그들은 독일인의 정체성을 넘어서 유럽인의 정체성을 또한 새롭게 구성해야 한다고 생각했다. 이러한 맥락에서 브란트는 아데나워와 반대 당에 속해 있으면서도 아데나워의 서방 통합정책을 지지했다. 아데나워와 브란트는 오늘날의 구성주의 시각을 공유했다. 그러나 그 구성주의의 성격과 내용 그리고 정도에 있어서는 서로 큰 차이를 보였는데 브란트의 것이 더욱 구체적이었다. 브란트의 구성주의 유럽연방에 대한 사고는 영국의 것에서 영향을 많이 받았다. 거기에서부터 출발하여 그는 앞 절에서 보았듯이 연방주의 유럽통합 사상사를 연구·검토했다. 그러면서 그는 공동의 안보 개념이라는 최상의 구성주의적 사유체계를 다듬어낸 것으로 보인다. 브란트처럼 이렇게 분명하게 공동의 안보를 최고의 안보로 규정하는 논지는 다른 어떤 연방주의자한테서도 찾아볼 수 없다. 브란트에게서만 명료하게 표현된 개념이며, 이후 그의 정치와 정책의 사상적 기조로 작용했다.

브란트는 앞 절에서 설명한 것처럼 사람들이 전쟁의 비극을 경험하면서 평화의 가치를 새롭게 깨닫는 것에 주목했다. 특히 전쟁의 원인으로서 국가주의와 자본주의 그리고 국가를 단위로 하는 자본주의, 즉 제국주의의 문제와 이에 기초한 왜곡된 독재체제의 문제점들을 사람들이 깨닫기 시작하는 것에 주목했다. 그래서 연방주의의 대의에 사람들이 가치를 두기 시작한다고 보았다. 사람들이 그들의 정체성을 새롭게 구성한다고 보았다. 이러한 브란트의 연방주의 사상은 유럽 각 국가의 정체성에서 유럽의 정체성으로 새로이 구성되는 것을 내포하고 있다. 그렇다고 국가 정체성을 부정하는 것은 아니다. 기존의 국가 정체성에서 유럽 정체성을 포함하는 방향으로 두 정체성의 조화로운 공존을 의미한다. 그는 정체성의 새로운 구성을 강조했다. 정체성의 새로운 구성 없이는 이해관계를 새롭게 설정할 수 없고, 그러한 상황에서는 유럽 차원의 문제 해결이 불가능하기 때문이다. 이러한 맥락에서 필자는 브란트의 유럽연방주의 사상을 조명하는 데 있어서 정체성의 새로운 구성을 통해 이해관계가 새롭게 설정된다는 구성주의 이론을 적용할 수 있다고 본다. 이것은 각 국가들의 이해관계들의 조정과 타협을 통해 해결하는 것과는 전혀 다른 방식을 의미한다.

세계전쟁은 브란트 자신이 독일인에서 유럽인으로 세계시민으로 그의 정체성을 새롭게 구성해가는 계기로 작용하기도 했다.[34] 그는 전쟁을 평화를 위한 계기로 '역발상의 구성주의', 달리 표현하여 '역지사지의 구성주의' 시각을 발전시켰다.

> 대포와 폭탄이 세상을 지배하는 한 평화의 목적에 대한 모든 말의 잔치들은 쉽게 환상으로 둔갑할 것이다. 그리고 독재자들이 자신이 원하는 대로 세계를 파괴하고 제국주의 정책을 마음껏 펼 수 있는 한 안전한 평화는 존재할 수

> 없음이 명확하다. 그러나 동시에 전쟁 피해를 입은 민족들은 합리적인 평화를 위한 신질서를 수립해야 할 필요성에 더 많이 동감하게 되었다. 모든 민족의 자결권, 국제법에 의한 국가 관계, 동등한 원자재와 시장에 대한 요구 등의 문제들이 유럽합중국의 형성과 함께 해결될 수 있을 것이다.[35]

이러한 논지에서 그는 독일과 이웃 국가들과의 문제를 독일이 솔선수범하여 유럽 차원에서 해결할 것을 제안했다. 예를 들어 이러한 맥락에서 독일과 폴란드의 현안인 폴란드 회랑 문제를 풀어야 한다고 제안했다. 구체적으로 말해 폴란드 회랑 문제에 있어서 독일인의 이해관계 관점만이 아니라 폴란드인의 이해관계를 고려하고 양국의 서로 다른 이해관계를 유럽적인 차원에서 변증법적으로 통합해야 한다고 보았다.

> 이전 폴란드 회랑의 문제는 예를 들어 하나의 고립된 폴란드의 입장 또는 독일의 관점에서 해결될 수 없다. 폴란드는 바다로의 접근을 요구하고 그 회랑에 사는 폴란드인들을 존중할 것을 요구한다. 이에 반해 독일은 회랑이 없는 경우 동프로이센이 본토 독일로부터 고립된다는 점과 독일 자유도시 단치히가 독일제국에서 벗어나게 된다는 점을 강조한다. 이러한 문제를 푸는 데 있어서 독일과 폴란드의 이해관계를 모두 충족시키는 해결책만이 의미가 있을 것이다.[36]

브란트는 이러한 해결책이 앞에서 소개된 "모든 민족의 자결권, 국제법에 의한 국가 관계, 동등한 원자재와 시장에 대한 요구 등의 문제들이 유럽합중국의 형성과 함께 해결될 수 있을 것이다"에 해당한다.

여기에서 브란트는 상대방의 의견을 상대방의 관점에서 보면서 이해를 하고 나의 입장과 변증법적인 통합을, 즉 조화를 이루어내는 '역지사지(易地思之)의 구성주의'적 접근방식을 분명히 보여주고 있다. 이러한 '역지사지의 구성주의'적 접근방식을 통해 동프로이센을 독일 본토와 연결시켜야 하는, 단치히를 보유하고자 하는 독일의 이해와 발트해로 가는 통로를 가져야 하는 폴란드의 이해가 유럽합중국 속에서 녹아날 수 있게 하는 것이었다. 브란트는 독일과 폴란드가 주고받기식의 타협을 통해서가 아니라 유럽적인 차원에서 유럽인이라는 정체성의 새로운 구성을 통해 폴란드 회랑 문제를 풀 수 있다고 보았던 것이다. 이는 앞에서 그가 말한 유럽통합의 의의에 대한 주장과 일치한다. 브란트가 주장하는 폴란드 회랑 문제의 해법은 당대의 이탈리아 반파시스트 저항운동가 스피넬리(Altiero Spinelli)가 주장하는 내용과 매우 유사해 보인다. 스피넬리는 1941년 벤토테네 선언서에서 다음과 같이 강조했다.

> 유럽 대륙의 국제적 삶을 죽음으로 오염시키는 다각적인 문제들이 해결 불가능한 상황에 도달했다: 민족들이 혼합되어 거주하는 지역들에서 민족의 경계를 구분 짓는 것, 육지로 닫혀 있는 국가들의 바다로의 출입을 위한 항구 이용 문제, 발칸 문제, 아일랜드 문제, 기타 등등. 이 모든 문제들은 유럽연방을 구성함으로써 쉽게 해결될 수 있을 것이다.[37]

육지로 둘러싸인 나라들을 위한 바다 항구 이용 문제를 유럽연방을 구성함으로써 해결하자는 스피넬리의 논지는 브란트가 제시한 폴란드 회랑 문제에 대한 해법과 일치한다. 스피넬리도 영국 연방주의자들의 사상에 큰 영향을 받았다는 점을 고려한다면 두 사람 사이에 연방주의에 대한 사상적 공통점이 내재할 수 있다는 것을 쉽게 이해할 수 있겠다. 그런데 근원적으로는 두 사람 사이에 사유의 방식에 유사성이 있었다고 할 수 있겠다.

브란트는 이러한 유럽통합을 이루기 위해 작은 단위의 지역적 통합부터 시작하여 단계별 통합을 제안했다. 브란트의 이러한 입장에 대해서는 이미 앞에서 소개했다. 그는 앞에서 소개한 글 이전에도 단계별 유럽통합론을 전개하고 있었는데, 예를 들어 1939년 9월 9일의 강연문에서 다음과 같이 말하고 있다.

> 독일 문제의 해결은 유럽 차원과 직접적으로 연결되어 있다. 중부 유럽에서의 연방이 유럽 전체의 연방을 설립하는 첫 번째 단계가 될 수 있다. 정신적이고 조직적인 준비가 필요하다.[38]

앞 절에서 소개한 〈유럽합중국의 꿈〉이라는 기사에서는 이와 관련하여 다음과 같이 구체적으로 언급했다.

> 중부 유럽에서 독일과 동유럽 및 남동 유럽의 농업국가들 사이에 자유로운 연방이 구성될 경제적 조건들이 주어져 있다. 그러나 사람들은 체코인과 폴란드인의 연합, 발칸연방, 도나우연방 기획에 대해 여러 관점에서 논의하고 있다. 이러한 발전의 한 축으로서 북유럽 국가들이 보다 강하게, 특별히 경제적 협력의 측면에서 통합되는 것이 좋을 것이다. 이러한 '단계별 연방'이 공동의 유럽연방을 구성하는 확실한 길일 수 있다.[39]

이러한 단계별 통합론은 그가 후에 동방정책에서 표방한 단계별 발전접근(Entwicklung in Etappen), 작은 걸음의 정책(Politik der kleinen

Schritte), 접근을 통한 변화(Wandel durch Annährung) 등의 개념과 일맥상통한다고 할 수 있다.[40]

이러한 단계별 통합론은 궁극적으로 세계 공동체를 추구하는 것이기도 했는데, 세계의 다른 부분, 특히 오늘날 큰 이슈가 되고 있는 이슬람 세계와의 관계가 주목된다. 유럽통합에서 작용하던 구성주의 시각이 이슬람 문화권과의 끊임없는 구성의 연속이라는 측면에서 변증법적 작용을 통해 화해로 이어져 세계 공동체를 구성할 수 있어야 할 것이다. 예를 들어 브란트의 남북위원회 활동을 이러한 측면에서 볼 수 있겠다.

4. 맺음말

이 글에서 필자는 브란트가 연방주의 유럽통합 사상의 역사를 어떻게 이해했으며, 그의 것은 어떤 것인지 살펴보았다. 그가 그 자신의 연방주의 유럽통합 사상을 발전시키는 데는 연방주의 유럽통합 사상의 역사에서 많은 영향을 받았음을 알 수 있었다. 또한 어떠한 측면이 그의 고유성과 장점에 속하는지를 진단할 수 있었다. 그는 오늘날 우리가 구성주의 이론의 시각이라고 말할 수 있는 것을 가지고 연방주의 유럽통합 사상의 역사를 보면서 자신의 생각을 다듬어갔다. 본론에서 이미 인용했듯이 "안보를 추구하는 데 있어서 공동의 안보 개념이 가장 우선적인 원칙으로 자리 잡아야 한다." 그리고 "유럽통합에 대한 요구는 자신의 안보가 다른 사람에 대항한 싸움에서만 확보될 수 있다는 원시적인 관점을 벗어나야 한다는 사상을 내포한다. 견고한 안보는 모든 국가들의 생존권과 생활에 대한 이해관계를 존중하는 민족들 사이에서만 가능하다"와 같은 인용문에서 볼 수 있는 공동의 안보 개념들은 매우 획기적이다. 이러한 개념은 후에 그가 동방정책을 통해 변증법적으로 서독과 동독을 화해시키고 새로운 독일을 구성해내려 한 사유의 기초였음을 확인할 수 있다. 더 나아가 그는 서유럽과 동유럽, 지구의 북반구와 남반구를 역지사지의 구성주의 관점을 가지고 새로운 유럽, 새로운 세계를 구성해내고자 했다. 동방정책을 실시하면서 그가 적극적으로 참여했던 냉전시대의 동과 서를 포괄하는 유럽안보협력회의(CSCE)의 집단안보체제는 바로 그의 이러한 공동의 안보 개념에 기초하고 있음도 어렵지 않게 인지할 수 있다. 그가 나치 독일 시대를 철저히 반성하고 그러한 유산을 철저히 청산하여 새로운 유럽의 구성원이 되고자 했던 것도 망명 시기 그가 주목한 영국 연방주의자들의 견해 그리고 자신의 역지사지의 구성주의 관점이 바탕이 되었을 것으로 생각된다. 독일의 문제를 유럽적인 차원에서 풀고자 한 배경에는 그의 이러한 역지사지의 구성주의 관점이 작용하고 있음을 인지할 수 있는 것이다. 후에 그가 동방정책에서 표방한 단계별 발전(Entwicklung in Etappen), 작은 걸음의 정책(Politik der kleinen Schritte), 접근을 통한 변화(Wandel durch Annährung) 등의 개념들이 모두 이 망명 시기에 정립된 사상체계였음을 알 수 있다.

본론에서 언급했듯이 브란트의 정체성 구성 기제(mechanism)는 예를 들어 헌팅턴의 문명충돌론에서 설명되어 있는 것과는 근본적인 대조를 이룬다. 브란트의 구성주의 개념을 정치하게 이론화할 때 새로운 공동체 구성의 바탕으로서 끊임없는 새로운 정체성 구성의 기제(mechanism of construction)를 설명할 수 있겠다.

동아시아 공동체 논의와 한국의 통일 문제에 있어서 브란트의 유럽연방주의 사상이 내포하는 이러한 구성주의 시각을 잘 이해하고 활용할 수 있어야겠다. 한국의 남북관계, 동아시아의 불안한 국가 간 관계들을 단순히 기능적인 차원에서 해결하려 할 것이 아니라 보다 본질적으로 브란트가 보여주는 구성주의 시각에서 접근할 필요가 있다. 브란트의 구성주의 시각에 주목할 때 동아시아와 한국의 상황을 위한 시사점은 더욱 명료해지고 큰 가치를 갖게 되리라 생각한다.

주

1 Claudia Hiepel, "Europakonzeptionen und Europapolitik", in Rother, Bernd (hrsg.), *Willy Brandts Außenpolitik* (Wiesbaden, 2014), p. 25.

2 이 원고는 나치 독일이 노르웨이를 점령한 1940년 4월에 완성되었으며 노르웨이에서 출판되지는 못했다. 그가 외무부 장관이 되는 1966년에 독일어로 서독에서 번역·출판되었다. 전 내용이 또한 Bundeskanzler-Willy-Brandt-Stiftung (hrsg.), Berliner Ausgabe Band 1, Willy Brandt, *Hitler ist nicht Deutschland. Jugend in Lubeck Exil in Norwegen 1928-1940*, pp. 468~495에 수록되어 있다.

3 Einhart Lorenz, *Willy Brandt. Deutscher-Europäer-Weltbürger* (Stuttgart 2012).

4 Willy Brandt in einem privaten Brief vom 1. Nov. 1946, in Willy Brandt, *Draußen. Schriften während der Emigration* (hg.), v. Günter Struve (München 1966), p. 277; Hiepel, "Europakonzeptionen und Europapolitik", p. 21.

5 Hiepel, "Europakonzeptionen und Europapolitik", pp. 22~23.

6 "Der Traum von Europas Vereinigten Staaten", in Bundeskanzler-Willy-Brandt-Stiftung (hrsg.), Berliner Ausgabe Band 1, Willy Brandt, *Hitler ist nicht Deutschland. Jugend in Lubeck Exil in Norwegen 1928-1940*, p. 453.

7 *Ibid.*, p. 453.

8 *Ibid.*, p. 453.

9 *Ibid.*, p. 453.

10 *Ibid.*, pp. 453~454.

11 *Ibid.*, p. 454.

12 *Ibid.*, p. 454.

13 *Ibid.*, p. 454. Senat은 '원로원'으로, Overhaus는 '상원'으로 번역한다. 그런데 이것은 어휘상의 차이이지 제도상으로는 본질적인 의미와 차이를 갖지 않는다고 본다.

14 *Ibid.*, pp. 454~455.

15 *Ibid.*, p. 455.

16 *Ibid.*, p. 455.

17 *Ibid.*, pp. 455~456.

18 *Ibid*., p. 456.

19 *Ibid*., p. 456.

20 *Ibid*., pp. 456~457.

21 *Ibid*., p. 452.

22 Hiepel, "Europakonzeptionen und Europapolitik", pp. 26~27.

23 Willy Brandt, "Die Kriegsziele der Großmächte und das neue Europa", in Bundeskanzler-Willy-Brandt-Stiftung (hrsg.), Berliner Ausgabe Band 1, Willy Brandt. *Hitler ist nicht Deutschland. Jugend in Lubeck Exil in Norwegen 1928-1940*, p. 480.

24 *Ibid*., p. 480. 이것은 2차 세계대전 후에 그가 '유럽안보협력회의(CSCE)' 구성에 적극적이었던 이유의 철학적 기반이었다고 볼 수 있다.

25 *Ibid*., p. 480.

26 *Ibid*., p. 480.

27 이러한 브란트의 안보 개념은 헌팅턴이 《문명의 충돌》에서 개진한 안보론과 정반대의 입장이라고 할 수 있다. 헌팅턴은 딥딘(Michael Dibdin)의 소설 《죽은 못(Dead Lagoon)》에서 다음과 같은 언급들을 인용한다. "진정한 적수가 없으면 진정한 동지도 있을 수 없다. 우리 아닌 것을 미워하지 않는다면 우리 것을 사랑할 수 없다. 이것은 100년이 넘도록 지속되어온 감상적이고 위선적인 표어가 물러간 자리에서 우리가 고통스럽게 다시 발견하고 있는 뿌리 깊은 진리다. 이것을 부정하는 사람은 자신의 가족, 정신적 유산, 문화, 타고난 권리, 스스로를 부정하는 셈이다! 이것은 사소하게 보아 넘길 문제가 아니다." (새뮤얼 헌팅턴, 이희재 옮김, 《문명의 충돌》 (김영사, 1997), 18쪽) 이 인용문과 함께 그는 다음과 같이 강조한다. "이 해묵은 명제에 담겨 있는 불행한 진실을 정치인과 학자는 묵과하고 넘어가서는 안 된다. 자신의 정체성을 찾고 민족성을 재창조하려는 민족에게는 적수가 반드시 필요하며, 잠재적으로 가장 위대한 적대감은 세계 주요 문명들 사이의 단층선에서 불거진다." 그러면서 그는 미국이 가져야 할 안보관을 다음과 같이 강조한다. "서구의 생존은 미국이 자신의 서구적 정체성을 재인식하고 자기 문명을 보편이 아닌 특수한 것으로 받아들이면서 비서구 사회로부터 오는 위협에 맞서 힘을 합쳐 자신의 문명을 혁신하고 수호할 수 있느냐 없느냐에 달려 있다." (헌팅턴, 위의 책, 19쪽) 헌팅턴의 관점에 대한 비판으로서 필자는 성리학적 입장에서 정체성은 서로 다른 것 사이에서 끊임없는 상호작용을 통해 끊임없이 새롭게 구성된다는 점을 제시했다. Meung-Hoan Noh, "Eine Kritische Betrachtung über S. Huntingtons These: "Zivilisationskollision" aus der Sicht von Sunglihak", in Peter Nitschke (Hg.), *Der Prozess der Zivilisationen: 20*

Jahre nach Huntington. Analysen für das 21. Jahrhundert (Berlin: Frank & Timme Verlag, 2014), pp. 241~251.

28 Wickham Steed, "War Aims and European Federation," (Oct.-Nov. 1939), in Walter Lipgens (hrsg.), *Documents on the History of European Integration*, vol. 2, pp. 160~162.

29 G. D. H. Cole, "War Aims" (November 1939), in Walter Lipgens (hrsg.), *Documents on the History of European Integration*, 2, pp. 163~166.

30 *Ibid*., p. 164.

31 *Ibid*.

32 *Ibid*.

33 Walter Lipgens (ed.), *Documents on the History of European Integration*, vol. 1 (Berlin/New York, 1985), pp. 50~51.

34 Lorenz, *Willy Brandt*.

35 Bundeskanzler-Willy-Brandt-Stiftung (hrsg.), *Hitler ist nicht Deutschland*, p. 458.

36 *Ibid*., p. 480. 이러한 그의 철학이 후에 동방정책의 사고에 그대로 적용된다고 볼 수 있다.

37 Lipgens (ed.), *Documents on the History of European Integration*, vol. 1, pp. 50~51.

38 Notizen Brandts zu dem Vortrag, "Die gegenwärtige Lage und unsere Aufgaben", 9 (September 1939), in Bundeskanzler-Willy-Brandt-Stiftung (hrsg.), Berliner Ausgabe Band 1, Willy Brandt. *Hitler ist nicht Deutschland. Jugend in Lubeck Exil in Norwegen 1928-1940*,, p. 428.

39 *Ibid*., p. 457.

40 Hiepel, "Europakonzeptionen und Europapolitik", p. 26.

참고문헌

새뮤얼 헌팅턴, 이희재 옮김,《문명의 충돌》, 김영사, 1997.

Brandt, Willy, *Norwegens Freiheitskampf 1940-1945*, Hamburg, 1948.

Brandt, Willy, *Draußen, Schriften während der Emigration* (hrsg.), v. Günter Struve, München, 1966.

Brandt, Willy, *Erinnerungen*, Frankfurt am Main, 1989.

Bundeskanzler-Willy-Brandt-Stiftung (hrsg.), *Berliner Ausgabe Band 1, Willy Brandt. Hitler ist nicht Deutschland. Jugend in Lubeck Exil in Norwegen 1928-1940*, Berlin, 2002.

Hiepel, Claudia, "Europakonzeptionen und Europapolitik", in Bernd Rother (hrsg.), *Willy Brandts Außenpolitik*, Wiesbaden, 2014.

Lipgens, Walter (ed.), *Documents on the History of European Integration*, 1, Berlin/ New York, 1985.

Lorenz, Einhart, *Willy Brandt. Deutscher-Europäer-Weltbürger*, Stuttgart, 2012.

Noh, Meung-Hoan, "Eine Kritische Betrachtung über S. Huntingtons These: 'Zivilisationskollision' aus der Sicht von Sunglihak", in Peter Nitschke (Hg.), *Der Prozess der Zivilisationen: 20 Jahre nach Huntington. Analysen für das 21. Jahrhundert*, Berlin: Frank & Timme Verlag, 2014.

에필로그

이 책의 주제가 되었던 세계대전 시기 유럽 질서에 대한 수많은 구상들이 가지는 역사적 의미는 과연 무엇일까? 이러한 구상들을 유럽사에 내재했던 다채로웠던 유럽 구상들의 연장선상에서 20세기 초반 새로운 덧옷을 걸친 것으로서 볼 수 있을까? 아니면 이 구상들은 20세기 전쟁이란 특수한 조건이 빚어낸 한시적인 상황논리의 결과물에 지나지 않은 것일까? 한시적인 상황논리의 결과물이 아니라면 이 구상들은 과연 2차 세계대전 이후 유럽통합의 발전과 구체적으로 어떠한 관계를 맺고 있는가? 현실정치와는 무관한 사유의 모래성 쌓기에 불과했던가, 아니면 유럽통합의 실질적 형식과 내용들을 제공해준 사상적 기반이 되었는가?

이 책은 중세 말 처음으로 나타나기 시작한 유럽통합 구상들이 역사적 연속성을 가지고 있으며, 세계대전 시기의 유럽 구상들은 이러한 연속성 속에서 20세기의 새로운 정치 · 경제 · 문화적 조건에 상응하면서 시대에 걸맞은 옷을 입은 것이라는 전제를 수용하고 있다. 유럽 구상의 역사적 연속성을 입증하는 한 예를 쿠덴호베-칼레르기에서 찾을 수 있다. 그는 자신의 유럽 사상이 실러, 칸트, 니체 같은 유럽통합 옹호자들의 사상적 전통 위에 있음을 의식하고 있었으며, 그의 사상은 20세기 후반 유럽통합 옹호자들에게 영감과 구체적인 영향을 줄 수 있었다.[1]

세계대전 시기 표현되었던 유럽 질서에 대한 사유들은 구체적인 밑그림이라는 긍정적인 의미에서건 아니면 반성의 거울이라는 부정적인 의미에서건 전후 유럽통합의 발전에 직접적이고 현실적인 사상적 기반을 제공해줄 수 있었다. 파국을 극복한 유럽인들이 20세기 후반 새로운 유럽 질서 구축을 고민하고 있었을 때, 그들의 사유가 소환할 수 있었던 역사적 기억뿐만 아니라 새로운 유럽이 담기게 될 형식까지 만들어낸 용광로의 역할을 했던 것이 이 시기의 유럽 구상들이었기 때문이다.[2] 종전 이후 유럽통합의 시작을 예고하는 전주곡으로 알려진 1946년 취리히 연설에서 처칠이 자신이 그리고 있는 유럽합중국이 쿠덴호베-칼레르기의 사상에 빚을 지고 있다고 인정한 사실은 이러한 논리를 뒷받침하는 근거가 될 것이다.[3] 그 외에도 현재의 유럽연합으로 발전한 최초의 유럽공동체인 유럽석탄철강공동체가 스피넬리와 모네 등이 전후 유럽 질서로 구상했던 연방주의적 유럽 건설의 구상들에 사상적 기반을 두고 있다는 사실은 역사적으로 이미 검증되었다.[4] 유럽석탄철강공동체 구상의 기안자가 모네라는 사실만큼 유럽통합 구상과 유럽통합 현실정치의 연관성을 확실하게 증명하는 더 적절한 사례를 찾기 힘들 것이다.

20세기 시작 무렵 극단적 민족주의와 전체주의의 야만성을 분출하며 스스로 길을 잃었던 유럽은 세계를 파국의 극단으로 몰아갔던 두 개의 세계대전의 진원지가 되었다. 그 기간 동안 전후 질서에 대한 구상들이 그려졌고, 그로부터 한 세기가 지난 지금의 유럽은 그 구상들이 현실화되어 28개 회원국(브렉시트가 현실화되면 회원국은 27개가 된다)을 가진 유럽연합을 통해 통합된 현재의 모습으로 거듭나 있다. 통합된 유럽의 현재는 분열과 파괴로 얼룩진 과거를 극복하기 위한 노력에서 시작되었다. 2차 세계대전 이후 유럽이 자신의 역사에서 가장 긴 평화의 시대를 구가하고 있다는 점에서 평화의 기획으로서 유럽통합을 기술하는 성공의 내러티브는 아직까지 유효하다. 물론 그 성공의 내러티브 이면에서는 끊임없는 위기와 그 극복으로 점철된 위태로운 순간들이 지속적으로 이어져 왔다는 것도 엄연한 역사적 사실이다.

테러, 통화위기, 브렉시트 등 최근 벌어진 일련의 사태들은 유럽의 현재 역시 공동체 외부의 위협과 내부의 불협화음으로 인해 항시적인 위기에 노출되어 있으며 유럽통합의 미래는 여전히 불투명하다는 사실을 상징적으로 보여준다. 잠정적으로는 유럽통합의 역사가 지금까지는 여전히 성공의 이야기를 써 내려가고 있지만, 그 이야기의 이후 전개는 예측이 불가능하며, 불안하기 그지없다. 체켈(Jeffrey Checkel)과 카첸슈타인(Peter Katzenstein)에 따르면 지금 이 순간 유럽 정체성으로 은유되는 한 선박은 식수와 음식은 충분히 마련하고 있지만 지도와 망원경을 잃어버리고 망망대해에서 미지의 물길로 들어서 있다. 그 배는 희망과 자신감 대신 불안과 걱정에 가득 차서 여행의 목적지를 알지 못한 채 망망대해를 떠돌고 있는 중이다.[5] 언제나 그래 왔듯이 지금도 유럽은 위기와 기로에 서 있다.

이 책은 이처럼 유럽이 위기와 방향성 상실에 직면한 상황에서 평화의 기획으로서 유럽통합을 위한 중요한 계기와 전환점을 제공할 수 있었던 한 시기를 담담하게 학술적으로 조명하기 위해 기획되었다. 이 책의 출간이 한국 사회에 유럽통합에 대한 지식과 한국학계의 유럽통합 연구를 심화·확대시키는 효과를 가져다줄 것이라고 기대한다. 또한 이 책이 후속 연구를 위한 중요한 토대가 됨으로써 유럽통합을 연구하는 한국의 학계에 신선한 학문적 자극을 제공해줄 것이다. 이 글들을 통해 확인할 수 있는 평화질서 구축을 위한 지속적인 시도와 실패의 사례들 그리고 패권적 권력욕을 실현하기 위해 조작되는 평화 구상의 위험성들에 대한 교훈이 오늘날 한국 사회가 처해 있는 상황을 상대화하고 반추할 수 있는 계기를 마련해주기를 바란다. 동시에 이러한 교훈이 한국 사회가 스스로를 돌아볼 수 있는 유의미한 거울의 역할까지 할 수 있게 되기를 기대한다.

통합유럽연구회 학술기획 총무

신종훈

주

1 이 책의 신종훈, 〈쿠덴호베-칼레르기와 전간기 범유럽운동〉 참조.

2 신종훈, 〈유럽 정체성과 동아시아 공동체 담론—동아시아 공동체의 정체성에 대한 비판적 질문〉, 《역사학보》 221 (2014), 239~244쪽.

3 Winston Churchill, "Rede an die akademische Jugend (19. September 1946)", Gerhard Brunn, *Die europäische Einigung von 1945 bis heute* (Stuttgart, 2002), p. 315.

4 신종훈(2014), 앞의 글, 244쪽.

5 Jeffrey Checkel, Peter J. Katzenstein, *European Identity* (Cambridge, 2009), p. 1.

세계대전과 유럽통합 구상

통합과 분열의 전간기, 유럽은 어떻게 새로운 평화질서를 모색했는가

1판 1쇄 2020년 1월 31일

기획 | 서강대학교 유로-메나문명연구소
지은이 | 통합유럽연구회

펴낸이 | 류종필
편집 | 이정우, 정큰별
마케팅 | 김연일, 김유리
표지 디자인 | 박미정
본문 디자인 | 박애영
교정교열 | 오효순

펴낸곳 | (주) 도서출판 책과함께
주소 (04022) 서울시 마포구 동교로 70 소와소빌딩 2층
전화 (02) 335-1982
팩스 (02) 335-1316
전자우편 prpub@hanmail.net
블로그 blog.naver.com/prpub
등록 2003년 4월 3일 제25100-2003-392호

ISBN 979-11-88990-55-9 93920

이 도서의 국립중앙도서관 출판시도서목록(CIP)은
서지정보유통지원시스템 홈페이지(http://seoji.nl.go.kr)와
국가자료종합목록 구축시스템(http://kolis-net.nl.go.kr)에서 이용하실 수 있습니다.
(CIP제어번호 : CIP2020001727)